■2025年度高等学校受験用

春日部共栄高等学校

収録内容一覧

★この問題集は以下の収録内容となっています。また、編集の都合上、解説、解答用紙を省略させていただいている場合もございますのでご了承ください。

（○印は収録、ー印は未収録）

入試問題と解説・解答の収録内容			解答用紙
2024年度	第1回	英語・数学・国語	○
	第2回	英語・数学・国語	○
2023年度	第1回	英語・数学・国語	○
	第2回	英語・数学・国語	○
2022年度	第1回	英語・数学・国語	○
	第2回	英語・数学・国語	○
2021年度	第1回	英語・数学・国語	○
	第2回	英語・数学・国語	○
2020年度	第1回	英語・数学・国語	○

★当問題集のバックナンバーは在庫がございません。あらかじめご了承ください。

リスニングテストの音声は、下記のIDとアクセスコードにより当社ホームページ
https://www.koenokyoikusha.co.jp/pages/cddata/listening で聴くことができます。
（実際の入試で使用された音声です）
ユーザー名：koe　アクセスコード（パスワード）：33820　使用期限：2025年3月末日

※ユーザー名・アクセスコードの使用期限以降は音声が予告なく削除される場合がございます。あらかじめご了承ください。

●凡例●

【英語】

≪解答≫

〔　〕　①別解
　②置き換え可能な語句（なお下線は置き換える箇所が2語以上の場合）
　（例）<u>I am</u>〔I'm〕glad〔happy〕to～

（　）　省略可能な言葉

≪解説≫

1, **2**…　本文の段落（ただし本文が会話文の場合は話者の１つの発言）

〔　〕　置き換え可能な語句（なお〔　〕の前の下線は置き換える箇所が２語以上の場合）

（　）　①省略が可能な言葉
　（例）「（数が）いくつかの」
　②単語・代名詞の意味
　（例）「彼（＝警察官）が叫んだ」
　③言い換え可能な言葉
　（例）「いやなにおいがするなべにはふたをするべきだ（＝くさいものにはふたをしろ）」

//　訳文と解説の区切り

cf.　比較・参照

≒　ほぼ同じ意味

【数学】

≪解答≫

〔　〕　別解

≪解説≫

（　）　補足的指示
　（例）（右図１参照）など

〔　〕　①公式の文字部分
　（例）〔長方形の面積〕＝〔縦〕×〔横〕
　②面積・体積を表す場合
　（例）〔立方体ABCDEFGH〕

∴　ゆえに

≒　約、およそ

【社会】

≪解答≫

〔　〕　別解

（　）　省略可能な語

＿＿　使用を指示された語句

≪解説≫

〔　〕　別称・略称
　（例）政府開発援助〔ODA〕

（　）　①年号
　（例）壬申の乱が起きた（672年）。
　②意味・補足的説明
　（例）資本収支（海外への投資など）

【理科】

≪解答≫

〔　〕　別解

（　）　省略可能な語

＿＿　使用を指示された語句

≪解説≫

〔　〕　公式の文字部分

（　）　①単位
　②補足的説明
　③同義・言い換え可能な言葉
　（例）カエルの子（オタマジャクシ）

≒　約、およそ

【国語】

≪解答≫

〔　〕　別解

（　）　省略してもよい言葉

＿＿　使用を指示された語句

≪解説≫

〈　〉　課題文中の空所部分（現代語訳・通釈・書き下し文）

（　）　①引用文の指示語の内容
　（例）「それ（＝過去の経験）が～」
　②選択肢の正誤を示す場合
　（例）（ア，ウ…×）
　③現代語訳で主語などを補った部分
　（例）（女は）出てきた。

／　漢詩の書き下し文・現代語訳の改行部分

春日部共栄高等学校

所在地	〒344-0037 埼玉県春日部市上大増新田213
電　話	048-737-7611
ホームページ	https://www.k-kyoei.ed.jp/hs/
交通案内	東武スカイツリーライン　春日部駅よりスクールバスで10分

応募状況

年度	募集数	受験数	合格数	倍率
2024	選　抜　80名 特進Ｅ 180名 特進Ｓ 140名	1単 315名 1併1069名 2回 589名 3回 194名	289名 987名 531名 177名	1.1倍 1.1倍 1.1倍 1.1倍
2023	選　抜　80名 特進Ｅ 160名 特進Ｓ 140名	1単 278名 1併 961名 2回 498名 3回 179名	267名 899名 454名 168名	1.0倍 1.1倍 1.1倍 1.1倍
2022	選　抜　80名 特進Ｅ 160名 特進Ｓ 160名	1単 270名 1併1005名 2回 500名 3回 183名	259名 953名 462名 182名	1.0倍 1.1倍 1.1倍 1.0倍

＊受験数，合格数は各コースの合計

試験科目（参考用：2024年度入試）

単願：国語，数学，英語，面接
併願・２回・３回：国語，数学，英語
※各教科マークシート方式
※英語はリスニングあり

沿　革

昭和13年，東京都葛飾区に岡野弘・岡野さく両先生によって本田裁縫女子学校が設立される。その後，私学誘致の要望により昭和55年４月，春日部市内に初めての私学として本校は新設され現在に至る。平成13年４月には春日部市内牧に共栄大学が開学。平成15年４月，併設中学校開校。

教育理念

至誠の心を一生涯貫く「至誠一貫」を建学の礎とし，「個性と可能性を大切にトータル教育で実現する人間的成長と学力増進」を教育理念に掲げる。校訓は自主自律・明朗勤勉・協調奉仕。

特　色

本校は，開校以来，「文武両道」をモットーとし，自主・自律の校訓のもと，クラブ活動も進学実績も躍進を続けている。このような活気溢れた校風が本校の良き伝統となっている。

進路指導

生徒全員が大学進学を希望している。そのため，難関大学現役合格を目標に，１年次より学力向上のためのさまざまな工夫(コース制による徹底した学習指導・各種講習の実施・勉強合宿など)がなされている。また，校内実力テストの実施や各種模試の結果分析など，きめ細かい地道な進学指導を行っており，着実に成果をあげている。

また，東大や医学部への現役合格を目指して，選抜コースを設置している。

【近年の主な合格大学】

京都大・北海道大・東京工業大・東京外国語大・筑波大・千葉大・東京学芸大・埼玉大・東京都立大・埼玉県立大などの国公立大，早稲田大・慶應義塾大・東京理科大・上智大・明治大・立教大・青山学院大・学習院大・ICUなどの難関私立大，日本医科大，東邦大，東京医科大などの医学部ほか

編集部注一本書の内容は2024年5月現在のものであり，変更されている場合があります。正確な情報は，学校のホームページ等で必ずご確認ください。

出題傾向と今後への対策

出題内容

	2024		2023		2022	
	1回	2回	1回	2回	1回	2回
大問数	4	4	4	4	4	4
小問数	33	33	33	33	33	33
リスニング	○	○	○	○	○	○

◎大問４～５題，小問数35問程度。出題構成は，放送問題，文法問題１～２題，長文読解２題である。

2024年度の出題状況

《第１回》

1 放送問題
2 長文読解総合―会話文
3 長文読解総合―説明文
4 整序結合

《第２回》

1 放送問題
2 長文読解総合―対話文
3 長文読解総合―説明文
4 整序結合

解答形式

《第１回》	記　述／**マーク**／併　用
《第２回》	記　述／**マーク**／併　用

出題傾向

中学で学習した範囲からまんべんなく出題されている。長文読解は２題で，文章のジャンルは説明文やノンフィクション，物語，対話文などさまざまである。設問は適語(句)選択のほか，内容真偽や要旨把握など，内容の理解を問うものも多い。整序結合は日本語つきで６語(句)程度。放送問題は埼玉県公立入試に近い形式である。

今後への対策

広い範囲から出題されているが，難易度は標準的なものであり，中学３年間で学習する内容をしっかり押さえておけば，心配することはない。まずは教科書に出てくる単語，文法，例文をしっかり暗記しておくこと。基礎固めをしたら，長文読解にのぞもう。熟読と速読を組み合わせて，英文に慣れていこう。音読すると発音問題対策にもなる。

◆◆◆◆◆ 英語出題分野一覧表 ◆◆◆◆◆

分野 ＼ 年度			2022		2023		2024		2025予想※	
			1回	2回	1回	2回	1回	2回	1回	2回
音声	放送問題		■	■	■	■	■	■	◎	◎
	単語の発音・アクセント									
	文の区切り・強勢・抑揚									
語彙・文法	単語の意味・綴り・関連知識			●			●	●	△	◎
	適語(句)選択・補充									
	書き換え・同意文完成									
	語形変化			●	●		●	●	◎	◎
	用法選択				●		●		◎	
	正誤問題・誤文訂正									
	その他									
作文	整序結合		●	●	●	●	●	●	◎	◎
	日本語英訳	適語(句)・適文選択								
		部分・完全記述								
	条件作文									
	テーマ作文									
会話文	適文選択									
	適語(句)選択・補充									
	その他									
長文読解	内容把握	主題・表題				●	●		△	△
		内容真偽	●	●	●	●	●	●	◎	◎
		内容一致・要約文完成	●	●	●				◎	△
		文脈・要旨把握	●	■			●	●	◎	◎
		英問英答			●				△	
	適語(句)選択・補充		■	●	■	●	●	■	◎	◎
	適文選択・補充		●	●		●			△	◎
	文(章)整序									
	英文・語句解釈(指示語など)		●	●	●	■	●	●	◎	◎
	その他(適所選択)			●	●	●	●	●	◎	◎

●印：１～５問出題，■印：６～10問出題，★印：11問以上出題。
※予想欄　◎印：出題されると思われるもの。　△印：出題されるかもしれないもの。

出題傾向と今後への対策

出題内容

2024年度

《第１回》

Ⅰ，Ⅱは小問集合で，計14問。計算問題をはじめ，各分野から幅広い出題となっている。Ⅲは関数で，放物線と直線に関するもの。Ⅳは空間図形で，正四面体と，正四面体の全ての面に接する球を利用した問題。

《第２回》

Ⅰ，Ⅱは小問集合で，計17問。規則的に自然数を並べたものなども出題されている。Ⅲは関数で，放物線と直線に関するもの。Ⅳは空間図形で，立方体を利用したもの。切断してできる図形について問うものもある。

2023年度

《第１回》

Ⅰ，Ⅱは小問集合で，各分野からそれぞれ６問，５問の出題。Ⅲは関数で，放物線と直線に関するもの。オーソドックスな問題で，点の座標や直線の式，三角形の面積などについて問われた。Ⅳは平面図形で，三平方の定理について問われた。

《第２回》

Ⅰ，Ⅱは小問集合で，各分野からそれぞれ６問，７問の出題。Ⅲは関数で，放物線と直線に関するもの。三角形の面積を文字を使って表すものも出題された。Ⅳは空間図形で，直方体を平面で切断した立体についての計量題４問。

作…作図問題　証…証明問題　グ…グラフ作成問題

解答形式

《第１回》　記　述／マーク／併　用

《第２回》　記　述／マーク／併　用

出題傾向

大問４題構成。Ⅰ，Ⅱは小問集合で，Ⅰは計算を主とするもの，Ⅱは数の性質や図形などから，各６問程度の出題。やや複雑なものもあるのでていねいな計算を心がけたい。Ⅲ，Ⅳは総合題で，関数，図形がよく出題されている。その他では，新しい演算記号(約束記号)を使う問題がやや目立つ。

今後への対策

まずは教科書を使って基礎力を定着させること。練習問題，章末問題をひと通り解いて，苦手分野は早いうちに克服しておこう。教科書がひと通り終わったら，標準レベルの問題集で，演習をできるだけ多く積もう。演習の際は，一つ一つていねいに解くことを心がけよう。

◆◆◆◆◆ 数学出題分野一覧表 ◆◆◆◆◆

分野	年度	2022		2023		2024		2025予想※	
		1回	2回	1回	2回	1回	2回	1回	2回
数と式	計算，因数分解	★	★	★	★	★	★	◎	◎
	数の性質，数の表し方	●	●	●	●	●	●	◎	◎
	文字式の利用，等式変形				●		●		△
	方程式の解法，解の利用	■	●	●	●	■	●	◎	◎
	方程式の応用		●				●		△
関　数	比例・反比例，一次関数	●						△	
	関数$y=ax^2$とその他の関数	★	★	★	★	★	★	◎	◎
	関数の利用，図形の移動と関数								
図　形	（平面）計　量	★	■	★	■	●	■	◎	◎
	（平面）証明，作図								
	（平面）その他								
	（空間）計　量	■	★	●	★	★	★	◎	◎
	（空間）頂点・辺・面，展開図								
	（空間）その他								
データの活用	場合の数，確率	■	■		★	●	●	◎	◎
	データの分析・活用，標本調査		●	●				△	△
その他	不 等 式								
	特殊・新傾向問題など					★	★	△	△
	融合問題								

●印：１問出題，■印：２問出題，★印：３問以上出題。
※予想欄　◎印：出題されると思われるもの。　△印：出題されるかもしれないもの。

出題傾向と今後への対策

出題内容

2024年度

《第１回》

一 小説　二 国語の知識　三 論説文　四 古文　五 資料

課題文
一幸村しゅう『私のカレーを食べてください』
三岸　政彦『100分de名著　ブルデュー　ディスタンクシオン』
四『宇治拾遺物語』

《第２回》

一 小説　二 国語の知識　三 論説文　四 古文　五 資料

課題文
一木内　昇『スペインタイルの家』
三大澤真幸『不可能性の時代』
四清少納言『枕草子』

2023年度

《第１回》

一 小説　二 国語の知識　三 論説文　四 古文　五 資料

課題文
一重松　清『トン汁』
三坂口恭平『独立国家のつくりかた』
四『宇治拾遺物語』

《第２回》

一 小説　二 国語の知識　三 論説文　四 古文　五 資料

課題文
一志賀直哉『或る朝』
三福嶋亮大『思考の庭のつくりかた』
四鴨長明『発心集』

解答形式

《第１回》	記　述／マーク／併　用
《第２回》	記　述／マーク／併　用

(両回とも「マーク」に丸印)

出題傾向

問題構成は，県公立の入試問題に準じた形になっている。設問は，現代文にはそれぞれ４～５問，古文に３～５問程度付されている。現代文の課題文は，分量的にはさほど多くないが，内容が比較的高度なものが選ばれている。古文は，文章は平易なものが選ばれているが，設問は高度である。また，表やチラシなどを読み取る資料問題が出される。

今後への対策

現代文・古文ともに，問題演習で学力をつけていくのがよいだろう。基本的な読解力はもちろんのこと，応用力も身につけておかなければならないので，少し高度な問題集を選んだ方がよい。国語の知識については，漢字・四字熟語などの語句関連だけでなく，文法などについても，復習しておくこと。

◆◆◆◆◆ 国語出題分野一覧表 ◆◆◆◆◆

分野		年度	2022		2023		2024		2025予想※	
			1回	2回	1回	2回	1回	2回	1回	2回
現代文	論説文 説明文	主題・要旨								
		文脈・接続語・指示語・段落関係			●		●		◎	
		文章内容		●	●	●	●	●	◎	◎
		表現		●		●				◎
	随筆 日記 手紙	主題・要旨								
		文脈・接続語・指示語・段落関係	●						△	
		文章内容	●						△	
		表現								
		心情								
	小説	主題・要旨								
		文脈・接続語・指示語・段落関係								
		文章内容	●	●			●	●	◎	◎
		表現		●	●	●		●	△	◎
		心情	●	●	●	●	●	●	◎	◎
		状況・情景								
韻文	詩	内容理解								
		形式・技法								
	俳句 和歌 短歌	内容理解					●		△	
		技法								
古典	古文	古語・内容理解・現代語訳	●	●	●	●	●	●	◎	◎
		古典の知識・古典文法								
	漢文	(漢詩を含む)								
国語の知識	漢字 語句	漢字	●	●	●	●	●	●	◎	◎
		語句・四字熟語	●	●	●	●	●	●	◎	◎
		慣用句・ことわざ・故事成語	●			●		●	△	◎
		熟語の構成・漢字の知識	●	●					△	△
	文法	品詞	●	●		●			△	◎
		ことばの単位・文の組み立て								
		敬語・表現技法			●				△	
	文学史		●	●	●	●	●	●	◎	◎
作文・文章の構成・資料			●	●	●	●	●	●	◎	◎
その他										

※予想欄　◎印：出題されると思われるもの。　△印：出題されるかもしれないもの。

合格を勝ち取るための

本書の使い方

本書に掲載されている過去問をご覧になって，「難しそう」と感じたかもしれません。でも，大丈夫。ほとんどの受験生が同じように感じるのです。高校入試の出題範囲は中学校の定期テストに比べて広いですし，残りの中学校生活で学ぶはずの，まだ習っていない内容からも出題されているかもしれません。

ですから，初めて本書に取り組む際には，点数を気にする必要はありません。点数は本番で取れればいいのです。

過去問で重要なのは「間違えること」です。自分の弱点を知るために，過去問に取り組むのです。当然，間違った問題をそのままにしておいては意味がありません。

本書には，長年にわたって高校受験に関わってきたベテランスタッフによる詳細な解説がついています。間違えた問題は重点的に解説を読み，何度も解きなおしてください。時にはもう一度，教科書で復習するのもよいでしょう。

別冊として，抜き取って使える解答用紙を収録しました。表示してあるように拡大コピーをとれば，実際の入試と同じ条件で，何度でも過去問に取り組むことができます。特に記述問題では解答欄の大きさがヒントになる場合があります。そうした，本番で使える受験テクニックの練習ができるのも，本書の強みです。

前のページにある「出題傾向と今後への対策」もよく読んで，本校の出題傾向に慣れておきましょう。

2025年度 高校受験用

春日部共栄高等学校　5年間スーパー過去問

をご購入の皆様へ

お詫び

本書、春日部共栄高等学校の入試問題につきまして、誠に申し訳ございませんが、以下の問題文は著作権上の問題により掲載することができません。設問と解説、解答は掲載してございますので、ご必要とされる方は原典をご参照くださいますよう、お願い申し上げます。

記

2024年度　第1回　英語　3　の問題文

2024年度　第2回　英語　3　の問題文

2023年度　第1回　国語　五　の問題文

2021年度　第1回　国語　三【A】の問題文

以上

株式会社　声の教育社　編集部

2024年度 春日部共栄高等学校(第1回)

【英　語】（50分）〈満点：100点〉

■リスニングテストの音声は，当社ホームページで聴くことができます。(実際の入試で使用された音声です)
再生に必要なユーザー名とアクセスコードは「収録内容一覧」のページに掲載しています。

1 放送を聞いて答える問題

問題は全部で７問あり、放送はすべて英語で行われます。放送中メモを取ってもかまいません。各問題について英語は２回ずつ放送されます。

【No. 1, No. 2】

Listen to each talk, and choose the best answer for each question.

No. 1　　1

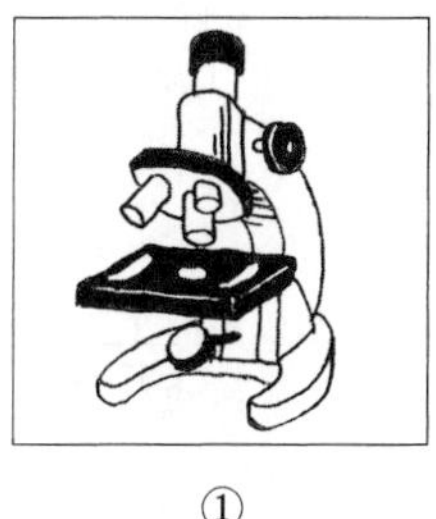
①

②

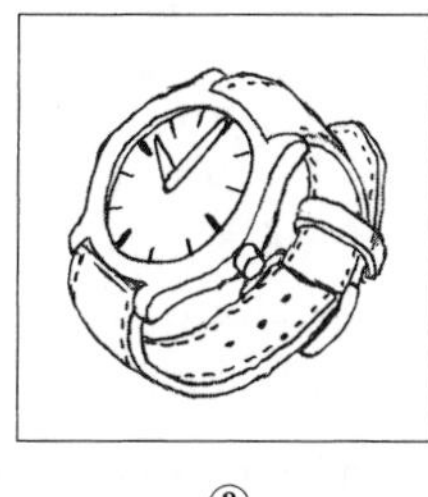
③

④

No. 2　　2

①

2024
9/
25
Sunday
②

2024
9/
29
Thursday
③

④

【No. 3, No. 4】

Listen to each situation, and choose the best answer for each question.

No. 3　　3

① Shall I have another one?　　② I want to buy black pants.

③ Do you have this in white?　　④ Can you give me more?

No. 4 | 4 |

① I really enjoyed seeing this movie. ② The movie was very interesting to me.

③ I could understand the story. ④ The movie was too difficult for me.

【No. 5 － No. 7】

Listen to the speech by Yumi, and choose the best answer for each question.

No. 5 | 5 |

① He is a computer engineer.

② He is an elementary school student.

③ He is a person who made a digital camera.

④ He is a digital teacher.

No. 6 | 6 |

① Computers.

② Energy use.

③ New Zealand.

④ Software programs.

No. 7 | 7 |

① She thinks that cameras and microphones will be necessary.

② She thinks that digital teachers will be able to use computers.

③ She thinks that the number of digital teachers will increase.

④ She thinks that there will be no schools without digital teachers.

※<リスニング問題放送原稿>は英語の問題の終わりに付けてあります。

2 スミス先生とその生徒たちがanimal testingについて話し合っています。次の会話を読んで、後の問いに答えなさい。

Mr. Smith : Hello, students. Today, we'll talk about (1) animal testing. It's a *complex topic, so let's try to understand it better.

Mai : What is animal testing?

Mr. Smith : Great question, Mai. Scientists use animals for medical research or testing things such as toothpaste and cosmetics. [A]

Yuki : But, Mr. Smith, isn't it unkind to animals? [B]

Mr. Smith : Yes, Yuki, some people believe it's not fair to use animals for experiments. Animal testing has helped develop many life-saving medicines, [(2)] it also makes people think about what is right and wrong. [C]

Taro : What are the other options, Mr. Smith? Are there other ways to do research? [D]

Mr. Smith : Yes, Taro. Scientists are working on [(3)] other options, like computer models and *cell cultures, to reduce animal testing. These methods give good results and don't need to use animals.

Rina : Mr. Smith, do all countries allow animal testing?

Mr. Smith : Different countries have different laws, Rina. [(4)] strict rules to protect animals during testing, while others allow it under certain conditions. It's a topic of *ongoing discussion worldwide.

Kenji : How about in Japan, Mr. Smith?

Mr. Smith : Japan has (5) rules to make sure that when scientists do tests on animals, they are done in a way that is fair and careful. Researchers must do their best to reduce harm to animals and find other options when they are possible.

Saki : Mr. Smith, (6) what can we do to help?

Mr. Smith : That's a good question, Saki. We can talk to others about animal testing and use products that are friendly to animals. For example, we can tell our friends and family why it's important to use products that were not tested on animals. If we really care about animals, we can also buy things labeled "not tested on animals." We can help find different ways to do research without using animals, like using computers and other technology. Doing these little things can make the world better for animals. Remember, it's essential to understand [(7)] of the issue. Let's continue to learn and discuss, and show respect for different viewpoints.

注 complex 複雑な　cell cultures 細胞培養　ongoing 進行中の

問1　下線部 (1) の説明として最も適当なものを選び、番号で答えなさい。 8

① keeping animals as pets

② studying science to protect animals

③ using animals for science and trying out new products

④ giving food to animals in a zoo

問2　次の英文を本文中に入れるには A ～ D のどこが最も適当か、番号で答えなさい。 9

They do this to see how safe and effective these things are for humans.

① A　② B　③ C　④ D

問3　空所 (2) に入る最も適当なものを選び、番号で答えなさい。 10

① because　② though　③ in addition　④ for example

問4　空所 (3) に入る最も適当なものを選び、番号で答えなさい。 11

① find　② to find　③ finding　④ found

問5　空所 (4) に入る最も適当なものを選び、番号で答えなさい。 12

① One country has　② Another country has

③ Other countries have　④ Some countries have

問6　下線部 (5) の説明として<u>適当でないもの</u>を選び、番号で答えなさい。 13

① animal testingは公平で注意深く行われる必要がある。

② animal testingを実施するには研究者の安全がまず第一に確保される必要がある。

③ 研究者はanimal testingがもたらす動物への害を抑えるよう努める必要がある。

④ 研究者は可能な限りanimal testingに代わる方法を探す必要がある。

問7　下線部 (6) の具体例として最も適切なものを選び、番号で答えなさい。 14

① talking to others about animal testing and using products that are not good for animals and the environment

② buying products with labels that say "not tested on animals" to show we care about animals

③ finding new ways to do research with animals, computers and technology

④ making the world a better place for a lot of people by doing easy things

問8　空所 (7) に入る最も適当なものを選び、番号で答えなさい。 15

① one side　② either side　③ neither side　④ both sides

問9　この会話の主なテーマとして最も適当なものを選び、番号で答えなさい。　16

① The moral issue of animal testing and knowing the good and bad

② Learning about animal testing and looking for other options

③ Animal testing and other ways to do research with kindness

④ How different countries make rules about animal testing

問10　本文の内容に一致する最も適当なものを選び、番号で答えなさい。　17

① Some people believe animal testing should not be used because animals are more important than humans.

② Computer models have become more popular methods than animal testing recently.

③ All countries allow animal testing to create medicines.

④ It's important to respect different ways of thinking about animal testing.

3　次の英文を読んで、後の問いに答えなさい。

〔編集部注…課題文は著作権上の問題により掲載しておりません。作品の該当箇所につきましては次の内容を参考にしてください〕

Clare Gray『Stories of Courage』〈Pearson Education〉
Story8「A Doctor, a Father, and his Son」

P.37の1行目～P.39の最終行（一部改変・省略あり）

〔設問の箇所〕
問1　下線部(1)「Oe's mind was not on his work」(P.37の2～3行目)
問2　下線部(2)「On that day」(P.37の12～13行目)
問5　下線部(4)「screams」(P.38の15行目)
問8　下線部(6)「little Hikari could not reply」(P.39の6～7行目)

注　disabled 障害のある　　suffering　苦しむ　　water rail　クイナ（鳥の一種）

問1　下線部（1）の理由として最も適当なものを選び、番号で答えなさい。　18

① 生まれながら障害を持った子どもとの今後の生活を不安に思ったから。

② 広島の人々と会うことを心待ちにしていたから。

③ 家族と離れて、広島で暮らしていけるか心配だったから。

④ 入院中の子どもが障害を乗り越えて生きられると確信していたから。

問2　下線部（2）の出来事の説明として最も適当なものを選び、番号で答えなさい。　19

① Dr. Shigeto got off the train at Hiroshima city center.

② Oe wrote about the terrible history of the atomic bomb.

③ Dr. Shigeto did his best to help the people around him who were hurt.

④ The people in Hiroshima became more interested in the problems of the atomic bomb.

問3　次の英文を本文中に入れるには［ A ］～［ D ］のどこが最も適当か、番号で答えなさい。　20

How could he ever find hope in this difficult world?

① ［ A ］　② ［ B ］　③ ［ C ］　④ ［ D ］

問4　空所［ （3） ］に入る最も適当なものを選び、番号で答えなさい。　21

① glad about　② careless with　③ afraid of　④ interested in

問5　下線部（4）の意味として最も近いものを選び、番号で答えなさい。　22

① to quietly talk in a friendly voice

② to jump high in the air with excitement

③ to make a loud and high-pitched sound

④ to close your eyes and protect them from bright light

問6　下線部（5）と同じ用法の文を選び、番号で答えなさい。　23

① We didn't have enough time <u>to finish</u> playing the game.

② All the students were excited <u>to see</u> the baseball player.

③ It is important <u>to keep</u> your promise with your friends.

④ I will get you something cold <u>to drink</u>.

問7　空所［ （あ） ］と［ （い） ］に入る語の組み合わせとして最も適当なものを選び、番号で答えなさい。　24

① （あ）saddest　（い）worst　② （あ）happiest　（い）best

③ （あ）best　（い）saddest　④ （あ）worst　（い）best

問8　下線部（6）の状況として最も近いものを選び、番号で答えなさい。　25

① Hikari understood, but he was not able to say anything.

② Hikari couldn't speak because he could not understand.

③ Hikari was too shy to speak to his family.

④ Hikari was so young that he was not able to speak at all.

問9　本文の内容に一致するものを3つ選び、番号で答えなさい。ただし、解答の順番は問わない。

26 ～ 28

① Oe's job in Hiroshima was to write a story for a magazine about the people there.

② Oe's son was born healthy and without any disabilities.

③ Dr. Shigeto was a doctor who survived the atomic bomb in Hiroshima.

④ Dr. Shigeto was helpless and could not move when the atomic bomb was dropped.

⑤ On the day the atomic bomb was dropped, many people worked bravely for Dr. Shigeto.

⑥ Oe's son, Hikari, learned to speak and write music with the support of his family.

⑦ Hikari never learned to speak or communicate with his family.

⑧ Hikari started writing music for sick people when he turned eighteen.

4 次の問い（問1～問5）において、①～⑥の語（句）を日本語の意味を表すように並べかえて、文を完成しなさい。解答は 29 ～ 38 に入るものの番号のみを答えなさい。

問1　あちらに立っている女の子は誰なのか教えてもらえますか？

Could you ＿＿＿ 29 ＿＿＿ ＿＿＿ 30 ＿＿＿ there is？

① standing　② the girl　③ over　④ who　⑤ me　⑥ tell

問2　身体に良い食べ物を食べるだけでなく、日頃から運動することも大切なことですよ。

Not ＿＿＿ 31 ＿＿＿ ＿＿＿ 32 ＿＿＿ regularly is important.

① healthy food　② eating　③ exercising　④ but　⑤ only　⑥ also

問3　残念ながらこの学校からは富士山は見られません。

Unfortunately, ＿＿＿ 33 ＿＿＿ ＿＿＿ 34 ＿＿＿ school.

① from　② be　③ this　④ Mt. Fuji　⑤ seen　⑥ cannot

問4　やるべきことがたくさんあったので、何をすればよいのかわかりませんでした。

I didn't ＿＿＿ 35 ＿＿＿ ＿＿＿ 36 ＿＿＿ were a lot of things that I had to do.

① there　② what　③ because　④ to　⑤ know　⑥ do

問5　今回の台風は人の歩くスピードの2倍の速さで動くらしいよ。

I ＿＿＿ 37 ＿＿＿ ＿＿＿ 38 ＿＿＿ people's walking speed.

① fast as　② heard　③ twice　④ this typhoon　⑤ moves　⑥ as

<リスニング問題放送原稿>

※「チャイム」

これから「放送を聞いて答える問題」を始めます。
問題は全部で７問あり，放送はすべて英語で行われます。放送中メモを取ってもかまいません。各問題について英語は２回ずつ放送されます。
では，始めます。

Look at No. 1 and No. 2.

Listen to each talk, and choose the best answer for each question.

Let's start.

No. 1

A : Merry Christmas, Judy. I have a present for you.

B : Oh, really? Can I open it?

A : Sure. You can use this when you watch stars at night.

B : Wow, I've always wanted one! Thank you, Dad.

Question : What did Judy's father give her?

(会話と質問を繰り返します。)

No. 2

A : Tomorrow is Saturday. Why don't we go to the zoo, Kent?

B : I'm sorry, I can't, Maki. I have a soccer game tomorrow.

A : How about next Friday or Saturday then?

B : Let me see. OK, I'm free next Friday, September 30.

Question： When is Kent's soccer game?

（会話と質問を繰り返します。）

Look at No. 3 and No. 4.

Listen to each situation, and choose the best answer for each question.

Let's start.

No. 3

Liz went to a clothes shop.

She found a nice T-shirt at the shop.

But she wants one in a different color, so she talks to the clerk.

Question： What will Liz say to the clerk?

（英文と質問を繰り返します。）

No. 4

Ted and Aki saw a Japanese movie at the theater.

In the movie, there were many Japanese words Ted didn't know.

He tried to understand the story, but he couldn't.

Question： What will Ted say to Aki?

（英文と質問を繰り返します。）

Listen to the speech by Yumi, and choose the best answer for each question.

Let's start.

Hello, everyone.　I'm Yumi Ueda.

Have you ever heard of a digital teacher?　In New Zealand, some elementary school students learn from one.　Will, one of the world's first digital teachers, was a digital human programmed by computer engineers.　He teaches the elementary school students about energy use.

Will has a face like a man, but he is not a human.　He is an AI software program and the students can only see him on a computer screen.　Thanks to a camera and microphone, Will can see the students.　When the students smile at him, he smiles back.　When they speak to him, he can listen to and answer questions from them.

Today, teachers can use computers when they teach at schools.　In the future, there'll be more digital teachers like Will at schools all over the world.

No. 5

Question：　Who is Will?

No. 6

Question：　What does Will teach at school?

No. 7

Question：　What does Yumi think about schools in the future?

(英文と質問を繰り返します。)

以上で「放送を聞いて答える問題」を終わります。では，ほかの問題を始めてください。

【数　学】（50分）〈満点：100点〉

（注意）(1)　問題文中のア，イ，ウ，……の1つ1つは，それぞれ0から9までの数字，または－のいずれか1つに対応します。それらをア，イ，ウ，……で示された解答欄にマークしなさい。

(2)　分数形で解答が求められたときは，既約分数で答えなさい。符号は分子につけ，分母につけてはいけません。

(3)　根号を含む形で解答する場合，根号の中に現れる自然数が最小となる形で答えなさい。

(4)　問題文中にある図は必ずしも正確ではありません。

(5)　円周率はπとして計算しなさい。

Ⅰ　次の各問いに答えなさい。

(1)　$(-5)+4+(-3)\times\dfrac{1}{3}=$ アイ

(2)　$\left(\dfrac{1+\sqrt{3}}{2}\right)^2-\left(\dfrac{3+\sqrt{3}}{3\sqrt{3}}\right)^2=\dfrac{\boxed{ウ}\left(\boxed{エ}+\sqrt{\boxed{オ}}\right)}{\boxed{カキ}}$

(3)　2次方程式　$(x-2)^2+2(x-2)-1=0$　を解くと　$x=\boxed{ク}\pm\sqrt{\boxed{ケ}}$

(4)　ある講演会の月曜日から土曜日までの6日間の参加者数を1000人を基準として表にまとめました。1000人よりも多いときは正の数，少ないときは負の数で表しています。

曜日	月	火	水	木	金	土
基準1000人との差	53	48	－32	－101	72	206

この6日間の平均の参加者数は コサシス 人

(5)　1.3kgの5割3分の重さは セソタ g

(6) 図のような放物線と直線があります。

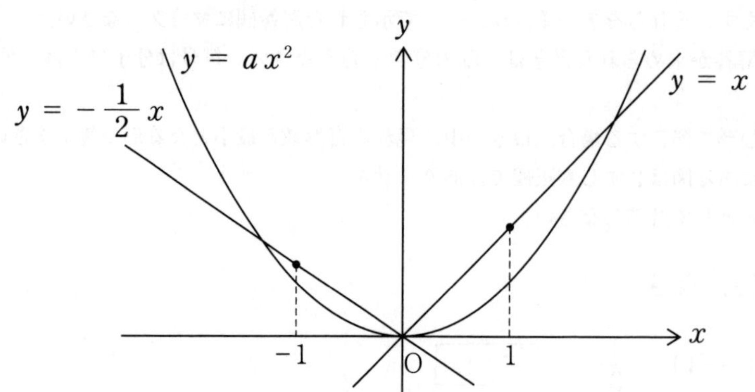

定数 a の値の範囲について，最も適当なものを次の①～④から１つ選ぶと [チ]

① $a < 0$　　② $0 < a < \frac{1}{2}$　　③ $\frac{1}{2} < a < 1$　　④ $a > 1$

[Ⅱ] 次の各問いに答えなさい。

(1) $\begin{cases} 4x - 5y + 2z = 0 \\ 5x - y - z = 0 \end{cases}$ のとき，$x : y : z$ を最も簡単な整数の比で表すと

$x : y : z = 1 :$ [ア] $:$ [イ]

(2) $(-0.1) \times 5 + (-0.1) \times 5^2 + (-0.1) \times 5^3 + (-0.1) \times 5^4$

$=$ [ウエオ]

(3) 図において，ＯＡ＝256 のとき，

ＯＢ＝ $\boxed{\text{カキ}}\sqrt{\boxed{\text{ク}}}$

ただし，●の印のついた角は全て角度が等しいものとします。

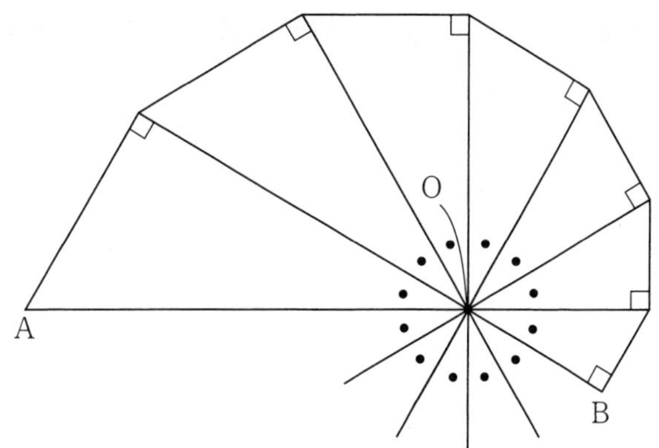

(4) 1，2，3，4，5の数字が書かれたボールが1つずつあります。これらのボールを1，2，3，4，5の番号が表示された箱のどれかに1つずつ入れます。

ボールの数字と箱の番号がちょうど3つ一致している確率は $\dfrac{\boxed{\text{ケ}}}{\boxed{\text{コサ}}}$

(5) 分母が2の累乗で，分子が分母の値より小さい奇数である分数を次のように並べ区画に分けました。

第1区画	第2区画	第3区画	第4区画	第5区画
$\frac{1}{2}$	$\frac{1}{4}, \frac{3}{4}$	$\frac{1}{8}, \frac{3}{8}, \frac{5}{8}, \frac{7}{8}$	$\frac{1}{16}, \frac{3}{16}, \frac{5}{16}, \frac{7}{16}, \frac{9}{16}, \frac{11}{16}, \frac{13}{16}, \frac{15}{16}$	$\frac{1}{32}, \cdots$

次の各問いに答えなさい。

① 第8区画に含まれる128個の分数のうち，128番目の分数は $\dfrac{\boxed{\text{シスセ}}}{256}$

② 第8区画に含まれる分数全ての和は $\boxed{\text{ソタ}}$

③ 1番目の分数 $\frac{1}{2}$ から数えて1000番目の分数は $\dfrac{\boxed{\text{チツテ}}}{1024}$

(6) $5n^2-28n+39$ の値が素数となるような整数 n の値は ト ， ナ

ただし， ト ＜ ナ とします。

Ⅲ 放物線 $y=ax^2$（a は定数）があります。A（1，2），B（2，8），

C（－2，8），D（－1，2）はこの放物線上の点です。

また，直線ABと直線CDの交点をE，直線BCと y 軸との交点をFとします。

次の各問いに答えなさい。

(1) $a=$ ア

(2) 四角形ABCDの面積を S とすると，$S=$ イウ

(3) 点Eの座標は（ エ ， オカ ）

(4) 直線BCと直線ADの間に x 軸に平行な直線 ℓ を引き，

直線 ℓ と y 軸，直線 ℓ と直線ABとの交点をそれぞれH，Iとします。

① HF＝h とすると，HI＝$\dfrac{\boxed{キク}-h}{\boxed{ケ}}$

② 四角形ABCDの面積を直線 ℓ が二等分するとき，

Hの y 座標は $\boxed{コサ}+\boxed{シ}\sqrt{\boxed{スセ}}$

Ⅳ　図のように，１辺の長さが２である正四面体ＡＢＣＤがあり，その内部に球Ｏがあります。球Ｏは正四面体の全ての面に接しており，点Ｈは辺ＣＤの中点です。次の各問いに答えなさい。

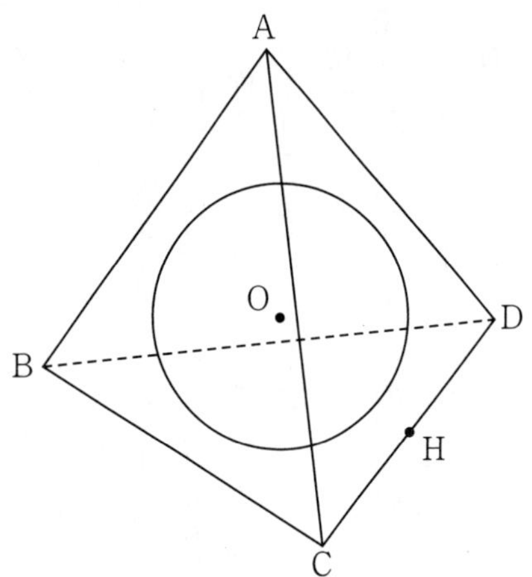

(1)　３点Ａ，Ｂ，Ｈを通る平面でこの立体を切ったときの断面図として，最も適当なものを次の①～④から１つ選ぶと［ア］

①
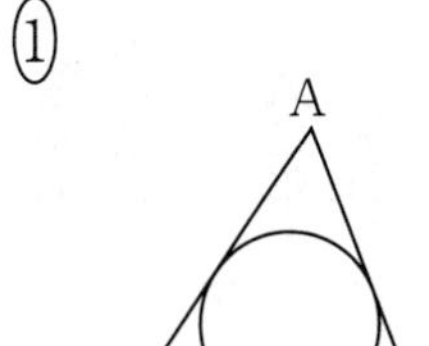
②

③

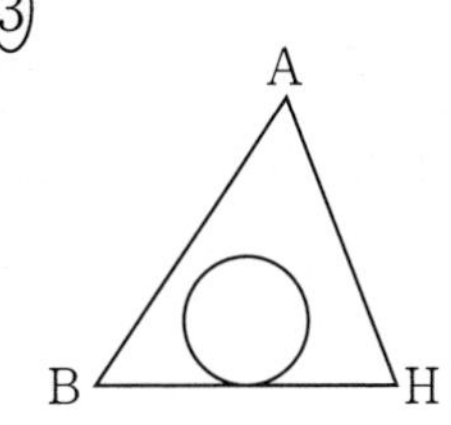
④
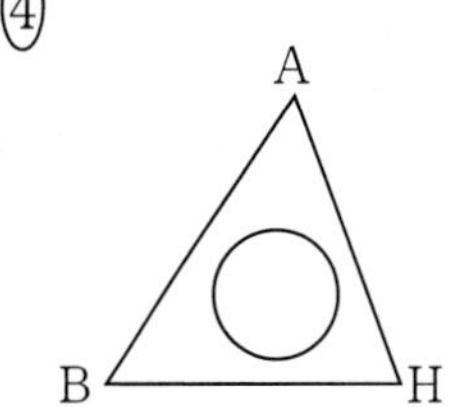

(2)　△ＡＢＣの面積は $\sqrt{\boxed{イ}}$

(3)　この正四面体の底面を△ＢＣＤとするとき，正四面体の高さは $\dfrac{\boxed{ウ}\sqrt{\boxed{エ}}}{\boxed{オ}}$，

正四面体の体積は $\dfrac{\boxed{カ}\sqrt{\boxed{キ}}}{\boxed{ク}}$

(4)　球Ｏの半径は $\dfrac{\sqrt{\boxed{ケ}}}{\boxed{コ}}$

さらに、おじいさんになる直前の記述では、三年間亀と一緒に過ごしたと思っていた浦島の姿が『二十四五の齢』と書かれています。浦島は一切年を取っていないんです。つまり、亀が形見として渡した玉手箱には一緒に過ごした二人の七百年が詰め込まれていたんですね。」

生徒「ちょっとロマンチックですが、結局は開けてしまい一気に年を取ってしまうんですね。七百年も年を取ったら死んでしまいそうですが。」

先生「そのあとに注目してください。挿絵チには鶴と亀の二匹の動物が描かれていますね。あわせてその部分の本文も見てみましょう。

> 本文B
>
> この箱をあけて見れば、中より紫の雲三すぢ上りけり。これを見れば、二十四五の齢も、たちまちに変りはてにける。さて、浦島は鶴になりて、虚空に飛び上がりける。(中略)その後、浦島太郎は、丹後国に浦島の明神とあらはれ、衆生済度し給へり。亀も、同じところに神とあらはれ、夫婦の明神となり給ふ。めでたかりけるためしなり。

『たちまちに変りはてにける。』でおじいさんになった後にも何行か物語が続いています。では本文からおじいさんになった後の浦島はどうなったと読み取れますか？　本文中の『衆生済度』は『しゅじょうさいど』と読み、数多の生き物を救うことを意味していますよ。」

生徒「[　Y　]」

先生「その通りです。この結末なら、亀の命を助けた浦島は報われたと言って良いのではないでしょうか。」

生徒「そうですね。でもなぜ、今の昔話ではその部分が削られてしまったのでしょうか？」

先生「それはまたの機会に考えてみましょう。」

問一　[　X　]に当てはまるものとして最も適当なものを、次の①～④のうちから一つ選びなさい。解答番号は〈25〉

①　挿絵ハ　②　挿絵ニ　③　挿絵ホ　④　挿絵ヘ

問二　[　Y　]に当てはまるものとして最も適当なものを、次の①～④のうちから一つ選びなさい。解答番号は〈26〉

①　浦島は鶴となって飛び立ち、そのまま天に昇って行ったのですね。そして神となり人間の時と同じように亀を救い出して夫婦として結ばれたのですね。

②　浦島は長寿の象徴である鶴となって神として祀(まつ)られ、生き物たちを亀と同じように救ったのですね。そして同じく長寿の象徴である亀と祀られ、二人は永遠に結ばれることとなったのですね。

③　悟りを開いた浦島は仏となって様々な生き物を救う中で、あの亀を発見したのですね。そして亀と夫婦となり玉手箱を開けてしまったことを謝ったのですね。

④　悟りを開いた浦島は諸行無常を感じ、自分の身でさえ鶴になってしまえるのだから姿かたちなど些細なことだと思いなおして亀を迎えに行ったのですね。そして改めて夫婦となったのですね。

先生「浦島太郎、という話は知っていますね?」

生徒「はい、浦島が亀を助けて竜宮城へ連れられて……という話ですよね。」

先生「そうです。では、最後の部分は覚えていますか?」

生徒「玉手箱を開けると煙が出てきて、浦島はおじいさんになってしまいます。」

先生「今の昔話としてはそう伝わっていますよね。でも、ほかの昔話と比べてちょっと変だと思いませんか?」

生徒「浦島がかわいそうです。」

先生「ですね。ほかの昔話ではよいことをした人は報われ、意地悪をした人はバチが当たる、というものが多い中、亀を助けた浦島は竜宮城から帰ると知っている人がいないほどの時が経っており、さらには玉手箱でおじいさんにされてしまいます。」

生徒「竜宮城でごちそうや魚たちの舞にうつつを抜かしていたことへの罰ですか?」

先生「亀の方からお礼として招待しておいてそれはあまりに酷でしょう。実は、元となった古典作品では、いくつか異なる点があるんです。挿絵と本文を見ながら読んでいきましょう。まず浦島は『ゑしまが磯』という場所で亀を釣り上げますが、逃がしてやります。挿絵イ の部分ですね。本文は省略しましたが、挿絵ロ の通り同じ場所で船で流される女性を見つけ、助けます。」

生徒「この女性は誰なんですか?」

先生「それは後でわかります。女性を目的地まで送ると、なんとも美しいところにたどり着き、そこで浦島は女性に求婚されます。」

生徒「いきなりですね。」

先生「ええ。そしてその後、その美しい場所が竜宮城であることも明かされます。その後二人は夫婦として三年間そこで過ごします。」

生徒「結構な期間ですね。」

先生「そうですね。今とは平均寿命も違いますから。そして、浦島が親の顔を見に故郷に帰るといったあとの場面が以下の本文です。

> 本文A
>
> 女房申しけるは、「今は何をか包み候べき。みづからは、この龍宮城の亀にて候ふが、ゑしまが磯にて、御身に命を助けられ参らせて候ふ、その御恩報じ申さんとて、かく夫婦とはなり参らして候ふ。またこれは、みづからがかたみにご覧じ候へ」とて、左の脇よりいつくしき箱を一つ取り出し、「※あひかまへて、この箱をあけさせ給ふな」とて渡しけり。
>
> ※あひかまへて…何があっても決して。

女性が実は亀だったという事実が明かされる、別れの場面ですね。」

生徒「女性の正体は浦島を連れて行った先が竜宮城、ということでなんとなく予想できました。でも、これは昔話と違いますね。昔話でいう乙姫様が亀で、しかも結婚するんですね。」

先生「そうです。鶴の恩返しに似ていますね。では、挿絵ハ～ヘ のうち、どれがその別れの場面か分かりますか? 挿絵ハ～ヘ の順番は入れ替えてありますよ。」

生徒「 X ですか?」

先生「正解です。どうしてわかりましたか?」

生徒「別れの場面なので悲しみが表れるような絵になっていると思いました。それと、さっきの本文と見比べてみました。」

先生「良いですね。その後故郷に帰り、玉手箱を開けたのが 挿絵ト になります。」

生徒「確かに 挿絵ト では箱から煙が出ておじいさんが座っていますね。ここまでは知っている昔話とあまり変わりません。」

先生「実はこの場面、七百年も経っていると書かれているんですね。

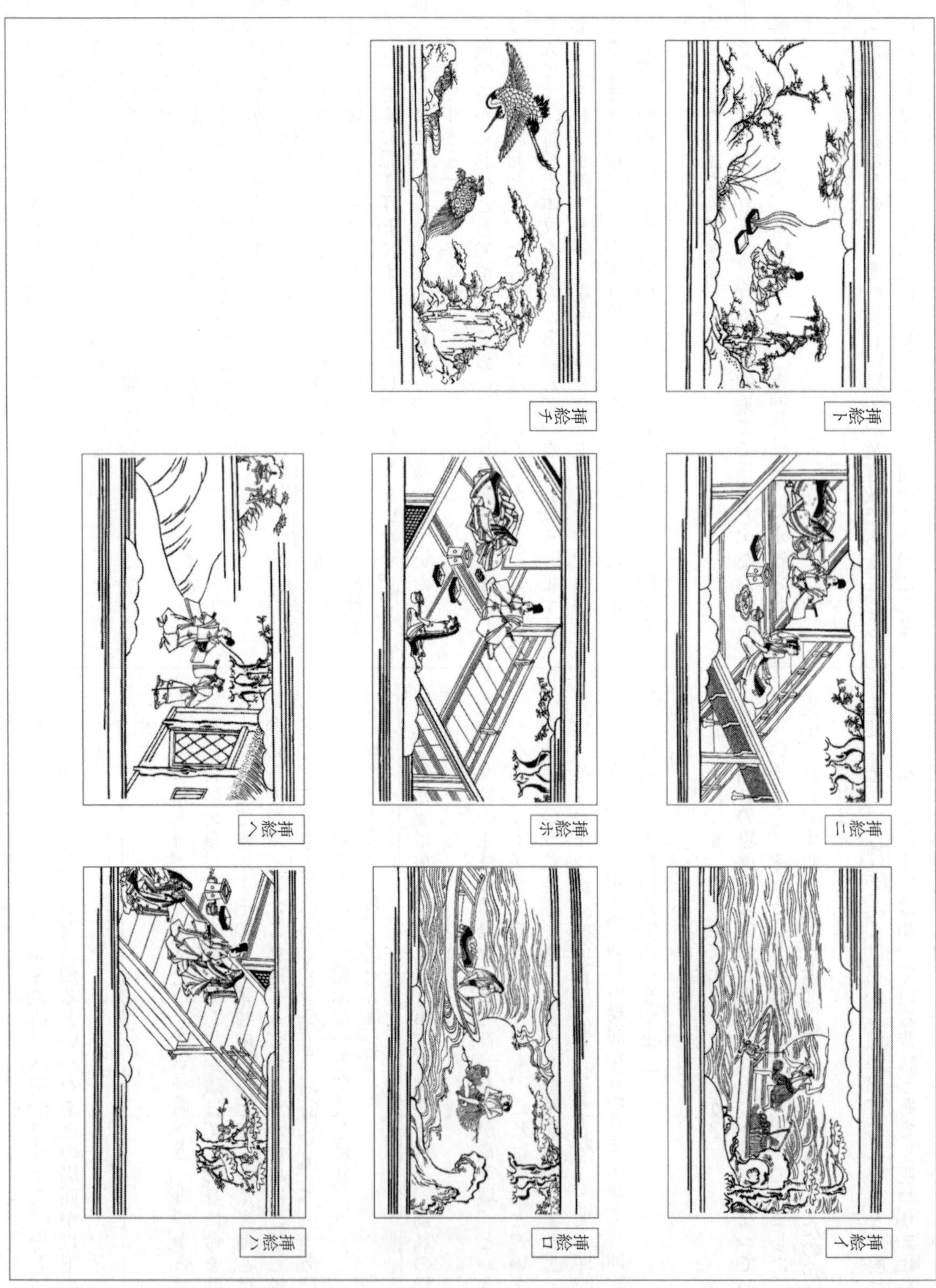

資料・挿絵
（挿絵ハ〜ヘは設問の都合上、順番を入れ替えています。）

賜(たまは)りたれば、限りなくうれしく思ひ給へて、これを布施に参らするなり」とて、「ⓑ法師になさせ給へ」と涙にむせかへりて泣く泣くいひければ、聖いみじう貴みて、法師になしてけり。さてそこより行方(ゆくかた)もなくて失せにけり。在所(ありどころ)知らずなりにけり。

（『宇治拾遺物語』による。）

※帷…生糸や麻で作った一重物。薄いので、冬に着るには相応しくない。
※北の方…正妻の敬称。ここでは高忠の妻。
※二つながら…二つとも。
※侍…この「侍」は「侍所」のこと。侍の詰所。
※戒師…出家の戒を授けてくれる師僧。

問一 ——部㋐、㋑の本文中の意味として最も適当なものを、後の①～④のうちからそれぞれ一つずつ選びなさい。解答番号は〈20〉・〈21〉

㋐「いみじく不幸なりける侍の、夜昼まめなるが」〈20〉

① たいそう不遇で貧しかった侍で、夜も昼も辛そうにしていたのが
② きわめて不遇で貧しかった侍で、夜も昼も真面目に働いていたのが
③ きわめて不遇で貧しくなってしまった侍で、夜も昼も休まず働いていたのが
④ たいそう不遇で貧しくなってしまった侍だが、夜も昼も熱心に勉強していたのが

㋑「あさましがりけり」〈21〉

① 疑って非難した
② 驚いて感心した
③ 喜んで褒め称えた
④ 我も我もと羨ましがった

問二 ——部ⓐとありますが、この和歌の説明として最も適当なものを、次の①～④のうちから一つ選びなさい。解答番号は〈22〉

① 「はだかなる」を読むために帷を脱いだ侍の勢いに、高忠も北の方も感動して褒美を授けた。
② 「うちふるへども」の「ふる」は、「白雪が降る」と「刀を振る」の二つの意味が掛けられている。
③ 振り払っても消えない白雪は、我が身の苦労や老いから生じる「白髪」と重ねて読まれている。
④ 「はだかなる我が身にかかる白雪はうちふるへども」の四句は「消え」を導き出す序詞である。

問三 ——部ⓑとありますが、その発言の裏にある思いとして最も適当なものを、次の①～④のうちから一つ選びなさい。解答番号は〈23〉

① 和歌に熱心に取り組んだとしても、侍のままでは世間からの評判を得られないという悟り。
② 和歌を評価されたことで自信をもった侍の、北山に移住して和歌を詠むことに集中しようという決意。
③ 不幸な自身の人生を悲観し、せめて後生だけでも何とかして助かりたいという侍の願い。
④ 和歌から気持ちを汲み取り、法師になるための上等な衣類を授けてくれた高忠や北の方への侍の感謝。

問四 『宇治拾遺物語』は鎌倉時代に成立した作品ですが、同時代に成立した作品として適当なものを、次の①～④のうちから一つ選びなさい。解答番号は〈24〉

① 閑吟集
② 平家物語
③ 竹取物語
④ 古事記

五

19ページの資料は「浦島太郎『御伽草子集』」の挿絵と、それについての先生と生徒のやりとりです。見て、後の問いに答えなさい。（設問の都合上、本文を一部省略、改変した。）

次の①～④のうちから一つ選びなさい。解答番号は〈17〉

① 不良少年たちの身近にいる大人たちがおしなべて学歴が低く、学習面でロールモデルになる対象が不在であるため、教室でみんなに合わせて勉強する意味がわからないから。

② 不良少年たちはマッチョな労働者文化の中で育ったために、じっとしていることが苦痛でしかなく、学校でおとなしく席に座って勉強なんかできないという価値観を持つから。

③ 不良少年たちは生育環境のなかで机に向かうことがそれほど苦痛ではないような身体的技法と、机に向かうことが当たり前だという感覚を身に付ける機会に恵まれなかったから。

④ 不良少年たちは勉強という一種の投資によりどの程度のリターンが得られるかを予測できないので、学校をドロップアウトするという合理性を欠いた判断をくださざるをえないから。

問五 [C]・[D]に当てはまる語句の組み合わせとして最も適当なものを、次の①～④のうちから一つ選びなさい。解答番号は〈18〉

① C 皮肉　D 野心　② C 逆説的　D 機会

③ C 悲劇的　D 情熱　④ C アイロニカル　D 能力

問六 [E]に当てはまるように次のア～エの文を正しく並べ替えたとき、その順番として最も適当なものを、後の①～④のうちから一つ選びなさい。解答番号は〈19〉

ア 全世帯のうち所得が一千万円以上のものはわずか十二パーセントですから（２０１９年「国民生活基礎調査」）、東大生の出身階層はものすごく偏っていると言えます。

イ 学校は階級をシャッフルするのではなく、階級格差を維持しているのではないか。

ウ 東大生の親の年収を調べると、約六割が九百五十万円以上だといいます（東京大学「学生生活実態調査報告書 ２０１８年」）。

エ すると、こんな疑問が湧いてこないでしょうか。

① エ→イ→ウ→ア　② イ→ア→ウ→エ

③ エ→イ→ア→ウ　④ ウ→ア→エ→イ

四

次の文章を読んで、後の問に答えなさい。（……の左側は現代語訳です。）

今は昔、高忠（たかただ）といひける越前守（えちぜんのかみ）の時に、（高忠という人が越前守のときに）㋐いみじく不幸なりける侍の、夜昼まめなるが、冬なれど、※帷（かたびら）をなん着たりける。雪のいみじく降る日、この侍、清めすとて、（この侍は、外の掃除をしようとして）物の憑きたるやうに震ふを見て、守、「歌詠め。をかしう降る雪かな」といへば、この侍、「何を題にて仕る（つかまつ）べき」と申せば、「裸（はだか）なる由（よし）を詠め」といふに、程もなく震ふ声をささげて詠みあぐ。（まもなく侍は震える声を張り上げて歌を詠みだした）

ⓐはだかなる我が身にかかる白雪はうちふるへども消えせざりけり

と誦（よ）みければ、守いみじくほめて、着たりける衣（きぬ）を脱ぎて取らす。（守が着ていた服を脱いで侍へ与えた）※北の方（かた）も哀れがりて、薄色（うすいろ）の衣のいみじう香ばしきを取らせたりければ、※二つながら取りて、かいわぐみて、（くるくると丸めて）脇に挟みて立ち去りぬ。※侍に行きたれば、居並みたる侍ども見て、驚きあやしがりて問ひけるに、かくと聞きて㋑あさましがりけり。

さてこの侍、その後見えざりければ、あやしがりて、守尋ねさせければ、北山に貴き聖（たふとひじり）ありけり、そこへ行きて、この得たる衣を二つながら取らせて、いひけるやう、「年まかり老いぬ。身の不幸、年を追ひてまさる。この生の事は益もなき身に候ふめり。後生をだにいかでと覚えて、法師にまかりならんと思ひ侍れど、※戒師に奉るべき物の候はねば、（ありませんでしたので）今に過し候ひつるに、かく思ひかけぬ物をいくという［D］はあらかじめ冷却されています。そのためにすべてが予定調和的に再生産されていく。ですから、文化的再生産論が投げかける問題の核心は、学校の社会的機能を問い直すことなのです。

近代的な社会において、初等教育と中等教育の多くは義務教育です。本来は階層に関係なく優秀な人を選抜することが目的であり、階層をシャッフルする機能が期待されていたはずです。しかしブルデューが指摘しているように、そこで行われているのは選別と格差の維持にほかなりません。学校は優秀な人を効率よくピックアップするための装置ではなく、ただ親から受け継いだ文化資本を、そのまま自動的に親と同じように高い地位に押し上げるための装置だということになります。

［E］

学校以前に身についた態度の段階で子どもたちを選別し、階層格差を正当化する装置なのではないか。

以上のように、学校教育の現実を批判的に見る議論において、文化を「賭け金」と捉える『ディスタンクシオン』はよく参照される本なのです。

（岸　政彦 著『NHK　100分de名著　2020年12月　ブルデュー　ディスタンクシオン』による。）

※ブルデュー…ピエール・ブルデュー（一九三〇―二〇〇二）。フランスの社会学者。主著は、フランス語で「区別」を意味する『ディスタンクシオン』。

※ハビトゥス…私たちの評価や行動のさまざまな傾向性であり、同時にそれらを生み出す原理のこと。

※エスノグラフィー…民族誌。ある民族の特徴を調査するためにその生活に入り込み、長期間にわたり生活スタイルを観察し、文化や行動様式の詳細を記述すること。

問一　――部ⓐとありますが、その説明として最も適当なものを、次の①～④のうちから一つ選びなさい。解答番号は〈14〉

①　一般に学校教育には階級をばらばらに入れ替える機能があるとみなされているが、実際は学校以前に身についた態度の段階で子どもたちを選別し、階級格差を維持する装置として機能していること。

②　一般に学校教育には階級をシャッフルする側面があると考えられているが、実際はただ親から受け継いだ文化資本を親と同じかより高い地位に押し上げ、格差を正当化するための装置にすぎないこと。

③　一般に学校教育には階層を問わずランダムに人をピックアップする機能が期待されているが、実際は就学以前に獲得される身体化された文化資本の多寡によって学校の序列や社会の階層が再生産されること。

④　一般に学校教育は非効率であっても優秀な人を正確に選抜するための装置だと思われているが、実際は就学以前に獲得される文化資本の多寡によって学校の序列が固定化され、社会的な差異が再生産されること。

問二　［A］に当てはまる語句として**適当でないもの**を、次の①～④のうちから一つ選びなさい。解答番号は〈15〉

①　厚化粧をする　②　劇場やダンスホールに通う

③　小論文を訓練する　④　ラグビーをする

問三　［B］に当てはまる語句として最も適当なものを、次の①～④のうちから一つ選びなさい。解答番号は〈16〉

①　学校で勉強することをよしとする態度や性向

②　彼らの抱いているさまざまな希望や要求、自己イメージや自己評価

③　その人の趣味やライフスタイル

④　教育機関の内部で当人に割り当てられた位置づけ

問四　――部ⓑとありますが、その理由として最も適当なものを、

よって学校での序列が決まり、ひいては社会での位置も再生産されるというのです。『ディスタンクシオン』から引用します。

学校教育制度は生徒たちを種分けして、ある者は正統的慣習行動をおこなう者として評価の高い位置づけへ、またある者はこれをおこなわない者として評価の低い位置づけへと振りわけていくことにより、彼らの抱いているさまざまな希望や要求、自己イメージや自己評価を操作している（……）。

さらにブルデューは、学校教育で固定化される序列が、その人の趣味やライフスタイルにも影響を及ぼし差異を再生産するとして、こうも述べています。

そして学校による分類＝等級(クラスマン)づけが生みだすさまざまな公認の差異は、分類された各個人の心のなかに、だれもが認めかつ支持する信念として、これらの差異はたしかに存在するのだと信じる気持ちをおこさせ、そうして自分の現実の存在をしかるべき公認の存在に近づけるための行動をとらせることによって、結局実質上の差異を生産する（あるいはこれを強化する）方向へとむかってゆく。だから教育機関が明確にかつ厳しく要求していることとはおよそ縁のうすい行為、たとえば日記をつける、[A]、などといったもろもろの行為も、教育機関の内部で当人に割り当てられた位置づけのなかに、暗黙の要求として含まれていることがありうるのだ。

「[B]」が社会的な差異を再生産する。このしくみを見事に描き出したのが、イギリスの社会学者ポール・ウィリスの『ハマータウンの野郎ども――学校への反抗・労働への順応』（一九七七年、邦訳は一九八五年）です。この本でウィリスは、Lads（「不良たち」を指すスラング）と呼ばれるイギリスの労働者階級の若者を丹念に調査しています。ⓑ**なぜ不良の高校生は進んで労働者階級の仕事（おもに工場での肉体労働）に就くのか**を、彼ら特有の「反学校」の文化の中に探ったのです。

ウィリスによれば、労働者階級のいわゆる不良の男の子たちは、自分から進んでグレていき、自分から進んでドロップアウトし、自分から進んで親と同じブルーカラーの労働者になっていくといいます。マッチョな労働者文化の中で育った彼らには、じっとしていることは苦痛でしかなく、おとなしく座って勉強することなんかできないという価値観があります。

また、彼らにとって身近な大人である家族や親戚も一様に学歴が低くて、ロールモデルになる学歴の高い人がいないとなれば、不良少年たちには、教室で我慢してみんなに合わせて勉強する意味がわからない。

これはブルデュー的に言えば、知的能力ではなく、※ハビトゥスのレベルでの排除です。つまり彼らは、学校において知的能力で排除されているのではなく、身についた文化によって、勉強するかしないか以前に排除されているのです。彼らにとっては、むしろグレてドロップアウトするほうが合理的です。ただし、その時点では合理的な行為でも、長い目で見ると、不利な立場を自分から選んでいることになります。

こうして、不平等な階級格差が、むしろその下位の人々の「自由意志」によって再生産されているという、きわめて[C]な現実があることを、ウィリスは詳細な※エスノグラフィーによって見事に描き出したのです。

教育社会学には、[D]の冷却（クーリング・アウト）という概念があります。客観的なチャンスが存在しないところでは、主観的な[D]も、はじめから存在しないのです。ハビトゥスというものは、自らが所属する場での客観的チャンスがどれくらいあるかを瞬時に、身体的に把握する実践感覚を備えています。「野郎ども」にとっては、学校の中で学校的達成をして、学校的に成功して

Aさん「国語の知識を使って〈問題X〉を作りました。【ア】に入る言葉を補い、登場する数字を足していく問題です。【？】に入る数字を答えてみてください」
Bさん「【ア】に当てはまる四字熟語は四苦八苦でしょうか。すると4と8、それから『小林一茶』の1で、合計すると答えは13です」
Aさん「正解です」
Bさん「面白いですね。同様に、私も問題を作りました。〈問題Y〉を見てください」
Aさん「難しいですね。ええと、たしか【ウ】は50くらいだった気がします。【イ】のヒントはありますか」
Bさん「【イ】に入る言葉は、漢数字が三つ使用されます」
Aさん「なるほど。では【イ】の漢数字三つと【ウ】を合わせると、【？】に入る答えは Ⅰ ですか」
Bさん「正解です。他にも問題を作れないか考えてみましょう」

〈問題X〉
【ア】+小林一茶=【？】
【ア】=「し」から始まる四字熟語。
意味は「つらいことが多くて非常に苦しむこと」。

〈問題Y〉
【イ】+【ウ】=【？】
【イ】=『東海道中膝栗毛』の作者とされる人物。
【ウ】=『源氏物語』の巻数。

① 54　② 64　③ 74　④ 84

問四 Ⅰ～Ⅳに入る語句の組み合わせとして最も適当なものを、後の①～④のうちから一つ選びなさい。解答番号は〈13〉

統計を分析する研究者は、「〇〇という傾向が一般的にある」というべきところを、つい表現してしまうことがあります。 Ⅰ 「ぜったいに〇〇である」かのように、 Ⅱ 「フリーターになるとぜったいに正社員になれない」などがそうです。
Ⅲ 非正社員から正社員になるのは必ずしもたやすいことではありません。 Ⅳ 、ぜったいになれないわけではありません。その証拠に総務省統計局が毎月調べている「労働力調査」の結果をよくみると、非正社員から正社員に転職した人は年間三〇万人から四〇万人くらいいます。転職でなく、会社のなかで非正社員から正社員に登用された人も含めれば、おそらく一〇〇万人くらいになるでしょう。フリーターにも正社員になれるという希望はあるのです。
（玄田有史 著『希望のつくり方』による。）

① Ⅰ あたかも　Ⅱ たとえば　Ⅲ しかし　Ⅳ だが
② Ⅰ さながら　Ⅱ いわば　Ⅲ もちろん　Ⅳ しかし
③ Ⅰ まるで　Ⅱ たとえば　Ⅲ たしかに　Ⅳ ですが
④ Ⅰ たとえば　Ⅱ つまり　Ⅲ そして　Ⅳ もちろん

三

次の文章を読んで、後の問に答えなさい。

一般的に、学校教育には階級をシャッフルする側面があると考えられています。貧しい家庭の子でも裕福な家の子でも義務教育は等しく受けるものですし、家にお金がなくても成績がよければ奨学金を得るなどして進学することが可能となります。※ブルデュー自身がまさにそうでした。

ところが、いくつかの教育社会学的研究では、ⓐ学校にはまったく逆の機能があることが指摘されています。つまり、学校で勉強することをよしとする態度や性向は、就学以前に獲得される文化資本（身体化された文化資本）であるため、その資本が多いか少ないかに

問五　――部ⓔとありますが、その説明として最も適当なものを、次の①～④のうちから一つ選びなさい。解答番号は〈5〉

① 店長が考案したカレーをもとに工夫を凝らした成美のカレーは、そのおいしさから新たな客を呼び込み繁盛していったが、それは店長がいない方が店が効率よく回るということを意味しており、トヨエツはもう店長のカレーが食べられないことを嘆いている。

② 以前とは店の様子が変わったことで店長が帰ってくる場所がなくなってしまうのではないかと不安になり、これ以上自身でこの店を経営していて良いのかと考える成美に対して、トヨエツはそれでも進んでいかなくてはならないと励まそうとしている。

③ 店長がいない間も店を守り続けようと必死にカレーの研究をしてきたが、それによって店長が作るカレーから味が遠ざかっていることにも薄々気付いていた成美に対して、トヨエツは「進化は人を傷つける」という言葉を用いて成美に現実と向き合わせようとしている。

④ 成美は店を守るためにカレーにアレンジを加えて新たな客を呼び込み、経営も効率化を図るなどの工夫をして店は人気となったが、トヨエツは繁盛して店の様子が以前と大きく変わったことで、皮肉にも店長を傷つけてしまうかもしれないと危惧している。

二　次の各問に答えなさい。

問一　㋐～㋔の――部のカタカナを漢字に改めた場合、それと同じ漢字に該当するものを、後の①～④のうちからそれぞれ一つずつ選びなさい。解答番号は〈6〉～〈10〉

㋐ ルールをゲン格に適用する〈6〉
① 発表のゲン案を考える
② 不景気に伴い役員をゲン員した
③ 川のゲン流を訪ねる
④ 君主のゲン命を受ける

㋑ 試験の結果をユウ慮する〈7〉
① 故郷のためユウ国の士となる
② 幼稚園でおユウ戯会が開かれる
③ お盆休みはユウ界の存在を信じたくなる
④ 他人に対してもユウ愛の精神をもつ

㋒ 人生テツ学について考える〈8〉
① 先テツの教えにならう
② テッ機が空を飛んでいる
③ 物事のテッ頭徹尾
④ テツ色に染まったベンチ

㋓ メン密な調査を行う〈9〉
① メン震構造のビルを建てる
② メン羊を用いて衣服を作る
③ 疲れて何事もメン倒だ
④ メン鶏と雄鶏を飼育する

㋔ ジャク点が露呈する〈10〉
① 重苦しい静ジャクに包まれる
② 傍ジャク無人な振る舞い
③ 巻きジャクで測る
④ 子猫が衰ジャクから回復する

問二　次の四字熟語とその意味の組み合わせとして**適当でないもの**を、次の①～④のうちから一つ選びなさい。解答番号は〈11〉
① 信賞必罰―賞罰を正確、厳重にすること。
② 自由奔放―他を気にかけず、思うままに振る舞うこと。
③ 巧言令色―目上の人に対しても物怖じせず意見を述べること。
④ 比翼連理―男女や夫婦の愛情がいつまでも変わらないこと。

問三　次の会話の空欄 Ⅰ に当てはまる内容として最も適当なものを、後の①～④のうちから一つ選びなさい。解答番号は〈12〉

（幸村しゅう 著『私のカレーを食べてください』による。）

※カヲタ…カレーヲタクの略。

※奈津さん…店長のパートナーで、以前までカレーのスパイスを調合していた。

※ガラムマサラ…複数のスパイスを調合したインド発祥のミックススパイス。

問一 ――部ⓐとありますが、その理由として最も適当なものを、次の①～④のうちから一つ選びなさい。解答番号は〈1〉

① お米や野菜を卸してくれている業者の方々への感謝よりも店長を喜ばせたいという気持ちがまさっており、自身の成長も感じてもらうために店長が作っていたカレーにしようと成美は考えたから。

② 久しぶりに店を訪れる店長に喜んでもらい、普段からお世話になっている業者の方々にも感謝の気持ちを伝えたいとなると、振る舞うメニューは店長考案のカレーが良いと成美は考えたから。

③ 事故に遭ってから店に立つことができていない店長を励ますためには、業者の方々を招いた上で自身が研究し尽くした新たなカレーを存分に味わってもらうのが良いと成美は考えたから。

④ 日頃お世話になっている関係者や店長を喜ばせるためには、店長自身が考案したカレーにアレンジを加えて進化させたカレーを食べてもらうことが一番良いと成美は考えたから。

問二 ――部ⓑとありますが、その説明として**適当でないもの**を、次の①～④のうちから一つ選びなさい。解答番号は〈2〉

① あまりの美味しさに感動し、成美が店に通い詰めるきっかけになったもの。

② 鶏肉などの具材を食べやすい大きさにカットした、万人受けするカレー。

③ どろっとした濃い色のルーが特徴の、飾り気がないシンプルな一品。

④ 成美が一回食べて大好きになった、店長考案のカレーライス。

問三 ――部ⓒとありますが、その説明として最も適当なものを、次の①～④のうちから一つ選びなさい。解答番号は〈3〉

① 江戸川さんが『私が恋に落ちたカレー』という名前に否定的な反応を示したのに対し、トヨエツは店長のカレーを再現することに肯定的な反応を示した。

② 江戸川さんは『私が恋に落ちたカレー』という名前に否定的な反応をしたが、トヨエツは店長が考案したカレーを再現することに難色を示した。

③ 江戸川さんは『私が恋に落ちたカレー』という名前に恥ずかしそうな反応をしたが、トヨエツはカレーの名称には触れずに成美が作るカレーは以前より美味しいと励ましている。

④ 江戸川さんは『私が恋に落ちたカレー』という名前に困惑したが、トヨエツはチラシを見てカレー祭りの存在を初めて知り、なぜ成美が今まで黙っていたのかについて疑問を投げかけている。

問四 ――部ⓓとありますが、その説明として最も適当なものを、次の①～④のうちから一つ選びなさい。解答番号は〈4〉

① 店長がいたときには不思議なくらい時間がゆったりと流れていた店が、最近では客が落ち着いてコーヒーを飲む時間もないほどの繁盛店となった。

② 人が来なくて頭を抱えたことすらあった寂れた店だが、現在は客も多く訪れるようになり、店長が安心して帰ってこられるような繁盛店となった。

③ 好きなだけ時間をかけてコーヒーを楽しむ客が多い店であったが、店長がカレーを提供するようになってからはカレーを味わいにくる客が増えてきた。

④ 以前はランチの時間に満席になることが多かったが、近頃はランチ営業よりも夜の営業に多くの客が訪れるようになった。

今回は、当店で使用している精米したてのお米のおいしさを楽しんでいただこうと、米屋とカレー屋がコラボした、「究極のおにぎり」付きのスペシャル企画！
和風の出汁をきっちり利かせた炊き込みご飯に、カレーの風味をほどよくプラスした、新感覚のおにぎりをご用意いたします。（お土産にもできます）
どうぞ皆さま、お腹を空っぽにして御来店ください。

私が初めて食べた店長のカレーライスは、どろっとした濃い色のルーの中に、大きめの鶏肉がごろりと転がり、嚙み応えがある硬さに白米を炊きあげた、武骨で飾り気のない、まさに直球勝負の一皿だった。

だが、現在店で出しているカレーライスは、「自由に工夫してよい」という※奈津さんの言葉に後押しされ、カレー粉も※ガラムマサラも、私なりにアレンジを加えたものを使用している。そのせいもあり、いわゆる万人受けするカレーライスという枠組みを飛び越え、よりスパイスを際立たせたカレーに変化を遂げつつあった。

それに加えて、店を訪れるお客さんのほとんどがあいがけカレーを注文するので、週替わりのカレーに合わせて、ターメリックライスを炊くことも多い。あいがけカレーの場合、ルーの量が通常の半分になるので、鶏肉も食べやすい大きさにカットしたものを使用していた。

そうは言っても、基本となるブイヨンは変わらないので、レギュラーメニューとの差別化を図ろうと、おにぎりを用意することを思い立った。少々手間はかかるかもしれないが、共同企画は初めてなので楽しめたらいいなと思う。

一週間前、店内にカレー祭りのメニューを貼りつけた。

張り紙を見た江戸川さんは、聞こえよがしに「キモッ！」と叫んだが、ⓒトヨエツの反応は違った。

「おい、カレー屋。あれはなんだ」

トヨエツは、張り紙に向かって顎を上げた。

「毎月、第一日曜日に、カレー祭りというものをやってるんですが——」

「それは知ってる。俺はどんなメニューかを聞いてるんだ」

「初めて食べたときに感動した店長のカレーです。今度、店長がお店に来てくれることになったので……」

「進化は時に人を傷つける。ノーベル然り、アインシュタイン然り、おまえのカレーも然りだ」

「はい？」

「ノーベルはダイナマイトを作り、アインシュタインは原爆を作っちまった。基本的に進化というものは、誰も止めることはできない」

トヨエツが言わんとする「人」が、店長を意味していることくらい私にも察しがついた。

店を再開して以来、忙し過ぎて思い出にふける余裕などなかったが、ⓓ店長がいた頃と比べ、店の様子は一変してしまった。

以前は店長の人柄も手伝い、店内は不思議なほどゆったりとした時間が流れていた。

自分のペースでカレーを味わい、好きなだけ時間をかけてコーヒーを楽しむ。そんな過ごし方をしているお客さんもちらほらいたし、ランチの時間帯でも満席になることはなく、人が来なくて二人で頭を抱えたことすらあった。

進化は人を傷つける——。

良かれと思って、お店が繁盛するよう今まで努力を重ねてきたが、もしかしたら私は、店長が帰る場所を奪ってしまったのかもしれない……。

ⓔ毎日欠かさずカレーを食べに来るトヨエツは、カレーライスの味の変化のみならず、それに伴う光と影を、誰よりも的確に見抜いていた。

二〇二四年度 春日部共栄高等学校（第一回）

【国語】（五〇分）〈満点：一〇〇点〉

一　次の文章を読んで、後の問に答えなさい。

児童養護施設を出て調理師専門学校に通う成美(なるみ)は、幼少期に先生が食べさせてくれたカレーライスに魅了され、その味を求めて一日三食カレーライスを食べる生活をしていた。近所で見つけた店のカレーに感動し、通い続けてついに店で働くこととなったが、ある日店長が事故に遭ってしまい、成美はアルバイトの江戸川さんらと協力してしばらく店を切り盛りすることとなった。毎日カレーを食べにくる弁護士のトヨエツの助言もあってお店の経営は効率よく回り、カレーの美味しさも評判を呼び客足の絶えない繁盛店となった。そして成美が始めた毎月第一日曜日開催のカレー祭りは、絶品限定メニューを味わうことができると大盛況となっていた。

「日曜日、うちの倅(せがれ)がカレーを食べに行ったそうなんだけど、売り切れで食べられなかったってぼやいてたよ」

配達に来てくれたお米屋のおじさんに、そんな愚痴(ぐち)をこぼされた。自分たちが作った野菜を、卸(おろ)した米を、笑顔で食べてくれる人の姿を見る。食にかかわる仕事をしている人にとって、これほど嬉しいことはないだろう。

この店のカレーライスは、実に多くの人々の支えによって成り立っている。

食材を卸してくださる皆さんに、是非ともカレー祭りに来ていただきたかったが、朝早くから並んでもらうわけにはいかないし、下手に優遇して他のお客さんから文句が出ても困る。だが別枠を設けて招待という形をとれば、皆さんにもカレー祭りに参加してもらえるかもしれない。

そんなことを思案していた折、店長から店に来たいという連絡が入った。

「店頭にはまだ立てませんが、成美さんが作ったカレーライスを食べに行きたいと思っています」

次回のカレー祭りに関係者の皆さんを招待し、その場に店長を呼んではどうだろう。

昔から店長を知る人たちは、元気になった店長の姿を見たら喜ぶだろうし、店長にとっても、自分の回復を祝福してくれる人たちの笑顔は励みになるに違いない。

店長に相談を持ちかけたところ、「皆さんに会って、きちんとお詫びとご挨拶(あいさつ)をさせていただきたい」という返事が返ってきたので、私は関係者の方々と連絡を取り、次回のカレー祭りに正式に招待させてもらった。

関係者の皆さんを喜ばせるには、どのようなカレーを作ればいいか悩んだが、その答えはカレーの内容云々(うんぬん)ではなく、お客さんたちの笑顔こそ一番のご馳走(ちそう)だということは分かっていた。

けれども、店長を喜ばせるためには——。

ⓐそう考えると、必然的にメニューは一つに絞られた。店長に喜んでもらうには、店長自身が考案したカレーライスを、お客さんたちがおいしそうに食べる姿を見てもらうのが一番いい。

考えが定まった私は、次回のカレー祭りのメニューを告知した。

『ⓑ私が恋に落ちたカレー』

自称※カヲタな私が、一発で恋に落ちたカレー。
あまりの感動にハートを撃ち抜かれ、店に通いつめた挙句、
働かせてもらうきっかけになった、幻のカレーライスを忠実に
再現させていただきます。

英語解答

1 No.1 ④　No.2 ①　No.3 ③
No.4 ④　No.5 ④　No.6 ②
No.7 ③

2 問１ ③　問２ ①　問３ ②
問４ ③　問５ ④　問６ ②
問７ ②　問８ ④　問９ ②
問10 ④

3 問１ ①　問２ ③　問３ ①
問４ ④　問５ ③　問６ ②
問７ ④　問８ ①
問９ ①，③，⑥

4 問１ 29…⑤　30…①
問２ 31…②　32…⑥
問３ 33…⑥　34…①
問４ 35…②　36…③
問５ 37…④　38…⑥

1〔放送問題〕解説省略

2〔長文読解総合─会話文〕

≪全訳≫❶スミス先生(Sm)：こんにちは，皆さん。今日は動物実験について話すよ。複雑なトピックなので，よりよく理解するように努めよう。❷マイ(M)：動物実験とは何ですか？❸Sm：とてもいい質問だね，マイ。科学者は，医学の研究，あるいは歯磨き剤や化粧品のようなものをテストするために動物を使うんだ。A彼らは，それらが人間にとってどれくらい安全で効果的かを調べるため，こうするんだ。❹ユキ(Y)：でもスミス先生，それは動物にとって冷酷ではないですか？❺Sm：そうだね，ユキ，実験のために動物を使うのは公平ではないと考える人もいるよ。動物実験は命を救う多くの薬を開発するのに役立ってきたけど，何が正しくて何が間違っているのかを人々に考えさせてもいるんだよ。❻タロウ(T)：他の選択肢は何がありますか，スミス先生？　研究をする他の方法はありますか？❼Sm：あるよ，タロウ。科学者は動物実験を減らすため，コンピューターモデルや細胞培養といった他の選択肢を見つけることに取り組んでいるんだ。これらの方法は良い結果が出ていて，動物を使う必要はないんだよ。❽リナ(R)：スミス先生，全ての国が動物実験を認めているのですか？❾Sm：国が違えば法律も違うよ，リナ。実験中に動物を保護する厳しいルールがある国もあれば，一定の条件の下でそれを認めている国もある。それは世界中で議論されているトピックなんだ。❿ケンジ(K)：日本ではどうですか，スミス先生？⓫Sm：日本には，科学者が動物で実験をするとき，必ず公平で注意深く行われるようにするためのルールがあるよ。研究者は，動物への害を減らし，可能な場合は他の選択肢を見つけるために最善を尽くさなくてはいけないんだ。⓬サキ(Sa)：スミス先生，力になるために私たちには何ができるでしょうか？⓭Sm：いい質問だね，サキ。私たちは，他の人たちに動物実験について話したり，動物に優しい製品を使ったりすることができる。例えば，友人や家族に，なぜ動物で実験されていない製品を使うことが大切なのか話すことができる。もし本当に動物のことを気にかけるのなら，「動物実験されていません」というラベルが貼られたものを買うこともできる。コンピューターや他のテクノロジーを利用するなど，動物を使わずに研究する別の方法を見つける助けとなることができる。これらの小さなことをすることで，世界を動物にとってより良いものとすることができるんだ。覚えておいてほしい，この問題の両面を理解することが大切なんだ。学んで話し合うことを続け，異なる視点に敬意を払うようにしよう。

問１＜語句解釈＞第２，３段落参照。マイがanimal testingとは何かと尋ね，スミス先生が「動物を，医学の研究，あるいは歯磨き剤や化粧品のようなものをテストするために使う」ことだと答えている。③「動物を，科学のためや，新製品を試すために使うこと」はこの内容に一致する。

問２＜適所選択＞脱落文は「彼らは，それらのものが人間にとってどれくらい安全で効果的かを調べるためにこうする」という意味。この文のThey「彼ら」，these things「それらのもの」，do this「こうする」が，何を指しているかを考える。それぞれ順番に空所Ａの前のScientists，things such as toothpaste and cosmetics，use animalsを指していると考えられる。

問３＜適語(句)選択＞空所前後の「動物実験は命を救う多くの薬の開発に役立ってきた」と，「何が正しくて何が間違っているのかを人々に考えさせてもいる」の間に‘逆接’の関係が成り立つ。このthoughはbutとほぼ同じ意味で使われている。

問４＜語形変化＞work on ～ingで「～することに取り組む」という意味。

問５＜適語句選択＞文後半のwhile others … に注目。‘Some ～，(while) others …’で「～するものもあれば，…するものもある」という意味。

問６＜語句解釈＞rulesの内容は直後のto make sure以下で説明されており，さらに次の文で説明を補足している。「研究者の安全が第一」という②に関する記述はない。

問７＜文脈把握＞下線部のサキの質問に対し，スミス先生はいくつか具体例を挙げながら答えている。②「動物を気づかっていることを示すために，『動物実験されていません』とラベルが貼られた製品を買うこと」は，２つ目に挙げている例(第13段落第４文)の内容に一致する。 care about ～「～を気づかう」

問８＜適語句選択＞the issueは具体的には「動物実験」のこと。直後の文にdifferent viewpoints「異なる視点」とある。つまり，この問題の良い面と悪い面の「両面」を見ることが大切だと言っているのである。

問９＜主題＞本文では，生徒たちとの会話を通してスミス先生が動物実験について説明し，動物実験に代わる他の方法と，私たちにできることについて話している。②「動物実験について学び，他の選択肢を探すこと」はこの内容に一致する。①「動物実験の道徳的問題と，その長所と短所を知ること」は，本文で道徳的な問題やその長所や短所の内容にまでは踏み込んでいないので不適。③は「動物実験と，優しさを持って研究をする他の方法」，④は「さまざまな国はどのように動物実験に関するルールをつくっているか」という意味。

問10＜内容真偽＞①「一部の人は，動物は人間よりも重要なので動物実験を利用すべきではないと思っている」…× 「動物は人間よりも重要」という記述はない。 ②「コンピューターモデルは，近年動物実験よりも広く普及した方法になっている」…× 第７段落参照。動物実験よりも広く普及しているという記述はない。 ③「全ての国は，薬をつくるために動物実験を認めている」…× 第８，９段落参照。国によってルールは異なる。 ④「動物実験に関するさまざまな考え方を尊重することが大切だ」…○ 第13段落最後の２文の内容に一致する。

３ 〔長文読解総合―説明文〕

≪全訳≫❶作家の大江健三郎にはするべき仕事があった。彼はある雑誌に広島の人々についての話を書くため，そこに向かっていた。しかし，大江の心は仕事にはなかった。自宅のある町では，病院で彼の男の子の赤ちゃんが生きるために闘っていた。息子は深刻な障害を持って生まれた。大江は赤ちゃんを愛していたが，障害児のいる生活は困難なものになりそうだった。彼は自分が十分強いという確信がなかった。❷大江は電車から広島の８月の暑い空気の中に降り立った。もしかしたら1945年８月６日もこんな朝だったのかもしれないと彼は思った。その日，世界初の原子爆弾が投下された。自分の息子とその恐ろしい歴史について考えると，大江はますます悲しく孤独な気持ちになった。Ａこの困難な世界で，どうやって希望を見出すことなどできるだろうか。❸広島で，彼は重藤文夫医師と面会した。病院に入ると，彼はたちまち病気の息子を思い出した。その建物のにおいからすぐに逃げ出したいと思った。しかし医師の話を聞くにつれて，大江は広島の問題やそこの人々の勇気にますます関心を引かれていった。❹1945年8月6日，若かった重藤医師は広島の中心街へ行くバスを待っていた。突然まぶしい光と無音の熱波がきた。数秒のうちに，原子爆弾がその周囲のほとんど全ての物――建物や木々，車，そして人々を破壊した。幸運なことに，医師は頑丈な壁の横に立っていたので，焼かれも殺されもしなかった。爆弾の直後，彼の耳は痛みに苦しむ人々の叫び声でいっぱいになった。彼の立場は無力に思われたが，重藤医師は冷静に往診用のかばんを開き，一番近くにいた人の救助を始めた。❺問題は一個人にはあまりにも大きすぎたが，彼はけがをした人たちを助けるために敢然と取り組んだ。重藤医師は周りの苦しんでいる人々のためにできることは全てした。❻人は最悪のときにでも勇気を見つけられるのだ，と大江は気づいた。心の奥深くに，彼にも偉大な力があった――息子の人生のために闘う十分な力が。❼6年の間，大江と家族は自分たちの障害のある子どもに可能なかぎり最良の人生を与えるため，懸命に取り組んだ。彼に音楽をかけ，物語を読み聞かせた。「大好きだよ」と彼らは彼に伝えた。幼い光は答えられなかった。最も困難なときに，大江は重藤医師を思い出した。彼はいつでも大江に継続する力を与えてくれた。❽光は鳥がさえずる音が大好きだったので，大江は鳥の鳴き声が収録され，その鳥の名前が書かれているカセットテープを買った。光は何時間も静かにそのカセットテープを聴いていた。依然として何も話せなかった。しかし，光は愛してくれる家族に「僕も大好きだよ」と伝えたかった。❾ある日，大江は光を肩車して小さな森の中を歩いていた。不意に，大江の上から音が聞こえた。彼は夢を見ているのかと思った。「クイナだ」とその声は言った。大江は黙って5分間立ち続け，それからそれがまた聞こえた。まず鳥がさえずる高い音，そして息子の「クイナだ」というはっきりした声。❿光だった！　懸命に取り組んできた後で，大江一家はその結果を享受できたのだ。幼い少年は音楽を聴くのが大好きだった。彼にとって容易なことではなかったが，楽譜を読み，ピアノも弾けるようになった。家族の助けを得ながら，彼は少しずつ話せるようにもなった。18歳のとき，光は自作の曲をつくっていた――そして人々はそれを愛した。音楽は彼の言語で，家族の愛情はどんな薬にも負けないほど彼を助けてくれた。⓫世界中の何百万人もの人々が，大江健三郎と光の日々のように個人的な困難を抱えている。困難なときには，これらの勇敢な人々を思い出してほしい。あなたもまた，あなたが必要とする力と勇気を見つけることができるだろう。

問1＜文脈把握＞仕事に心が向かない理由は，続く4文に書かれている。障害を持つ子どもとの生活への不安が描写されている。

問2＜英文解釈＞that dayとは，前文にあるAugust 6, 1945。この日にあった出来事は，第4，5段落に書かれている。この日，③「重藤医師は，周りにいるけがをした人々を助けるために最善を尽くした」。

問3＜適所選択＞脱落文は「この困難な世界で，どうやって希望を見出すことなどできるだろうか」という意味。Aの前で，障害を持つ息子のことや原爆投下の恐ろしい歴史のことを考えて暗い気持ちになっている大江の心情に合う内容である。

問4＜適語句選択＞文頭にある‘逆接’のbutに着目。大江は病院から逃げ出したかったが，医師の話を聞くにつれて，その話に関心を持つようになったという文脈である。

問5＜単語の意味＞下線部を含むscreams of people who were in painは「痛みに苦しむ人々のscreams」という意味であること，また，原爆投下直後の描写であることから，screamsの意味に近いのは③「大きく甲高い音を立てること」だとわかる。　scream「悲鳴，絶叫」

問6＜用法選択＞下線部は「～するために」という意味で‘目的’を表すto不定詞の副詞的用法。副詞的用法を含むのは②で，これは「～して」という意味で‘感情の原因’を表す。「全生徒はその野球選手を見て興奮していた」　①「～する(ための)」の意味で前の名詞を修飾する形容詞的用法。「私たちにはそのゲームを終える十分な時間がなかった」　③「～すること」の意味を表す名詞的用法。「友人との約束を守ることは大切だ」　④形容詞的用法。「あなたに何か冷たい飲み物を持ってきましょう」

問７＜適語選択＞(あ)空所部分は，原爆投下直後という最悪の状況下で敢然と勇気を持って人々を救おうとする医師のエピソードを聞いた大江が実感したことである。(い)続く２文の内容から，大江一家は息子に「可能なかぎり最良の人生」を与えようとしていることがわかる。

問８＜文脈把握＞第８段落終わりの２文の内容より，光は家族がかけてくれる「大好きだよ」の言葉を理解できていたが，話すことができなかったのだとわかる。 be unable to ～「～できない」

問９＜内容真偽＞①「広島での大江の仕事は，そこの人々について雑誌向けに話を書くことだった」…○　第１段落第２文の内容に一致する。　②「大江の息子は健康で何の障害もなく生まれた」…×　第１段落第５文参照。障害があった。　③「重藤医師は広島の原子爆弾を生き延びた医師だった」…○　第４，５段落の内容に一致する。　④「重藤医師は無力で，原子爆弾が投下されたとき動けなかった」…×　第４段落最終文～第５段落参照。無力に思えたが，必死にけが人の治療に当たった。　⑤「原子爆弾が投下された日，多くの人々が重藤医師のために果敢に働いた」…×　そのような記述はない。　⑥「大江の息子である光は，家族の助けを得て，話したり音楽をつくったりできるようになった」…○　第10段落第５，６文の内容に一致する。　⑦「光は決して話したり家族と意思を疎通させたりできるようにはならなかった」…×　⑧「光は18歳になったとき，病気の人々のために音楽を書き始めた」…×　第10段落第６文参照。「病気の人々のために」という記述はない。

4〔整序結合〕

問１．「(私に)教えてもらえますか」をCould you tell meとし，残りの「あちらに立っている女の子は誰なのか」を，‘疑問詞＋主語＋動詞’の語順の間接疑問で表す。「あちらに立っている女の子」は，the girlの後にstanding over thereを続ける。このstandingは現在分詞。このように分詞で始まる２語以上の語句が名詞を修飾するときは，名詞の後ろに置かれることに注意。 Could you tell me who the girl standing over there is?

問２．「～だけでなく…も」は，‘not only ～ but also …’で表せる。「体に良い食べ物を食べる(こと)」はeating healthy food,「日頃から運動すること」はexercising regularly。 Not only eating healthy food but also exercising regularly is important.

問３．「富士山は見られません」は，‘be動詞＋過去分詞’の受け身で表す。助動詞を含む受け身は‘助動詞＋be＋過去分詞’という形になる。 Unfortunately, Mt. Fuji cannot be seen from this school.

問４．「わかりませんでした」は，I didn't know。「何をすればよいのか」は，‘疑問詞＋to不定詞’の形でwhat to doと表す。「やるべきことがたくさんあったので」という‘理由’はその後に続ける。 I didn't know what to do because there were a lot of things that I had to do.

問５．「～らしい」は，‘I heard(＋that)＋主語＋動詞...’「…だそうだ，…だと聞いている」の形で表せる。「～の２倍の速さで」は‘倍数詞(… times / twice / halfなど)＋as＋副詞＋as ～’「～の…倍―」の形でtwice as fast as ～とする。 I heard this typhoon moves twice as fast as people's walking speed.

数学解答

Ⅰ (1) ア…－　イ…２

(2) ウ…５　エ…２　オ…３　カ…１
キ…８

(3) ク…１　ケ…２

(4) コ…１　サ…０　シ…４　ス…１

(5) セ…６　ソ…８　タ…９　　(6) ②

Ⅱ (1) ア…２　イ…３

(2) ウ…－　エ…７　オ…８

(3) カ…５　キ…４　ク…３

(4) ケ…１　コ…１　サ…２

(5) ①　シ…２　ス…５　セ…５
②　ソ…６　タ…４
③　チ…９　ツ…７　テ…７

(6) ト…２　ナ…４

Ⅲ (1) ２　(2) イ…１　ウ…８

(3) エ…０　オ…－　カ…４

(4) ①　キ…１　ク…２　ケ…６
②　コ…－　サ…４　シ…３
ス…１　セ…０

Ⅳ (1) ②　(2) ３

(3) ウ…２　エ…６　オ…３　カ…２
キ…２　ク…３

(4) ケ…６　コ…６

Ⅰ〔独立小問集合題〕

(1)<数の計算>与式$=-5+4+(-1)=-5+4-1=-2$

(2)<数の計算>与式$=\dfrac{1+2\sqrt{3}+3}{4}-\dfrac{9+6\sqrt{3}+3}{9\times3}=\dfrac{4+2\sqrt{3}}{4}-\dfrac{12+6\sqrt{3}}{27}=\dfrac{2+\sqrt{3}}{2}-\dfrac{4+2\sqrt{3}}{9}=\dfrac{9(2+\sqrt{3})-2(4+2\sqrt{3})}{18}=\dfrac{18+9\sqrt{3}-8-4\sqrt{3}}{18}=\dfrac{10+5\sqrt{3}}{18}=\dfrac{5(2+\sqrt{3})}{18}$となる。

(3)<二次方程式>$x^2-4x+4+2x-4-1=0$，$x^2-2x-1=0$として，二次方程式の解の公式を用いると，$x=\dfrac{-(-2)\pm\sqrt{(-2)^2-4\times1\times(-1)}}{2\times1}=\dfrac{2\pm\sqrt{8}}{2}=\dfrac{2\pm2\sqrt{2}}{2}=1\pm\sqrt{2}$となる。

(4)<数量の計算>月曜日から土曜日までの６日間の基準1000人との差の平均は，$\{53+48+(-32)+(-101)+72+206\}\div6=246\div6=41$(人)となる。これは，６日間の平均の参加者数が基準1000人より41人多いことを表しているから，６日間の平均の参加者数は，$1000+41=1041$(人)である。

(5)<数量の計算>1.3kgは1300gであるから，1.3kgの５割３分は，$1300\times\dfrac{53}{100}=689$(g)である。

(6)<関数―比例定数の範囲>右図で，点Aは直線$y=-\dfrac{1}{2}x$上にあり，x座標は-1だから，$y=-\dfrac{1}{2}\times(-1)=\dfrac{1}{2}$より，$\mathrm{A}\left(-1,\ \dfrac{1}{2}\right)$である。点Bは直線$y=x$上にあり，$x$座標が１だから，$y=1$より，B(1, 1)である。放物線$y=ax^2$が点Aを通るとすると，$\dfrac{1}{2}=a\times(-1)^2$より，$a=\dfrac{1}{2}$となり，点Bを通るとすると，$1=a\times1^2$より，$a=1$となる。放物線$y=ax^2$は，点Aより下を通るので，$a<\dfrac{1}{2}$であり，点Bより下を通るので，$a<1$である。よって，$a<\dfrac{1}{2}$である。また，上に開く放物線だから，$a>0$である。以上より，$0<a<\dfrac{1}{2}$である。

Ⅱ〔独立小問集合題〕

(1)<連立方程式―解の比>$4x-5y+2z=0$……①，$5x-y-z=0$……②とする。①＋②×２でzを消去すると，$(4x-5y)+2(5x-y)=0+0$，$4x-5y+10x-2y=0$，$-7y=-14x$，$y=2x$となる。また，①－②×５でyを消去すると，$(4x+2z)-5(5x-z)=0-0$，$4x+2z-25x+5z=0$，$7z=21x$，$z=3x$と

なる。よって，$x:y:z=x:2x:3x=1:2:3$である。

(2)<数の計算>与式$=-0.1\times5\times(1+5+5^2+5^3)=-0.1\times5\times(1+5+25+125)=-0.1\times5\times156=-78$

(3)<平面図形―長さ>右図のように，6点C〜Hを定める。$\angle AOC=\angle COD=\angle DOE=\angle EOF=\angle FOG=\angle GOH=\angle HOB=360^\circ\div12=30^\circ$である。$\angle ACO=90^\circ$だから，$\triangle AOC$は3辺の比が$1:2:\sqrt{3}$の直角三角形となり，$OC=\frac{\sqrt{3}}{2}OA=\frac{\sqrt{3}}{2}\times256=128\sqrt{3}$となる。$\angle CDO=90^\circ$だから，$\triangle COD$も3辺の比が$1:2:\sqrt{3}$の直角三角形であり，$OD=\frac{\sqrt{3}}{2}OC=\frac{\sqrt{3}}{2}\times128\sqrt{3}=192$となる。

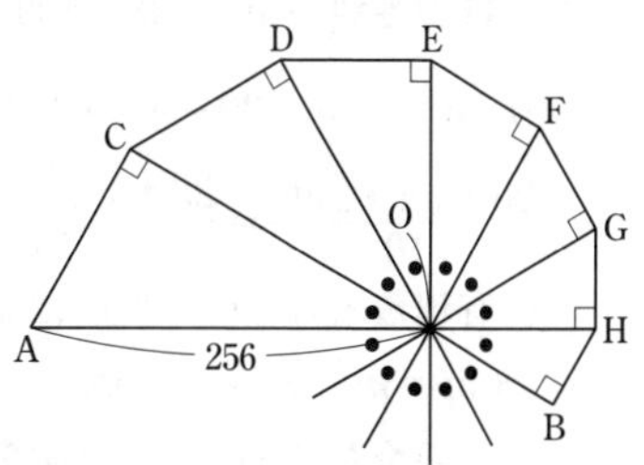

同様にして，$\triangle DOE$，$\triangle EOF$，$\triangle FOG$，$\triangle GOH$，$\triangle HOB$も3辺の比が$1:2:\sqrt{3}$の直角三角形だから，$OE=\frac{\sqrt{3}}{2}OD=\frac{\sqrt{3}}{2}\times192=96\sqrt{3}$，$OF=\frac{\sqrt{3}}{2}OE=\frac{\sqrt{3}}{2}\times96\sqrt{3}=144$，$OG=\frac{\sqrt{3}}{2}OF=\frac{\sqrt{3}}{2}\times144=72\sqrt{3}$，$OH=\frac{\sqrt{3}}{2}OG=\frac{\sqrt{3}}{2}\times72\sqrt{3}=108$となり，$OB=\frac{\sqrt{3}}{2}OH=\frac{\sqrt{3}}{2}\times108=54\sqrt{3}$である。

(4)<確率―ボール>1，2，3，4，5の数字が書かれた5つのボールを5つの箱に1つずつ入れるので，1のボールの入れ方は5通りあり，残りの箱は4つだから，2のボールの入れ方は4通り，以下同様に考えて，3のボールの入れ方は3通り，4のボールの入れ方は2通り，5のボールの入れ方は1通りある。よって，ボールの入れ方は，全部で$5\times4\times3\times2\times1=120$(通り)ある。このうち，ボールの数字と箱の番号がちょうど3つ一致しているのは，2つのボールの数字と箱の番号が逆になっている場合である。逆になっている2つの数字(番号)の組は，1と2，1と3，1と4，1と5，2と3，2と4，2と5，3と4，3と5，4と5の10通りあるので，ボールの数字と箱の番号がちょうど3つ一致しているのも10通りであり，求める確率は$\frac{10}{120}=\frac{1}{12}$である。

(5)<特殊・新傾向問題―規則性>①第1区画の分数の分母は$2=2^1$，第2区画の分数の分母は$4=2^2$，第3区画の分数の分母は$8=2^3$，……となっているので，第8区画に含まれる分数の分母は$2^8=256$である。また，それぞれの区画の最後の分数の分子は，分母より小さい最も大きい奇数である。第8区画の128個の分数のうち，128番目の分数は，第8区画の最後の分数だから，分母が256，分子が255であり，$\frac{255}{256}$である。　②第8区画の128個の分数は，$\frac{1}{256}$，$\frac{3}{256}$，$\frac{5}{256}$，……，$\frac{251}{256}$，$\frac{253}{256}$，$\frac{255}{256}$である。1番目の分数と最後の分数の和は$\frac{1}{256}+\frac{255}{256}=1$，2番目の分数と最後から2番目の分数の和は$\frac{3}{256}+\frac{253}{256}=1$，3番目の分数と最後から3番目の分数の和は$\frac{5}{256}+\frac{251}{256}=1$となる。同様に考えると，$128\div2=64$より，和が1となる2つの分数の組は64組できるので，第8区画に含まれる分数全ての和は，$1\times64=64$である。　③それぞれの区画の分数の個数は，第1区画から，1個，2個，4個，8個，……となっている。これより，第2区画までの分数の個数は$1+2=3$(個)，第3区画までの分数の個数は$1+2+4=7$(個)，第4区画までの分数の個数は$1+2+4+8=15$(個)，……となる。ここで，それぞれの区画の最後の分数に着目すると，第2区画は$\frac{3}{4}$，第3区画は$\frac{7}{8}$，第4区画は$\frac{15}{16}$，……であり，分子がその区画までの分数の個数となっていることがわかる。このことから，分母が1024である分数がある区画の最後の分数$\frac{1023}{1024}$は，1番目の$\frac{1}{2}$からかぞえて1023番目の分数となる。1000番目は，$\frac{1023}{1024}$より23個前の分数だから，分子が$1023-2\times23=977$であり，

$\dfrac{977}{1024}$となる。

(6)＜数の性質＞$5n^2-28n+39$ の値が素数となるので，その素数を p とすると，$5n^2-28n+39=p$ となり，$5n^2-28n+39-p=0$ となる。よって，解の公式より，$n=\dfrac{-(-28)\pm\sqrt{(-28)^2-4\times5\times(39-p)}}{2\times5}=\dfrac{28\pm\sqrt{4+20p}}{10}=\dfrac{28\pm\sqrt{2^2(1+5p)}}{10}=\dfrac{28\pm2\sqrt{1+5p}}{10}=\dfrac{14\pm\sqrt{1+5p}}{5}$ である。n は整数だから，$\sqrt{1+5p}$ は有理数となり，$1+5p$ は整数であるから，$\sqrt{1+5p}$ は整数となる。そこで，$\sqrt{1+5p}=m$ とすると，$1+5p=m^2$，$m^2-1=5p$，$(m+1)(m-1)=5p$ となる。$(m+1)-(m-1)=2$ より，$m+1$，$m-1$ は差が2の整数であり，p は素数なので，$(m+1)(m-1)=3\times5$，5×7 が考えられる。$(m+1)(m-1)=3\times5$ のとき，$p=3$ であり，$n=\dfrac{14\pm\sqrt{1+5\times3}}{5}=\dfrac{14\pm\sqrt{16}}{5}=\dfrac{14\pm4}{5}$ より，$n=\dfrac{14+4}{5}=\dfrac{18}{5}$，$n=\dfrac{14-4}{5}=2$ となる。$(m+1)(m-1)=5\times7$ のとき，$p=7$ であり，$n=\dfrac{14\pm\sqrt{1+5\times7}}{5}=\dfrac{14\pm\sqrt{36}}{5}=\dfrac{14\pm6}{5}$ より，$n=\dfrac{14+6}{5}=4$，$n=\dfrac{14-6}{5}=\dfrac{8}{5}$ となる。n は整数だから，$n=2$，4 である。

Ⅲ〔関数―関数 $\boldsymbol{y=ax^2}$ と一次関数のグラフ〕

≪基本方針の決定≫(2)　四角形ABCDは台形である。　(4)②　四角形ABCDを直線 l で分けたときの点Bを含む方の四角形の面積を，h を用いて表す。

(1)＜比例定数＞放物線 $y=ax^2$ は A(1，2)を通るので，$2=a\times1^2$ より，$a=2$ である。

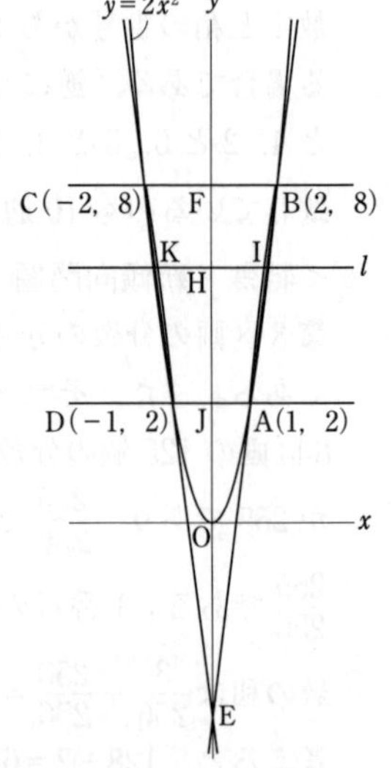

(2)＜面積＞右図で，A(1，2)，B(2，8)，C(−2，8)，D(−1，2)より，2点A，D，2点B，Cの y 座標はそれぞれ等しいから，AD∥〔x 軸〕，BC∥〔x 軸〕となる。よって，四角形ABCDはAD∥BCの台形である。AD＝$1-(-1)=2$，BC＝$2-(-2)=4$ となり，ADと y 軸の交点をJとすると，2点A，Bの y 座標より，高さは，JF＝$8-2=6$ となる。よって，S＝〔四角形ABCD〕＝$\dfrac{1}{2}\times$(AD＋BC)×JF＝$\dfrac{1}{2}\times(2+4)\times6=18$ である。

(3)＜座標＞右図で，点Aと点D，点Bと点Cは y 軸について対称だから，直線ABと直線CDも y 軸について対称となる。よって，直線ABと直線CDの交点Eは y 軸上の点である。直線ABの傾きは $\dfrac{8-2}{2-1}=6$ だから，その式は $y=6x+b$ とおける。点Aを通るので，$2=6\times1+b$，$b=-4$ となり，切片が -4 だから，E(0，−4)である。

(4)＜長さ，$\boldsymbol{y}$ 座標＞①右図で，点Bの y 座標が8だから，HF＝h より，点Iの y 座標は，$8-h$ である。(3)より，直線ABの式は $y=6x-4$ であり，点Iは直線AB上にあるから，$8-h=6x-4$，$6x=12-h$，$x=\dfrac{12-h}{6}$ となる。よって，点Iの x 座標が $\dfrac{12-h}{6}$ だから，HI＝$\dfrac{12-h}{6}$ となる。　②上図で，直線 l と直線CDの交点をKとすると，直線 l が四角形ABCDの面積を2等分するとき，(2)より，〔四角形IBCK〕＝$\dfrac{1}{2}$〔四角形ABCD〕＝$\dfrac{1}{2}\times18=9$ となる。IK＝2HI＝$2\times\dfrac{12-h}{6}=\dfrac{12-h}{3}$ だから，四角形IBCKの面積について，$\dfrac{1}{2}\times$(IK＋BC)×HF＝9 より，$\dfrac{1}{2}\times\left(\dfrac{12-h}{3}+4\right)\times h=9$ が成り立ち，$\dfrac{1}{2}\times\dfrac{24-h}{3}\times h=9$，$h^2-24h+54=0$ となる。解の公式より，$h=\dfrac{-(-24)\pm\sqrt{(-24)^2-4\times1\times54}}{2\times1}=\dfrac{24\pm\sqrt{360}}{2}=\dfrac{24\pm6\sqrt{10}}{2}=12\pm3\sqrt{10}$ となり，JF＝6 より，$0<h<6$ だから，$h=12-3\sqrt{10}$ となる。よって，点Hの y 座標は，$8-(12-3\sqrt{10})=-4+3\sqrt{10}$ である。

Ⅳ〔空間図形―正四面体，球〕

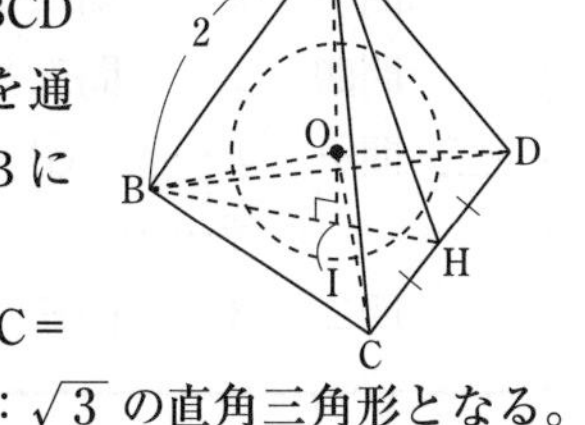

⑴＜断面図＞右図で，点Hは辺CDの中点であり，球Oは，正四面体ABCDの全ての面に接しているので，図形の対称性より，球Oは，面ACD，面BCDとそれぞれ，線分AH上，線分BH上で接する。よって，3点A，B，Hを通る平面で切ると，球Oは，線分AH，線分BHに接する円となる。辺ABには接しないので，②が適する。

⑵＜面積＞右図で，正四面体の4つの面は合同な正三角形だから，△ABC＝△ACDである。点Hは辺CDの中点だから，△ACHは3辺の比が$1:2:\sqrt{3}$の直角三角形となる。よって，$\mathrm{AH}=\frac{\sqrt{3}}{2}\mathrm{AC}=\frac{\sqrt{3}}{2}\times 2=\sqrt{3}$より，$\triangle\mathrm{ABC}=\triangle\mathrm{ACD}=\frac{1}{2}\times\mathrm{CD}\times\mathrm{AH}=\frac{1}{2}\times 2\times\sqrt{3}=\sqrt{3}$である。

⑶＜長さ，体積＞右上図で，点Aから面BCDに垂線を引き，交点をIとする。図形の対称性から，平面ABHは面BCDに垂直だから，線分AIは平面ABH上にあり，点Iは線分BH上の点となる。$\mathrm{BI}=x$とすると，$\mathrm{BH}=\mathrm{AH}=\sqrt{3}$より，$\mathrm{IH}=\mathrm{BH}-\mathrm{BI}=\sqrt{3}-x$となる。△ABI，△AIHで三平方の定理より，$\mathrm{AI}^2=\mathrm{AB}^2-\mathrm{BI}^2=2^2-x^2=4-x^2$，$\mathrm{AI}^2=\mathrm{AH}^2-\mathrm{IH}^2=(\sqrt{3})^2-(\sqrt{3}-x)^2=-x^2+2\sqrt{3}x$となるから，$4-x^2=-x^2+2\sqrt{3}x$が成り立つ。これより，$2\sqrt{3}x=4$，$x=\frac{2\sqrt{3}}{3}$となるので，正四面体ABCDの高さは，$\mathrm{AI}=\sqrt{4-x^2}=\sqrt{4-\left(\frac{2\sqrt{3}}{3}\right)^2}=\sqrt{\frac{24}{9}}=\frac{2\sqrt{6}}{3}$となる。また，△BCD＝△ABC＝$\sqrt{3}$だから，〔正四面体ABCD〕$=\frac{1}{3}\times\triangle\mathrm{BCD}\times\mathrm{AI}=\frac{1}{3}\times\sqrt{3}\times\frac{2\sqrt{6}}{3}=\frac{2\sqrt{2}}{3}$である。

⑷＜長さ＞右上図で，球Oの半径をrとする。点Oと4点A，B，C，Dをそれぞれ結ぶと，正四面体ABCDは4つの三角錐，三角錐O-ABC，O-ACD，O-ABD，O-BCDに分けることができる。この4つの三角錐の底面をそれぞれ△ABC，△ACD，△ABD，△BCDと見ると，底面は合同な正三角形で，球Oが全ての面に接していることより，高さはいずれもrとなる。よって，分けられた4つの三角錐の体積は等しいので，三角錐O-ABCの体積は，$\frac{1}{4}$〔正四面体ABCD〕$=\frac{1}{4}\times\frac{2\sqrt{2}}{3}=\frac{\sqrt{2}}{6}$となり，$\frac{1}{3}\times\triangle\mathrm{ABC}\times r=\frac{\sqrt{2}}{6}$より，$\frac{1}{3}\times\sqrt{3}\times r=\frac{\sqrt{2}}{6}$が成り立つ。これより，$r=\frac{\sqrt{6}}{6}$である。

―読者へのメッセージ―

関数$y=ax^2$のグラフは放物線です。放物線は，英語でパラボラ(parabola)といいます。パラボラアンテナは，断面が放物線の形になっています。

国語解答

一 問一 ②　問二 ②　問三 ②
問四 ①　問五 ④

二 問一 ㋐…④　㋑…①　㋒…①　㋓…②
㋔…④
問二 ③　問三 ③　問四 ③

三 問一 ①　問二 ③　問三 ④
問四 ③　問五 ①　問六 ④

四 問一 ㋐…②　㋑…②　問二 ③
問三 ③　問四 ②

五 問一 ③　問二 ②

一〔小説の読解〕出典：幸村しゅう『私のカレーを食べてください』。

問一＜文章内容＞業者の方々にも店長にも「喜んでもらう」には，「店長自身が考案したカレーライス」を，業者から卸してもらった食材でつくって，「お客さんたちがおいしそうに食べる姿を見てもらうのが一番いい」と「私」は考えたのである。

問二＜文章内容＞「私」が「一発で恋に落ちたカレー」は，「店長のカレーライス」であり，「私」がそのおいしさに感動して，「店に通いつめた挙句，働かせてもらうきっかけになった」カレーライスである(①・④…○)。そのカレーライスは，「どろっとした濃い色のルーの中に，大きめの鶏肉」が入っており，「武骨で飾り気のない」一皿である(②…×，③…○)。

問三＜心情＞江戸川さんは，「私が恋に落ちたカレー」と書かれたメニューを見て，「聞こえよがしに『キモッ！』と叫ん」で，否定的な反応を示した。一方で，トヨエツはメニューを見て「あれはなんだ」と「私」を問いつめ，「進化は時に人を傷つける」と指摘した。トヨエツは，カレーや店を進化させた「私」が店長の「幻のカレーライス」を再現することで，店長を「傷つける」かもしれないと気にかけたのである。

問四＜文章内容＞店長がいた頃は，お客さんは「自分のペース」でカレーを味わい，「店内は不思議なほどゆったりとした時間が流れて」いた。だが，今は「売り切れで食べられなかった」と言われるほど繁盛していて，落ち着いてカレーやコーヒーを味わう雰囲気ではなくなった。

問五＜文章内容＞「私」が店長に代わって，「私なりにアレンジを加えた」カレーライスを出したり，「カレー祭り」を開いたりするなどの工夫を重ねた結果，店は繁盛した。だが，トヨエツは，繁盛して店の様子が「一変してしまった」ことで，店長を「傷つける」かもしれないと心配していた。

二〔国語の知識〕出典：玄田有史『希望のつくり方』。

問一＜漢字＞㋐「厳格」と書く。①は「原案」，②は「減員」，③は「源流」。　㋑「憂慮」と書く。②は「遊戯」，③は「幽界」，④は「友愛」。　㋒「哲学」と書く。②は「敵機」，③は「徹頭徹尾」，④は「鉄色」。　㋓「綿密」と書く。①は「免震」，③は「面倒」，④は「雌鶏」。　㋔「弱点」と書く。①は「静寂」，②は「傍若無人」，③は「巻き尺」。

問二＜四字熟語＞「巧言令色」は，口先だけで調子のよいことを言い，愛想よく取り繕うこと。

問三＜文学史＞『東海道中膝栗毛』は，江戸時代に十返舎一九が著した滑稽本。『源氏物語』は，平安時代に紫式部が著した長編小説で，全五十四巻。したがって，十，一，九，五十四を合計する。

問四＜語句＞Ⅰ.「統計を分析する研究者」は，「『○○という傾向が一般的にある』というべきところ」を，いかにも「『ぜったいに○○である』かのように」表現することがある。　Ⅱ.「フリーターになるとぜったいに正社員になれない」とは，「統計を分析する研究者」がつい使ってしまう，「ぜったいに○○である」という表現の例である。　Ⅲ.「フリーターになるとぜったいに正社員になれない」は言いすぎだが，たぶん「非正社員から正社員になる」のは，たやすいことではないだろう。　Ⅳ.「非正社員から正社員になるのは必ずしもたやすいこと」ではないが，「ぜったいになれない」わけではない。

三〔論説文の読解―教育・心理学的分野―教育〕出典：岸政彦『100分 de 名著　ブルデュー　ディスタンクシオン』。

≪本文の概要≫一般的に，学校教育には階級をシャッフルする側面があると考えられている。だが，ブルデューの『ディスタンクシオン』や複数の教育社会学的研究で，就学以前に獲得される文化資本の多さで学校での序列が決まり，その序列が，社会的な差異を再生産すると指摘されている。この仕組みを描き出したのは，イギリスの社会学者ポール・ウィリスである。ウィリスによると，労働者階級のいわゆる不良の若者たちは，自ら進んでブルーカラーの労働者になる。労働者文化の中で育った彼らは，教室でじっと座って勉強する意味がわからないため，勉強するかしないか以前に，学校教育から排除されるのである。こうして不平等な階級格差が，下位の人々の「自由意志」で再生産される。学校は本来，階層に関係なく優秀な人を選抜することが目的だったはずだが，現実には，親から受け継いだ文化資本を，自動的に親と同じように高い地位に押し上げる装置だということになる。以上のように，学校教育の現実を批判的に見る議論において，ブルデューの『ディスタンクシオン』は，よく参照される本である。

問一＜文章内容＞一般的に「学校教育には階級をシャッフルする側面がある」と考えられている。だが，「いくつかの教育社会学的研究」では逆に，学校教育には，「就学以前」に身につく態度や性向によって，子どもを「選別」し，序列を決めて「格差の維持」を行う機能があると指摘されている。

問二＜文章内容＞厚化粧をしたり，劇場やダンスホールに通ったり，ラグビーをしたりすることは，学校が子どもたちに求める勉強や「正統的慣習行動」とは，「縁のうすい行為」である。小論文の訓練は，学校の授業の中で行われることが多く，教育機関が「要求している」行為といえる。

問三＜文章内容＞ブルデューは，学校が生徒たちに割り当てた位置づけは，生徒たちに「これらの差異はたしかに存在するのだと信じる気持ち」を起こさせると述べた。そして，「いわゆる不良の男の子たち」が「自分から進んでグレて」いくように，「評価の低い位置づけ」を受けた生徒たちが，評価の低い行動を取ることで「実質上の差異を生産」する方向へ向かっていくことを指摘した。

問四＜文章内容＞不良少年たちは，「マッチョな労働者文化の中」で育ったため，「おとなしく座って勉強する」ことが「苦痛」にならない身体を育んでおらず，また「学歴の高い人」が身近にいないために，教室で「勉強する意味」を実感する機会がなかった。そのため，不良少年たちにとって，学校を辞めて労働者階級の仕事につくことは，「身についた文化」から考えれば「合理的」な判断なのである。

問五＜文章内容＞C.「不平等な階級格差が，むしろその下位の人々の『自由意志』によって再生産されている」という，一般的な認識とはうらはらの現実がある。　D. 教育社会学には，大きな望みや挑戦心を「冷却」することを意味する「クーリング・アウト」という概念がある。「客観的なチャンスが存在しないところ」では，主観的な望みも，はじめから存在しない。「野郎ども」にとって，「学校的に成功していく」という大きな望みや挑戦心は，「あらかじめ冷却」されている。

問六＜文脈＞「東大生の親の年収」は「約六割が九百五十万円以上」で，「全世帯のうち所得が一千万円以上のもの」が十二パーセントであることを考えると，「東大生の出身階層」は偏っている。そう考えると，「こんな疑問が湧いて」くる。学校は「階級格差を維持しているのではないか」，学校は「階層格差を正当化する装置なのではないか」という疑問である。

四〔古文の読解―説話〕出典：『宇治拾遺物語』巻第十二ノ十二。

≪現代語訳≫今ではもう昔のことだが，高忠という人が越前守のときに，きわめて不遇で貧しかった侍で，夜も昼も真面目に働いていたのが，冬でも，一重物を着ていた。雪がたいそう降る日，この侍は，外の掃除をしようとして，何かがとりついたように震えるのを見て，守が，「歌をよめ。趣深く降る雪であることよ」と言うと，この侍が，「何を題にしておよみいたしましょうか」と申すので，「裸であることをよめ」と言うと，間もなく（侍は）震える声を張り上げて歌をよみ出した。／裸である私の身に降りかかる白雪のような白髪は，身を震わせて振り払っても，消えないことよ／とよんだので，守はたいそう褒めて，（守が）着ていた服を脱いで（侍へ）与えた。北の方もかわいそうに思って，薄紫色の衣服でたいそう香のしみたのを与えたところ，（侍は）二つとも受け取って，くるくると丸めて，脇に挟んで立ち去った。（侍が）侍所に行くと，居並んでいた（同僚の）侍たちが（服を）見て，驚き不思議がって事情を尋ねたが，このようなことだと聞いて驚いて感心した。／ところでこの侍は，その後姿が見えなくなったので，不思議に思って，守が捜させたところ，北山に徳の高い僧がいて，（侍は）そこへ行って，この手に入れた着物を二つとも与えて，言ったことには，「（私も）年老いて参りました。我が身の不幸は，年を追うごとに増しております。この世の私は何をしても無駄な身であるようです。せめて後生だけでも何とかして（助かりたい）と思われて，法師になり申そうと思いましたが，出家の戒を授けてくださるお坊さまに差し上げられる物がありませんでしたので，今まで過ごしてきたのですが，このように思いがけない物をいただいたので，このうえなくうれしく思いまして，これを布施として差し上げるのです」と言って，「法師にさせてください」と涙にむせかえって泣く泣く言ったので，高僧はたいそう尊く思って，（侍を）法師にしたのであった。そしてそれ以来（侍は）行方もわからず姿を消してしまった。居場所もわからなくなってしまった。

問一＜現代語訳＞㋐「なり」は，ここでは，断定の助動詞で，～である，という意味。「まめなり」は，真面目で勤勉であるさま。　㋑「あさましがる」は，意外なことに驚く，という意味。

問二＜和歌の内容理解＞「白雪」は，実際に降っている雪の他に，「我が身」の白髪頭のことも表している。白雪と白髪に象徴される「不幸」や老いは，振り払っても消えないということである。

問三＜古文の内容理解＞侍は，現世の自分は，不幸が重なるばかりで，「益もなき身」と悲観的に語っている。侍は，法師となって仏にすがることで，「後生」だけでも助かりたいと願った。

問四＜文学史＞『平家物語』は，鎌倉時代に成立し，琵琶法師によって広められた軍記物語。『閑吟集』は，室町時代に編さんされた歌謡集。『竹取物語』は，平安時代に成立した物語。『古事記』は，奈良時代に太安万侶によって編さんされた歴史書。

五〔資料〕出典：『浦島太郎』。

≪現代語訳≫【本文Ａ】女人が申したことは，「今は何を隠しましょうか（，いや，隠しはいたしません）。私は，この竜宮城の亀でございますが，ゑしまが磯で，あなたに命を助けていただきました，そのご恩に報い申し上げようと思って，このように夫婦になり申し上げました。さてこれは，私の形見としてご覧ください」と言って，左脇から美しい箱を一つ取り出し，「何があっても決して，この箱をお開けにならないでください」と言って渡した。／【本文Ｂ】この箱を開けてみたところ，中から紫の雲が三筋上った。これを見ていると，二十四，五の年齢も，たちまち変わり果ててしまった。そうして，浦島は鶴になって，大空に飛び立った。（中略）その後，浦島太郎は，丹後の国に浦島の明神として現れ，数多くの生き物をお救いになった。亀も，同じ場所に神として現れ，夫婦の明神におなりになった。すばらしい前例であった。

問一．「挿絵ホ」では，登場人物たちが袖や手を目に当てて泣いており，別れの場面にふさわしく，「悲しみが表れるような絵」になっている。

問二．『御伽草子』では，玉手箱を開けた浦島太郎は鶴になり，後に「丹後国に浦島の明神」として現れて，「数多の生き物」を救った。また，亀も同じ所に神として現れ，浦島太郎と亀は「夫婦の明神」としてまつられたと語られており，浦島が報われた結末になっている。

2024年度 春日部共栄高等学校(第2回)

【英　語】(50分)〈満点：100点〉

■リスニングテストの音声は，当社ホームページで聴くことができます。(実際の入試で使用された音声です)
再生に必要なユーザー名とアクセスコードは「収録内容一覧」のページに掲載しています。

1 放送を聞いて答える問題

問題は全部で7問あり、放送はすべて英語で行われます。放送中メモを取ってもかまいません。各問題について英語は2回ずつ放送されます。

【No. 1, No. 2】

Listen to each talk, and choose the best answer for each question.

No. 1 　1

①

②

③

④

No. 2 　2

①

②

③

④

【No. 3, No. 4】

Listen to each situation, and choose the best answer for each question.

No. 3 　3

① I can't play tennis next Sunday.
② Will your brother come next Sunday?
③ Let's play tennis next Sunday.
④ Can I play tennis next Sunday?

No. 4 | 4 |

① Which word do you like the best?　② What does this word mean?
③ I learned this *kanji* yesterday.　④ This *kanji* is one of my favorites.

【No. 5 － No. 7】

Listen to the speech by Eita, and choose the best answer for each question.

No. 5 | 5 |

① He helps sick people at home.
② He plays with children in the park.
③ He works for the children's hospital.
④ He cheers up the children's parents.

No. 6 | 6 |

① One.
② Two.
③ Three.
④ Four.

No. 7 | 7 |

① Masa has been working for the children's hospital in Tokyo.
② A lot of children in the hospital and their families like Masa very much.
③ Hospital facility dogs play important roles in supporting sick children.
④ There will be many hospital facility dogs in the future in Japan.

※＜リスニング問題放送原稿＞は英語の問題の終わりに付けてあります。

2 高校の同級生NashとHanaの会話を読んで、後の問いに答えなさい。

Nash : Hi, Hana. I'm reading a book named *The Roots of English Words*. Have you ever thought about ((1)) English words come from?

Hana : Don't they all come from England?

Nash : Well, it's not so simple. The English language has words from many different countries. Some are old and some are new.

Hana : Really? I didn't know that.

Nash : Many words come from *Latin and French.

Hana : That makes sense, I guess. France is very close to England. Which words come from Latin?

Nash : The word "school" came from Latin. In Latin, (2)<u>*schola*</u> meant a place to rest or study. Afterwards, in English, "school" started to be used to mean any place of education. It also began to mean a group of students and teachers learning together.

Hana : That's amazing. So which words come from French?

Nash : Well, do you know the word "encore"?

Hana : Yes, I know the word. We use it when we want to hear performance once more at a theater or concert hall.

Nash : It comes from French and means "again" or "one more time." We use it in English with ((3)) meaning and we say it with a French accent too.

Hana : I didn't know it came from French. It is surprising that I've already used one of the French words! Anyway, I'm in the school band. We hear it when the audience wants us to play again. We hope they enjoy our performance. So (4)<u>I'm always happy to hear that word</u>.

Nash : Yeah, I know what you mean.

Hana : Did any countries outside Europe give some words to English?

Nash : Yes! I was surprised to learn that a lot of words in English come from India. The word "pepper," for example, came from India.

Hana : Wow. Maybe (5)<u>English people didn't know about peppers before they went to India</u>.

Nash : Yeah, the word comes from the Sanskrit word *pippali*.

Hana : That's surprising! Words can have ((6)) interesting beginnings.

Nash : Definitely! That reminds me that the word "sandwich" has an interesting story.

Hana : How did it get the name?

Nash : It got the name because of John Montagu, an English *lord from the town of Sandwich. He enjoyed playing cards and asked for meat ((7)) two slices of bread so he could eat without leaving the gaming table.

Hana : Now the food has the same name as the town. (8)<u>It</u> became famous all over the world. I'll definitely remember these stories. I'm glad to learn about them. Words from foreign countries are like treasures （9） meanings, history, and surprises. Thanks for sharing these stories.

Nash ：You're welcome! I love exploring the world of languages!

注 Latin ラテン語 lord 伯爵

問1 空所 （1） に入る最も適当なものを選び、番号で答えなさい。 8

① what ② which ③ who ④ where

問2 下線部 (2) の意味として最も適当なものを選び、番号で答えなさい。 9

① 一緒に学んでいる学生と先生。
② 一緒に学んだり考えたりする集団。
③ 休んだり勉強する場所。
④ 先生の教育方針。

問3 空所 （3） に入る最も適当なものを選び、番号で答えなさい。 10

① the same ② a different ③ the special ④ a hidden

問4 下線部 (4) の理由として最も適当なものを選び、番号で答えなさい。 11

① 観客が自分たちも演奏したいと感じてくれているから。
② 観客が私たちの演奏が良いと感じてくれているから。
③ 私たちがフランスの曲をうまく演奏できるから。
④ 私たちがコンクールで賞をとることができるから。

問5 下線部 (5) の言い換えとして最も適当なものを選び、番号で答えなさい。 12

① People in England didn't like peppers from India.
② English people didn't understand the word "pepper" because they were using the word *pippali*.
③ "Pepper" was not in the English language until English people discovered peppers in India.
④ The word "pepper" came from England, but people didn't know it.

問6 空所 （6） に入る最も適当なものを選び、番号で答えなさい。 13

① such ② so ③ like ④ as

問7 空所 （7） に入る最も適当なものを選び、番号で答えなさい。 14

① between ② among ③ before ④ after

問 8　下線部 (8) の内容として最も適当なものを選び、番号で答えなさい。 15

① the Sanskrit language　② the name of John Montagu
③ the sandwich　④ the gaming table

問 9　空所 （9） に入る最も適当なものを選び、番号で答えなさい。 16

① carry　② carried　③ was carried　④ carrying

問10　会話の内容と一致するものを選び、番号で答えなさい。 17

① Nash taught Hana how to say English words.
② Hana learned about the origins of English words.
③ Nash and Hana were learning some foreign words in India.
④ Nash and Hana talked about each other's countries.

3 次の英文を読んで、後の問いに答えなさい。

〔編集部注…課題文は著作権上の問題により掲載しておりません。作品の該当箇所につきましては次の内容を参考にしてください〕

VOA「Company Works to Save Mexico City's Bees」
https://learningenglish.voanews.com/a/company-works-to-save-mexico-city-s-bees/7145662.html

第１段落１行目～第16段落の最終行（一部改変・省略あり）

注　pollinators　受粉媒介者　　extinction　絶滅

問 1　空所 （1） に入れるのに最も適当なものを、番号で選びなさい。 18

① use　② grow　③ kill　④ save

問 2　下線部 (2) が指し示すものとして最も適当なものを選び、番号で答えなさい。 19

① Mexico City　② bees　③ Abeja Negra SOS　④ bee control companies

問 3　下線部 (3) の内容として最も適当なものを選び、番号で答えなさい。 20

① 地域の人々に蜂の危険性についてより多くのことを知らせ始めた。
② 蜂が多く生息している危険な地域が増えたことが分かり始めた。
③ 人々から蜂の巣の除去を求める電話が増えたことに気づき始めた。
④ 蜂の巣をよりたくさん除去する必要があるか専門業者に尋ね始めた。

問4　次の英文を本文中に入れるには［ A ］～［ D ］のどこが最も適当か、番号で答えなさい。［21］

Around the world, bee numbers have decreased sharply in recent history.

①［ A ］　②［ B ］　③［ C ］　④［ D ］

問5　下線部 (4) の空所（ a ）～（ c ）に入れるものとして適当でないものを、番号で選びなさい。［22］

① the use of damaging chemicals　② attacks from other animals

③ destroying natural environments　④ burning fossil fuels

問6　下線部 (5) の空所（ ア ）、（ イ ）に入る語の組み合わせとして最も適当なものを選び、番号で選びなさい。［23］

①（ア） so　（イ） that

②（ア） for　（イ） to

③（ア） such　（イ） that

④（ア） too　（イ） to

問7　下線部 (6) を言い換えたものとして適当なものを選び、番号で答えなさい。［24］

① protect　② release　③ kill　④ find

問8　空所［（7）］に入れるのに最も適当なものを、番号で選びなさい。［25］

① but　② because　③ during　④ without

問9　本文の内容と一致するものを3つ選び、番号で答えなさい。ただし、解答の順番は問わない。［26］～［28］

① Bees play an important role as pollinators in the natural environment.

② The name Abeja Negra SOS consists of Spanish words and a secret code used to break the bee homes.

③ Adriana Velíz was working as an animal doctor when she was told to save the bees by the government.

④ The bees in the United States are 75 percent less than those 40 years ago.

⑤ Some people who are living in Mexico City worry about being attacked by bees.

⑥ Abeja Negra SOS has re-homed about 510 hives and the total population of bees in those hives is 80,000.

⑦ After Abeja Negra SOS removes a hive, they break it and release the bees into the wild.

⑧ Thanks to the activities of Abeja Negra SOS, other groups doing the same job have been created.

4 次の問い（問1～問5）において、①～⑥の語（句）を日本語の意味を表すように並べかえて、文を完成しなさい。解答は 29 ～ 38 に入るものの番号のみ答えなさい。

問1 そのツアーには、ショパンが生誕した家の見学が含まれています。

The tour ____ [29] ____ ____ [30] ____ born in.

① a visit　② to　③ was　④ Chopin　⑤ the house　⑥ includes

問2 クリスは、大学を卒業後医者になるために一生懸命努力しています。

Chris ____ [31] ____ ____ [32] ____ a doctor after he graduates from university.

① been　② in　③ working hard　④ become　⑤ has　⑥ order to

問3 私たちが食べているものがどの国から来ているのか知ることは重要だ。

It is important ____ [33] ____ ____ [34] ____ comes from.

① to　② which countries　③ we　④ know　⑤ eat　⑥ the food

問4 残念ですが、パーティーに招待した数人が来られないそうです。

I'm afraid that some ____ [35] ____ ____ [36] ____ come.

① the party　② can't　③ to　④ of　⑤ invited　⑥ the people

問5 そのグラフが表しているように、カナダの食料自給率は日本よりもずっと高い。

The graph shows that the food self-sufficiency rate of Canada ____ [37] ____ ____ [38] ____ Japan.

① higher　② than　③ is　④ of　⑤ that　⑥ much

<リスニング問題放送原稿>

※「チャイム」

これから「放送を聞いて答える問題」を始めます。
問題は全部で７問あり，放送はすべて英語で行われます。放送中メモを取ってもかまいません。各問題について英語は２回ずつ放送されます。
では，始めます。

Look at No. 1 and No. 2.

Listen to each talk, and choose the best answer for each question.

Let's start.

No. 1

A： Jim, it's already noon.

B： Mom, I want to eat a hamburger and an apple pie for lunch.

A： OK. Well, which do you want to have, orange juice or milk?

B： Milk, please.

Question： What will Jim have for lunch?

（会話と質問を繰り返します。）

No. 2

A： Oh, no. It's raining.

B： Don't worry, Mary. I think it will stop soon.

A： Really? Will the weather be OK this evening?

B： Yes. The weather report says there will be no clouds in the evening.

Question： How will the weather change from now to this evening?

(会話と質問を繰り返します。)

Look at No. 3 and No. 4.

Listen to each situation, and choose the best answer for each question.

Let's start.

No. 3

Mike and Kumi enjoy playing tennis together on Sundays.

Kumi has to take care of her brother next Sunday.

So, she has no time to play tennis with Mike that day.

Question： What will Kumi say to Mike?

(英文と質問を繰り返します。)

No. 4

Today is Nancy's birthday.

Jun gave a cup to Nancy as a birthday present.

The cup has a Japanese *kanji* on it, but Nancy doesn't know the word.

Question： What will Nancy say to Jun?

(英文と質問を繰り返します。)

Listen to the speech by Eita, and choose the best answer for each question.

Let's start.

Hello, everyone.　I'm Eita Wada.

Do you know about hospital facility dogs?　Hospital facility dogs are dogs that are trained to work with sick people in hospitals.　Let me tell you about one of the dogs called Masa.　Masa is working in a children's hospital in Tokyo.　He plays with the children there.　They really like him. He cheers them up when they take medicine or receive treatment.　He also works with the children during rehabilitation.

Hospital facility dogs play very important roles, but it takes a lot of money to train them.　So, there are only a few hospital facility dogs in Japan.　Now, four hospital facility dogs are working at four children's hospitals.

I hope someday a lot of hospital facility dogs will work with and help children all over Japan.

No. 5

Question：　What does Masa usually do?

No. 6

Question：　How many hospital facility dogs are there in Japan?

No. 7

Question：　What does Eita want to tell us the most?

（英文と質問を繰り返します。）

以上で「放送を聞いて答える問題」を終わります。では，ほかの問題を始めてください。

【数　学】（50分）〈満点：100点〉

（注意）(1) 問題文中のア，イ，ウ，……の１つ１つは，それぞれ０から９までの数字，または－のいずれか１つに対応します。それらをア，イ，ウ，……で示された解答欄にマークしなさい。

(2) 分数形で解答が求められたときは，既約分数で答えなさい。符号は分子につけ，分母につけてはいけません。

(3) 根号を含む形で解答する場合，根号の中に現れる自然数が最小となる形で答えなさい。

(4) 問題文中にある図は必ずしも正確ではありません。

(5) 円周率はπとして計算しなさい。

Ⅰ　次の各問いに答えなさい。

(1) $\frac{1}{12}-\frac{1}{48}\div\frac{3}{16}=\frac{\boxed{アイ}}{\boxed{ウエ}}$

(2) $\frac{\sqrt{6}+\sqrt{2}}{\sqrt{3}+1}\times(\sqrt{10}-\sqrt{6})(\sqrt{5}+\sqrt{3})=\boxed{オ}$

(3) $2a-b=3$　をaについて解いた式として，正しいものを次の①～⑤から１つ選ぶと $\boxed{カ}$

① $a=2(3+b)$

② $b=3+2a$

③ $a=\frac{1}{2}(-b+3)$

④ $b=2a-3$

⑤ $a=\frac{1}{2}(3+b)$

(4) $999^2 - 1002 \times 996 =$ キ

(5) 図のように，中心がOの円に内接している四角形ＡＢＣＤがあります。

∠ＡＯＣ＝104° のとき，∠ＡＤＣ＝ クケ °

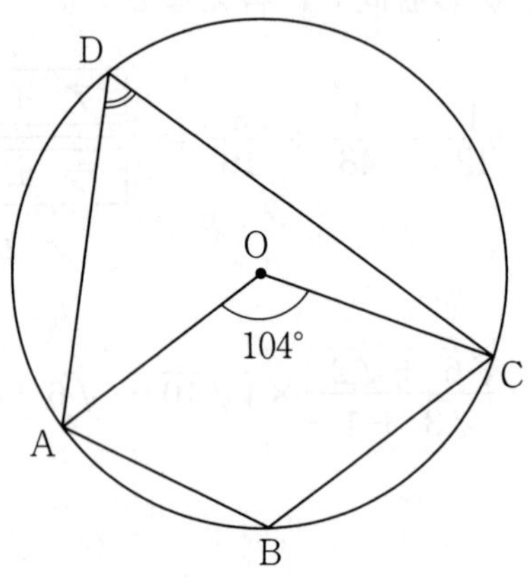

(6) $\dfrac{2y+1}{x} = \dfrac{x-3}{y} = 1$ のとき，$x =$ コ ，$y =$ サ

Ⅱ　次の各問いに答えなさい。

(1)　長さ100の棒を4つに切って，その棒を4つの辺として四角形をつくります。

その四角形が面積504の長方形のとき，長い方の辺の長さは［アイ］

ただし，棒の太さやつなぎ目に関しては無視するものとします。

(2)　$\sqrt{7n+2}$が6の倍数になるような最小の自然数nは［ウエ］

(3)　3つの容器A，B，Cには次のような砂糖水が入っています。

・容器A…濃度48%の砂糖水300g

・容器B…濃度8%の砂糖水200g

・容器C…濃度1%の砂糖水100g

次の各問いに答えなさい。

①　容器Aから50gの砂糖水を取り出し，容器Bに入れてよくかき混ぜてできた砂糖水の濃度は［オカ］%

②　①の濃度［オカ］%の砂糖水から50gを取り出し，容器Cに入れてよくかき混ぜてできた砂糖水の濃度は［キ］%

③　②の濃度［キ］%の砂糖水から50gを取り出し，250gの砂糖水が入った容器Aに入れてよくかき混ぜてできた砂糖水の濃度は［クケ］%

(4)　大中小３個のサイコロを同時に１回投げて，出た目の数をそれぞれ a，b，c とします。

$a + b + c = 8$ となる確率は $\dfrac{\boxed{コ}}{\boxed{サ\ シ}}$

(5)　図のように三角形ＡＢＣがあります。点Ｄ，Ｅはそれぞれ辺ＡＢ，ＡＣの中点です。

また，点ＦはＢＦ：ＦＣ＝３：２

となるような辺ＢＣ上の点です。

ＡＦとＤＥの交点をＧとするとき，

三角形ＥＦＧの面積は三角形ＡＢＣの

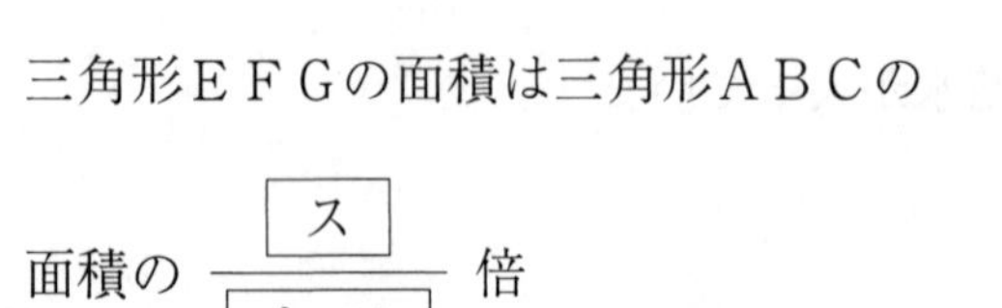

面積の $\dfrac{\boxed{ス}}{\boxed{セ\ ソ}}$ 倍

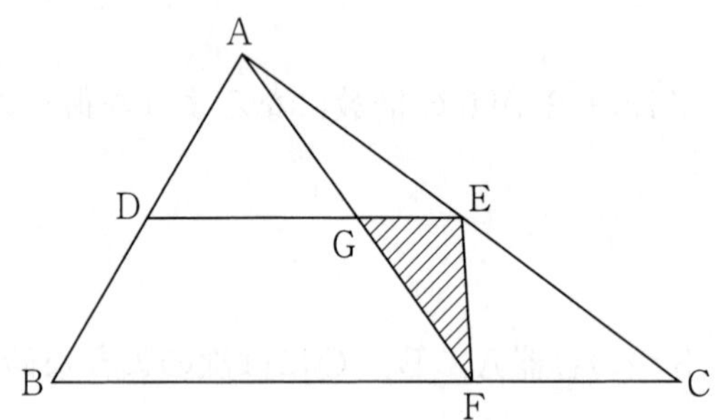

(6)　自然数から２の倍数と３の倍数と５の倍数を取り除いて，小さい数字から順に

下記のように並べます。

１，７，11，13，17，19，23，29，31，37，41，43，…

次の各問いに答えなさい。

①　１番目の自然数１から数えて16番目の自然数は $\boxed{タ\ チ}$

②　１番目の自然数１から数えて24番目の自然数は $\boxed{ツ\ テ}$

③　１番目の自然数１から数えて32番目の自然数は $\boxed{ト\ ナ\ ニ}$

④　１番目の自然数１から32番目の自然数 $\boxed{ト\ ナ\ ニ}$ までの和は $\boxed{ヌ\ ネ\ ノ\ ハ}$

Ⅲ　放物線 $y = x^2$ 上に，2点A（a，a^2）（$a > 0$），B（-1，1）があります。

四角形ＯＡＣＢが平行四辺形となるように点Ｃをとるとき，

次の各問いに答えなさい。

ただし，Ｏは原点とし，点Ｃは直線ＡＢに関してＯと反対側の点とします。

(1)　$a = 3$ のとき，

①　点Ｃの座標は（ ア ， イウ ）

②　△ＯＡＢの面積は エ

③　点Ｄは放物線上の点で，四角形ＯＡＤＢの面積が平行四辺形ＯＡＣＢの面積と等しいとします。このようなＤの x 座標で最大のものは オ ＋ $\sqrt{\text{カ}}$

(2)　直線 $y = 4x + \frac{1}{2}$ が平行四辺形ＯＡＣＢの面積を2等分するときの

点Ａの座標は（ キ ， ク ）

Ⅳ　図のように，1辺の長さが6の立方体ＡＢＣＤ－ＥＦＧＨがあります。

辺ＡＢ，ＤＨ，ＦＧの中点をそれぞれＬ，Ｍ，Ｎとするとき，

次の各問いに答えなさい。

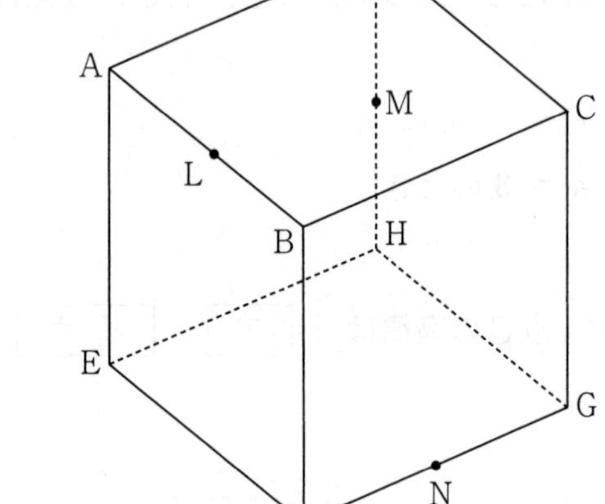

(1)　ＬＭ＝ ［ア］$\sqrt{［イ］}$

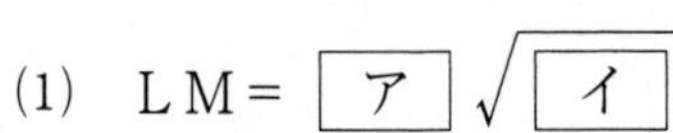

(2)　ＬＮ＝ ［ウ］$\sqrt{［エ］}$

(3)　ＭＮ＝ ［オ］$\sqrt{［カ］}$

(4)　三角形ＬＭＮの面積を S とすると，$S = \dfrac{［キク］\sqrt{［ケ］}}{［コ］}$

(5)　3点Ｌ，Ｍ，Ｎを通る平面でこの立方体を切ったときの切断面の

図形は ［サ］ で，その面積を T とすると，$T =$ ［シス］$\sqrt{［セ］}$

ただし，［サ］ には次の①～⑧から正しいものを1つ選びなさい。

① 正三角形　　⑤ 台形

② 二等辺三角形　　⑥ 正五角形

③ 正方形　　⑦ 正六角形

④ ひし形　　⑧ 正八角形

【資料2—Ⅱ】

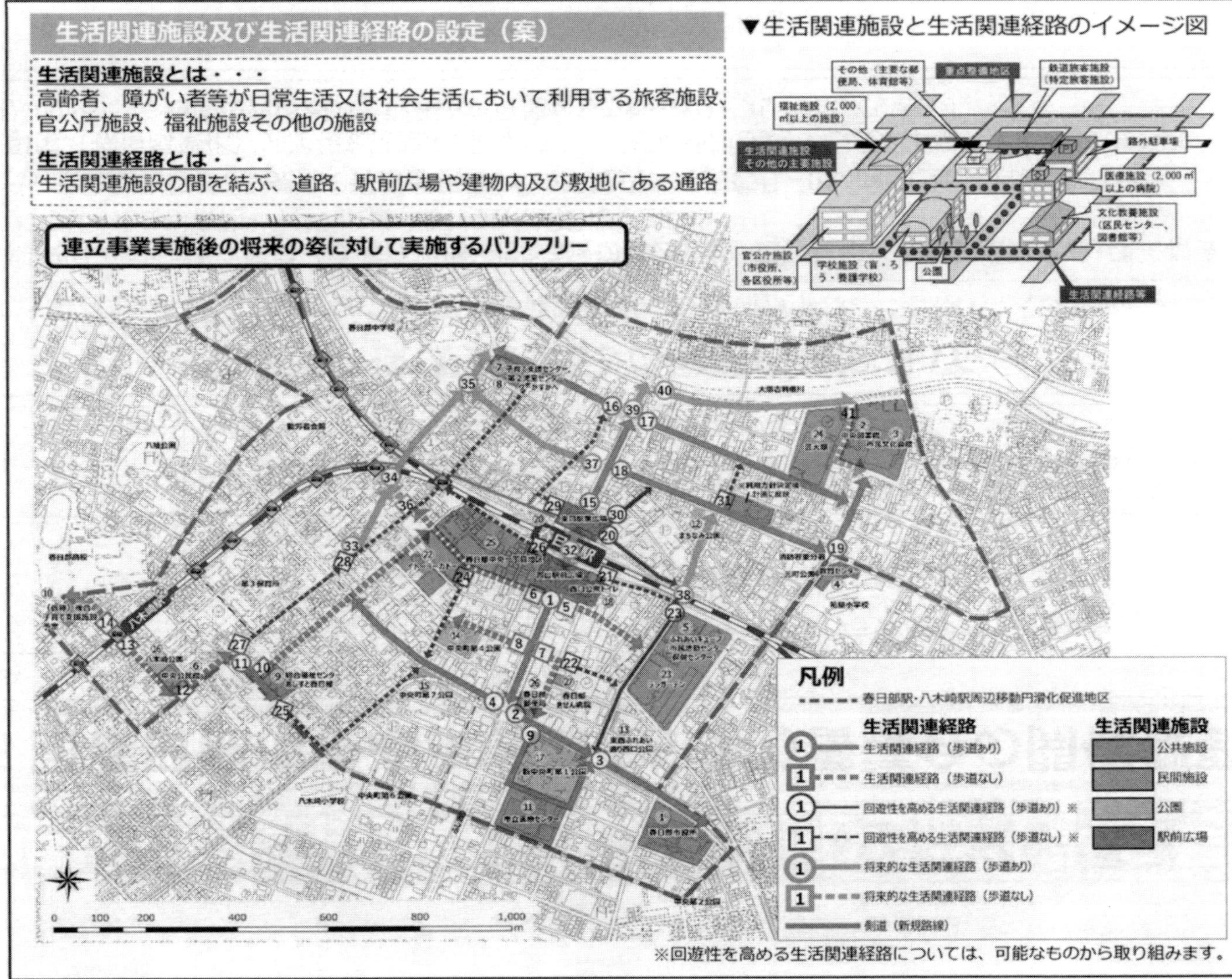

〈『春日部市中心市街地まちづくり計画を策定しました』
「https://www.city.kasukabe.lg.jp/soshikikarasagasu/tetsudokokaseibika/gyomuannai/2/2/5662.html」より
最終アクセス　2023年8月〉

【資料２―Ⅰ】

春日部市中心市街地まちづくり かわら版【第５号】

第５回春日部市中心市街地まちづくり審議会の開催概要

開催日時	令和２年３月27日（㈮）９：30～11：30
議事	（０）中心市街地まちづくり計画（案）・バリアフリーマスタープラン（案）策定の進め方 （１）バリアフリーマスタープランの取組内容について （２）既存まちづくり計画と審議した個別施策との整理について （３）中心市街地まちづくりの今後の進め方
会議の主な内容	次回の第６回審議会で「春日部市中心市街地まちづくり計画（素案）」及び「バリアフリーマスタープラン（素案）」のとりまとめを行うにあたり、議論が必要なバリアフリーマスタープランの取組内容や、中心市街地まちづくりの個別施策の内容等について議論しました。

バリアフリーマスタープランの取組内容について

春日部市バリアフリーマスタープラン（春日部駅・八木崎駅周辺地区編）（仮）の概要

・春日部駅周辺では、**連立事業（鉄道高架化）による踏切除去および道路整備や、道路・公共交通・建築物等のバリアフリー化を総合的・一体的に進められることが期待**できます。

・そのため、**全市に先駆けて優先的に春日部駅・八木崎駅周辺のバリアフリー化**に向けた検討を行います。

・連立事業（鉄道高架化）完了後を見据えた将来時点を目標に検討します。ただし、事業完了までは10数年の年月がかかるため、**当面の対応として、取組みが可能なものからバリアフリー化**していきます。

【資料1―Ⅱ】

第1回春日部市中心市街地まちづくり審議会の開催概要

開催日時	令和元年6月28日（金）
議事	(1)審議会の進め方について (2)まちづくりの目指す方向性について
会議の主な内容	中心市街地の「これまで」「いま」「これから」やまちづくりを検討するうえでのキーワード（コンセプト）を議論しました

第1回審議会の様子

中心市街地の「これまで」「いま」「これから」

「これまで」の変遷

固有の地域資源
- ●職人のまち
- ●歴史・文化

豊富な都市基盤ストック
- ●面積の1/3が公共空間

「いま」おきていること

活力・賑いの低下
- ●空き店舗の増大
- ●低未利用地の増大

人・商機の市外流出
- ●若年世代の流出
- ●市外で買い物増

「これから」を考えるヒント

市民の声
- ●回遊行動少ない
- ●共有できるコトにニーズがある

潜在需要
- ●観光・ビジネス
- ●多様化する働き方・価値観

今あるものを新しい使い方で活かす
- ●公共空間
- ●空き地・空き家

次世代
- ●次世代技術導入

災害に強い
- ●帰宅困難者対応

まちづくりのキーワード

審議会委員の方に、「あなたが共感するまちづくりキーワード」を提案していただきました。

公民連携

■旧日光街道を利用した匠の街⇒食の匠・ものづくりの匠
■「＋学」もうまく使っていただきたい

人主役

■歩行者主役

ストック活用

オンリーワン

■音楽・文化

安全安心

注：カッコ内は「共感する」と答えていただいた人数、
黒字（■）は審議会委員の補足コメント

こんな意見や提案がでました！

○高架化するだけではなく**「商人が生き残れるまちづくり」**をやっていきたい。

○一部の道路を、**車両進入禁止にしてオープンカフェのような道**にしていきたい。

○**広場を多くつくっていく**ことは必要なことである。春日部の強みである音楽を生で体験できる場が必要である。

○春日部で買い物をしてもらいたい。皆さんが歴史を築いてきた努力を大切にしながら、**若い人たちのエネルギーを融合させたい。**

○高架化によって**広域的に春日部のポテンシャルを高めて**いかなくてはならない。

○**公共空間などが充実している点**が住みやすさに繋がっているのではないか。

【資料1―Ⅰ】

春日部市中心市街地まちづくり かわら版【創刊号】

中心市街地まちづくり計画の検討を進めています！

①中心市街地まちづくり計画とは？

春日部市では、春日部駅周辺の鉄道高架化(連続立体交差事業)及び関連する道路整備等と一体となったまちづくりを推進するため、2019年4月に「春日部駅中心市街地まちづくり審議会」を設立し、「春日部市中心市街地まちづくり計画」（以下、まちづくり審議会）を審議・検討しています。

【まちづくり審議会とは？】

○中心市街地まちづくりに関する事項を審議し、市長の諮問に応じ、審議結果を答申します。

【審議会委員の構成】
学識者、公募市民、商店街、町内会、地元事業者、交通事業者、関係機関　など

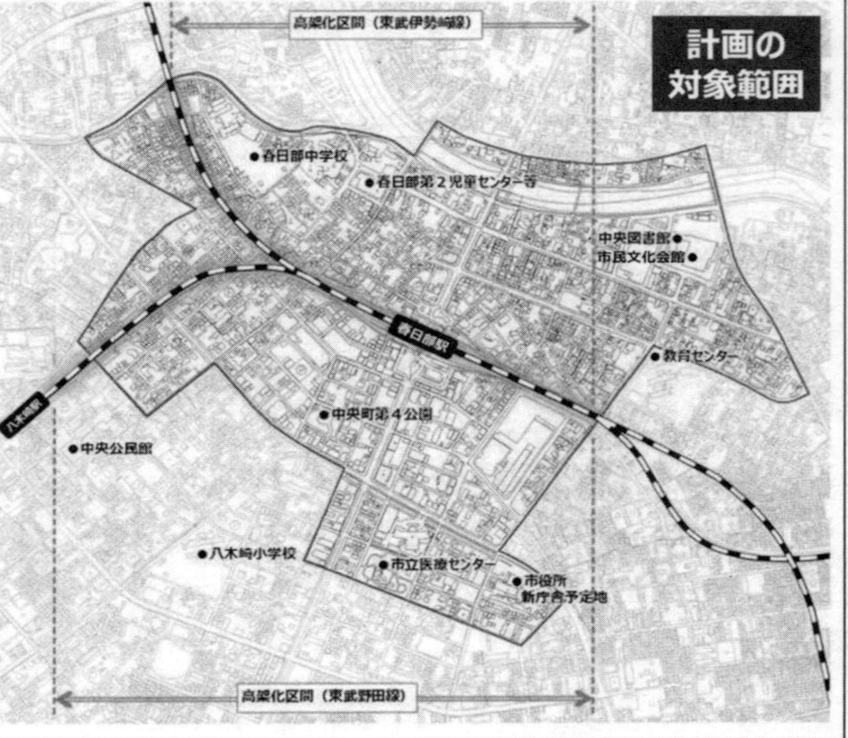

③ 春以外に鶯が鳴く姿を見ることができるならば、どれほど情趣を感じられるのだろうか。

④ やはり春のうちにだけ鶯が鳴くのであれば、どれほど趣があることだろう。

問三 筆者の考えを説明するものとして**適当でないもの**を、次の①～④のうちから一つ選びなさい。解答番号は〈23〉

① 身分や教養のない人たちが鶯を「むしくい」と呼ぶことに、残念で不思議な思いを抱いている。

② 鶯が非難されることがあるのは、鶯の鳴く季節やその非凡さが理由の一つだと考えている。

③ 五月雨の頃に郭公が鳴く姿やそれを真似する鶯をみて、日本の四季は素晴らしいと考えている。

④ 夜に鳴く鳥は素晴らしいと思う一方で、夜に泣く赤ん坊については否定的である。

問四 『枕草子』と同じジャンルの作品を、次の①～④のうちから一つ選びなさい。解答番号は〈24〉

① 風姿花伝　② 沙石集　③ 太平記　④ 方丈記

五

21ページ～18ページのリーフレットは春日部駅の高架化事業に基づく「春日部市中心市街地まちづくり計画」に関する資料です。この資料に関する後の問に答えなさい。（設問の都合上、資料を一部改変した。）

問一 【資料1】から読み取れる内容として**適当でないもの**を、次の①～④のうちから一つ選びなさい。解答番号は〈25〉

① 「春日部市中心市街地まちづくり計画」とは春日部駅周辺の線路の高架化と道路整備等が一体となって春日部駅周辺の市街地をよりよい街にしようとするものであり、まちづくりの対象は春日部駅西口の春日部市役所から東口の市民文化会館周辺にまで及ぶ。

② 【資料1】の段階では「春日部市中心市街地まちづくり計画」の基本的な方向性はすでに一度審議されており、それをまとめたものが【資料1―Ⅱ】である。そこからは単なる高架化だけではなく、経済活動的な面からも春日部を盛り上げていこうとする意見が見られる。

③ 「春日部市中心市街地まちづくり計画」ではこれからの春日部の未来について考えが深められており、そこではただ新しいものや変革を求めようとするのではなく、すでにこの都市が持つ財産を生かしていきながらまちづくりをしていこうとしている。

④ よりよいまちづくりのため、公での意見交換に基づいて市民の代表者や関係機関が調査や審議を行い、それを春日部市とやりとりすることで官民一体となって進めているが、不正や癒着を避けるために事業者とはやり取りしていない。

問二 【資料1・2】から読み取れる内容として最も適当なものを次の①～④のうちから一つ選びなさい。解答番号は〈26〉

① 【資料1】より高架化される部分は春日部駅周辺および春日部～八木崎駅間であるが、【資料2】を見ると、まちづくりに合わせて行われるバリアフリー事業は八木崎駅を越えた部分にまで及んで行われる。

② 【資料1】より高架化はあくまで春日部駅周辺で行われるまちづくり計画であるので、【資料2】でのバリアフリー化は春日部駅・八木崎駅のみであると述べられている。

③ 【資料1】より春日部市には公共空間が多く、それらを生かしたまちづくりを目指すと述べられており、【資料2】でのバリアフリーはまずそれらの公共空間について行われることが示されている。

④ 【資料1】より春日部市は年齢問わず人口の減少が問題として挙げられており、【資料2】でのバリアフリーはその対策として長く春日部に住んできた人たちを大切にしようという精神がうかがえる。

四　次の文章を読んで、後の問に答えなさい。（……の左側は現代語訳です。）

鶯は、文などにもめでたきものに作り、声よりはじめて、さまかたちもさばかりあてにうつくしきほどよりは、㋐九重のうちに鳴かぬぞいとわろき。人の、「さなむある」と言ひしを、「さしもあらじ」と思ひしに、十年ばかり候ひて聞きしに、まことにさらに音せざりき。さるは、竹近き紅梅もいとよく通ひぬべきたよりなりかし（竹が近く紅梅もあって通うのにちょうど良いゆかりの場所であると思われる）。まかでて聞けば、㋑あやしき家の見どころもなき梅の木などには、かしがましきまでぞ鳴く（やかましいまでに鳴いている）。夜鳴かぬもいぎたなき心地すれども（夜鳴かないのは眠たがりやのような気持ちがするが）、今はいかがせむ。夏秋の末まで老い声に鳴きて、「むしくひ」など、ようもあらぬ者は名をつけかへて言ふぞ、くちをしくくすしき心地（不思議な気持ちがする）する。それもただ雀などのやうに常にある鳥ならば、さもおぼゆまじ。春鳴くゆゑこそはあらめ。※「年たちかへる」などをかしきことに、歌にも文にも作るなるは。ⓐなほ春のうち鳴かましかば、いかにをかしからまし。人をも、人げなう、世のおぼえあなづらはしうなりそめにたるをばそしりやはする（人間についても、その人が一人前ではなくて、世間から軽蔑すべきものと思われ始めている人を改めて非難するだろうか）。※鳶、烏などのうへは見入れ聞き入れなどする人、世になしかし。されば、いみじかるべきものとなりたればと思ふに、心ゆかぬ心地するなり。

※祭のかへさ見るとて、※雲林院、知足院などの前に車を立てたれば、郭公も忍ばぬにやあらむ（我慢ができないのであろうか）、鳴くに、いとようまねび似せて（鶯が、たいへん上手に真似をして）、木高き木どもの中にもろ声に鳴きたるこそさすがにをかしけれ。

郭公は、なほさらに言ふべき方なし。いつしかしたり顔（得意そうな顔）にも聞こえたるに、卯の花、花橘などに宿りをしてはたかくれたるも、ねたげなる心ばへなり。五月雨の短き夜に寝ざめをして（目を覚まして）、いかで人よりさきに聞かむと待たれて、夜深くうち出でたる声のらうらうじう愛敬づきたる、いみじう心あくがれ（心がさまよい出るほどすばらしく）、せむ方なし。六月になりぬれば、音もせずなりぬる、すべて言ふもおろかなり。

夜鳴くもの、何も何もめでたし。ちごどものみぞさしもなき。（『枕草子』による。）

※「年たちかへる」…「あらたまの年立ちかへるあしたより待たるる物は鶯の声」（『拾遺和歌集』より）。鶯は歌や詩文に詠まれ、趣のある鳥として考えられていた。

※鳶、烏…ここではどこにでもいる平凡な鳥の例として用いられている。

※祭のかへさ…賀茂祭の帰りの行列のこと。

※雲林院、知足院…どちらも京都にある寺のこと。

問一　——部㋐、㋑の本文中の意味として最も適当なものを、後の①～④のうちからそれぞれ一つずつ選びなさい。解答番号は〈20〉・〈21〉

㋐「九重のうちに鳴かぬぞいとわろき」〈20〉

① いくつも重なった声の響きがとても騒がしいと感じられる
② 何羽も集まって歌う声がたいそう滑稽に思える
③ 皇居の中だけで鳴かないことがたいそう心配に思える
④ 宮中で鳴かないことがとてもつまらない感じがする

㋑「あやしき家」〈21〉

① 昔住んでいた家　② 不思議な家
③ みすぼらしい家　④ 持ち主の分からない家

問二　——部ⓐとありますが、その解釈として最も適当なものを、次の①～④のうちから一つ選びなさい。解答番号は〈22〉

① なんといっても春に鶯だけが鳴くからこそ、歌や文で鶯の価値が高まるのだろう。
② 実は春に鶯が鳴くので、他の軽蔑されるはずの鳥が趣深いものと考えられるのである。

① オタクの情報は、アニメやゲームといった娯楽に関する特定の領域におけるものであるために、いくら緻密な情報であっても実生活における包括的な有用性という点から言えばむしろ排除されるべき負の意味を持つものであるから。

② 本来、意味と情報の濃薄は完全に比例しているはずなのに、オタクは自らの情報が世間一般には無価値と見なされることに意義を見出しているため、有意義な情報であるにもかかわらず意図的に無意味さを装っているから。

③ オタクの情報は、非常に濃密であるためにその情報の価値もまた重要なものであるはずなのに、オタクは自らの世界を自己完結させてしまっており、包括的な「それ以上のコンテクスト」による価値の裏付けがなされていないから。

④ 情報の濃密性と意味の希薄さという不整合は本来起こらないはずなのに、外部の包括的な価値づけを参照しないことによって、オタクの世界の情報は徹底的に精査されたものでも、世間的には意味を持たないものになってしまうから。

問四 ――部ⓒとありますが、そのように言える理由として最も適当なものを、次の①～④のうちから一つ選びなさい。解答番号は〈17〉

① 目新しい若者風俗が当事者以外の第三者によって名前が与えられ、注目されてきたという現象は、これまで述べてきた筆者の主張を新たな方向から補佐するものであるから。

② 些細な出来事が大事件として誇張され、オタク史がオタク自身によって細かく段階区分されているという事実は、これまで述べてきた筆者の主張を補強するものであるから。

③ オタク史の中の些細な事実をあたかも歴史的な一大事のようにオタクが扱っているという事実は、これまで筆者が提出してきた論拠とは正反対の方向からの論拠となるから。

④ オタクがオタク自身の歴史に強い関心を持っていることは、普遍的なコンテクストの拒否というこれまでの筆者の主張とは相反するものであり説明の補足が必要になるから。

問五 ――部ⓓとありますが、そのように言える理由として最も適当なものを、次の①～④のうちから一つ選びなさい。解答番号は〈18〉

① オタクは、現実もまた虚構に過ぎないと考え、両者を同質のものと捉えた上で現実を無価値なものとして見下しているのであり、現実と虚構を混同しているわけではないから。

② オタクは、現実もまた意味的構造物に過ぎないという認識の仕方で、現実を対象化して絶対的なものとみなしていないだけで、現実と虚構を混同しているわけではないから。

③ オタクが、現実と虚構を可能世界の一種でないものとして同質であるとみなしているのは、現実と虚構とを形而上学(けいじじょう)的に同質のものとして捉えているに過ぎないから。

④ オタクが、現実を相対的に捉えて現実に対して冷ややかな態度をとっているのは、虚構と混同しているのではなく、現実を虚構であると思い込んでいるために過ぎないから。

問六 ――部ⓔがもたらすことの説明として最も適当なものを、次の①～④のうちから一つ選びなさい。解答番号は〈19〉

① オタクの相対主義は、ひとまず現在通用している規範の妥当性を担保する超越的な他者をも相対化するが、相対化する視点の帰属する場として新たな超越的他者を必要とするということ。

② オタクの相対主義は、規範の妥当性を担保する超越的な他者の不可視化をより一層強くすることによって、現在通用している超越的な他者の実在性をさらに強固なものにするということ。

③ オタクのアイロニズムは、近代を律する現実や近代的な価値を相対化してしまうために、すべてを等価のものと見なし価値基準や規範が存在しえない世界を生み出してしまうということ。

④ オタクのアイロニズムは、さまざまな可能世界、さまざまな規範を互いに等価なものとして相対化してしまうので、規範の妥当性を担保する超越的な他者を喪失してしまうということ。

包括的で普遍的な領域の内部で相対化されてしまうのだ。こうした態度を起源の近くまで遡れば、たとえば、われわれは浅田彰の『逃走論』（筑摩書房、一九八四年）を見出すことになるだろう。こうした相対主義を、私は、「アイロニズム」と呼ぶ。

ⓔこのような相対主義的なアイロニズムは、さしあたっては、「第三者の審級」の「徹底した不可視化」を伴っている。第三者の審級とは、規範の妥当性を担保する超越的な他者である。もともと、近代社会は、第三者の審級の抽象化・不可視化を通じて、実現される。だが、近代社会にあっては、まさに抽象的であるということ、そのことによってこそ、第三者の審級は、その実在性を強化してきた――※パノプティコンの監視人が「不可視」であることによって、かえって実在的であったように。だが、近代を律する現実、近代的な価値をも相対化するオタクは、そのような抽象化された第三者の審級をも斥けなくてはならない。だが、超越的な第三者の審級が、存在しないわけではない。さまざまな可能世界、さまざまな規範を、互いに等価なものとして相対化し、それらからアイロニカルな距離を取るとき、その相対化する視点が帰属する場として、第三者の審級の存在が想定されている。

（大澤真幸 著『不可能性の時代』による。）

※コミケ…コミックマーケットの略。
※「太陽族」…昭和三〇年代の若者風俗。
※「竹の子族」…昭和五〇年代の若者風俗。
※『新世紀エヴァンゲリオン』…平成七～八年に放映されたアニメ番組。
※パノプティコン…全展望監視施設の形式。

問一 ――部ⓐとありますが、その現象の説明として最も適当なものを、次の①～④のうちから一つ選びなさい。解答番号は〈14〉

① 普遍的世界を知らないがゆえに自らの住む井戸の中の世界を普遍的世界と思い込んでいる「井の中の蛙」とは異なり、オタクは普遍的世界の存在を知り憧憬を抱きながらも、それとは対極に位置する限定的で特殊な世界にしか自分の存在を自覚することができていないという皮肉な現象。

② 普遍的世界の存在を知らないがゆえに自らの世界を普遍的であると錯覚してしまっている「井の中の蛙」とは異なり、オタクは自らの世界が客観的には限定的で特殊な世界であることを理解した上で、そこに包括的な普遍性を見出そうとしているという一見矛盾をはらんでいるような現象。

③ 局部的な井戸の中の世界しか知らないがゆえに大海を観念的に空想することしかできない「井の中の蛙」とは異なり、オタクは普遍的な世界を十分に知っていながらも、自らの限定的で特殊な領域世界こそが包括的かつ普遍的な世界であるという妄想に陥りがちであるという不可解な現象。

④ 自らの世界が特殊なものであることを知らずに普遍的なものであると誤認している「井の中の蛙」とは異なり、オタクは自らの世界が特殊で限定的であることを自覚した上でそれに積極的な価値を見出し、反対に包括的で普遍的であることを否定しようとするという一見常識的でない現象。

問二 A・B にあてはまる語句の組み合わせとして最も適当なものを、次の①～④のうちから一つ選びなさい。解答番号は〈15〉

① A 窓のない閉じられた個室を好む
　 B 大きなカバンを常に携行している
② A 窓のない閉じられた個室を好む
　 B 幻想的な服装に実用性を加味する
③ A 自分の好きなものに溢れた部屋を好む
　 B 大きなカバンを常に携行している
④ A 自分の好きなものに溢れた部屋を好む
　 B 幻想的な服装に実用性を加味する

問三 ――部ⓑとありますが、それが生まれる理由として最も適当なものを、次の①～④のうちから一つ選びなさい。解答番号は〈16〉

なるのだから）。それは、窓をもたない、つまり外の存在を積極的に含意することのない、閉じられた空間によってこそ表現されるだろう。

荷宮和子によると、オタクの行動上の特徴のひとつは、［B］こと、である（荷宮『おたく少女の経済学』）。実際、いわゆる※コミケに行けば、キャリーバッグを引きずった若者たちであふれている（その中に入手した同人誌やゲームを入れておくのだから、当然と言えば当然だが）。コスプレをした、ファンシーな雰囲気の女性が、キャリーバッグのような実用性に指向した道具をもっているのを見ると、ちぐはぐな印象を受けずにはいられない。オタクの好みのアイテムを詰め込んだカバンは、移動する個室のようなものではないか。おそらく、カバンをもっていることで、安心感を得ているのである。

情報的な濃密性と意味的な希薄さとの間の、ⓑオタク固有の不均衡が生ずる理由は、ここにある。オタクたちが最も苦手としていることは、自分たちがやっていることを、より包括的なコンテクストの中に位置づけることである。有意味性は、常に、「それ以上のコンテクスト」を背景にすることで、弁証される。だが、オタクたちが関心を示している、アニメならアニメ、ゲームならゲームといった特定の領域が、すでに普遍的な世界、ひとつの宇宙であるとすれば、彼らにとっては、より包括的なコンテクストはあってはならないし、またあるはずもない。つまりは、外へと通ずる窓はないのだ。こうして、外部の包括的なコンテクストへの一切の参照を欠いたまま、内部の情報を徹底して精査しようとする欲望だけが、無限に展開することになる。

この文脈で、オタクは、自分たち自身について語りたがる傾向があるということ、オタク自身の「歴史」に強い関心をもっているということ、ⓒこうした事実に注目しておいてもよいだろう。目新しい若者風俗に名前が与えられ、注目されるという現象は、かつてもあった（たとえば※「太陽族」※「竹の子族」…）。しかし、それらの現象の場合には、注目していたのは、当の若者以外の第三者であり、その名前も他称であった。それに対して、オタクに関しては、夥（おびただ）しい量の言説が主としてオタク（世代）自身によってもたらされてきた。オタクによるオタク論を読むと、しばしば、わずか二〇年程度の「歴史」が、ちょっと行き過ぎではないかと思わせるほど細かく段階区分され、些細な出来事が大げさに言挙げされる。たとえば、まるで西洋史の「古代／中世／近代」のように、オタクの「第一世代／第二世代／第三世代…」などと区分され、テレビアニメ※『新世紀エヴァンゲリオン』の最終回が、第二次世界大戦の終結と同じくらい一大事であったかのように語られるのだ。端的に言えば、多くのオタクは、個々の主題領域に関してだけではなく、オタクという現象自身についてのオタクである。このような、オタクの、オタク自身の歴史への関心は、オタクが、それぞれの主題領域や自分たちの共同体に普遍的な世界そのものを圧縮させて表現している、とする仮説を補佐する、もう一つの事実と見なすことができるだろう。オタク史の中の些細な事実が、大事件であったかのように見なされるのは、その短い歴史に普遍的な歴史が投影されているからであろう。

オタクに関して、しばしば、「虚構と現実を混同している」と言われる。これは、ⓓ馬鹿げた批判である。彼らもまた、虚構と現実とを区別するだろう。だが、虚構を現実と見なしてはいないが、逆に、現実を、虚構として、虚構と権利上異ならないものとして感覚する感受性は、オタクの特徴である。現実も、意味的な構築物であると考えるならば、さまざまな可能世界（虚構）の一種でしかない、ということになるからだ。この意味で、オタクは、純粋に、虚構の時代の精神を体現している。

それゆえ、オタクは、現実に対して、あるいはそもそも任意の可能世界に対して、冷ややかな距離を取る相対主義者である。相対主義は、述べてきたような、オタクの普遍性への欲求、極端に強い普遍主義の産物である。それぞれの特殊な世界を律する規範や価値は、

問三　次の会話の空欄［Ⅰ］にあてはまる内容として最も適当なものを、後の①〜④のうちから一つ選びなさい。解答番号は〈12〉

Aさん「国語辞典を引いて調べ学習をしていたら、辞書を読むのは面白いと気付きました」
Bさん「良いですね。詳しく教えてください」
Aさん「例えば〈手〉が面白かったです。意味が複数ありました」
Bさん「〈人やサルの胴体上部から左右に分かれ伸びている部分。何かを掴んだり投げたり引っ張ったりなどするときに使用する重要な部位〉。〈仕事の原動力としての人間〉。〈筆跡〉。なるほど、一つの単語にたくさんの意味がありますね」
Aさん「〈相手との間に開きがありすぎて、自分としては全く対処の方法がない〉。この慣用句も〈手〉の見出しに含まれていました」
Bさん「［Ⅰ］ですね。見出し語と関連した慣用句やことわざも勉強できるので、日頃から辞書を引く習慣をつけたいですね」

①　手をこまぬく　②　手を付ける
③　手をかざす　④　手も足も出ない

問四　［Ⅰ］〜［Ⅲ］に入る語句の組み合わせとして最も適当なものを、後の①〜④のうちから一つ選びなさい。解答番号は〈13〉

眠りは、目が覚めているときに蓄積した体と脳の疲労を回復させるものである、といわれます。［Ⅰ］、そういう常識的な観点では、最も短いウマ（三時間）から、最も長いアルマジロ（一七時間）まで、種によって一日の睡眠時間に大きな差があることをうまく説明できません。

こうした種による睡眠時間の極端なばらつきを説明する仮説として、「エネルギー保存説」があります。［Ⅱ］、イルカ（一〇時間）など、睡眠中も動き続ける水棲哺乳類が存在することは、この仮説と矛盾します。この場合はエネルギー保存以外の睡眠の役割、［Ⅲ］、脳の休息を考えなければならないでしょう。

（清水徹男 著『不眠とうつ病』による。）

①　Ⅰ　一方で　Ⅱ　もちろん　Ⅲ　たとえば
②　Ⅰ　ですが　Ⅱ　反対に　Ⅲ　つまり
③　Ⅰ　ただし　Ⅱ　ただし　Ⅲ　たとえば
④　Ⅰ　しかし　Ⅱ　一方で　Ⅲ　つまり

三　次の文章を読んで、後の問に答えなさい。

ⓐオタクという現象の最大の謎は、きわめて包括的な普遍性が、まったくの特殊性へと反転した上で欲望されているという逆説である。これは、「井の中の蛙、大海を知らず」とは、異なったメカニズムである。蛙は、外にある「大海」（普遍的世界）を知らないので、「井戸」（特殊でローカルな領域）を、普遍的世界と勘違いしているだけである。それに対して、オタクたちは、自らが探究している対象が、きわめて限定的・特殊的な領域であることを、よく自覚している。単に自覚しているどころか、むしろ彼らは、まさにそれが限定的・特殊的であることを承認し、積極的に肯定してさえいる。にもかかわらず、他方では、オタクにとっては、それを通じて、普遍的な世界が分節されてもいるのだ。

オタクが［Ａ］理由は、この文脈で理解可能になる。オタクの閉じられた個室は、彼の主題領域の隠喩である。ところで、それは、普遍的な世界を圧縮したものであった。そうした世界は、定義上、それ以上の外をもたない包括的な領域でなくてはならない（外部があるとすれば、その世界は、普遍的な領域ではないことに

② 俊男は祐子の言う「ソンザイカン」を自覚することができなかったが、初老の男性との会話を経て肯定感が芽生え始め、「ソンザイカン」とつぶやいた。

③ 俊男は「ソンザイカン」という言葉に違和感を覚え日常から目を背けていたが、行き場が無くなったことをきっかけに、祐子との関係を回復させようと考えた。

④ 俊男は「ソンザイカン」という言葉を聞いて「影響力のある人物でありたい」と考えたが、実現不可能であるという現実を痛感し、祐子へ後ろめたさを感じた。

問五 本文についての説明として**適当でないもの**を、次の①～④のうちから一つ選びなさい。解答番号は〈5〉

① 54行目「明け方、夢を見た」の「夢」は、俊男にとって「あの家」はがむしゃらな生活ができる憧れの場所であることを表している。

② 75行目「呼び鈴を押すことすらもうできない」とは、俊男は夢を叶える可能性を失ったと感じたことを表している。

③ 88行目「針のように痩せた年老の男」は、老人は立場がなく窮屈した生活を送っていることを比喩的に表している。

④ 112行目「異国のタイルだけが鮮やかに浮き上がっている」とは、俊男にとって「あの家」の存在が特別なものでなくなったことを表している。

二 次の各問に答えなさい。

問一 ㋐～㋔の――部のカタカナを漢字に改めた場合、それと同じ漢字に該当するものを、後の①～④のうちからそれぞれ一つずつ選びなさい。解答番号は〈6〉～〈10〉

㋐ 内シン書を提出する 〈6〉

① 不シン者に遭遇する
② 免許証の交付をシン請する
③ 発言のシン偽を確かめる
④ シン士服を購入する

㋑ 友人を紹カイする 〈7〉

① 投手がカイ腕を振るう
② カイ面活性剤を含む洗剤
③ 祖母はお節カイな人だ
④ 船に乗るカイ員になりたい

㋒ キョウ怖をおぼえる映像 〈8〉

① 故キョウへの郷愁を抱く
② 金融キョウ慌で混乱が起こる
③ 家具をキョウ売にかける
④ 妥キョウを許さない姿勢

㋓ シャ光カーテンを使用する 〈9〉

① 太宰治の『シャ陽』を読む
② 弾丸をシャ出する
③ お寺でシャ経をする
④ 音が鳴ったらシャ断機はくぐるな

㋔ 成績がユルやかに伸びている 〈10〉

① 発カン作用のある成分
② 新しい事業にカン与する
③ 人生の節目のカン婚葬祭
④ カン衝材を入れて梱包する

問二 次の故事成語とその意味の組み合わせとして**適当でないもの**を、次の①～④のうちから一つ選びなさい。解答番号は〈11〉

① 助長　―成長を助けること。また、悪い傾向を一層強くさせること。
② 大器晩成―本当に偉大な人物は、往々にして大成するのが遅いということ。
③ 白眉　―同類のものが数ある中で、最も優秀なもの。
④ 千里眼　―遠い所の出来事や未知の物事を思い通りに操ることができるもの。

陰になった室内に、ぽつんと座って外を眺めている老人の様子を想像した。ⓒ気管が絞られるような気がした。

俊男は、足を速めて勤め先への道を行く。

春の光に向かって、ソンザイカン、と小さな声で言ってみる。

（木内　昇 著「スペインタイルの家」『茗荷谷の猫』による。）

※目刺し…イワシ類の干物。

※『浮雲』…二葉亭四迷の小説。

※ツイード…毛織物の生地。

問一　——部ⓐとありますが、俊男の空想の内容として最も適当なものを、次の①～④のうちから一つ選びなさい。解答番号は〈1〉

① 自分では釣り合いが取れぬと身を縮める思いをしながらも、現在の日常から逸脱した、初老の婦人とその娘らしき女性との文化的で特別な生活。

② 祐子と過ごす抑圧された暮らしから解放され、自然体で制限のない日々を送る、初老の婦人とその娘らしき女性との文化的で特別な生活。

③ 浅学な祐子との二人の暮らしでは起こり得ない、知的欲求を満たすことができる、初老の婦人とその娘らしき女性と共に送る夫婦生活。

④ 忙(せわ)しなく過ぎる刺激的な環境の中で、つつましい祐子への愛情を再確認できる、初老の婦人とその娘らしき女性と共に送る夫婦生活。

問二　——部ⓑとありますが、どういうことですか。その説明として最も適当なものを、次の①～④のうちから一つ選びなさい。解答番号は〈2〉

① 自分のことを気遣ってくれる祐子との日々が続いたことによって、祐子とは対照的な初老の婦人や女性への嫌悪感が確かになったということ。

② 自分のことを不審がる女性の様子を目の当たりにしたことによって、自分の好意の対象が初老の女性かその娘らしき女性かで迷いが生じたということ。

③ 俊男が想像する「あの家」の中にいた憧れの女性と現実の町ですれ違ったことによって、憧れ続けていた暮らしが実在するものであったと認識したということ。

④ 「あの家」の女性が不愛想な態度をとったことによって、女性の短所に気が付き理想の人物像とは異なっていることを理解したということ。

問三　——部ⓒとありますが、このときの俊男の心情の説明として最も適当なものを、次の①～④のうちから一つ選びなさい。解答番号は〈3〉

① 「あの家」に対して特別な思いを抱いていたが、そこで共に暮らす年老の男性から境遇を聞き、暗い部屋の中から外の自分を眺める老人を想像し、ひっそりとした姿からやるせなさを感じている。

② 女性たちや「あの家」に対して強い憧れを抱いていたが、偶然出会った年老の男性との会話から、祐子と過ごす日常こそが特別であることを悟り、清々しく晴れやかに感じている。

③ 女性たちとの「あの家」で暮らす夢を実現できるところであったが、実は年老の男性と同居していたことを知り、憧れの思いをいくぶんもてあまし困惑し、自分の居場所について思い悩んでいる。

④ 「あの家」を何度も覗いていたことが初老の男性に認知されていたことに加えて、祐子との関係を優先すべきであると説得されたことで、自身の生活を否定された気持ちになり、限りない羞恥を感じている。

問四　本文中における俊男の説明として最も適当なものを、次の①～④のうちから一つ選びなさい。解答番号は〈4〉

① 俊男は祐子の言う「ソンザイカン」にほとんど耳を傾けなかったが、二人の女性と対面し自身を顧みたことで、祐子の言う「ソンザイカン」に向き合おうと心を入れ替え始めた。

俊男はあの家で居候をしている。なにか難しい学問をしているらしく、うずたかく積まれた書物の中に座し、一心に頁(ページ)をめくっていた。鉛筆の尻で頭を掻く。わからないことだらけだと呟く。それでも時間は無限にあった。複雑にこんがらがっている糸は、きっと少しずつほどけていくだろう。どれほど時間がかかっても、いずれ謎が氷解し、彼は世界と対峙(たいじ)する。入り口に立つのね、と娘が言った。母は、羨ましいようだよ、と微笑んだ。

　目が覚めて、あの家への憧憬(しょうけい)の度合いを我ながら可笑(おか)しく思った。しばらく早暁の青い光に身を預けてぼんやりしていると、そういえば俺は書生のような身分に一度なってみたかったのだ、と遥か昔の思いが忽然(こつぜん)と浮かび上がった。誰かに師事し、なにか専門の学問を学び、未来を実感しながら、これと思い決めたひとつことを極めてみたかったのだ。そういう贅沢なやり方で、世の中に入っていきたかったのだ。

　中学も出ないうちに戦災で孤児になり、突然、世間に放り出された。身寄りも金もない中で物乞いや靴磨きで食いつなぎ、そのあともただ生きていくためだけに這(は)うようにして働いてきた。立ち止まる間もなく、遮二無二(しゃにむに)日々を送ってきた。

　もちろんそこに後悔はないのだけれど。

　あの家には、自分の選びそびれた人生がこっそり眠っているように俊男は感じた。取り戻そうにも、呼び鈴を押すことすらもうできない。

　隣から規則正しい妻の寝息が聞こえてくる。寝返りをうったばかりなのだろう、頬にくっきりタオルケットの模様が刻まれていた。彼は笑みを浮かべ、人差し指の腹でそっと彼女の頬の凹凸をなぞった。甘やかな粒子が脇腹の辺りを包んだ。どうしようもないやるせなさが鼻腔(びくう)の奥を刺した。

　最後にするつもりで、俊男はあの家の前を通った。生垣(いけがき)の脇にそびえるこぶしの木の、白いふくらみが弛(ゆる)んできている。もの悲しくなって、つい立ち止まった。眩(まぶ)しい青と白があった。

「もう、じきに咲きそうですな」

　ふいに背後で声がして、俊男は驚き、振り返る。

　針のように痩せた年老の男が立っていた。貧相な体つきに、手にした買い物かごから頭を出した青ネギが似合い過ぎるのが可哀想なようだった。

　あなた、よくこの辺りをお通りになりますな、と唐突に老人は言った。俊男は息を呑んだ。不審者とでも思われたろうか。注意深く口をつぐんだ俊男に老人は弁解がましく、いえね、あなたをお見かけするたびに羨ましいと思っていたものですから、と続けた。「ゆったり大股で歩かれる姿がなんとも勇壮でね、それに以前、歯で瓶(びん)をこう、開けていたでしょう」

　俊男は赤面した。

　あなたのような逞(たくま)しい青年を見るのは気持ちの良いもので、私なんぞ若い時分からここが悪かったですから、と老人は肺の辺りを軽く二度ほど叩いた。それにかわいい奥さんをお連れになって微笑ましくてね、うちは女どものほうが強いもので私なんぞ家長だというのに家の中ではダンゴムシ同然に縮こまっておるんです、まったくいけません、と飄逸(ひょういつ)な口調で言った。

「おや、足をお止めして」

　老人は軽く会釈をしてから、こぶしを見上げた。

　俊男もつられて頭を下げ、自分の鼓動を聞きながら歩き出した。どの家の住人だろう。どこから見られていたのだろう。ぎこちなく歩を進め、しばらく行ったところでそっと振り返った。

　ちょうど老人が、あの家の、スペインタイルの玄関を開け、「ただいま」と入っていくところだった。パタン、とドアが閉まって、老人は家の中に消えた。俊男は道端に佇み、見慣れたはずの家を眺めた。生垣の隙間に、異国のタイルだけが鮮やかに浮き上がっている。

　いったい老人はどの部屋から自分の様子を眺めていたのだろう。

二〇二四年度　春日部共栄高等学校（第二回）

【国　語】（五〇分）〈満点：一〇〇点〉

一　次の文章を読んで、後の問に答えなさい。

二月も終わりに近い日だった。いつものようにあの家の前を通りかけて、俊男は思わず足を止めた。初老の婦人とは別の、住人を目にしたからだった。

その女の人は、北側の部屋の窓辺にある安楽椅子に座って煙草をふかし、書類らしきものに目を通していた。顎の辺りで切りそろえた黒々とした髪と切れ長の目が、煙草くらいでは侵されない清潔さを誇っていた。年の頃は、俊男より二つ、三つ上、三十半ばだろうか。以前見かけた老婦人の娘かもしれない。どことなく面差しが似ている。俊男は、女の人が着ている上質そうな黒いとっくりセーターを見た。雰囲気からして独り身のような気がした。そうすると、ここでのふたりの生活は、この女の人が支えているのかもしれない。どんな仕事をしているのだろう。きっと机に向かってする仕事なんだろう。目尻の上がったきつめの顔つきは、職場できびきび働く様を容易に想像させた。たぶん彼には想像もつかない洒落た職場で。通りから見えない西側の部屋には彼女の蔵書が並んでいるのかもしれない。食卓には西洋の料理が並び、母娘は難しい哲学の話や欧州の文化の話をしながら樫の木のテーブルにつくのだろう。

あの家に自分が住んでいたとすると、とⓐ俊男は職場に向かいながら、途方もない空想を巡らす。母娘とは釣り合いがとれぬから、せいぜい居候という立場だろう。北側の一室に住み、ふたりにからかわれながら食事の支度を手伝い、食後には隣の応接間にあるはずのレコードプレイヤーで音楽を聴く。母は静かに耳を傾け、娘はなにかしらの講釈を加える。弾力のある紅茶の香りが漂っている。

空想を引きずったままだったので、アパートに帰り、※目刺しの頭を噛み砕きながら、俺は居候になったら※『浮雲』の文三みたいに気の強い母娘に虐められて肩身の狭い思いをするのがオチだな、とうっかり声に出して言ってしまった。ちゃぶ台の向こう側にいる祐子が、何の話？　と小首を傾げた。俊男はバツが悪くなり、飯をかき込む。祐子はそれ以上訊かず、存外うまくやっていくわ、あなたにはソンザイカンがあるもの、と言った。昨日図書館で借りてきた本に載ってた言葉よ、新しく覚えたの、と笑った。

しばらく煩雑な日が続いた。朝早くから入らなければならない現場が多くなり、俊男はあの家に立ち寄ることができなくなった。それでも仕事の合間に、家の佇まいを思い出した。そこにある暮らしを空想した。その行為は、決まって彼の心を穏やかにした。

その日も夜になってようやく仕事が終わり、俊男は疲労を煮染めたような身体をなんとか動かし、千駄ヶ谷の駅前でオート三輪に仕事道具を積み込んでいた。

と、目の前を知った顔が横切った。とっさに彼は会釈しそうになり、慌ててそれを押しとどめ棒立ちになる。あの女の人だった。仕立てのいい※ツイードのスーツに重そうな革の書類鞄を持って、カツカツと規則正しくコンクリを鳴らしていく。目線を貼り付けた俊男に一瞬不審そうに目を向け、次の瞬間にはもう彼のことなど忘れ去ったかのようにすっきりと背を伸ばして遠ざかっていった。

このとき、あの家がひどくはっきりした実体を持ち得たように彼は感じた。ⓑあそこにあるものには一片の虚構もないのだ、と思い知らされた。奇妙な戸惑いが湧き、迷子になったときのような寄る辺ない心細さに襲われた。

明け方、夢を見た。

英語解答

1	No. 1	④	No. 2	③	No. 3	①		問4	①	問5	②	問6	②
	No. 4	②	No. 5	③	No. 6	④		問7	③	問8	①		
	No. 7	③						問9	①，⑤，⑧				
2	問1	④	問2	③	問3	①	4	問1	29…①	30…④			
	問4	②	問5	③	問6	①		問2	31…①	32…⑥			
	問7	①	問8	③	問9	④		問3	33…④	34…③			
	問10	②						問4	35…⑥	36…①			
3	問1	④	問2	④	問3	③		問5	37…⑥	38…⑤			

1〔放送問題〕解説省略

2〔長文読解総合―対話文〕

≪全訳≫❶ナッシュ（N）：やあ，ハナ。僕は『英単語の語源』という名前の本を読んでいるんだ。英単語がどこからきているか考えたことはある？❷ハナ（H）：全部イングランドからきてるんじゃないの？❸N：いや，そんなに単純じゃないんだ。英語にはさまざまな国由来の単語があるんだよ。古いものもあれば新しいものもある。❹H：本当？　それは知らなかった。❺N：多くの単語はラテン語とフランス語からきているんだ。❻H：それはわかる気がする。フランスはイングランドにとても近いし。どんな単語がラテン語からきているの？❼N：schoolという単語はラテン語に由来しているよ。ラテン語では，*schola* が休んだり勉強したりする場所を意味したんだ。その後，英語では，schoolはあらゆる教育の場所を意味するように使われ始めた。それはまた，一緒に学んでいる生徒と先生の集団も意味し始めたんだ。❽H：おもしろいね。じゃあ，フランス語からきている単語は？❾N：そうだな，encoreという単語は知ってる？❿H：うん，その単語は知ってる。劇場やコンサートホールでもう１回演奏を聴きたいときに使うよね。⓫N：それはフランス語からきていて，「再度」とか「もう１回」という意味なんだ。英語でも同じ意味で使うし，僕たちもフランス語のアクセントで言うんだよ。⓬H：それがフランス語からきているとは知らなかったな。自分がフランス語の単語の１つをすでに使っていたなんてびっくりね！　それはそうと，私は学校のバンドに入っているの。お客さんが私たちにもう１回演奏してほしいと思っているときに，その言葉を耳にするよ。私たちはお客さんに私たちの演奏を楽しんでほしいと思ってる。だから，その単語を聞くと私はいつもうれしいわ。⓭N：うん，君の言ってることはわかるよ。⓮H：ヨーロッパ以外の国からも英語になった単語はあるの？⓯N：うん！　僕はたくさんの英単語がインドからきていると知って驚いたんだ。例えば，pepperという単語はインドからきてるんだ。⓰H：へえ。もしかしたら，イングランドの人たちはインドに行く前はコショウのことを知らなかったのかもね。⓱N：そうかもね，その単語はサンスクリット語の *pippali* からきているんだ。⓲H：それは驚きね！　単語にはそんなに興味深い起源があったりするのね。⓳N：そうだね！　それで思い出したけど，sandwichという単語にもおもしろい話があるんだよ。⓴H：それはどうしてその名前になったの？㉑N：サンドイッチという町出身のイングランド人伯爵，ジョン・モンタギューが由来でその名前になったんだ。彼はトランプ遊びを楽しんでいて，ゲーム卓を離れずに食べられるように肉を２枚のパンの間に挟んでほしいと頼んだんだ。㉒H：今ではその食べ物が町と同じ名前になってるのね。それは世界中で有名になったわね。これらの話は絶対に覚えておこうっと。知ることができてうれしいわ。外国からきている単語は，意味や歴史，驚きがあって，まるで宝物みたいね。話を教えてくれてありがとう。㉓N：どういたしまして！　僕は言葉の世界を探検するのが大好きなんだ！

問１＜適語選択＞come from「～からきている」につながるのは where「どこ」。

問２＜単語の意味＞下線部を含む文の意味を考える。meant は mean「～を意味する」の過去形，to rest or study は a place にかかる to不定詞の形容詞的用法。

問３＜適語句選択＞encore の使い方について話している部分。前後の会話の流れから，「英語でも同じ意味で使われている」と考えられる。

問４＜文脈把握＞２文前でハナは，観客が encore と言うのは，「もう１回演奏してほしいと思っているとき」と言っている。これは，演奏が良いと感じてくれているということである。

問５＜英文解釈＞下線部は「イングランドの人たちはインドに行く前はコショウのことを知らなかった」という意味。これと同様の内容となるのは，③「pepper(という語)は，イングランドの人々がインドでコショウを発見するまで英語にはなかった」。

問６＜適語選択＞beginning(s)「始まり，起源」という名詞を修飾するのは形容詞の such「そんなに」。'such (a/an)＋形容詞＋名詞'「そんなに〔とても〕～な…」の形。

問７＜適語選択＞サンドイッチは，２枚のパンの「間に」具を挟んだもの。among は原則「(３つ以上のもの)の間に」を表すのでここでは不可。

問８＜指示語＞この It が指すのは前文の主語である the food「その食べ物」。その前でナッシュは「サンドイッチ」について話している。

問９＜語形変化＞「～している」という意味を表す現在分詞の carrying を入れると treasures carrying meaning, history, and surprises「意味と歴史，それに驚きを持つ宝物」という意味になる。現在分詞の carrying で始まる語句が前の名詞 treasures を修飾する形。なお，この carry は「(意味など)を持つ」という意味。

問10＜内容真偽＞①「ナッシュはハナに，英単語の言い方を教えた」…×　②「ハナは，英単語の語源を知った」…○　ナッシュが，いくつかの英単語の語源について話している内容である。　③「ナッシュとハナは，インドで外国の単語を学んでいた」…×　④「ナッシュとハナは，互いの国について話した」…×

３〔長文読解総合―説明文〕

≪全訳≫❶メキシコ・シティのある会社は，小さいがメキシコの首都のコミュニティにとって重要なメンバーであるミツバチの保護に取り組んでいる。この飛ぶ昆虫は，健全な生態系において受粉媒介者として大きな役割を果たす。❷その会社は Abeja Negra SOS という。abeja はスペイン語で「ミツバチ」を意味し，negra は「黒」という意味だ。SOS は救助の必要を伝えるために使われる記号だ。❸この会社の主な活動は，蜂の駆除会社による除去の危険にさらされているミツバチのために新しいすみかを見つけることだ。駆除会社は，業務の中でたいてい蜂の巣と呼ばれるミツバチのすみかを破壊する。❹Abeja Negra SOS は2018年に設立された。そのリーダーのアドリアナ・ベリツは獣医だ。彼女は政府のために働いていたとき，蜂の巣の除去について尋ねる電話が増えたことに気づき始めた。彼女は，政府の最初の対応はミツバチを殺すというものだったと言った。❺そこで彼女と同僚たちは，ミツバチとそのすみかを破壊せずに取り除く方法を探し始めた。彼女たちは，その昆虫に新しいすみかを与えることを決めた。❻「私たちは，それが絶滅の危機にある種だからこのような救済を行います。彼らに2度目のチャンスを与えているのです」とベリッツは言った。❼A近年，世界中でミツバチの数は急激に減少している。アメリカ合衆国だけでも，過去40年間でミツバチの約25パーセントを失っている。今年の前半には，メキシコ南部の養蜂業者たちが農薬による数百万匹のミツバチの「大量殺害」を報告した。❽多くの人は，ミツバチの個体数の減少は人間の活動のせいだと考えている。原因には，有害な農薬の使用，自然環境の破壊，化石燃料の燃焼が含まれる。科学者と世界の指導者たちは，ミツバチの数の減少はさまざまな影響を与えうると警告している。❾2019年，国連は公式に，ミツバチの減少は世界の食料安全保障にとって深刻な問題だと述べた。❿アドリアナ・コレア・ベニテスは，メキシコ国立自治大学でミツバチを研究している教授だ。彼女は，ミツバチの減少はメキシコが気候変動に対処するのをより困難にする可能性があると述べた。⓫メキシコのミツバチの多くはアフリカにルーツがあるため，平均的なミツバチよりも攻撃的な場合がある。都市部に住む人の中にはミツバチの攻撃を恐れる人もいる。それに，ミツバチの重要性を理解しない人もいるだろう。⓬過去5年間に，Abeja Negra SOSは首都中の巣のミツバチを保護してきたと言う。その都市には900万人が暮らしている。その団体は，約510の巣の住みかえをさせたと言っている。そのような巣の平均的なミツバチの個体数は8万匹だ。⓭除去された巣は安全に箱に保管され，団体はミツバチを町はずれの緑地へ連れていく。ミツバチはそこで回復し，より強く育つ。後に，団体はミツバチをその土地の養蜂農家に渡したり，野生に放したりする。⓮チームは困難に直面している。というのは，巣の住みかえサービスには300ドル少々の費用がかかるからだ。都市部の多くの人にとっては，無料でミツバチを完全駆除するために消防士を呼ぶ方が相変わらず簡単だ。⓯それでも，このプロジェクトは成長してきた。それにAbeja Negra SOSの活動は，同じ仕事をする他の団体の設立にもつながっている。⓰「私たちがしていることで世界を変えてはいないかもしれませんが，少なくとも私たちの町の状況を変えてはいるのです」とベリッツは言った。

問1＜適語選択＞A company in Mexico Cityは，次の段落に出てくるAbeja Negra SOSのこと。この後で，この会社は「除去されるミツバチに新しいすみかを見つける」活動に取り組んでいることが説明されている。これは，ミツバチを「保護する」ということ。

問2＜指示語＞their workの中で「ミツバチのすみかを破壊する」のは，蜂の駆除会社である。

問3＜英文解釈＞前から小さなかたまりで見ていくと，she started noticing「彼女は～に気づき始めた」，more calls「より多くの電話」，asking about beehive removal「ミツバチの巣の除去について尋ねる」となる。askingは現在分詞で，asking以下は前の名詞more callsを修飾している。notice「～に気づく」

問4＜適所選択＞脱落文は「近年，世界中でミツバチの数は急激に減少してきた」という意味。Aの直後の1文が，この内容を具体的に説明する例になっている。

問5＜適語句選択＞前の文にミツバチの個体数の減少は「人間の活動のせい」とあるので，Reasonsに含まれないのは，人間の活動ではない②「他の動物からの攻撃」である。 include「～を含む」

問6＜適語選択＞'make it ～ for — to …'「―にとって〔―が〕…することを～にする」の構文。itはfor以下を受ける形式目的語。

問7＜単語の意味＞exterminateは「～を完全駆除する」という意味だが，この意味を知らなくても，ミツバチを保護するのに高いお金をかけるより，消防士を呼んで無料でexterminateする方が簡単という前後の文脈から判断できる。

問８＜適語選択＞空所前後の「私たちがしていることで世界を変えてはいないかもしれない」と「少なくとも私たちの町の状況を変えてはいる」が，相反する内容になっている。

問９＜内容真偽＞①「ミツバチは，自然な環境の中で受粉媒介者として重要な役割を果たす」…○　第１段落第２文に一致する。　②「Abeja Negra SOSの名は，スペイン語の単語とミツバチのすみかを壊すために使われる秘密の暗号からなっている」…×　第２段落第２，３文参照。SOSは救助の必要を伝えるために使われる記号である。　③「アドリアナ・ベリツは政府によってミツバチを保護するように言われたとき，獣医として働いていた」…×　第４段落第３，４文参照。政府はミツバチを駆除する方針だった。　④「アメリカ合衆国のミツバチは，40年前より75パーセント少ない」…×　第７段落第２文参照。75パーセントではなく25パーセント。　⑤「メキシコ・シティに住む一部の人は，ミツバチに攻撃されることを懸念している」…○　第11段落第２文に一致する。　⑥「Abeja Negra SOSは約510のミツバチの巣の住みかえを行い，それらの巣のミツバチの総数は８万匹だ」…×　第12段落後半参照。８万匹は１つの巣にいるミツバチの数。　⑦「Abeja Negra SOSは巣を除去した後，それを壊してミツバチを野生に放す」…×　第13段落参照。巣は安全に箱に保管される。　⑧「Abeja Negra SOSの活動のおかげで，同じ仕事をする他の団体が設立されている」…○　第15段落第２文に一致する。

4 〔整序結合〕

問１．The tourの後，動詞にincludes「～を含む」を置く。その目的語の「家の見学」は「家への訪問」と読み換えてa visit to the houseとまとめ，残りをChopin was born in「ショパンが生誕した」と続ける。the house Chopin was born inは目的格の関係代名詞が省略された‘名詞＋主語＋動詞…’の形。　The tour includes a visit to the house Chopin was born in.

問２．「一生懸命努力しています」は，現在完了進行形でhas been working hardとする。「～するために」は，in order to ～で表せる。　Chris has been working hard in order to become a doctor ...

問３．‘It is ～ to …’「…することは～だ」の形でIt is important to knowとし，knowの目的語となる「私たちが食べているものがどの国から来ているのか」を‘疑問詞＋主語＋動詞…’の語順の間接疑問にする。「私たちが食べているもの」は，目的格の関係代名詞が省略された‘名詞＋主語＋動詞…’の形でthe food we eatとする。　It is important to know which countries the food we eat comes from.

問４．「パーティーに招待した数人」は「パーティーに招待された人々のうちの数人」と考える。「パーティーに招待された人々」は，‘名詞＋過去分詞＋その他の語句’の形でthe people invited to the partyとする。　I'm afraid that some of the people invited to the party can't come.

問５．「～よりもずっと高い」は，is much higher than ～で表せる(このmuchは「ずっと，はるかに」の意味で比較級を強調する用法)。「カナダの食料自給率は日本よりもずっと高い」は「カナダの食料自給率は日本の食料自給率よりもずっと高い」ということ。このthatはthe food self-sufficiency rateの代わりとなる代名詞である。　... the food self-sufficiency rate of Canada is much higher than that of Japan.

2024年度／春日部共栄高等学校（第２回）

数学解答

Ⅰ (1)　ア…－　イ…１　ウ…３　エ…６
(2)　４　(3)　⑤　(4)　９
(5)　ク…５　ケ…２
(6)　コ…５　サ…２

Ⅱ (1)　ア…３　イ…６
(2)　ウ…４　エ…６
(3)　①　オ…１　カ…６　②…６
　③　ク…４　ケ…１
(4)　コ…７　サ…７　シ…２
(5)　ス…１　セ…１　ソ…０
(6)　①　タ…５　チ…９
　②　ツ…８　テ…９
　③　ト…１　ナ…１　ニ…９
　④　ヌ…１　ネ…９　ノ…２
　ハ…０

Ⅲ (1)　①　ア…２　イ…１　ウ…０
　②…６　③　オ…１　カ…７
(2)　キ…２　ク…４

Ⅳ (1)　ア…３　イ…６
(2)　ウ…３　エ…６
(3)　オ…３　カ…６
(4)　キ…２　ク…７　ケ…３　コ…２
(5)　サ…⑦　シ…２　ス…７　セ…３

Ⅰ〔独立小問集合題〕

(1)＜数の計算＞与式$=\frac{1}{12}-\frac{1}{48}\times\frac{16}{3}=\frac{1}{12}-\frac{1}{9}=\frac{3}{36}-\frac{4}{36}=-\frac{1}{36}\left(\frac{-1}{36}\text{と解答する}\right)$

(2)＜数の計算＞与式$=\frac{\sqrt{2}(\sqrt{3}+1)}{\sqrt{3}+1}\times\sqrt{2}(\sqrt{5}-\sqrt{3})(\sqrt{5}+\sqrt{3})=\sqrt{2}\times\sqrt{2}\times(5-3)=2\times2=4$

(3)＜等式変形＞$-b$ を右辺に移項して，$2a=3+b$，両辺に$\frac{1}{2}$をかけて，$a=\frac{1}{2}(3+b)$となる。

(4)＜数の計算＞与式$=999^2-(999+3)(999-3)=999^2-(999^2-3^2)=999^2-999^2+3^2=3^2=9$

(5)＜平面図形―角度＞右図で，同じ弧に対する円周角は中心角の$\frac{1}{2}$だから，$\overparen{AC}$に対する円周角と中心角の関係より，$\angle ADC=\frac{1}{2}\angle AOC=\frac{1}{2}\times104^\circ=52^\circ$である。

(6)＜連立方程式＞$\frac{2y+1}{x}=1$……①，$\frac{x-3}{y}=1$……②とする。①の両辺に x をかけて，$2y+1=x$，$-x+2y=-1$……①′　②の両辺に y をかけて，$x-3=y$，$x-y=3$……②′　①′＋②′より，$2y+(-y)=-1+3$　$\therefore y=2$　これを②′に代入して，$x-2=3$　$\therefore x=5$

Ⅱ〔独立小問集合題〕

(1)＜二次方程式の応用＞長さ 100 の棒を 4 つに切って長方形をつくるので，長方形の縦と横の長さの和は $100\div2=50$ となる。長方形の長い方の辺の長さを x とすると，短い方の辺の長さは $50-x$ となるので，面積が 504 より，$x(50-x)=504$ が成り立つ。これを解くと，$50x-x^2=504$，$x^2-50x+504=0$，$(x-14)(x-36)=0$ より，$x=14$，36 となる。$x=14$ のとき，短い方の辺の長さは $50-x=50-14=36$ となり，適さない。$x=36$ のとき，短い方の辺の長さは $50-x=50-36=14$ となり，適する。よって，長い方の辺の長さは 36 である。

(2)＜数の性質＞$\sqrt{7n+2}$ が 6 の倍数になるので，$\sqrt{7n+2}=6$，12，18，……のときを考える。$\sqrt{7n+2}=6$ のとき，$7n+2=36$，$7n=34$，$n=\frac{34}{7}$となり，n が自然数にならないので，適さない。$\sqrt{7n+2}=12$ のとき，$7n+2=144$，$7n=142$，$n=\frac{142}{7}$となり，適さない。$\sqrt{7n+2}=18$ のとき，$7n+2=324$，$7n=322$，$n=46$ となり，n は自然数だから，適する。$\sqrt{7n+2}$ が大きくなると n は大きくなるから，

求める最小の自然数nは$n=46$である。

(3)<数量の計算>①容器Aの砂糖水の濃度は48%で，容器Bには8%の砂糖水200gが入っているので，容器Aから50gの砂糖水を取り出し，容器Bに入れると，容器Bの砂糖水の量は$50+200=250$(g)となる。また，含まれる砂糖の量は，$50\times\frac{48}{100}+200\times\frac{8}{100}=24+16=40$(g)となる。よって，濃度は，$\frac{40}{250}\times100=16$(%)である。　②容器Cには1%の砂糖水100gが入っているので，16%の砂糖水から50gを取り出し，容器Cに入れると，容器Cの砂糖水の量は，$50+100=150$(g)となる。また，含まれる砂糖の量は，$50\times\frac{16}{100}+100\times\frac{1}{100}=8+1=9$(g)となる。よって，濃度は，$\frac{9}{150}\times100=6$(%)である。　③容器Aには48%の砂糖水が250g入っているので，6%の砂糖水から50gを取り出し，容器Aに入れると，容器Aの砂糖水の量は$50+250=300$(g)となる。また，含まれる砂糖の量は，$50\times\frac{6}{100}+250\times\frac{48}{100}=3+120=123$(g)となる。よって，濃度は，$\frac{123}{300}\times100=41$(%)である。

(4)<確率—サイコロ>大中小3個のサイコロを同時に1回投げるとき，それぞれ6通りの目の出方があるから，目の出方は全部で$6\times6\times6=216$(通り)あり，a，b，cの組も216通りある。このうち，$a+b+c=8$となる3個の目の数は，1と1と6，1と2と5，1と3と4，2と2と4，2と3と3である。1と1と6の場合，$(a,\ b,\ c)=(1,\ 1,\ 6)$，$(1,\ 6,\ 1)$，$(6,\ 1,\ 1)$の3通りあり，2と2と4，2と3と3の場合も同様に，それぞれ3通りある。また，1と2と5の場合，$(a,\ b,\ c)=(1,\ 2,\ 5)$，$(1,\ 5,\ 2)$，$(2,\ 1,\ 5)$，$(2,\ 5,\ 1)$，$(5,\ 1,\ 2)$，$(5,\ 2,\ 1)$の6通りあり，1と3と4の場合も同様に，6通りある。よって，$a+b+c=8$となるa，b，cの組は$3\times3+6\times2=21$(通り)あるから，求める確率は$\frac{21}{216}=\frac{7}{72}$である。

(5)<平面図形—面積比>右図で，△ABC，△AFCの底辺をそれぞれBC，FCと見ると，高さが等しいから，BF：FC＝3：2より，△ABC：△AFC＝BC：FC＝(3＋2)：2＝5：2となり，$△AFC=\frac{2}{5}△ABC$となる。同様に考えて，点Eが辺ACの中点より，△AFC：△AFE＝AC：AE＝2：1だから，$△AFE=\frac{1}{2}△AFC=\frac{1}{2}\times\frac{2}{5}△ABC=\frac{1}{5}△ABC$となる。2点D，Eはそれぞれ辺AB，ACの中点だから，△ABCで中点連結定理より，DE∥BCとなる。AE＝ECより，AG＝GFとなるから，△AFE：△EFG＝AF：GF＝2：1となり，$△EFG=\frac{1}{2}△AFE=\frac{1}{2}\times\frac{1}{5}△ABC=\frac{1}{10}△ABC$となる。よって，△EFGの面積は△ABCの面積の$\frac{1}{10}$倍である。

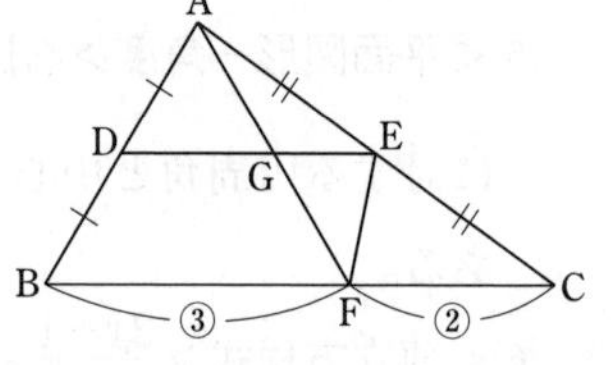

(6)<特殊・新傾向問題>①2の倍数と3の倍数と5の倍数を取り除いて自然数を並べているので，並んでいる数は，2の倍数でもなく，3の倍数でもなく，5の倍数でもない自然数である。1番目の自然数1からかぞえて12番目の自然数は43であり，13番目以降は，47，49，53，59，……となるので，16番目の自然数は，59である。　②2と3と5の最小公倍数が30より，2と3と5の公倍数は30の倍数である。そこで，自然数を，1から30，31から60，61から90，……のように30ずつに分けて考えると，1から30の中で並ぶ自然数は，1，7，11，13，17，19，23，29の8個だから，31から60，61から90，……の中で並ぶ自然数もそれぞれ8個となる。よって，$24\div8=3$より，1番目の自然数1からかぞえて24番目の自然数は，61から90の中で並ぶ自然数のうち，最後の自然数となる。また，31から60の中で並ぶ自然数は，$31=1+30$，$37=7+30$，$41=11+30$，$43=13+30$，$47=17+30$，$49=19+30$，$53=23+30$，$59=29+30$より，1から30の中で並ぶ自然数に30を

加えた自然数となる。同様に考えると，61から90の中で並ぶ自然数は，1から30の中で並ぶ自然数に$2\times30=60$を加えた自然数となる。したがって，24番目の自然数は8番目の自然数29に60を加えた数になるので，$29+60=89$である。　③②と同様に考えると，$32\div8=4$より，32番目の自然数は，91から120の中で並ぶ自然数のうち，最後の自然数である。また，91から120の中で並ぶ自然数は，1から30の中で並ぶ自然数に$3\times30=90$を加えた自然数となる。よって，32番目の自然数は8番目の自然数29に90を加えた数になるので，$29+90=119$である。　④1番目から8番目までの自然数の和は，$1+7+11+13+17+19+23+29=120$となる。9番目から16番目までの自然数は，31から60の中で並ぶ自然数だから，1番目から8番目までの8個の自然数にそれぞれ30を加えた自然数であり，その和は，1番目から8番目までの自然数の和より$30\times8=240$大きくなる。これより，9番目から16番目までの自然数の和は$120+240=360$となる。同様にして，17番目から24番目までの自然数の和は，1番目から8番目までの自然数の和より$60\times8=480$大きくなるから，$120+480=600$となり，25番目から32番目までの自然数の和は，1番目から8番目までの自然数の和より$90\times8=720$大きくなるから，$120+720=840$となる。以上より，1番目から32番目までの自然数の和は，$120+360+600+840=1920$である。

Ⅲ〔関数—関数 $\boldsymbol{y=ax^2}$ と一次関数のグラフ〕

≪基本方針の決定≫(1)③　等積変形を利用する。　(2)　平行四辺形の面積を2等分する直線は，対角線の交点を通る。

(1)＜座標，面積＞①右図1で，$A(a,\ a^2)$だから，$a=3$のとき，$a^2=3^2=9$となり，A(3, 9)である。点Aを通りx軸に平行な直線と点Cを通りy軸に平行な直線の交点をE，点Bを通りy軸に平行な直線とx軸の交点をFとする。このとき，四角形OACBが平行四辺形より，AC∥OB，AC＝OBだから，△ACE≡△OBFとなる。B(−1, 1)より，OF＝1，BF＝1だから，AE＝OF＝1，CE＝BF＝1となる。よって，点Cのx座標は$3-1=2$，y座標は$9+1=10$となるので，C(2, 10)である。　②図1で，直線ABとy軸の交点をGとすると，△OAB＝△OAG＋△OBGとなる。①より，A(3, 9)，B(−1, 1)だから，直線ABの傾きは$\frac{9-1}{3-(-1)}=2$となり，その式は$y=2x+b$とおける。これが点Aを通るので，$9=2\times3+b$，$b=3$となる。直線ABの切片は3なので，G(0, 3)となり，OG＝3となる。辺OGを底辺と見ると，2点A，Bのx座標より，△OAGの高さは3，△OBGの高さは1となるから，△OAB＝$\frac{1}{2}\times3\times3+\frac{1}{2}\times3\times1=6$である。　③図1で，〔四角形OADB〕＝▱OACBのとき，△OAB＋△ADB＝△OAB＋△ACBだから，△ADB＝△ACBである。この2つの三角形の底辺を辺ABと見ると，高さが等しくなるので，DC∥ABである。よって，②より，直線ABの傾きは2だから，直線DCの傾きも2となり，その式は$y=2x+c$とおける。①より，C(2, 10)だから，$10=2\times2+c$，$c=6$となり，直線DCの式は$y=2x+6$である。点Dは放物線$y=x^2$と直線$y=2x+6$の交点となるから，2式からyを消去して，$x^2=2x+6$より，$x^2-2x-6=0$となり，解の公式より，$x=\frac{-(-2)\pm\sqrt{(-2)^2-4\times1\times(-6)}}{2\times1}=\frac{2\pm\sqrt{28}}{2}=\frac{2\pm2\sqrt{7}}{2}=1\pm\sqrt{7}$となる。したがって，点Dの$x$座標は2通り考えられ，このうち，最大のものは，$1+\sqrt{7}$である。

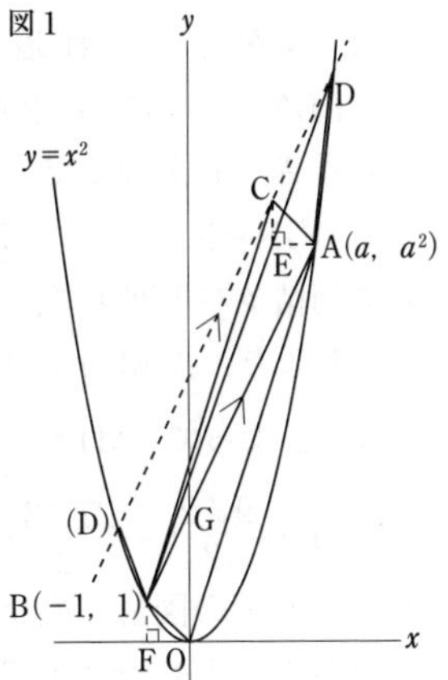

(2)＜座標＞次ページの図2で，▱OACBの対角線の交点をMとすると，▱OACBは点Mを対称の中心とする点対称な図形だから，▱OACBの面積を2等分する直線は点Mを通る。点Mは線分AB

の中点だから，A$(a,\ a^2)$，B$(-1,\ 1)$より，点Mのx座標は$\dfrac{a+(-1)}{2}$ $=\dfrac{a-1}{2}$，y座標は$\dfrac{a^2+1}{2}$であり，M$\left(\dfrac{a-1}{2},\ \dfrac{a^2+1}{2}\right)$となる。直線$y=4x+\dfrac{1}{2}$は，▱OACBの面積を2等分することより，点Mを通るので，$\dfrac{a^2+1}{2}=4\times\dfrac{a-1}{2}+\dfrac{1}{2}$が成り立つ。これを解くと，$a^2+1=4(a-1)+1$，$a^2-4a+4=0$，$(a-2)^2=0$より，$a=2$となる。したがって，$a^2=2^2=4$より，A(2, 4)である。

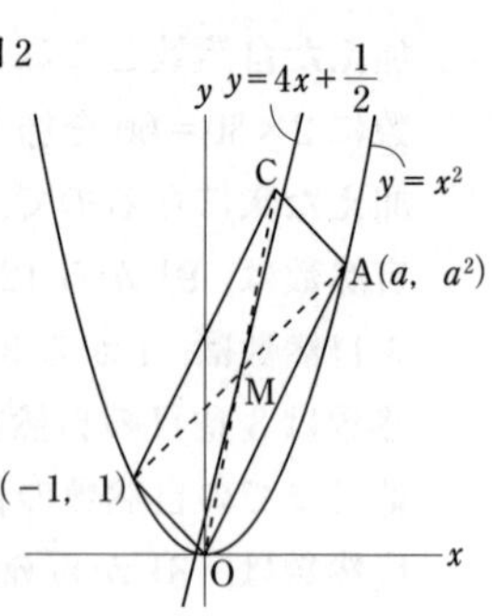

Ⅳ〔空間図形―立方体〕

(1)＜長さ―三平方の定理＞右図1で，2点D，Lを結ぶ。立方体ABCD-EFGHで，点Lは辺ABの中点だから，AL$=\dfrac{1}{2}$AB$=\dfrac{1}{2}\times6=3$となる。∠DAL$=90°$だから，△DALで三平方の定理より，DL^2=AD^2+AL$^2=6^2+3^2=45$である。また，点Mは辺DHの中点だから，DM=AL=3となる。DH⊥〔面ABCD〕より，∠LDM$=90°$だから，△LDMで三平方の定理より，LM$=\sqrt{\mathrm{DL}^2+\mathrm{DM}^2}=\sqrt{45+3^2}=\sqrt{54}=3\sqrt{6}$である。

(2)＜長さ＞右図1で，2点F，Lを結ぶ。AL=BL，AD=BF，∠DAL=∠FBL$=90°$より，△DAL≡△FBLとなり，DL=FLとなる。また，2点M，Nがそれぞれ辺DH，FGの中点より，DM=FNであり，∠LDM=∠LFN$=90°$だから，△LDM≡△LFNとなる。よって，(1)より，LN=LM$=3\sqrt{6}$である。

(3)＜長さ＞右上図1で，2点G，Mを結ぶ。(2)と同様に考えると，DL=GM，DM=GN，∠LDM=∠MGN$=90°$より，△LDM≡△MGNとなるから，MN=LM$=3\sqrt{6}$である。

(4)＜面積＞右上図1で，(1)，(2)，(3)より，LM=LN=MN$=3\sqrt{6}$だから，△LMNは正三角形である。これより，点Mから辺LNに垂線MIを引くと，△MINは3辺の比が$1:2:\sqrt{3}$の直角三角形となる。よって，MI$=\dfrac{\sqrt{3}}{2}$MN$=\dfrac{\sqrt{3}}{2}\times3\sqrt{6}=\dfrac{9\sqrt{2}}{2}$となるから，$S$=△LMN$=\dfrac{1}{2}\times$LN×MI$=\dfrac{1}{2}\times3\sqrt{6}\times\dfrac{9\sqrt{2}}{2}=\dfrac{27\sqrt{3}}{2}$である。

(5)＜切断面の図形，面積＞右図2で，3点L，M，Nを通る平面は，辺AD，辺GH，辺BFと交わる。その交点をそれぞれP，Q，Rとすると，切断面は，六角形PMQNRLとなる。3点L，M，Nがそれぞれ辺AB，DH，FGの中点だから，図形の対称性より，3点P，Q，Rもそれぞれ辺AD，GH，BFの中点となる。このとき，六角形PMQNRLは，全ての辺が等しくなり，全ての内角も等しくなるので，正六角形である。次に，右下図3の正六角形PMQNRLで，対角線PN，QL，RMの交点をOとすると，△OPM，△OMQ，△OQN，△ONR，△ORL，△OLPは合同な正三角形となる。これより，四角形OLPM，四角形OMQN，四角形ONRLは合同なひし形だから，△OLM，△PLM，△OMN，△QMN，△ONL，△RNLは合同な二等辺三角形となる。△OLM$=\dfrac{1}{3}$△LMN$=\dfrac{1}{3}\times\dfrac{27\sqrt{3}}{2}=\dfrac{9\sqrt{3}}{2}$だから，$T$=〔正六角形PMQNRL〕$=6$△OLM$=6\times\dfrac{9\sqrt{3}}{2}=27\sqrt{3}$である。

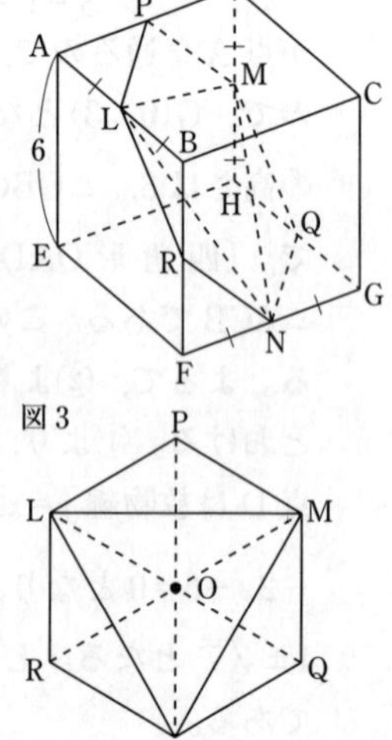

国語解答

一	問一 ①	問二 ③	問三 ①
	問四 ②	問五 ①	
二	問一 ㋐…② ㋑…③ ㋒…② ㋓…④ ㋔…④		
	問二 ④	問三 ④	問四 ③
三	問一 ②	問二 ①	問三 ④
	問四 ②	問五 ②	問六 ①
四	問一 ㋐…④ ㋑…③	問二 ④	
	問三 ③	問四 ④	
五	問一 ④	問二 ①	

一〔小説の読解〕出典：木内昇『スペインタイルの家』（『茗荷谷の猫』所収）。

問一＜文章内容＞俊男は，肩身の狭い「居候という立場」になって「あの家」の母娘とともに音楽を聴き，娘の「なにかしらの講釈」に耳を傾けるといった生活を空想した。

問二＜心情＞俊男は，「あの家」に「憧憬」を抱いていた。だが，現実の千駄ヶ谷の町で，「あの家」の住人である女の人を見かけたことで，「あの家がひどくはっきりした実体を持ち得たように」感じて，「あの家」の暮らしが，現実の日常生活の中に存在するものであることを実感した。

問三＜心情＞俊男にとって「あの家」は「憧憬」の対象だったが，そこに住む老人は，自分が「家の中ではダンゴムシ同然に縮こまって」いると俊男に話した。俊男は，「陰になった室内に，ぽつんと座って」外の俊男の様子を眺める，老人の寂しげな姿を想像して，切なさを覚えた。

問四＜心情＞俊男は，家の中で縮こまっているという老人の現実の生活を知り，実際の「あの家」の生活が，「自分の選びそびれた人生がこっそり眠って」いる，「憧憬」の対象となるようなものとは違うことを理解した。同時に，老人が俊男に「勇壮」で「逞しい」印象を持っていることを聞いたことから，自分を前向きにとらえ始め，気にとめていなかった「あなたにはソンザイカンがあるもの」という祐子の言葉を意識したのである。

問五＜表現＞俊男にとって「あの家」は，「書生のような身分」になって，「思い決めたひとつこと」を極めるという「選びそびれた人生」が眠っているような場所であり，俊男の夢は，「あの家」への「憧憬」を表す。「あの家」をがむしゃらな生活ができる場所だと感じているわけではない。

二〔国語の知識〕出典：清水徹男『不眠とうつ病』。

問一＜漢字＞㋐「内申書」と書く。①は「不審者」，③は「真偽」，④は「紳士」。　㋑「紹介」と書く。①は「怪腕」または「快腕」，②は「界面」，④は「海員」。　㋒「恐怖」と書く。①は「故郷」，③は「競売」，④は「妥協」。　㋓「遮光」と書く。①は「斜陽」，②は「射出」，③は「写経」。　㋔「緩（やか）」と書く。①は「発汗」，②は「関与」，③は「冠婚葬祭」。

問二＜故事成語＞「千里眼」は，遠い場所で発生した出来事や，未来のことを感じ取る力のこと。

問三＜慣用句＞「手も足も出ない」は，自分の力ではどうしようもない，という意味。「手をこまぬく」は，ただ見ているだけで何もしないでいる，という意味。「手をつける」は，何らかの仕事や作業を始める，という意味。「手をかざす」は，手を差し出して対象を覆う，という意味。

問四＜語句＞Ⅰ．眠りは「体と脳の疲労を回復させるものである」といわれるが，そうはいっても，「そういう常識的な観点」では，「種によって一日の睡眠時間に大きな差があることをうまく説明」できない。　Ⅱ．「種による睡眠時間の極端なばらつきを説明する仮説として，『エネルギー保存説』」があるが，そうはいっても，「睡眠中も動き続ける水棲哺乳類が存在することは，この仮説と矛盾」する。　Ⅲ．「エネルギー保存以外の睡眠の役割」の例として，「脳の休息」を考える。

三〔論説文の読解―社会学的分野―現代社会〕出典：大澤真幸『不可能性の時代』。

≪本文の概要≫オタクという現象の最大の謎は，きわめて包括的な普遍性が，全くの特殊性へと反転したうえで欲望されているという逆説である。オタクの探究対象は限定的・特殊的な領域だとオタクも自覚しているが，一方でそこは，普遍的な世界を圧縮した，外を持たない包括的な領域でもある。その領域を，情報の有意味性を弁証するために，より包括的なコンテクストの中に位置づけることが，オタクは苦手であるため，内部の情報を徹底して精査しようとする欲望だけが展開する。その結果，情報は濃密だが世間的には意味が薄いという，オタク固有の不均衡が生じるのである。また，オタクは，現実をさまざまな可能世界(虚構)の一種であると考えて相対化し，それぞれの特殊な世界を律する規範や価値とも距離を取る相対主義者である。その相対主義的なアイロニズムにより，規範の妥当性を担保する超越的な他者である「第三者の審級」も徹底して不可視化される。オタクにとっての第三者の審級の存在は，さまざまな可能世界や規範を相対化する視点が帰属する場として，想定されているのである。

問一＜文章内容＞オタクは，外にある「普遍的世界」を知らずに，特殊な領域を「普遍的世界と勘違いしている」のではない。オタクは，「自らが探究している対象」が「限定的・特殊的な領域である」と認識したうえで，一方で，そこに「普遍的な世界を圧縮」し，「包括的な領域」としてとらえようとしているのである。

問二＜文章内容＞A．オタクが外部に通じる「窓」のない「閉じられた個室」を好むのは，そこがオタクの「普遍的な世界を圧縮」した空間で，「それ以上の外をもたない包括的な領域」である必要があるからである。　B．「オタクの行動上の特徴のひとつ」は，「好みのアイテムを詰め込んだカバン」を持ち歩くことで，コミケは，「キャリーバッグを引きずった若者たち」であふれている。

問三＜文章内容＞本来，情報は，外部の「より包括的な」価値の中に位置づけることで「有意味性」を持つ。だが，オタクたちは，関心の対象である「特定の領域」を「ひとつの宇宙」ととらえて自己完結し，世間一般における価値を参照せずに，自己の領域内の情報だけを「徹底して精査」する。そのため，オタクの世界の情報は濃密になるが，世間一般における意味は希薄になる。

問四＜文章内容＞オタクが，オタクの歴史を「細かく段階区分」し，「些細な出来事」を「大げさに言挙げ」するのは，オタク史に普遍的な歴史が投影されているからである。その事実は，オタクが「それぞれの主題領域」や「自分たちの共同体」に普遍的世界を「圧縮させて」いるという「私」の仮説を，補佐している。

問五＜文章内容＞オタクは，「虚構と現実とを区別」しつつも，現実もまた「意味的な構築物」で，「さまざまな可能世界(虚構)」の一つにすぎず，絶対的な存在ではないと考えている。

問六＜文章内容＞オタクは，現実から距離をとる相対主義者であるため，現在の世界を律する規範の妥当性を保証する「超越的な他者」も絶対視せず，相対化する。一方で，多様な規範や可能世界を相対化する視点の「帰属する場」として，新たな「超越的な他者」の存在を必要としている。

四〔古文の読解―随筆〕出典：清少納言『枕草子』。

≪現代語訳≫うぐいすは，漢詩などでもすばらしいものとしてよまれ，鳴き声をはじめとして，姿かたちもあれほど上品でかわいらしい様子であるわりには，宮中で鳴かないことがとてもつまらない感じがする。人が「本当にそうだ」と言っていたのを，「そうでもあるまい」と思っていたのだが，十年ほど(宮中に)お仕えしていて(うぐいすの声を)聞こうとしたのに，本当に全く声がしなかった。そうはいっても，(宮中は)竹が近く紅梅もあって通うのにちょうどよいゆかりの場所であると思われる。(宮中から)退出して聞いてみると，みすぼらしい家の見どころもない梅の木などでは，やかましいまでに鳴いている。夜鳴かないのは眠たがりやのような気持ちがするが，今さらどうしようがあろうか(，いや，どうしようもない)。夏や秋の末まで老いて衰えたような声で鳴いて，「むしくい」などと，身分や教養のない者は名をつけ換えて言うのが，残念で不思議な気持ちがする。それもただすずめなどのようにいつでもいる鳥ならば，そうも思われまい。(うぐいすが)春に鳴くからこそなのだろう。「新たに年が改まったその朝から，心待ちにされるのはうぐいすの鳴き声であるよ」など風情があるものとして，和歌にも漢詩にもよむではないか。やはり春のうちにだけ(うぐいすが)鳴くのであれば，どれほど趣があることだろう。人間についても，その人が一人前ではなくて，世間から軽蔑すべきものと思われ始めている人を改めて非難するだろうか。とび，からすなどの鳥について注意を払って見たり鳴き声を聞いたりなどする人は，世の中にはいないことだよ。だから，(うぐいすは)すばらしいものだと決まっているからこそ(文句を言われるのだ)と思うと，納得いかない気持ちになるのである。／賀茂祭の帰りの行列を見ようと思って，雲林院，知足院などの前に車を立てていると，ほととぎすも我慢ができないのであろうか，鳴くと，(うぐいすが,)たいへん上手に真似をして，高い木々の中で一緒に鳴いているのはやはり風情がある。／ほととぎすは，やはり全く言いようもない。いつの間にか得意そうな顔で鳴くようにも聞こえるのに，卯の花，花橘などにとまって隠れているのも，また憎らしいほどのすばらしい風情である。／五月雨の短い夜に目を覚まして，何とかして人より先に(ほととぎすの声を)聞こうと心待ちにしていて，深夜に鳴き出した声が上品で愛らしいのは，心がさまよい出るほどすばらしく，どうしようもない。六月になってしまうと，全く鳴かなくなってしまうのも，全て言い尽くせないほどすばらしい。／夜に鳴くものは，何もかもがすばらしい。(もっとも)赤ん坊たち(の泣き声)だけはそうでもない。

問一＜現代語訳＞㋐「九重」は，宮中のこと。「鳴かぬ」の「ぬ」は，打ち消しの助動詞「ず」の連体形。「わろし」は，好ましくないさま。　㋑「あやし」は，ここでは，粗末で見苦しいさま。

問二＜現代語訳＞「…ましかば～まし」は，もし…ならば，～だろう，という意味。もしうぐいすが春のうちだけ鳴くのならば，どれほど風情があるだろう，ということである。

問三＜古文の内容理解＞うぐいすが春だけでなく，夏や秋まで鳴き，身分や教養のない者から「むしくひ」と呼ばれているのは，「くちをしくくすしき心地」である。だが，うぐいすは，和歌や漢詩によまれるほど「いみじかるべきもの」と評価されているため，欠点がことさら非難されるのだろう(①・②…○)。五月雨の頃の深夜に鳴くほととぎすの声や，高い木々の中でうぐいすがほととぎすと一緒に鳴く声は，風情がある(③…×)。「夜鳴くもの」は，全て「めでたし」と感じるが，「ちごども」の夜に泣く声は，それほどすばらしいものではない(④…○)。

問四＜文学史＞『枕草子』は，平安時代に清少納言が著した随筆。『方丈記』は，鎌倉時代に鴨長明が著した随筆。『風姿花伝』は，室町時代に世阿弥が著した能楽論書。『沙石集』は，鎌倉時代に無住法師が編さんした説話集。『太平記』は，室町時代に成立した軍記物語。

五 〔資料〕出典：「春日部市中心市街地まちづくり　かわら版　創刊号」／「春日部市中心市街地まちづくり　かわら版　第５号」。

問一．「まちづくり審議会」は，まちづくりのための審議を行い，「市長の諮問に応じ，審議結果を答申」する。「審議会委員の構成」には「公募市民」や「関係機関」のほか，「地元事業者，交通事業者」も入っており，不正や癒着を避けるために事業者とやり取りしないという方針はない(④…×)。

問二．資料１－Ⅰの地図を見ると，「鉄道高架化」に基づく中心市街地まちづくり計画の「対象範囲」は，春日部駅周辺と，春日部駅から八木崎駅までの範囲である。だが，資料２－Ⅱの地図を見ると，バリアフリー事業の対象範囲は，八木崎駅までにとどまらず，八木崎駅周辺の地域まで及んでいる(①…○，②…×)。資料２－Ⅰを見ると，バリアフリー化については，「当面の対応として，取組みが可能なもの」から行うことになっている(③…×)。資料１－Ⅱを見ると，「『いま』おきていること」として，「若年世代の流出」が挙げられており，資料２－Ⅱを見ると，バリアフリー化は，「高齢者，障がい者」の暮らしやすさを目指す意図が読み取れる(④…×)。

2023年度　春日部共栄高等学校（第１回）

【英　語】（50分）〈満点：100点〉

■リスニングテストの音声は，当社ホームページで聴くことができます。（実際の入試で使用された音声です）
再生に必要なユーザー名とアクセスコードは「収録内容一覧」のページに掲載しています。

1　放送を聞いて答える問題

　問題は全部で７問あり、放送はすべて英語で行われます。放送中メモを取ってもかまいません。各問題について英語は２回ずつ放送されます。

【No. 1，No. 2】

Listen to each talk, and choose the best answer for each question.

No. 1　　1

①　②　③　④

No. 2　　2

①　②　③　④

【No. 3，No. 4】

Listen to each situation, and choose the best answer for each question.

No. 3　　3

①　I'm so tired.　　②　That's very kind of you.

③　I'm very glad.　　④　You're so lucky.

No. 4 | 4 |

① That sounds good.
② May I help you ?
③ It's near the station.
④ Where do we go ?

【No. 5 ～ No. 7】

Listen to the speech by Kana, and choose the best answer for each question.

No. 5 | 5 |

① About six weeks.
② About ten weeks.
③ Less than one month.
④ More than three months.

No. 6 | 6 |

① To do things that they never do.
② To play some sports alone.
③ To go on a long trip with teammates.
④ To meet and work with new friends.

No. 7 | 7 |

① How to run faster.
② How to get good grades on tests.
③ How to get healthier.
④ How to go to school.

※<リスニング問題放送原稿>は英語の問題の終わりに付けてあります。

2 イギリスの高校で、日本出身の留学生 Mariko と Kazuma、オーストラリア出身の留学生 Kevin が話しています。次の会話を読んで、後の問いに答えなさい。

Mariko：I'm so excited about the party next month.

Kazuma：Me, too. But we have to bring some food, right, Kevin?

Kevin：Yeah. A lot of international students like us [(1)] the party. The goal of this party is to make friends with people from other countries. People bring foods from their native countries.

Mariko：Really? I was just hoping to enjoy the party.

Kevin：Well, it will be more exciting [(2)] there is food to show your culture. I joined the party last year and brought Australian dishes. Have you planned anything?

Mariko：[(3)] sushi and *Takoyaki*? They are delicious and easy to eat.

Kazuma：Yes, they are. But isn't sushi a little [(4)]? I think we have to think about money, too.

Kevin：Yeah, I like it, but I agree with you. You guys can't spend all your money on this party.

Mariko：You're right. Let's not make the [(4)] one, but keep the other.

Kazuma：Okay. Do you know *wanko-soba*? It's a traditional food mainly served in Iwate Prefecture.

Kevin：I have never heard of it. Is it something related to dogs?

Mariko：No, *wanko* means a bowl. At restaurants, the staff give [(5)] each time they finish the bowl. It is fun, but we don't have enough Japanese students (6) <u>to do</u> that. There are only two more besides us, although they're both absent today.

Kazuma：Okay. I think the food Mariko suggested is fine for the party. Let's have *wanko-soba* next Saturday at my house.

Kevin：Sounds good. (7) <u>I can't wait.</u> So, we solved two problems out of three.

Mariko：What's the last one?

Kevin：The allergy problem. There are some people who *are allergic to some *ingredients.

Kazuma：I heard Shizuka is allergic to soybeans and milk.

Kevin：Also, there are some people who are allergic to flour.

Mariko：We aren't using the first two, but we have to use flour for the food.

Kazuma：I think we can use rice flour instead. It's often used by people with allergies to regular flour.

Mariko：Okay, (8) <u>let's go with that.</u>

Kevin：Sounds good. Shall we choose the recipe next?

Mariko and Kazuma：Sure.

注 be allergic to〜 〜に対してアレルギーがある　ingredient 材料

問1　空所 （1） に入る最も適当なものを選び、番号で答えなさい。 8

① joining　② joins　③ joined　④ will join

問2　空所 （2） に入る最も適当なものを選び、番号で答えなさい。 9

① although　② if　③ in addition　④ than

問3　空所 （3） に入る最も適当なものを選び、番号で答えなさい。 10

① How about　② Let's　③ Shall we　④ Why don't we

問4　空所 （4） に共通して入る最も適当なものを選び、番号で答えなさい。 11

① high　② low　③ cheap　④ expensive

問5　空所 （5） に入る最も適当なものを選び、番号で答えなさい。 12

① more noodles to customers

② more noodles for customers

③ customers to more noodles

④ customers for more noodles

問6　下線部 (6) の用法と同じものを１つ選び、番号で答えなさい。 13

① It is difficult for me <u>to solve</u> this problem.

② My children were happy <u>to hear</u> that I made cookies for them.

③ <u>To get</u> up and go to bed early is important.

④ I could not find any pencils <u>to use</u>.

問7　下線部 (7) の意味として最も適当なものを選び、番号で答えなさい。 14

① Kevin wants the conversation to end.

② Kevin is excited about next Saturday.

③ Kevin wants to eat the food Mariko is good at cooking.

④ Kevin wants to solve the problems quickly.

問8　下線部 (8) の内容として、次の英文を完成させるのに最も適当なものを選び、番号で答えなさい。 15

Mariko and Kazuma ＿＿＿＿＿＿＿＿＿＿＿＿＿＿＿＿.

① are looking forward to deciding the recipe they will use

② want to think about regular flour

③ will use an ingredient that no guest is allergic to

④ are going to use eggs, milk, and flour

問9　次の問いの答えとして最も適当なものを選び、番号で答えなさい。 16

What is true about the food Mariko and Kazuma will make for the party?

① A lot of money will be spent on it.

② Eating it is not difficult.

③ It is mainly eaten in Iwate Prefecture.

④ Their friend Shizuka cannot eat it.

問10　会話の内容と一致する最も適当なものを選び、番号で答えなさい。 17

① Kevin was worried about two problems.

② International students will cook food at the party.

③ Kevin thinks that Kazuma and Mariko should think about their money.

④ Kevin has never experienced the party before.

3 次の英文を読んで、後の問いに答えなさい。

1 Many years ago, we lived in a part of the country that had a （1） season every year. One year, we did not see rain in almost a month. The *crops were dying. The cows stopped giving milk. The rivers and streams all （2）. Seven local farmers would lose their farms before that dry season ended.

2 One day, I was making lunch in the kitchen when I saw my six-year-old son, Billy, walking toward the woods. He wasn't walking with the usual easy steps of a small child but with a serious purpose. I could only see his back. He was walking with great effort and trying to be as （3） as possible.

3 （4） he disappeared into the woods, he came running back toward the house a few minutes later. I went back to making lunch because I thought his game was finished. But soon, he was again walking in that slow, careful way toward the woods. This went on for a while: he was （5）.

4 I went out of the house and followed him. Because I didn't want him to see me, I was very careful. A He used his hands as a cup with both hands in front of him as he walked. He was being very careful not to drop what he held in his tiny hands. B Tree branches hit his little face but he did not try to avoid them. C

5 Billy walked right up to them. A huge male was very close. But the deer did not threaten him: he didn't even move as Billy sat down. D And I saw a tiny baby deer lying on the ground, clearly thirsty and tired from the heat. It lifted its head to drink the water （6） in Billy's hands.

6 When the water was gone, Billy jumped up and ran back to a *water faucet near the house. Billy opened it and a small amount of water began to come out. He waited, and let the water slowly fill up

his 'cup.' And then I understood. He got in trouble the week before for playing with water, so we taught him about the importance of not wasting water.

7 After filling up his 'cup,' he somehow turned off the faucet by using his elbow. When he stood up and began the journey back, I was there in front of him. His little eyes filled with tears. "I'm not wasting," was all he said. I joined him with a pot of water from the kitchen. I let him take care of the baby deer. I stood at the edge of the woods, and watched him working so hard to save another life.

8 (7) As the tears that rolled down my face began to hit the ground, they were suddenly joined by other drops... and more drops... and more. Some people will probably say that this didn't mean anything, that miracles don't really exist, that it was likely to rain sometime. And I can't argue with that – I'm not going to try. All I can say is that the rain that came that day saved our farm... just like the actions of one little boy saved another living creature.

注 crop 作物、収穫物 water faucet (水道の) 蛇口

問1 空所 [(1)]、[(2)] に入る語句の組み合わせとして最も適当なものを選び、番号で答えなさい。 [18]

① rainy — rained ② dry — dried up

③ rainy — dried up ④ dry — rained

問2 空所 [(3)] に入る最も適当なものを選び、番号で答えなさい。 [19]

① exciting ② quick ③ quiet ④ noisy

問3 空所 [(4)] に入る最も適当なものを選び、番号で答えなさい。 [20]

① Because ② Once ③ However ④ For example

問4 空所 [(5)] に入る文として最も適当なものを選び、番号で答えなさい。 [21]

① making lunch, then walking carefully to the house

② walking carefully to the house, then running back to the woods

③ making lunch, then running back to the woods

④ walking carefully to the woods, then running back to the house

問5 次の英文を本文中に入れるには [A] ～ [D] のどこが最も適当か、番号で答えなさい。 [22]

Then I saw several large deer standing in front of him.

① [A] ② [B] ③ [C] ④ [D]

問6　空所 （６） に入る最も適当なものを選び、番号で答えなさい。 23

① cupped　② to cup　③ cupping　④ cup

問7　第７段落の内容として適当でないものを１つ選び、番号で答えなさい。 24

① 私は水を入れた鍋を持って森へ行った。

② 私はビリーが家から森に向かっている時に、彼と会った。

③ ビリーは子鹿の面倒を見た。

④ ビリーは肘で蛇口を閉めた行儀の悪さを怒られた。

問8　下線部（7）の内容として、次の英文に合うように最も適当なものを選び、番号で答えなさい。 25

While rain started falling, ＿＿＿＿＿＿＿＿.

① I was so moved that my son showed kindness

② some other people began crying so hard

③ a baby deer finished drinking some drops of water

④ some drops of water fell to the ground from my hands

問9　本文の内容と一致するものを３つ選び、番号で答えなさい。ただし、解答の順番は問わない。

26 ～ 28

① More than five farmers quit farming after the dry season finished.

② Billy went into the woods with an important aim while his parent was cooking in the kitchen.

③ Billy came out of the house and followed his parent.

④ A male deer was surprised at Billy at first, so it put him at risk.

⑤ Billy ran back to the fridge in his house to get some water.

⑥ Billy understood the importance of water because he was told not to use it too much.

⑦ A male deer stood at the edge of the woods and watched Billy when he went to the woods.

⑧ Both Billy and his family's farm and a baby animal were saved by water.

4 次の問い（問１～５）において、①～⑥の語（句）を日本語の意味を表すように並べかえて、文を完成しなさい。解答は [29] ～ [38] に入るものの番号のみを答えなさい。

問１ 外国車の方が、国産車よりもずっと性能がよい。

Cars imported from other countries ＿＿ [29] ＿＿ ＿＿ [30] ＿＿ made in our country.

① those　② a　③ better　④ are　⑤ than　⑥ lot

問２ 市役所に行けば、危険な場所を知らせるハザードマップが手に入るかもしれないよ。

At the city office, you ＿＿ [31] ＿＿ ＿＿ [32] ＿＿ about dangerous places.

① may　② tells　③ a hazard map　④ you　⑤ get　⑥ which

問３ 私は窓の鍵を開けたまま出かけてしまった。

I ＿＿ [33] ＿＿ ＿＿ [34] ＿＿ out.

① the window　② when　③ went　④ left　⑤ unlocked　⑥ I

問４ その事故で１人の女性が怪我をし、病院に運ばれたらしい。

I ＿＿ [35] ＿＿ ＿＿ [36] ＿＿ the accident and taken to hospital.

① a　② was　③ injured　④ heard　⑤ in　⑥ woman

問５ 健康的な生活を送りたいなら、運動を始めなさいと医者はアドバイスをくれた。

The doctor ＿＿ [37] ＿＿ ＿＿ [38] ＿＿ I want to live a healthier life.

① to　② if　③ advised　④ me　⑤ exercising　⑥ start

<リスニング問題放送原稿>

色のついている部分…男性の声

※「チャイム」

これから「放送を聞いて答える問題」を始めます。
問題は全部で７問あり，放送はすべて英語で行われます。放送中メモを取ってもかまいません。各問題について英語は２回ずつ放送されます。
では，始めます。

Look at No. 1 and No. 2.
Listen to each talk, and choose the best answer for each question.
Let's start.

No. 1

A :　You play the piano very well, Ann.　Do you practice every day?
B :　No, I don't.　When I have soccer practice, I don't have time to play the piano.
A :　When do you have soccer practice?
B :　I have it from Tuesday to Saturday.

Question :　When can Ann practice the piano?

（会話と質問を繰り返します。）

No. 2

A :　Hey, look!　I like this one.
B :　Hmm, it's nice.　You can put your computer here, and your books here.
A :　And I can also hang my bag there.
B :　It's a good price, too.　You should buy it.

Question :　What are they looking at?

（会話と質問を繰り返します。）

Look at No. 3 and No. 4.
Listen to each situation, and choose the best answer for each question.
Let's start.

No. 3

Jim comes over to Toru's house.
Toru takes Jim to his room.
The room is so big that Jim was surprised to see it.

Question： What will Jim say to Toru?

(英文と質問を繰り返します。)

No. 4

Aki went to a new hamburger shop near the station yesterday.
Aki likes the shop very much, but Judy has never been there.
Aki says to Judy. "Shall we go there next Saturday?"

Question： What will Judy say to Aki?

(英文と質問を繰り返します。)

Listen to the speech by Kana, and choose the best answer for each question.

Let's start.

Hello, everyone. I'm Kana Hirose. Today, I'm going to talk about summer camps in the U.S.

In the U.S, students have a long summer vacation. It is about two and a half months. This long summer vacation gives them a chance to do things they may not usually do. Some go on a long trip with their family, and others join a summer camp. A large number of students in the U.S. spend their summers at a summer camp.

At a summer camp, students have a great chance to learn important skills, such as teamwork and communication. They will meet and work with a lot of new friends there. This helps them to develop their teamwork skills. They can learn outdoor skills, too. They can also learn how to have a healthier lifestyle by doing sports or eating well.

Thanks to summer camps, at the end of summer, a lot of students in the U.S. feel more positive about going back to school.

No. 5

Question : How long do summer vacations last for students in the U.S?

No. 6

Question : What helps students in the U.S. to develop their teamwork skills at a summer camp?

No. 7

Question : What do students in the U.S. learn at a summer camp?

(英文と質問を繰り返します。)

以上で「放送を聞いて答える問題」を終わります。では，ほかの問題を始めてください。

【数　学】（50分）〈満点：100点〉

（注意）(1) 問題の文中のア，イ，ウ，……の１つ１つは，それぞれ０から９までの数字，または－のいずれか１つに対応します。それらをア，イ，ウ，……で示された解答欄にマークしなさい。

(2) 分数形で解答が求められたときは，既約分数で答えなさい。符号は分子につけ，分母につけてはいけません。

(3) 問題文中にある図は必ずしも正確ではありません。

(4) 円周率は π として計算しなさい。

I　次の各問いに答えなさい。

(1) $(5x+7y)-(3x-2y)=$ ア $x+$ イ y

(2) $1001^2-1000^2=$ ウエオカ

(3) $-\sqrt{18}\times\dfrac{1}{3\sqrt{6}}+\sqrt{27}=\dfrac{\text{キ}\sqrt{\text{ク}}}{\text{ケ}}$

(4) 2次方程式　$(2x-1)^2-(x+2)^2=0$　を解くと，$x=\dfrac{\text{コサ}}{\text{シ}}$，ス

(5) 図において，$\ell \parallel m$ のとき，

$x=$ セソ °

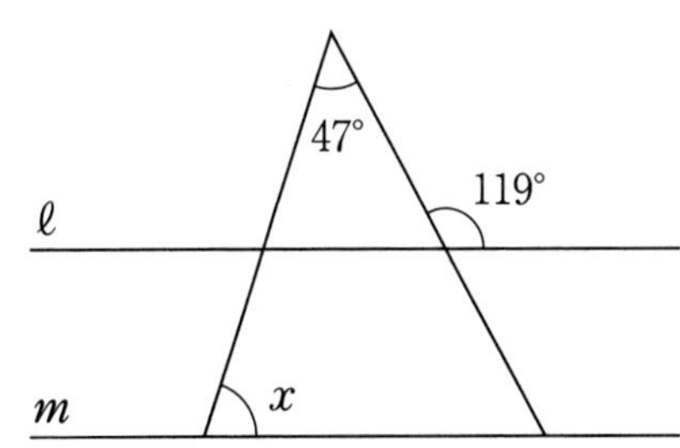

(6) 関数　$y=\dfrac{1}{2}x^2$　について，x の値が－3から1まで増加するときの

変化の割合は タチ

Ⅱ　次の各問いに答えなさい。

(1)　$x=\sqrt{2}+1$　のとき，$(x-1)^2(x^2-2x+4)=$ アイ

(2)　$\dfrac{\sqrt{21n}}{2}$ が整数となるような最小の自然数 n は ウエ

(3)　図のように，三角柱ＡＢＣ－ＤＥＦの辺ＢＥ上に，ＢＧ＝ＧＨ＝ＨＥとなる点Ｇ，Ｈをとります。この三角柱を平面ＡＣＨおよび平面ＤＦＧで切断すると，4つの立体に分かれます。このとき，点Ｅを含む立体の体積は，

もとの三角柱の体積の $\dfrac{\text{オカ}}{\text{キクケ}}$ 倍

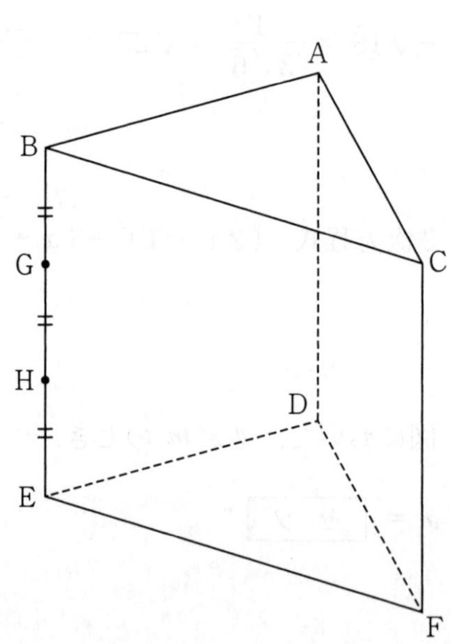

(4) 10 人の生徒にテストを実施したところ，その 10 人の得点はそれぞれ

4，8，7，8，9，6，10，8，5，6

でした。このとき，得点の平均値，中央値，最頻値の大小関係を正しく表しているものを下記の①～⑥から選ぶと [コ]

① （最頻値）＜（平均値）＜（中央値）

② （平均値）＜（最頻値）＜（中央値）

③ （中央値）＜（平均値）＜（最頻値）

④ （平均値）＜（中央値）＜（最頻値）

⑤ （最頻値）＜（中央値）＜（平均値）

⑥ （中央値）＜（最頻値）＜（平均値）

(5) 図のように，頂角が 120°，等しい辺の長さが 2 である二等辺三角形の内部に円があり，この円は二等辺三角形の全ての辺に接しています。

この円の半径は [サ] $\sqrt{[シ]}$ － [ス]

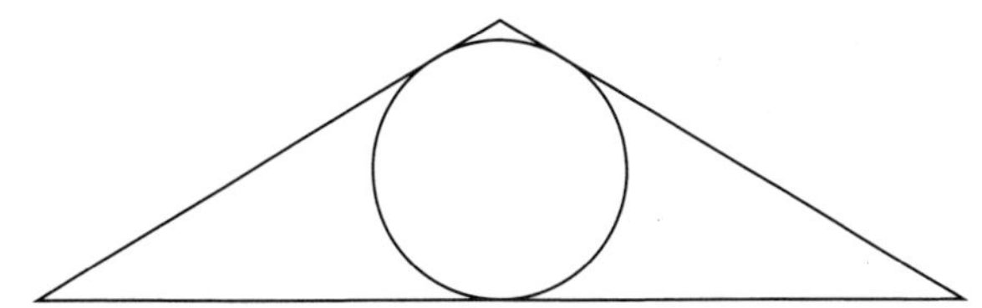

Ⅲ　放物線 $y = x^2$ があります。

この放物線上に2点A，Bがあり，点Aの x 座標は－1，点Bの x 座標は4です。

次の各問いに答えなさい。ただし，原点をOとします。

(1) 点Aの y 座標は [ア]，点Bの y 座標は [イウ]

(2) 2点A，Bを通る直線と平行で，原点を通る直線の方程式は　$y =$ [エ] x

(3) △OABの面積は [オカ]

(4) 放物線上の点Aから点Bまでの間に，原点Oとは異なる点Cをとります。

△CABの面積が△OABの面積と等しくなるとき，点Cの座標は

（[キ]，[ク]）

Ⅳ　AB＝7, BC＝9, CA＝8である△ABCがあります。

頂点Aから辺BCに垂線を引き，辺BCとの交点をDとします。

次の各問いに答えなさい。

(1) △ABDに着目すると　$AD^2 = \boxed{ア}^2 - \boxed{イ}^2$

△ACDに着目すると　$AD^2 = \boxed{ウ}^2 - \boxed{エ}^2$

ア，イ，ウ，エ に当てはまるものを次の①〜⑥のうちから

それぞれ1つずつ選びなさい。ただし，同じものを繰り返し選んでも構いません。

①　AB　②　AC　③　BC　④　AD　⑤　BD　⑥　CD

(2) (1)より　$BD = \dfrac{\boxed{オカ}}{\boxed{キ}}$

(3) (1), (2)より　$AD = \dfrac{\boxed{ク}\sqrt{\boxed{ケ}}}{\boxed{コ}}$

(4) △ABCの面積は $\boxed{サシ}\sqrt{\boxed{ス}}$

【資料2】

（銃猟の制限）

第三十八条　日出前及び日没後においては、銃器を使用した鳥獣の捕獲等（以下「銃猟」という。）をしてはならない。

2　住居が集合している地域又は広場、駅その他の多数の者の集合する場所（以下「住居集合地域等」という。）においては、銃猟をしてはならない。ただし、次条第一項の許可を受けて麻酔銃を使用した鳥獣の捕獲等（以下「麻酔銃猟」という。）をする場合は、この限りでない。

3　弾丸の到達するおそれのある人、飼養若しくは保管されている動物、建物又は電車、自動車、船舶その他の乗物に向かって、銃猟をしてはならない。

（「鳥獣の保護及び管理並びに狩猟の適正化に関する法律　第三十八条」による。）

問一　【資料1】・【資料2】から読み取れる内容として最も適当なものを、次の①～④から一つ選びなさい。解答番号は〈22〉

①　ヒグマを駆除した猟友会の男性は市の依頼を受けて駆除を行ったが、その後国家公安委員会から銃を所持する許可を取り消された。

②　ヒグマを駆除した男性は銃を所持する許可の取り消し処分を不服として裁判を行ったが、処分の取り消しだけでなく、慰謝料の請求も行っている。

③　銃器を用いた猟は住居の集合する地域において行ってはならないが、麻酔銃を使用したものに関してはその限りではない。

④　鳥獣の保護及び管理並びに狩猟の適正化に関する法律では狩猟の時間に関する規制のほかに、天候にも言及している。

問二　次の選択肢は【資料1】・【資料2】を読んだ生徒たちによる話し合いの様子です。【資料1】・【資料2】を読み取ったものとして最も適当なものを次の①～④から一つ選びなさい。解答番号は〈23〉

①　生徒A「ヒグマを狩猟した人は動物愛護法に違反するとして猟銃の所持許可を取り消す処分がされているね。【資料2】にあるように住居や人が密集しているところで狩猟を行うのは危険だから仕方がないかもね。」

②　生徒B「そうなのかな。【資料1】では裁判の争点は弾丸の向かう先に人がいたかどうかだといわれているよ。【資料2】の三十八条の2に違反している、ということなのだろうね。」

③　生徒C「【資料2】では人以外にも動物、建物等に弾丸が到達する恐れがある場合は禁止されているね。【資料1】にある男性の主張がそれに違反しているかどうかが問題だったんだね。」

④　生徒D「【資料1】での裁判自体の正当性とその処分の妥当性が問われているね。【資料1】の男性はそもそも【資料2】に違反しているのだから裁かれるのが当然じゃないかな。」

待機する決意をしたということ。

③　僧は状況を把握できず、ただただ牛が怖くなったので、入り口へ退避しようとしたということ。

④　僧は驚く一方で、太った自分の姿が心配になったので、穴の外へ帰ろうとしたということ。

問三　本文を説明するものとして最も適当なものを、次の①〜④のうちから一つ選びなさい。解答番号は〈20〉

①　冒頭の「今は昔」は鎌倉時代の作品である『伊勢物語』にしばしば見られる記述である。

②　穴の外へ出ようとした僧は助けを求めるが、声が出なかったため誰も助けてくれなかった。

③　行きに通れた穴を帰りは通れなくなった僧は、数日後死んでしまい、石になってしまった。

④　いざというときに助けてもらうため、いつも思いやりを持つべきだという教訓が書かれている。

問四　『宇治拾遺物語』は説話集であるが、**説話集でないもの**を、次の①〜④のうちから一つ選びなさい。解答番号は〈21〉

①　古今著聞集　②　沙石集

③　今昔物語集　④　菟玖波集

五　次の資料は銃を用いたヒグマ駆除に関するニュースと関連する法律についてのものです。これらをふまえて、後の問に答えなさい。解答番号は〈22〉・〈23〉

【資料1】

〔編集部注…課題文は著作権上の問題により掲載しておりません。〕

・NHK　NEWS　WEB

「猟銃所持許可取り消しは不当　男性の主張認める判決　札幌地裁」

なお、該当の記事はすでにウェブ上で削除されています。

助け合うという、資本主義経済とは異なるレイヤーである経済。

問四 【ⓓ】には次のA～Dの四つの文章が入る。正しい順序に並んだものを、後の①～④のうちから一つ選びなさい。解答番号は〈16〉

A　むしろ、収入は東京にいた時の二倍になった。
B　でも、生きてるよ。ひもじくない。
C　その余裕で、また僕は稼ぎにはならないと思われている新政府活動にいそしんでいる。
D　地方はかかるお金も少ないので、さらに余裕が出てくる。

①　A→B→C→D　　②　B→A→D→C
③　A→C→B→D　　④　D→C→B→A

四 次の文章を読んで、後の問に答えなさい。（------の左側は現代語訳です。）

今は昔、唐に有ける僧の、※天竺にわたりて、他事にあらず（何ということもなく）、ただ物のゆかしければ、物見にしありきければ、所々みゆきけり（所々見歩いていた）。あるかた山に、大なる穴あり。牛の在けるが、此穴に入けるを見て、㋐ゆかしくおぼえければ、牛の行につきて、僧も入けり。はるかに行きて、明き所へいでぬ（明るいところへ出た）。みまはせば、あらぬ世界とおぼえて（人間界とは別の世界と思われて）、見も知らぬ花の色いみじきが、咲きみだれたり。牛、此花を食けり。試みにこの花を一房とりて食ひたりければ、うまきこと、※天の甘露もかくあらんとおぼえて、㋑目出かりけるままに、おほく食ひたりければ、ただ肥に肥えふとりけり。

ⓐ心えず、おそろしくて思て、ありつる穴のかたへかへり行に、はじめはやすく通りつる穴、身の太くなりて、せばくおぼえて、やうやうとして、穴の口までは出でたれども、え出でずして（外へ出ることができなくて）、たへがたきことかぎりなし。まへを通る人に、「これたすけよ」と、よばはりけれども、耳に聞きいるる人もなし。助る人もなかりけり。人の目にも何と見えけるやらん（人の目にもこの僧が何に見えたのだろうか）、ふしぎ也。日比重て死ぬ。後は石に成て、穴の口に頭をさし出たるやうにてなん有ける。

（『宇治拾遺物語』による。）

※天竺…現在のインド。
※天の甘露…とびきり美味しい不老不死になれる甘い霊水のこと。

問一 ――部㋐、㋑の本文中の意味として最も適当なものを、後の①～④のうちからそれぞれ一つずつ選びなさい。解答番号は〈17〉・〈18〉

㋐「ゆかしくおぼえければ」〈17〉
①　穴の中を恐ろしく感じたが
②　穴の中を見たく思ったので
③　牛の様子を不吉だと思ったが
④　牛の様子を勇敢に感じたので

㋑「目出かりけるままに」〈18〉
①　花がたくさんあったので
②　天の甘露に心惹かれたので
③　花の姿を気に入ったので
④　花の味が素晴らしかったので

問二 ――部ⓐとありますが、その説明として最も適当なものを、次の①～④のうちから一つ選びなさい。解答番号は〈19〉

①　僧は訳も分からず、急に太ったことを恐ろしく思ったので、来た道を帰ろうとしたということ。
②　僧は用心したが、花を食べて太ってしまったので、この場で

ぞれの人の良さをうまく活用する。そんなことを僕は自分の仕事にしている。

それは労働という名の仕事ではない。むしろ使命に近いものだと認識している。

だから、お金のために動かない。お金を稼ぐことと社会を変えることを結びつけてはいけないのだ。しかし、それでも僕を飢え死にさせてはまずいと考えてくれる人からもちろん貨幣も獲得している。それで十分なのだ。

僕は専業主婦の妻と三歳の娘を育てて、家と仕事場を持っている。東京から熊本に避難したので、それまでの領域では仕事を得る機会も減っている。【　ⓓ　】何の問題も感じられない。

お金はみんなで楽しむためにある。僕はそう思っている。そのことに対しては使いたい。だから、みんなでご飯を食べたり、誰かをこちらに呼んだりすることだったり、人が集まるような催しを企画し、実現するときにお金を使うのだ。

それ以外に、お金を使うものがあるのか。

少なくとも僕には、ない。

（坂口恭平 著『独立国家のつくりかた』による。）

※レイヤー…層。

※新政府…著者は、東日本大震災の際、逃げるべきだと知りながらそれを発表しない政府は政府ではないと考え、無政府状態であると考えた。無政府はまずいので、自ら政府を作ろうと熊本県に避難所を作り「新政府」を設立した。

問一　――部ⓐとありますが、その説明として最も適当なものを、次の①～④のうちから一つ選びなさい。解答番号は〈13〉

① 個々人が思考を停止させている貨幣経済の中で、お金がなくては生きてはいけないと私たちが思い込んでしまっていること。

② 個人として人々が認識されない社会システムの中で、経済を回すために政府が私たちにお金こそ大事だと思わせていること。

③ 私たちが信じて疑わない貨幣経済社会の中で、人々が生活費を可視化することなくお金だけをひたすら追い求めていること。

④ 人々が名前を隠した社会システムの中で、私たちが生きることと生活費を稼ぐこととを同等のものと考えてしまっていること。

問二　――部ⓑとありますが、そのように言える理由として最も適当なものを、次の①～④のうちから一つ選びなさい。解答番号は〈14〉

① 芸術とは既存の価値観を破壊するものであり、現代の人々が信じこんでしまっている経済観を芸術のように打破していこうと考えているから。

② 芸術とは本来売れない行為であり、貨幣を伴う必要のない本来の意味での経済の中にあってこそ初めて芸術として価値を持つと考えているから。

③ 芸術とは社会の在り方を考える行為であり、それは古代ギリシア語の語源を遡（さかのぼ）ってとらえ直した経済の意味と一致していると考えているから。

④ 芸術とは既存の匿名化したシステムから離れ独自のレイヤーを見つけることであり、その上で芸術で起業しなければ無意味だと考えているから。

問三　――部ⓒとありますが、その説明として最も適当なものを、次の①～④のうちから一つ選びなさい。解答番号は〈15〉

① 共同体をよくしようとする態度を持つ人々が相互扶助していくという、私たちが資本主義経済だと誤解してしまっていた経済。

② ごみさえも私たち主体の在り方によって価値あるものにするという、主体は貨幣であると私たちが勘違いしてしまっていた経済。

③ 貨幣のために働くことを拒否し、社会を変えていくためだけに存在する、無数に存在する経済のレイヤーの中の一つの経済。

④ 社会をよくしようとする姿勢で、各人の行動や才能を共有し、

三　次の文章を読んで、後の問に答えなさい。

匿名化した社会システムの中で一番手強いものは、お金にまつわる事柄である。僕があれこれとツイッターでつぶやいていて、最も多い反論は、そんなことを言ったって今の経済の中では無理でしょ、というものだ。

「お金」に関して考えてみよう。僕が重要だと考えていることは、「家の在り方」ともつながることだが、まず「生活にいくら金がかかるのか」をちゃんと可視化すること。そして「どうやってお金を稼ぐか」、これをしっかりと自分の※レイヤーでつくり上げることだ。

福島原発事故でも、原発から逃げるリスクと、避難によって仕事を失ってしまい生活費を稼げなくなるリスクとを天秤にかけて避難を考えろと言う人がいた。一見、正論のように見えるが、生きることと、生活費のことを天秤にかけてどうする。それがすでにⓐ罠なのだ。

それじゃあ、経済とは一体、何なのか。

経済（ECONOMICS）の語源を考えてみる。ECONOMICS＝OIKOS＋NOMOSだ。どちらも古代ギリシア語である。

OIKOSとは家計、住む場所、関係を持つ場所などを意味する。NOMOSは習慣、法律、社会的道徳、古代ギリシアの行政区画のこと。NOMOSはOIKOSの在り方を示している。最小単位とも言える。

そうやって考えてみると、僕たちは経済のことについて実は大きな勘違いをしているのかもしれない。つまり、「経済」とは語源にさかのぼれば「どうやって家計をやりくりするか」「住まいとはどういうものなのか」「僕が住むここでの共同体とはいかにあるべきか」を考え、実践する行為のことを指すのである。言い換えれば、それは社会を変えようとする行為のことだ。社会を変えるという行為、それを僕は芸術と呼ぶ。

あれ？　そうすると、ⓑ芸術＝経済なんじゃないか？

こういうことを言うと芸術で起業するような話に聞こえるかもしれないけれど、それは全然違う。芸術で起業するということは、既存のお金を主体とした経済のなかで芸術をするということだ。それは、車を売っていたのを芸術に換えただけ。でも僕が考える芸術という行為は売れない。それは経済＝住まいとは何かを考える行為なのだ。

「芸術＝車」ではなく、「芸術＝経済」であるので、「芸術＝住まいの在り方を考える行為、共同体の在り方を考える行為」である。もっと細かく言うと、寝るとは何であるか、人と会話するということは何であるか、などを考え、実践すること＝社会を変えること＝既存の匿名化したシステムから離れ独自のレイヤーを見つけること。

そうやって経済について考えていった結果、見えてきたのは、経済自体にもレイヤーが存在するということである。そして、今、僕たちが信じこんでしまっている貨幣経済というのは、それらの経済の中の一つにすぎないということだ。資本主義経済も同じである。日本には資本主義経済も存在するが、路上生活者たちが「都市の幸」つまり僕たちが捨てたゴミを転用して実践している経済も存在している。

僕は「新しい経済をつくる」ことこそが、これからの生きのびるための技術となるのではないかと考えている。※新政府をつくった理由もそれだ。

そして、僕が導き出した新しい経済の在り方、それがⓒ「態度経済」と僕が呼んでいるものだ。

すごく簡単に言えば、社会を変えよう、少しでもよくしようという態度を見せ続ける人間を、社会は飢え死にさせちゃまずいと考え、相互扶助を行い始める。僕がやっているのはこれだけだ。

僕は賞を獲ったこともないし、いらない。ギャラリーにも所属していないし、いらない。定期的にお金をくれる人もいない。給料なんかいらない。何かを買いたいという欲望がまるでないのだ。それよりも、社会に関わる。社会を変える行動をする。実践する。それ

③ 惜しみないサン辞の言葉を送る
④ 植林や伐採といった治サン活動をする

㋔ 正義の信念をツラヌく 〈9〉
① このハチミツは最高にカン美だ
② 発熱のために悪(お)カンがする
③ 突カン工事で作られた陸橋
④ 友人は大食カンを自称している

問二 敬語表現で**間違っているもの**を、次の①〜④の文の――部のうちから一つ選びなさい。解答番号は〈10〉
① 駅前で社長を見かけたので、ご挨拶した。
② ファミリーレストランで、私が店員に注文をなさった。
③ 離任式で校長先生が、色彩豊かな花束をお渡しになった。
④ 作家の西田さんが、こちらの推理小説を書かれました。

問三 □に当てはまる言葉として最も適当なものを、後の①〜④のうちから一つ選びなさい。解答番号は〈11〉

芸術上でわれわれが常に思考する永遠という観念は何であろう。永遠性とか、悠久性とかいうのは一体何の事であろう。仮に類似の言葉を求めてみると、永遠、永久、悠久、永続、無限、無終、□、不死、不滅というようなものがあり、どれを見てもその根本の観念として時間性を持たぬものはない。

（高村光太郎 著『永遠の感覚』による。）

① 不断、不朽
② 不信、不断
③ 不信、不変
④ 不休、不和

問四 Ⅰ〜Ⅳに当てはまる語句の組み合わせとして最も適当なものを、後の①〜④のうちから一つ選びなさい。解答番号は〈12〉

学術報告の冒頭に、「論文を発表させていただきます」と宣言することが定型になりつつあるようで、学会に行くとこれを一日中聞かされて私はイライラとして過ごすことになるのだが、かつてはそのようなことはなかった。国会審議の記録を見ると、最近はここでも「させていただく」人が非常に多いことがわかる。昭和時代の議事録を見ると、この形式の表現はあるにはあるが、それほど多くはないから、かつては国会でこの表現が使われることは頻繁ではなかったと想像される。

Ⅰ 私は何故これが嫌いなのか。その理由を説明するためには、中学生のころに習った文法を用いて、「させていただきます」の構造を調べておく必要がある。

Ⅱ 、「していただく」というのは「してもらう」の謙譲表現なので、これは話し手である自分のことをへりくだろうというものだ。「説明していただく」であれば、説明するのは話し手である自分以外の人物であり、敬意に値するのはその人物である。

Ⅲ 、「させる」とは使役表現である。Ⅳ 、人に強いて仕事をさせるという形で使うものだ。たとえば、「説明させる」とは、誰かに説明という作業を強いるという意味である。

（梶井厚志 著「コトバの戦略的思考 第3回『ご説明させていただきます』」による。）

① Ⅰ：では Ⅱ：しかし Ⅲ：だが Ⅳ：要するに
② Ⅰ：では Ⅱ：まず Ⅲ：対して Ⅳ：そこで
③ Ⅰ：さて Ⅱ：しかし Ⅲ：次に Ⅳ：すなわち
④ Ⅰ：さて Ⅱ：まず Ⅲ：一方で Ⅳ：すなわち

から目を背けたいという思いによって過去を鮮やかに美化しているということ。

④　トン汁に入れる具材や調理方法といった日常生活のあらゆる場面において父と母とのギャップを感じ、大好きな母はもう戻らないという絶望とこれからの父との生活への不安を抱く反動で、母との忘れられない思い出をより美しく鮮明なものに感じているということ。

問三　――部ⓒとありますが、ここから読み取れる父の心情の説明として**適当でないもの**を、次の①～④のうちから一つ選びなさい。解答番号は〈3〉

①　あわただしさから解放されて緊張が緩み、ようやく母との思い出に浸って涙する息子への同情。

②　息子はきっと母との思い出のつまったトン汁を楽しみに待っていたに違いないという得意と納得。

③　家族みんなが大好きだった母の突然の死を必死に受け止めようと努力している息子への愛情。

④　家族が大好きだったトン汁で母を思い出し、こらえきれずに涙を流す息子を見守る優しさ。

問四　――部ⓓとありますが、「僕」の思いを説明するものとして最も適当なものを、次の①～④のうちから一つ選びなさい。解答番号は〈4〉

①　母との突然の死別の後、何度泣こうとしても胸につかえていた悲しみの涙はどうしても出てこなかったが、兄姉とも歯車が合わず、父も頼りないので、一人で生き抜いていかざるをえないと覚悟を決めたということ。

②　母が帰ってくることはないという現実を突きつけられ、何をしても心が晴れない日が続いて自暴自棄になっていたが、生きていくためには無理にでも自己完結し、悲しみを消し去っていくほかないと悟ったということ。

③　お通夜や告別式を終えてあわただしさから解放された晩に、トン汁の鍋を火にかける父を台所に残して、誰もいない居間に戻り静かにゆっくりと母を懐かしむなかで、胸のなかに抑えていた思いが溢れ出てきたということ。

④　家族と理解し合えている確信が持てず、本当の意味で安らげる場所が家庭にないことにストレスをおぼえていたが、母の死をきっかけにようやく一人の居場所を確保し、自分と真摯（しんし）に向き合えるようになったということ。

二

次の各問に答えなさい。

問一　㋐～㋔の文の――部のカタカナを漢字に改めた場合、それと同じ漢字に該当するものを、後の①～④のうちからそれぞれ一つずつ選びなさい。解答番号は〈5〉～〈9〉

㋐　法案が採タクされる　〈5〉

①　神仏の神タクを求める
②　光タクのある金属の表面
③　タク越した技術を持つ選手
④　肉か魚か二者タク一を迫られる

㋑　不要な資料をハ棄する　〈6〉

①　包丁のハ先が欠けてしまった
②　合格通知を受け取りハ顔した
③　政治家のハ閥に所属する
④　ハに衣着せぬ物言い

㋒　祖母は虫を殺せないほど慈ヒ深い人物だ　〈7〉

①　旅行のヒ用を計上する
②　人生はヒ喜こもごもだ
③　志願者の採ヒを決定する
④　ヒ喩を用いた例文を考える

㋓　上司の提案にサン同する　〈8〉

①　失敗の連続で辛サンをなめる思いをした
②　情報通信や医療などの第四次サン業

て、「お父さんのオリジナル料理だ」と笑う。
まいっちゃうなあ、と苦笑いを返したあと、ふと気づいた。
明日からのごはんはどうなるんだろう。父が会社から早めに帰ってきてつくるのか、子どもたちが交代でつくるのか、出来合いの総菜やお弁当ですませるのか、誰かがつくりに来てくれるのか……。
あわただしさに紛れて遠くに置き去りにされていた今後のことが、ようやく現実の問題として目の前に迫ってきた。
そして、ⓑこれからのことを思うと、まるで振り子のように、これまでのことも鮮やかに記憶がよみがえってきた。
母がいた。いつもそばにいた。笑うと両頬にえくぼができていた。優しいひとだった。テレビに出ている芸能人よりもずっと美人だと思っていた。少しおっちょこちょいなところはあったが、そのぶん僕たちが失敗してもめったに叱らなかった。ほめてくれた。励ましてくれた。慰めてくれた。応援してくれた。かばってくれた。内緒の約束をしてくれた。なにも言わずに抱っこしてくれた。大好きだった。世界中で一番、誰よりも、大好きで、大好きで、大好きで、大好きだった。
もう会えない。どんなに願っても、もう二度と母とは会えない。母の声を聞けない。母と手をつなげない。母はもう、遠い、遠い、遠い、あの真っ暗な穴の中に消えてしまった。
胸の奥がさらに熱くなる。鍋を火にかける父の背中から目をそらし、強くまたたくと、まぶたの裏がたちまち潤んできた。
気づかないうちに泣き声が漏れていた。
「どうした?」
振り向いた父と目が合った。
ⓒ父は僕の涙に気づくと、うん、うん、と大きく二度うなずいた。その顔が、にじみながら揺れる。
父はすぐに鍋に向き直り、僕は居間に戻って、コタツに突っ伏した。ゆっくりと泣いた。誰にも邪魔されず、誰からもせかされることなく、ⓓ胸の奥に残っていた涙をようやく搾り出した。

(重松　清 著「トン汁」『また次の春へ』による。)

問一　――部ⓐとありますが、その理由として最も適当なものを、次の①～④のうちから一つ選びなさい。解答番号は〈1〉

① 半ば強引な誘いを受けて料理が苦手な父の作った晩ご飯を食べることで、大好きなイチゴの味がかき消されてしまうことだけは何としても避けたかったから。

② 空腹ではなくそもそも食事をとりたい気分ではなかった上に、普段料理をしない父の夕飯には抵抗があったので、できればもう少しイチゴを堪能していたかったから。

③ 母との思い出のイチゴを兄姉揃って食べられないことを悲しんでいたので、黙ってコタツにあたっているばかりの父の唐突な言葉に素直に反応できなかったから。

④ イチゴは母が亡くなる直前におねだりをして買ってもらった思い出の品であったため、母と自分を繋ぐイチゴの味の余韻をできるだけ長く味わっていたかったから。

問二　――部ⓑとありますが、どういうことですか、最も適当なものを、次の①～④のうちから一つ選びなさい。解答番号は〈2〉

① 母がときどき作ってくれていたトン汁をきっかけに皮肉にもお通夜や告別式のあわただしさに埋もれていた今後の不安を考えることになり、その母のいない生活への不安の大きさが、母と過ごした日々をくっきりと思い出させることに繋がったということ。

② 優しかった母の死を契機として過去の生活を振り返るようになり、いなくなって初めて母の大切さに気づき感謝の念を抱くとともに、ありし日の母との間にこれといった特別な思い出を作らずに何となく生活してきたことを改めて反省させられたということ。

③ 母とばかり一緒にいたせいで父とはろくに会話をしてこなかったことに加えて、トン汁さえまともに作れない父の情けない姿を目の当たりにして、今後の暮らしに不安を感じ、その現実

二〇二三年度　春日部共栄高等学校（第一回）

【国　語】（五〇分）〈満点：一〇〇点〉

一　次の文章を読んで、後の問に答えなさい。

くだものは旬のハッサクとイチゴ。あの頃、イチゴは春の終わりのくだものだった。母が生協（せいきょう）に注文用紙を出すとき、リストに今シーズン初めてのイチゴがあるのを見つけて、きょうだい三人でねだった。母は「四月になってからのほうが甘くて安いのに」とあきれながら、わがままを聞き入れてくれた。それが亡くなる三日前のことだったのだ。

隣のおばさんは用がすむと、「困ったことがあったらなんでも言ってくださいね、遠慮しないでくださいね」と父に繰り返し念を押してから帰っていった。

父はおばさんに何度も頭を下げ、「ありがとうございます、これからもどうかよろしくお願いいたします」と丁寧すぎるほど丁寧にお礼を言っていたが、おばさんがいなくなると、ぐったりしたような深いため息をついた。

兄と姉は、イチゴを居間のコタツでは食べなかった。兄はガラスの小鉢に牛乳とイチゴを入れ、姉は小皿のイチゴに粉砂糖を振りかけて、二人とも自分の部屋に持って行ってしまった。

僕はまた居間に取り残され、父と差し向かいでコタツに入って、イチゴを食べた。イチゴには練乳をつけるのが僕のお気に入りだが、冷蔵庫に練乳の缶はなかった。母が買っておくのを忘れていたのだろう。あとで買うつもりだったのかもしれない。

旬には少し早いイチゴは小ぶりで、へたのまわりはまだ青く、甘みも足りない。なにもつけずに食べると、酸っぱさに口がすぼんだ。

一粒、二粒、三粒……最後の一つは、特に酸っぱくて、口だけでなく目もつぶってしまった。

ごくんと呑（の）み込むと、それを待っていたかのように、いままで黙って、なにをするでもなくコタツにあたっていた父が言った。

「腹、減ってないか」

え、と聞き返す前に、「せっかくお肉や野菜が来たんだから、なにかつくってやるよ」とつづける。「食べるだろ？」

おなかは空いていなかったし、ⓐイチゴの味をすぐに消してしまいたくはなかった。

だが、首を横に振っても、父はかまわず「まあ食ってみろ」と言った。「欲しいだけ食べて、あとは明日の朝ごはんにすればいいし」

「なにをつくるの？」

父が料理をするところなど、いままで見たことがない。

「簡単なやつだ」

父はコタツから出ると台所に向かった。冷蔵庫を開けて中の食材を確かめ、よし、とうなずいて、こっちを振り向いた。

「今夜は寒いから、トン汁にしよう。体が暖まって、よく寝られるぞ」

「お父さん、つくれるの？」

「なんとかなるだろ、味噌（みそ）汁みたいなものなんだから」

冷蔵庫から豚肉のコマ切れと、袋に入ったモヤシを出した。

トン汁は、母もときどきつくってくれていた。僕の大好物で、兄や姉も必ずお代わりをしていた。

ただ、母のトン汁にはモヤシは入っていなかった。代わりに、ゴボウやニンジンや大根、コンニャクが入って、仕上げにネギをたっぷり散らす。

その味を思いだすと、胸の奥がじんわりと熱くなった。お通夜や告別式のときにはなかった感覚だった。

「トン汁って、モヤシ入れるの？」

「あれ？　違ったか？　入れないんだったかな、モヤシは……」

頼りないことを言う。「いいだろ、だいじょうぶだよ、モヤシだったら包丁も使わずにすむんだし」と、もっと頼りないことを言っ

英語解答

1 No.1 ③ No.2 ② No.3 ④
No.4 ① No.5 ② No.6 ④
No.7 ③

2 問1 ④ 問2 ② 問3 ①
問4 ④ 問5 ① 問6 ④
問7 ② 問8 ③ 問9 ②
問10 ③

3 問1 ② 問2 ③ 問3 ②
問4 ④ 問5 ③ 問6 ①
問7 ④ 問8 ①
問9 ②，⑥，⑧

4 問1 29…② 30…⑤
問2 31…⑤ 32…②
問3 33…① 34…⑥
問4 35…① 36…③
問5 37…④ 38…⑤

1〔放送問題〕解説省略

2〔長文読解総合―会話文〕

≪全訳≫❶マリコ(M)：来月のパーティーをとても楽しみにしてるの。❷カズマ(Ka)：僕もだよ。でも食べ物を持ってこないといけないんだよね，ケビン？❸ケビン(Ke)：うん。僕らのような留学生が大勢このパーティーに参加するんだ。このパーティーの目的は，他の国から来た人たちと友達になることなのさ。参加者は自分の母国の料理を持ってくるんだよ。❹M：そうなの？ 私はパーティーを楽しみたいと思ってただけなんだけど。❺Ke：あのさ，もし自分たちの文化を表す料理があれば，その方がもっと楽しくなるんだ。僕は去年このパーティーに参加して，オーストラリア料理を持っていったんだ。君たちは何か予定してるの？❻M：おすしやたこ焼きはどうかな？ おいしいし，食べやすいよ。❼Ka：うん，そうだね。でもおすしはちょっと高価なんじゃない？ お金のことも考えた方がいいと思うな。❽Ke：うん，僕はおすしが好きだけど，君に同意するよ。君たちはこのパーティーにお金を全額費やすわけにはいかないからね。❾M：そうね。高価な方をつくるのはやめよう，でももう１つの方はそのままにしようよ。❿Ka：そうだね。わんこそばは知ってる？ 主に岩手県で食されている伝統料理なんだけど。⓫Ke：それは聞いたことがないな。犬と何か関係があるの？⓬M：ないよ，わんこっていうのはお椀(わん)のことなの。レストランで，お客さんがお椀を空けるたびに，店員さんが麺を追加してくれるのよ。おもしろいけど，それをする日本人の生徒が足りないわね。私たちの他にあと２人しかいないもの，今日は２人とも欠席してるけどね。⓭Ka：わかった。パーティーに出すのはマリコが提案した料理でいいと思う。わんこそばは次の土曜に僕の家で食べよう。⓮Ke：それはいいね。楽しみだな。これで３つの問題のうち２つは解決したね。⓯M：最後の１つは何？⓰Ke：アレルギーの問題だよ。何らかの食材に対してアレルギーのある人もいるよね。⓱Ka：シズカは大豆と牛乳にアレルギーがあるそうだよ。⓲Ke：それに小麦粉アレルギーの人もいるよ。⓳M：私たちは最初の２つは使わないけど，あの食べ物には小麦粉を使わないといけないよね。⓴Ka：代わりに米粉を使えるんじゃないかな。米粉は普通の小麦粉にアレルギーがある人によく使われているんだ。㉑M：わかった，じゃあそれでいこう。㉒Ke：いいんじゃないかな。次はレシピを選ぼうよ。㉓M・Ka：そうしよう。

問１＜適語選択＞留学生たちが参加するのは来月行われるパーティーなので(第１段落)，未来を表す形にする。

問２＜適語(句)選択＞空所前後をつなぐ語として適切なものを選ぶ。「文化を表す料理があれば，より楽しくなる」という文脈である。 in addition「そのうえ，さらに」

問３＜適語句選択＞空所の後がsushi and *Takoyaki*という名詞であることに着目。選択肢の中で直後に名詞をとれるのはHow aboutだけ。How about ～？は「～はどうですか」と提案する表現。Why don't we ～？も「～するのはどうですか」という提案を表す表現だが，後ろには動詞の原形が続く。

問４＜適語選択＞最初の空所の後「お金のことも考えた方がいい」と言っていることから，おすしの値段の高さを気にしていることが読み取れる。

問５＜適語句選択＞「〈人〉に〈物〉を与える」は'give＋人＋物'，または'give＋物＋to＋人'の形で表せる。

問６＜用法選択＞下線部は「～するための」という意味で前の名詞を修飾する形容詞的用法のto不定詞。これと同じ用法の不定詞を含むのは，④「私は使うための鉛筆を見つけられなかった」。①「～すること」という意味を表す名詞的用法。　「この問題を解くことは私にとっては難しい」②「～して」という'感情の原因'を表す副詞的用法。　「私の子どもたちは，私が彼らのためにクッキーをつくると聞いて喜んだ」　③名詞的用法。　「早寝早起きすることは大切だ」

問７＜英文解釈＞I can't wait.は「(あることが楽しみで)待ちきれない」という意味。直前でカズマが次の土曜日にみんなでわんこそばを食べようと提案したのを受けてのケビンの発言なので，これは②「ケビンは次の土曜日のことでわくわくしている」と言い換えられる。

問８＜内容一致＞「マリコとカズマは(　　)」―③「どのお客もアレルギーを持っていない材料を使うつもりだ」　第18～20段落より，下線部のthatが指すのは小麦粉の代わりに米粉を使ってたこ焼きをつくることだとわかる。

問９＜英問英答＞「マリコとカズマがパーティーのためにつくる予定の料理について正しいのはどれか」―②「食べるのが難しくない」　第６段落参照。マリコはすしとたこ焼きを提案し，その理由をおいしくて食べやすいからだと言っている。なお，すしは高価という理由でこの後却下された。

問10＜内容真偽＞①「ケビンは２つの問題を心配していた」…×　第14段落参照。問題は３つある。②「留学生はパーティーで料理をつくることになっている」…×　第２，３段落参照。その場でつくるのではなく持ってくる。　③「ケビンは，カズマとマリコは自分のお金のことを考えるべきだと思っている」…○　第８段落の内容に一致する。　④「ケビンは以前そのパーティーを体験したことが一度もない」…×　第５段落第２文参照。去年参加している。

3〔長文読解総合―物語〕

≪全訳≫❶何年も前，私たちは毎年乾季がある国の地域に住んでいた。ある年，ほぼ１か月，雨が降らないことがあった。作物は枯れかけていた。牛はミルクを出さなくなった。川や小川はすっかり干上がった。その乾季が終わるまでに，７軒の地元の農家が農地を失いそうだった。❷ある日，私が台所で昼食をつくっていると，６歳になる息子のビリーが森に向かって歩いていくのが見えた。彼はいつものような小さい子どもの気楽な足どりではなく，深刻な目的を持って歩いていた。私には彼の背中しか見えなかった。彼は多大な努力をしながら歩いており，できるかぎり静かにしようと努めていた。❸いったん森の中に姿を消すと，数分後に彼は家に向かって駆け戻ってきた。彼の遊びは終わったと思ったので，私は昼食づくりに戻った。だがまもなく，彼は再びあのゆっくりとした注意深い歩き方で森に向かっていった。これがしばらくの間続いた，慎重に森へ歩いていっては，走って家に戻ってくるのだ。❹私は家の外に出て彼のあとを追った。彼に自分の姿を見られたくなかったので，私は非常に注意を払っていた。彼は歩きながら，両手を体の前でコップのようにしていた。自分の小さな手の中に入れたものをこぼすまいと，非常に慎重だった。木の枝が彼の小さな顔に当たったが，彼はそれらを避けようとはしなかった。すると，何頭かの大きなシカが彼の前に立っているのが見えた。❺ビリーはシカたちの方へまっすぐ歩いていった。巨大な雄ジカが間近にいた。だが，そのシカはビリーを威嚇したりしなかったし，ビリーが腰を下ろす間，そのシカは身動きすらしなかった。すると小さなシカの赤ちゃんが地面に横たわっているのが目に入り，それは明らかに暑さのせいで喉が渇き衰弱していた。シカの赤ちゃんはビリーの手の中に入っている水を飲もうと首を持ち上げた。❻水がなくなると，ビリーは急いで立ち上がって家の近くにある水道の蛇口まで駆け戻った。ビリーが蛇口を開くと，少量の水が流れ出てきた。彼は待ち，水をゆっくりと自分の「コップ」に満たした。そこで私は合点がいった。彼はその前の週に水で遊んでいて面倒を起こしたので，私たちは彼に水を無駄にしないことの大切さを教えたのだった。❼自分の「コップ」を満たすと，彼はひじを使ってどうにか蛇口を閉めた。彼が立ち上がって再び森へ戻ろうとしたとき，私は彼の前に立ちはだかった。彼の小さな目に涙があふれた。「僕，無駄遣いしてるんじゃないよ」とだけ彼は言った。私は台所から持ってきた鍋1杯分の水を持って彼に加わった。私は彼にシカの赤ちゃんの世話をさせておいた。私は森の外れに立って，彼がもう1つの命を救おうと必死に取り組んでいるのを見つめていた。❽私の顔を流れ落ちる涙が地面に落ち始めたとき，急にその涙に別の水滴が加わり…，さらに水滴はどんどん増えていった。こんなことは何も意味しないとか，奇跡など実際には存在しないとか，雨はいずれ降るものだとか，そんなふうに言う人もいることだろう。そして私はその意見に反論することはできないし，反論しようとするつもりもない。私に言えることは，その日降ってきた雨が私たちの農場を救ってくれたということだけだ，ちょうど1人の小さな少年の行動が別の生き物の命を救ったように。

問1＜適語(句)選択＞(1)この後，約1か月雨が降らなかったとある。　(2)前後の内容から，厳しい乾季について述べた内容であることが読み取れる。　dry up「干上がる」

問2＜適語選択＞第4段落より，ビリーは手の中の水をこぼさないように慎重に歩いていたことがわかる。

問3＜適語(句)選択＞空所の後に he disappeared ～，he came ～ と2つの文が続くことに注意。選択肢の中で後ろに2文を伴えるのは，従属接続詞である Because「～なので」と Once「いったん～すると」。この2つから，意味上適切なものを選ぶ。

問4＜適語句選択＞空所の前にあるコロン(:)に着目。コロンは「つまり，すなわち」の意味で，直前の内容を言い換えたり，具体的に説明したりする場合に用いられる。つまり，空所を含む部分は，コロンの前の This went on for a while「これがしばらく続いた」を言い換えた内容になる。この This が受けるのは，その前で説明されている，ビリーがゆっくり森まで行っては走って戻ってくること。go on は「～が続く」の意味。

問5＜適所選択＞第5段落第1文の them が脱落文の several large deer「数頭の大きなシカ」を指すと考えられる。なお，deer「シカ」は単複同形なので，複数でも s はつかない。

問6＜語形変化＞the water (　) in Billy's hands で「ビリーの手の中に入れられた水」といった意味になると考えられる。cup には「手をカップ状にして水などをすくう」という動詞の用法があり，ここではそれが形容詞的用法の過去分詞として用いられている。

問7＜内容真偽＞①…○　第5文に一致する。　②…○　第1，2文の内容に一致する。　③…○　最後から2文目と一致する。　'let＋目的語＋動詞の原形'「…に～させる」　④…×　そのような記述はない。

問8＜内容一致＞「雨が降り始めたちょうどそのとき，(　　)」―①「私は自分の息子が思いやりを示したことにとても感動していた」 下線部の前半は，息子が子ジカを救おうとしている行為に「私」が感動して涙を流している描写であり，後半はその涙と一緒になって，1か月ぶりの雨が降ってきたという内容になっている。other drops が「雨」であることを読み取る。

問9＜内容真偽＞①「乾季が終わった後，5軒を超える農家が農業をやめた」…× 第1段落最終文参照。「乾季が終わる前に」とある。 ②「ビリーは自分の親が台所で料理をしている間に，重要な目的を持って森へ行った」…○ 第2段落第1，2文に一致する。 ③「ビリーは家から出てきて自分の親のあとをついていった」…× 第4段落第1文参照。親がビリーの後をついていった。 ④「雄ジカは最初ビリーを見て驚いたので，彼を危険にさらした」…× 第5段落第2，3文参照。雄ジカはじっとしていた。 ⑤「ビリーは水を得るために自分の家の中にある冷蔵庫に走って戻った」…× 第6段落第1文参照。ビリーが水を汲んだのは家の近くの水道。 ⑥「水を使いすぎてはいけないと言われていたので，ビリーは水の大切さを理解していた」…○ 第6段落最終文および第7段落第4文に一致する。 ⑦「ビリーが森へ行ったとき，雄ジカが森の外れに立っていて，ビリーを見ていた」…× 第7段落最終文参照。雄ジカではなく，ビリーの親である。 ⑧「ビリーと彼の家族の農場と動物の赤ちゃんは，どちらも水によって救われた」…○ 第8段落最終文に一致する。農場は雨によって，シカの赤ちゃんはビリーが運んだ水道の水によって救われた。

4〔整序結合〕

問1．まず，主語の Cars imported from other countries の後に動詞として are を置く。「～よりもずっと性能がよい」は better than ～「～よりもよい」の前に a lot「ずっと，大いに」を置いて a lot better than ～と表す。those は Cars を受ける代名詞として最後に置いて those made in our country「国産車(←私たちの国でつくられた車)」の意味にする。 Cars imported from other countries are a lot better than those made in our country.

問2．「ハザードマップが手に入るかもしれないよ」は，you may get a hazard map と表せる。「危険な場所を知らせる」は，which を主格の関係代名詞として用いて which tells you about dangerous places とまとめて a hazard map の後ろに置く。'tell＋人＋about＋物事'「〈人〉に〈物事〉について伝える」 At the city office, you may get a hazard map which tells you about dangerous places.

問3．「私は出かけるときに窓の鍵を開けたままだった」と読み換える。「窓の鍵を開けたままだった」は，'leave＋目的語＋形容詞'「～を…のままにする」の形で I left the window unlocked とする。残りは when I went out とまとまる。 I left the window unlocked when I went out.

問4．「～らしい」は「私は～と聞いた」と読み換えて I heard ～と表す。be injured で「傷ついている」という意味なので，「1人の女性が怪我をし」は a woman was injured となる。最後に in を置き，in the accident「その事故で」とつなげる。 I heard a woman was injured in the accident and taken to hospital.

問5．「運動を始めるようにアドバイスした」と読み換えて 'advise＋人＋to ～'「〈人〉に～するようアドバイスする」の形にまとめる。「運動を始める」は，start ～ing「～することを始める」の形で start exercising とし，最後に if「もし～ならば」を置き I want 以下につなげる。 The doctor advised me to start exercising if I want to live a healthier life.

数学解答

Ⅰ (1) ア…2　イ…9
(2) ウ…2　エ…0　オ…0　カ…1
(3) キ…8　ク…3　ケ…3
(4) コ…－　サ…1　シ…3　ス…3
(5) セ…7　ソ…2
(6) タ…－　チ…1

Ⅱ (1) ア…1　イ…0
(2) ウ…8　エ…4
(3) オ…3　カ…1　キ…1　ク…4
ケ…4
(4) ④　(5) サ…2　シ…3　ス…3

Ⅲ (1) ア…1　イ…1　ウ…6
(2) 3　(3) オ…1　カ…0
(4) キ…3　ク…9

Ⅳ (1) ア…①　イ…⑤　ウ…②　エ…⑥
(2) オ…1　カ…1　キ…3
(3) ク…8　ケ…5　コ…3
(4) サ…1　シ…2　ス…5

Ⅰ〔独立小問集合題〕

(1)＜式の計算＞与式$=5x+7y-3x+2y=2x+9y$

(2)＜数の計算＞与式$=(1001+1000)(1001-1000)=2001\times1=2001$

(3)＜数の計算＞与式$=-\dfrac{\sqrt{18}}{3\sqrt{6}}+\sqrt{27}=-\dfrac{1}{3}\times\sqrt{\dfrac{18}{6}}+\sqrt{3^2\times3}=-\dfrac{1}{3}\times\sqrt{3}+3\sqrt{3}=-\dfrac{\sqrt{3}}{3}+\dfrac{9\sqrt{3}}{3}$
$=\dfrac{8\sqrt{3}}{3}$

(4)＜二次方程式＞$2x-1=A$，$x+2=B$として左辺を因数分解すると，$A^2-B^2=0$，$(A+B)(A-B)=0$となる。A，Bをもとに戻すと，$\{(2x-1)+(x+2)\}\{(2x-1)-(x+2)\}=0$，$(2x-1+x+2)(2x-1-x-2)=0$，$(3x+1)(x-3)=0$となる。よって，$3x+1=0$より，$x=-\dfrac{1}{3}$，$x-3=0$より，$x=3$である。

(5)＜平面図形―角度＞右図のように6点A～Fを定める。$l /\!/ m$より，同位角は等しいから，∠ACE＝∠ADF＝119°である。また，△ABCで内角と外角の関係より，∠ABC＋∠BAC＝∠ACEが成り立つ。よって，$\angle x+47°=119°$となり，$\angle x=72°$である。

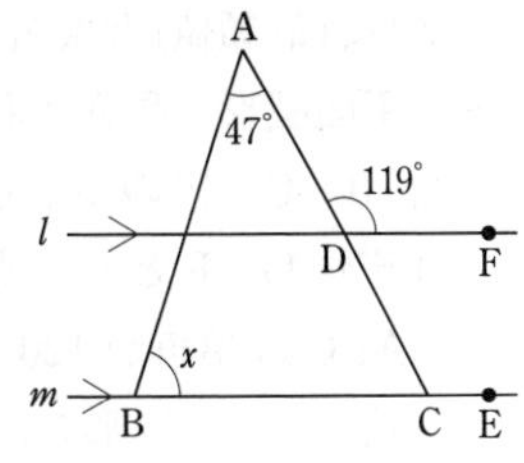

(6)＜関数―変化の割合＞関数$y=\dfrac{1}{2}x^2$で，$x=-3$のとき，$y=\dfrac{1}{2}\times(-3)^2=\dfrac{9}{2}$，$x=1$のとき，$y=\dfrac{1}{2}\times1^2=\dfrac{1}{2}$となる。よって，$x$の値が$-3$から1まで$1-(-3)=4$増加するとき，$y$の値は$\dfrac{1}{2}-\dfrac{9}{2}=-4$増加するから，求める変化の割合は，$\dfrac{-4}{4}=-1$である。

Ⅱ〔独立小問集合題〕

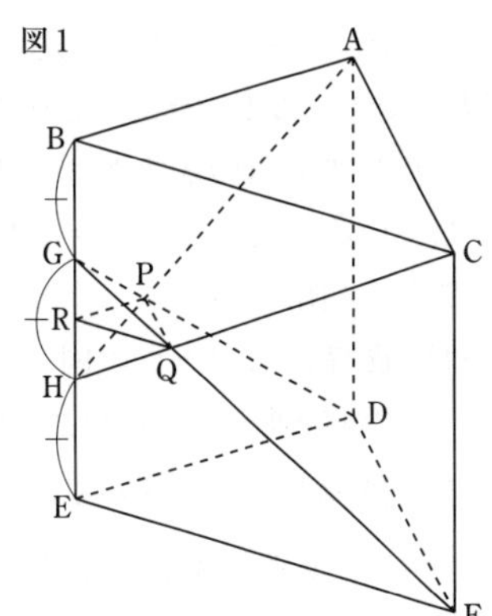

(1)＜式の計算＞$x^2-2x+4=(x^2-2x+1)+3=(x-1)^2+3$であり，$x-1=(\sqrt{2}+1)-1=\sqrt{2}$だから，与式$=(\sqrt{2})^2\times\{(\sqrt{2})^2+3\}=2\times(2+3)=10$となる。

(2)＜数の性質＞$21=3\times7$より，$\sqrt{21n}$が整数となる最小の自然数nは21だから，$\sqrt{21n}$が整数となるとき，kを自然数として，$n=21k^2$と表せる。このとき，$\dfrac{\sqrt{21n}}{2}=\dfrac{\sqrt{21\times21k^2}}{2}=\dfrac{21k}{2}$となる。これが整数となる最小の自然数$k$の値は，$k=2$だから，$n=21k^2=21\times2^2=84$である。

(3)＜空間図形―体積＞右図1で，平面ACHと平面DFGの線分AH

と線分 GD の交点を P，線分 CH と線分 GF の交点を Q とし，2 点 P，Q を結ぶ。点 E を含む立体の体積は，三角錐 G-DEF の体積から三角錐 G-PHQ の体積をひくことで求められる。△DEF の面積を S，BE＝h，三角柱 ABC-DEF の体積を V とすると，V＝△DEF×BE＝$S\times h=Sh$ である。三角錐 G-DEF の体積を V_1 とすると，BG＝GH＝HE＝$\frac{1}{3}$BE より，GE＝$\frac{2}{3}h$ だから，$V_1=\frac{1}{3}\times$△DEF×GE＝$\frac{1}{3}\times S\times\frac{2}{3}h=\frac{2}{9}Sh=\frac{2}{9}V$ である。さらに，AD∥BE より △GHP∽△DAP だから，GP：DP＝GH：DA＝$\frac{1}{3}$BE：BE＝1：3 となり，GP：GD＝1：(1＋3)＝1：4 であり，同様に，CF∥BE より △GHQ∽△FCQ で，CF＝AD だから，GQ：GF＝1：4 である。これより，GP：GD＝GQ：GF＝1：4 となるから，PQ∥DF，PQ：DF＝GP：GD＝1：4 である。ここで，線分 PQ を含み面 DEF と平行な平面と辺 BE の交点を R とすると，三角錐 G-PRQ と三角錐 G-DEF は相似で，相似比は PQ：DF＝1：4 だから，体積比は $1^3:4^3=1:64$ となる。よって，三角錐 G-PRQ の体積を V_2 とすると，$V_2=\frac{1}{64}V_1=\frac{1}{64}\times\frac{2}{9}V=\frac{1}{288}V$ である。また，GR：GE＝1：4 より，GR＝$\frac{1}{4}$GE＝$\frac{1}{4}\times\frac{2}{3}h=\frac{1}{6}h$ だから，RH＝GH－GR＝$\frac{1}{3}h-\frac{1}{6}h=\frac{1}{6}h$ となり，GR＝RH である。したがって，三角錐 H-PRQ の体積も三角錐 G-PRQ の体積と同じ $\frac{1}{288}V$ である。以上より，点 E を含む立体の体積は，$V_1-2V_2=\frac{2}{9}V-2\times\frac{1}{288}V=\frac{31}{144}V$ と表せるから，これはもとの三角柱の体積の $\frac{31}{144}$ 倍である。

(4)＜データの活用―平均値，中央値，最頻値＞10 人の得点を小さい順に並べると，4，5，6，6，7，8，8，8，9，10 となる。平均値は(4＋5＋6×2＋7＋8×3＋9＋10)÷10＝7.1(点)である。また，小さい方から 5 番目の得点は 7 点，6 番目の得点は 8 点だから，中央値は(7＋8)÷2＝7.5(点)である。さらに，得点が 8 点の生徒が 3 人で最も多いから，最頻値は 8 点である。以上より，(平均値)＜(中央値)＜(最頻値)となるから，正しいのは④である。

(5)＜平面図形―長さ＞右図 2 のように，二等辺三角形の各頂点を A，B，C，円の中心を点 O，円 O と 2 辺 BC，AB の接点をそれぞれ D，E とし，点 A と点 D，点 O と点 E をそれぞれ結ぶ。△ABC は頂角が 120° の二等辺三角形だから，点 D は辺 BC の中点となり，図形の対称性より，線分 AD は点 O を通る。さらに，∠ADB＝∠AEO＝90°，∠BAD＝$\frac{1}{2}$∠BAC＝$\frac{1}{2}\times120°=60°$ だから，△ABD と △AOE はともに 3 辺の比が $1:2:\sqrt{3}$ の直角三角形である。よって，BD＝$\frac{\sqrt{3}}{2}$AB＝$\frac{\sqrt{3}}{2}\times2=\sqrt{3}$ となり，点 B から円 O に引いた 2 本の接線の長さは等しいから，BE＝BD＝$\sqrt{3}$ である。したがって，AE＝AB－BE＝$2-\sqrt{3}$ より，円 O の半径は，OE＝$\sqrt{3}$AE＝$\sqrt{3}(2-\sqrt{3})=2\sqrt{3}-3$ である。

図 2

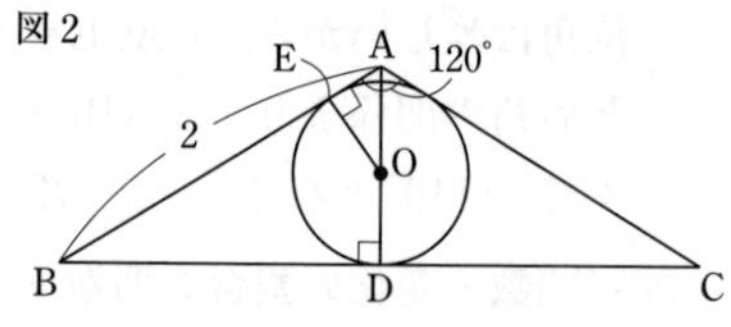

Ⅲ〔関数―関数 $y=ax^2$ と一次関数のグラフ〕

《基本方針の決定》(2) 平行な 2 直線の傾きは等しい。 (4) △CAB と △OAB は辺 AB を共有しているので，△CAB＝△OAB となるとき，2 点 O，C と直線 AB の距離は等しく，OC∥AB となることを利用する。

(1)＜座標＞次ページの図で，2 点 A，B は放物線 $y=x^2$ 上の点で，x 座標がそれぞれ－1，4 だから，点 A の y 座標は $y=(-1)^2=1$，点 B の y 座標は $y=4^2=16$ である。

(2)＜直線の式＞次ページの図で，(1)より，A(－1，1)，B(4，16)だから，直線 AB の傾きは $\frac{16-1}{4-(-1)}=3$ である。平行な 2 直線の傾きは等しいから，原点を通る求める直線の式は $y=3x$ である。

(3)＜面積＞右図で，直線ABとy軸の交点を点Dとし，△OAB＝△AOD＋△BODと考える。(2)より，直線ABの式は$y=3x+b$と表せる。これがA$(-1,\ 1)$を通るから，$1=3\times(-1)+b$より，$b=4$となる。よって，切片が4だから，D(0，4)となり，OD＝4である。また，2点A，Bのx座標より，ODを底辺と見たときの△AOD，△BODの高さはそれぞれ1，4だから，△OAB＝$\frac{1}{2}\times$OD$\times1+\frac{1}{2}\times$OD$\times4=\frac{1}{2}\times4\times1+\frac{1}{2}\times4\times4=10$である。

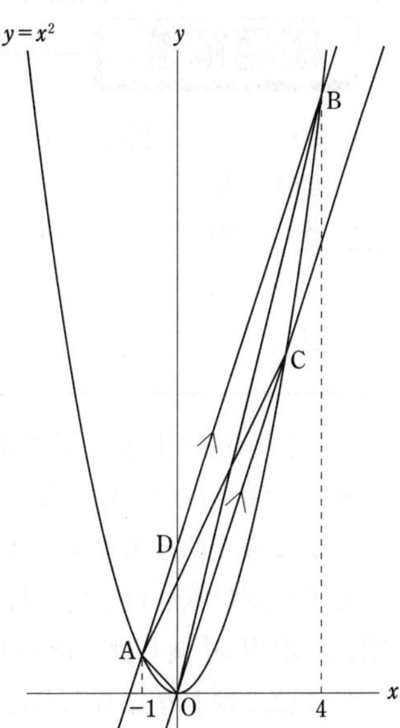

(4)＜座標＞右図で，△CAB＝△OABのとき，OC∥ABとなるから，点Cは放物線$y=x^2$と(2)で求めた直線$y=3x$の交点のうち，原点と異なる点である。よって，点Cのx座標は，2式からyを消去して，$x^2=3x$より，$x^2-3x=0$，$x(x-3)=0$　∴$x=0$，3　点Cは原点と異なる点だから，点Cのx座標は3であり，$y=3^2=9$より，C(3，9)となる。

Ⅳ〔平面図形—三角形〕

≪基本方針の決定≫(1)　三平方の定理を利用する。

(1)＜長さ＞右図の△ABDで三平方の定理より，$AD^2=AB^2-BD^2$が成り立つ。また，△ACDで，$AD^2=AC^2-CD^2$が成り立つ。

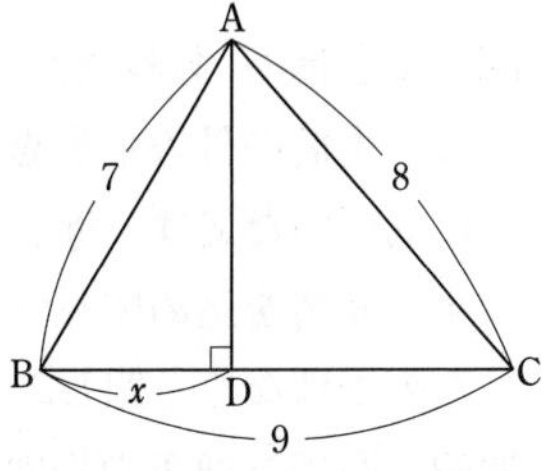

(2)＜長さ＞右図で，(1)より，$AB^2-BD^2=AC^2-CD^2$である。BD＝xとすると，CD＝$9-x$と表せる。よって，$7^2-x^2=8^2-(9-x)^2$が成り立つ。これを解くと，$49-x^2=64-(81-18x+x^2)$，$49-x^2=64-81+18x-x^2$，$18x=66$，$x=\frac{11}{3}$となるから，BD＝$\frac{11}{3}$である。

(3)＜長さ＞右上図で，(1)，(2)より，$AD^2=AB^2-BD^2=7^2-\left(\frac{11}{3}\right)^2=\frac{320}{9}$である。よって，AD＞0だから，AD＝$\sqrt{\frac{320}{9}}=\frac{8\sqrt{5}}{3}$となる。

(4)＜面積＞右上図で，(3)よりAD＝$\frac{8\sqrt{5}}{3}$だから，△ABC＝$\frac{1}{2}\times$BC$\times$AD$=\frac{1}{2}\times9\times\frac{8\sqrt{5}}{3}=12\sqrt{5}$である。

国語解答

一　問一　④　問二　①　問三　②　問四　③

二　問一　㋐…④　㋑…②　㋒…②　㋓…③　㋔…③
問二　②　問三　①　問四　④

三　問一　①　問二　③　問三　④　問四　②

四　問一　㋐…②　㋑…④　問二　①　問三　③　問四　④

五　問一　③　問二　③

一〔小説の読解〕出典；重松清『トン汁』（『また次の春へ』所収）。

問一＜心情＞母の「亡くなる三日前」に，きょうだい三人でイチゴをねだり，母は「あきれながら，わがままを聞き入れて」くれた。イチゴは，母との思い出の果物であり，「僕」は，できるだけ長くイチゴの味を残して，母とのつながりを感じていたかったのである。

問二＜表現＞「僕」は，母がときどきつくってくれていたトン汁の味を思い出したことで，「明日からのごはんはどうなるんだろう」と考え，通夜や告別式の「あわただしさに紛れて遠くに置き去りにされていた今後のこと」を，「現実の問題」として実感し，不安になった。今後の不安が，大好きだった母の思い出をいっそう鮮やかによみがえらせたのである。

問三＜心情＞「あわただしさ」が落ち着いた「僕」は，父がトン汁をつくろうとしたことをきっかけに，生前の母の姿を思い浮かべ，「もう二度と母とは会えない」と改めて実感して泣いた。泣き声に気づいた父は，母を突然失った現実と向き合う息子を痛ましく思いながらも，余計なことは言わずに愛情を込めて見守った(①・③・④…○)。父は，「僕」がトン汁を楽しみに待っていると考えたのではなく，悲しみを抑えられなくなった息子の気持ちを察して，いたわったのである(②…×)。

問四＜心情＞通夜や告別式の間は「あわただしさ」に紛れ，「僕」は，母が亡くなった現実と向き合う余裕はなかった。しかし，「あわただしさ」が落ち着いた夜，「僕」は，「母がいた。いつもそばにいた～大好きだった」と母の思い出に浸るうちに，胸の奥にしまっていた悲しみが解放され，「誰にも邪魔されず，誰からもせかされることなく」，誰もいない居間で，感情のままに「ゆっくりと泣いた」のである。

二〔国語の知識〕出典；高村光太郎『永遠の感覚』／梶井厚志「コトバの戦略的思考」「第３回 ご説明させていただきます」。

問一＜漢字＞㋐「採択」と書く。①は「神託」，②は「光沢」，③は「卓越」。　㋑「破棄」と書く。①は「刃先」，③は「派閥」，④は「歯」。　㋒「慈悲」と書く。①は「費用」，③は「採否」，④は「比喩」。　㋓「賛同」と書く。①は「辛酸」，②は「産業」，④は「治山」。　㋔「貫く」と書く。①は「甘美」，②は「悪寒」，④は「大食漢」。

問二＜敬語＞「なさる」は，「する」の尊敬語で，相手や第三者の動作につけて敬意を表すものであり，自分や身内の動作には使わない。

問三＜語句＞「不断」は，途絶えることなく続いていくこと。「不朽」は，この先も滅びることなく，ずっと残り続けること。どちらも，「永遠」に「類似」した意味を持つ。

問四＜語句＞Ⅰ．「させていただく」という表現は，かつては「使われることは頻繁ではなかったと想像される」が，それはさておき，「私は何故これが嫌いなのか」を説明する。　Ⅱ．「『させていただきます』の構造」について最初にいえるのは，「『していただく』というのは『してもらう』の謙譲表現」で，「自分のことをへりくだろうというものだ」ということである。　Ⅲ．「説明していたださく」であれば，説明するのは「自分以外の人物」であり，「敬意に値するのはその人物」だが，それに対して「『させる』とは使役表現」である。　Ⅳ.「『させる』とは使役表現」であり，言い換えれば「人に強いて仕事をさせるという形で使うもの」である。

三〔論説文の読解―政治・経済学的分野―経済〕出典；坂口恭平『独立国家のつくりかた』。

≪本文の概要≫僕がお金について重要だと考えるのは，生活にいくらお金がかかるのかを可視化することと，どうやってお金を稼ぐかを自分のレイヤーでつくり上げることである。経済とは，古代ギリシア語の語源をさかのぼれば，家計，住まい，共同体のあり方を考えることであり，社会を変えようとする行為である。この行為を実践することは，既存の匿名化したシステムから離れ，独自のレイヤーを見つけることである。経済自体にもレイヤーが存在する。僕は，新しい経済のレイヤーをつくることが，生きのびるための技術となると考える。僕が導き出した「態度経済」は，社会を変えて，少しでもよくしようという態度を見せ続ける人間を，社会が飢え死にさせないように，相互扶助を行うものである。僕は社会を変える行動を仕事にしているが，お金を稼ぐことと，社会を変えることを結びつけてはいけない。僕を飢え死にさせてはまずいと考える人から獲得する貨幣で，十分である。お金はみんなで楽しむためにあり，それ以外に使うものは，僕にはない。

問一＜文章内容＞「生きることと，生活費のこと」を天秤(てんびん)にかけるのは，生きるためにはお金が不可欠という考えが前提にあるからである。「僕」がお金について異なる考え方を示しても，世の中の人は，現在の貨幣経済にとらわれて「今の経済の中では無理でしょ」と思考を打ちきってしまい，生きるためにはお金が必要であるという固定観念から抜けられない「罠」にかかっているのである。

問二＜文章内容＞「僕」にとっての「芸術」は，家計や住まい，共同体がいかにあるべきかを考え，「社会を変える」行為である。「経済(ECONOMICS)の語源」は古代ギリシア語で，「家計，住む場所，関係を持つ場所」の「在り方を示している」ことを考えると，「経済」の意味は，「僕」の考える「芸術」の定義と一致する。

問三＜文章内容＞「僕」は，資本主義経済とは別の「新しい経済」のレイヤーとして，「社会を変えよう，少しでもよくしようという態度」を持ち，「それぞれの人の良さをうまく活用」して「相互扶助」を行うあり方を導き出し，そのあり方を「態度経済」と呼んでいる。

問四＜文脈＞「僕」は「東京から熊本に避難」し，「それまでの領域では仕事を得る機会も減っている」が，それでも生きていて「ひもじく」もない(…B)。「むしろ，収入は東京にいた時の二倍」になったうえ(…A)，「地方はかかるお金も少ないので，さらに余裕が出て」きており(…D)，「その余裕」で「稼ぎにはならないと思われている新政府活動にいそしんでいる」のである(…C)。

四〔古文の読解―説話〕出典；『宇治拾遺物語』巻第十三ノ十一。

≪現代語訳≫今ではもう昔のことだが，唐にいた僧が，インドに渡って，何ということもなく，ただいろいろなものが見たかったので，あちこち見物をして回り，ところどころ見歩いていた。ある山の側面に，大きな穴があった。(その場に)牛がいたが，(その牛が)この穴に入ったのを見て，穴の中を見たく思ったので，牛が行くのについていって，僧も(穴に)入った。はるか遠くまで進んでいって，明るい所へ出た。見回すと，人間界とは別の世界と思われて，見も知らぬ花でたいそう色美しい花が，咲き乱れていた。牛は，この花を食べていた。(僧は)試しにこの花を一房取って食べたところ，そのうまいこと，天の甘い霊水もこのようであろうと思われて，花の味がすばらしかったので，たくさん食べたところ，むやみに肥えて太ってしまった。

(僧は)わけがわからず，恐ろしく思って，先ほどの穴の方へ帰っていったが，最初は容易に通った穴が，体が太って，狭く思われて，かろうじて，穴の入り口までは出たけれども，外へ出ることができなくて，(身動きがとれずに)耐えきれないことこのうえない。目の前を通る人に，「これこれ，助けてください」と，呼びかけたけれども，耳に聞き入れてくれる人もいない。助ける人もいなかった。人の目にもこの僧が何に見えたのだろうか，不思議なことである。何日かたって(僧は)死んでしまった。その後は石になって，穴の入り口から頭を差し出したようであった。

問一<現代語訳>㋐「ゆかし」は，興味をひかれるさま。見たい，知りたいと感じられるさま。僧は，牛の入った穴に興味を持ち，その中を見たいと思ったのである。　㋑「目出し」は，優れていてすばらしいさま。ここでは，僧の食べた花の味がすばらしくおいしかった，という意味である。

問二<古文の内容理解>「心えず」は，理解できない，という意味。「ありつる」は，先ほどの，という意味。僧は，穴を通って花の咲き乱れる場所に出たが，花をたくさん食べて，「肥に肥え」て太ってしまった。僧は，急激に太った理由がわからず，「おそろしく」思って，先ほど通ってきた穴の方へ戻ろうとしたのである。

問三<古文の内容理解>「今は昔」は，平安時代末期に成立した『今昔物語集』によく見られる。また，『伊勢物語』は，平安時代前期の歌物語である(①…×)。僧は，入るときには通れたはずの穴から出ることができずに，前を通る人に「これたすけよ」と呼びかけたが，聞いてくれる人がなく(②…×)，穴から出られないまま数日たって死んでしまい，石になった(③…○)。本文は，穴を通って別世界へ入り込んだ僧が，穴の外の世界に戻れなくなり，そのまま死んでしまうという不思議な出来事を語ったもので，思いやりを持つべきといった教訓を含んだ話ではない(④…×)。

問四<文学史>『菟玖波集』は，室町時代前期に二条良基と救済が編さんした連歌集。『古今著聞集』は，鎌倉時代中期に橘成季が編さんした説話集。『沙石集』は，鎌倉時代中期に無住法師が著した仏教説話集。『今昔物語集』は，平安時代末期に成立した説話集。

五〔資料〕

問一.【資料１】によると，ヒグマを駆除した猟友会の男性は，「道の公安委員会」から猟銃を所持する許可を取り消された(①…×)。また，ヒグマを駆除した男性は，「猟銃を所持する許可を取り消されたのは不当だ」として，「処分の取り消し」を求めて裁判を起こしたが，慰謝料の請求は行っていない(②…×)。【資料２】の第三十八条の２によると，「住居が集合している地域」などでは「銃猟をしてはならない」が，「麻酔銃を使用した鳥獣の捕獲等」については「この限りではない」とされている(③…○)。また，【資料２】の第三十八条では，「日出前及び日没後」の「銃器を使用した鳥獣の捕獲等」を禁止しているが，天候については言及していない(④…×)。

問二.【資料１】によると，ヒグマを駆除した猟友会の男性は，「住宅の方向に発砲したことを理由」に，【資料２】の「鳥獣の保護及び管理並びに狩猟の適正化に関する法律」の第三十八条に違反するとして，北海道の公安委員会から「猟銃を所持する許可」を取り消された(生徒Ａ…×)。【資料２】の第三十八条の３には，「弾丸の到達するおそれのある人，飼養若しくは保管されている動物，建物又は電車～その他の乗物に向かって，銃猟をしてはならない」とある。【資料１】によると，裁判の主な争点は，男性の行動がこの第三十八条の３に違反し，「銃弾が住宅など周囲の建物に当たるおそれがあったかどうか」という点だった(生徒Ｂ…×，生徒Ｃ…○)。【資料１】では，札幌地方裁判所は，公安委員会が男性の猟銃所持の許可を取り消したことについて，「著しく妥当性を欠き，裁量権を逸脱した違法なものだ」としているが，この裁判自体の正当性やその処分の妥当性は問われていない(生徒Ｄ…×)。

2023年度 春日部共栄高等学校(第２回)

【英　語】(50分)〈満点：100点〉

■リスニングテストの音声は，当社ホームページで聴くことができます。(実際の入試で使用された音声です)
再生に必要なユーザー名とアクセスコードは「収録内容一覧」のページに掲載しています。

1 放送を聞いて答える問題

問題は全部で７問あり、放送はすべて英語で行われます。放送中メモを取ってもかまいません。各問題について英語は２回ずつ放送されます。

【No. 1, No. 2】

Listen to each talk, and choose the best answer for each question.

No. 1 　1

①

②

③

④

No. 2 　2

①

②

③

④

【No. 3, No. 4】

Listen to each situation, and choose the best answer for each question.

No. 3 　3

① It was only 3,000 yen.　② I got it in Tokyo.

③ I like black.　④ It's a small size.

No. 4 | 4 |

① Shall I go with you?　② Do you need a hand?

③ Would you like to buy one?　④ Can you do me a favor?

【No. 5 ～ No. 7】

Listen to the speech by Maki, and choose the best answer for each question.

No. 5 | 5 |

① Black tea.

② Brown tea.

③ Red tea.

④ Green tea.

No. 6 | 6 |

① Because they like yellow the best of all colors.

② Because they don't know the color of the sun.

③ Because they think the sun is red.

④ Because they think the sun is yellow.

No. 7 | 7 |

① "Tea" usually means green tea in Japan.

② Most Japanese people think the sun is red.

③ People have different ideas about the same thing.

④ It is interesting to study a foreign language.

※<リスニング問題放送原稿>は英語の問題の終わりに付けてあります。

2 日本に留学中のBob、Sarah、Dan、Lisaが冬休みの過ごし方について話しています。次の会話を読んで、後の問いに答えなさい。

Bob : Do you have any plans for winter vacation? I want to travel with you guys.

Sarah : Actually, I have some plans but I would love to go somewhere with you. I could change my schedule. How about you, Dan?

Dan : That sounds good. I don't have any plans so I can hang out with you during winter vacation. I can't wait.

Lisa : I'm so sorry. I'm going to go to Nagano with my family to meet my grandparents and go skiing in Karuizawa.

Bob : That's too bad. Now, let's decide [(1)]. (2)<u>Do you have any ideas?</u>

Dan : I'm tired of freezing in December and I want to get away from it.

Sarah : You mean one of the southern islands?

Dan : Yeah. I also want to enjoy delicious local food there.

Sarah : That sounds nice, but [(3)] because we live in Saitama. We need a lot of money and time just for traveling. For example, we have to buy airplane tickets and need a half day to [(4)] those areas.

Bob : You have a point. We have to find a place which we can easily go to. Do you have any other ideas?

Sarah : Yes, I do. Saitama is near ski resorts, [(5)] I want to try skiing. Is it OK to go to a cold area though you said you wanted to travel to a warm area?

Dan : [(6)] I want to try skiing, too. But, where should we go? I have never tried it. I don't know any ski resorts or how much money we need.

Bob : Let me see. I have been to a ski resort in Gunma. I remember that my father said the cost of reserving a hotel is high. Also, we need a car to get there.

Lisa : I have a good idea. [(7)] You can save money and I can join you. Not only that, we can get there by *Shinkansen* easily. If that's OK, it would solve (8)<u>our problems</u>.

Bob : Really? Everyone, what do you think? I think it would be nice.

Dan : Me too. It's a great idea. I hope your grandparents don't mind.

Lisa : I'm sure they will be happy to have us.

Sarah : I love the idea, too. I heard that Karuizawa is one of the most popular places in Japan. I can't wait to go there.

Bob : I will find out the train fares and check what we need. When I have done those things, I will let you know. I'm really looking forward to the trip.

問1　会話の内容と一致する最も適当なものを選び、番号で答えなさい。 8

① Bob wanted to enjoy traveling by himself.

② Sarah didn't have to change her schedule.

③ Dan had some free time in winter vacation.

④ Lisa didn't want to go on vacation with her friends.

問2　空所 （1） に入る語句として最も適当なものを選び、番号で答えなさい。 9

① where are we going

② where to go

③ when are we going

④ when to go

問3　下線部（2）について、Danの最初の意見として最も適当なものを選び、番号で答えなさい。 10

① 冬に涼しい気候の地域に行きたかった。

② 夏に涼しい気候の地域に行きたかった。

③ 冬に暖かい気候の地域に行きたかった。

④ 夏に暖かい気候の地域に行きたかった。

問4　空所 （3） に入る文として最も適当なものを選び、番号で答えなさい。 11

① I don't think it is possible to go to those areas

② I am looking forward to going to those areas

③ I want to go to a warm country and eat delicious food

④ I am not going to eat delicious local food in a cold area

問5　空所 （4） に入る語句として最も適当なものを選び、番号で答えなさい。 12

① leave for　② get to　③ come from　④ take to

問6　空所 （5） に入る語として最も適当なものを選び、番号で答えなさい。 13

① because　② while　③ so　④ but

問7　空所 （6） に入る表現として最も適当なものを選び、番号で答えなさい。 14

① You're welcome.

② I can't believe it.

③ That's too bad.

④ That's alright.

問8　空所［（7）］に入る文として最も適当なものを選び、番号で答えなさい。　［15］

① Let's eat delicious food in Gunma.

② Shall I lend you money for the trip?

③ How about going hiking in Nagano?

④ Why don't you come to my grandparents' house?

問9　下線部（8）の内容として適当でないものを選び、番号で答えなさい。　［16］

① 全員が一緒に旅行に行けない。

② 全員スキーをしたことがない。

③ 旅費が多くかかる。

④ 目的地までの交通の便が悪い。

問10　会話の内容と一致する最も適当なものを選び、番号で答えなさい。　［17］

① Karuizawa is more popular than any other place in Japan.

② Bob doesn't know how much it costs to go to Karuizawa.

③ Lisa had to give up going on the trip with her friends.

④ Bob doesn't need to contact his friends any more.

3　次の英文を読んで、後の問いに答えなさい。

Water gives life to everything – to people, animals and plants. It is everywhere: in the seas, in the rivers, in the air and in our food. Most of us don't think about it very much. Water is there for us, in our kitchens and in our bathrooms, every day. But it is not there for everybody, and our world is changing fast. We have to think very carefully about water, and about our use of it.

So what is happening? Cars, planes, factories and city life are making the world warmer every year. Some cold countries are getting warmer. Some hot countries are getting hotter. The air is warmer; our seas are warmer. (1) This is causing changes to the weather around the world. Rainfall is changing everywhere. ［A］

In many countries, the warm air brings more rain and causes floods every year. Warmer air above warmer seas takes more water up into the air. This can cause (2) hurricanes and typhoons. They begin over the seas and move quickly. When they hit land, they can be very big. Strong winds and heavy rainfall hit cities. In addition to that, they often cause big waves at sea. When these waves reach the land, there are terrible floods. In August 2005, Hurricane Katrina hit New Orleans in the United States and flooded 80% of the city. In some places the water was 6 meters high. Every year, more of Bangladesh is under water in the summer. In 1988, more than 3,000 people [(3)] in big floods, and 3,000,000 people lost their homes. Some places are now under water all the time, and a lot of people suffer from diseases. This flood water is dirty, of course, and it goes into the ground water. There is water everywhere, but it's not drinkable. [B]

In other countries, the problem is not too much rain but not [(4)]. There isn't as much rain as before, and there are long *droughts. Fires start easily because trees are very dry. The fires quickly get bigger and more dangerous. We can see these changes now. Australia has a drought nearly every year. The big rivers in the south-west are often dry. Dangerous fires start every summer near the cities of Sydney and Melbourne in the south-east, and the air in the cities is black with smoke. [C]

At the same time, the ice in the north and south of the world is melting, so seas everywhere are slowly getting higher. The ice is melting fast. In 1980, *Arctic ice was about 5 meters thick. Now it is only about 3 meters in some places. The people of the Arctic countries are losing their food and their homes. In many places the ice is too dangerous – they can't walk on it. Animals and birds are also losing their food. [D]

When floods and droughts happen only (5) from time to time, people can usually live to the next year. They can get help from other, richer countries. But when there are floods every year, there is no answer. People have to move to another place. Some people say that there will be (6) an even bigger problem in the future. Countries will fight about water. We know that the world is getting warmer. We know that our weather is changing. We have to do something before it is too late.

注 drought 干ばつ Arctic 北極の

問1 下線部 (1) の内容として最も適当なものを選び、番号で答えなさい。 [18]

① 気温や海水温が上昇することで、天候に影響を及ぼすこと。

② 世界中の気温が上昇することで、海水の温度が上昇すること。

③ 天候の変化により、涼しい国が暖かくなり、暖かい国がより暑くなること。

④ 世界中で車や飛行機、工場などが作られることで、気温や海水温度を上昇させること。

問2 次の英文を本文中に入れるには [A] ～ [D] のどこが最も適当か。番号で答えなさい。 [19]

Many of them are dying.

① [A]　② [B]　③ [C]　④ [D]

問 3　下線部 (2) の内容として適当でないものを１つ選び、番号で答えなさい。　20

① 温められた海水の上空の空気が、海水を吸い上げて発生する。

② 発生時はゆっくりと進み、上陸時には非常に大きくなっている。

③ 強い風雨を伴って上陸し、町を直撃する。

④ 波が高くなることで洪水を引き起こすこともある。

問 4　空所 （3） に入る文として最も適当なものを選び、番号で答えなさい。　21

① have dead　② have dying　③ were died　④ were killed

問 5　空所 （4） に入る文として最も適当なものを選び、番号で答えなさい。　22

① little　② more　③ enough　④ short

問 6　下線部 (5) の意味として最も適当なものを選び、番号で答えなさい。　23

① sometimes　② many times　③ for a long time　④ a long time ago

問 7　下線部 (6) の内容として最も適当なものを選び、番号で答えなさい。　24

① 毎年洪水が起こること。

② 洪水が起こった時に助けてくれる隣国の存在がなくなること。

③ 人々が引っ越しを余儀なくされること。

④ 水を巡って国家間で争いが起こること。

問 8　本文のタイトルとして最も適当なものを選び、番号で答えなさい。　25

① A World of Water　② Problems with Water

③ Fresh Water from Rain　④ History of Water and Health

問 9　本文の内容と一致するものを３つ選び、番号で答えなさい。ただし、解答の順番は問わない。

26 ～ 28

① Water is essential for our lives and we need it to change our world.

② Today not so many people think about water.

③ The warmer the air becomes, the less rain we have.

④ People in Bangladesh suffer from diseases by drinking dirty flood water.

⑤ Australia has a drought almost every year.

⑥ The ice in the north and south of the world is melting slowly.

⑦ Now it is too dangerous for the people of the Arctic countries to live on the ice.

⑧ It is too late to do something to save the earth.

4 次の問い（問１～５）において、①～⑥の語（句）を日本語の意味を表すように並べかえて、文を完成しなさい。解答は [29] ～ [38] に入るものの番号のみを答えなさい。なお、文頭にくるべき語も小文字にしてある。

問１　私たちはクッキーやケーキのような甘いものが大好きだ。

＿＿ [29] ＿＿ ＿＿ [30] ＿＿ and cakes.

① like　② cookies　③ sweet　④ love　⑤ we　⑥ things

問２　姉が寝ている横でテレビを見ていました。

I ＿＿ [31] ＿＿ ＿＿ [32] ＿＿ she was sleeping.

① while　② watching TV　③ next　④ was　⑤ my sister　⑥ to

問３　知らない単語は辞書で調べるべきだ。

You should ＿＿ [33] ＿＿ ＿＿ [34] ＿＿ in the dictionary.

① the words　② know　③ up　④ you　⑤ look　⑥ don't

問４　あなたと同じくらい速く走れたらなあ。

I ＿＿ [35] ＿＿ ＿＿ [36] ＿＿ as you.

① could　② wish　③ as　④ run　⑤ fast　⑥ I

問５　クリーンエネルギーとは、その使用が環境を害することがないエネルギーだ。

"Clean energy" is energy ＿＿ [37] ＿＿ ＿＿ [38] ＿＿.

① use　② environment　③ harm　④ the　⑤ doesn't　⑥ whose

<リスニング問題放送原稿>

色のついている部分…男性の声

※「チャイム」

これから「放送を聞いて答える問題」を始めます。
問題は全部で７問あり，放送はすべて英語で行われます。放送中メモを取ってもかまいません。各問題について英語は２回ずつ放送されます。
では，始めます。

Look at No. 1 and No. 2.
Listen to each talk, and choose the best answer for each question.
Let's start.

No. 1

A： Eric, it's eleven o'clock now. It's time for bed.
B： I know, Mom. But I have an important test tomorrow.
A： You've already studied for three hours after dinner without a break. I think you should go to bed now.
B： Don't worry. I'll finish before midnight.

Question： What time did Eric start to study?

（会話と質問を繰り返します。）

No. 2

A： Hi, Shota. It's a nice day, isn't it? I like this season in Japan.
B： Do you? I don't like it very much, Mary.
A： Why not? It's so beautiful. Look at the red and yellow leaves on the trees.
B： I know, but it'll be cold soon. I like warm weather.

Question： Which season are they talking about?

（会話と質問を繰り返します。）

Look at No. 3 and No. 4.

Listen to each situation, and choose the best answer for each question.

Let's start.

No. 3

Jun is very interested in fashion.

Jun sees Cindy in the park, and she is wearing a cool T-shirt.

Jun asks Cindy where she bought the T-shirt.

Question : What will Cindy say to Jun?

(英文と質問を繰り返します。)

No. 4

Tom is going to buy a computer this afternoon.

Kumi is a member of the computer club and she knows a lot about computers.

Tom wants Kumi to come to a computer store with him.

Question : What will Tom say to Kumi?

(英文と質問を繰り返します。)

Listen to the speech by Maki, and choose the best answer for each question.

Let's start.

Hello, everyone. I'm Maki Yano.

Do you drink tea? When we say "tea" in Japanese, we are usually talking about green tea. However, in English, "tea" often means "black tea". This tea is "kocha" in Japanese, so we call it red tea. It's the same drink, but we talk about the color in different ways.

Then, what is the color of the sun? Most Japanese children use a red pencil when they draw the sun, because Japanese people usually think the sun is red. How about children in the U.S.? Many of them use a yellow pencil for the sun. So, some people think the sun is red, but other people think it is yellow.

In this way, when people see the same things, they give them different colors in different languages. So, I think it is interesting to study a foreign language. More than that, it is very important to learn that people have different ideas about the same thing.

No. 5

Question : What is *kocha* called by English-speaking people?

No. 6

Question : Why do a lot of children in the U.S. use a yellow pencil when they draw the sun?

No. 7

Question : What does Maki want to tell us the most?

(英文と質問を繰り返します。)

以上で「放送を聞いて答える問題」を終わります。では，ほかの問題を始めてください。

【数　学】（50分）〈満点：100点〉

（注意）(1) 問題の文中のア，イ，ウ，……の１つ１つは，それぞれ０から９までの数字，または−のいずれか１つに対応します。それらをア，イ，ウ，……で示された解答欄にマークしなさい。

(2) 分数形で解答が求められたときは，既約分数で答えなさい。符号は分子につけ，分母につけてはいけません。

(3) 問題文中にある図は必ずしも正確ではありません。

(4) 円周率はπとして計算しなさい。

Ⅰ 次の各問いに答えなさい。

(1) $(-3)+5-(-2)=$ ア

(2) $(-5)\times\frac{7}{3}+11\div\frac{1}{2}=\frac{\text{イウ}}{\text{エ}}$

(3) $8\sqrt{2}-\sqrt{18}+\frac{8}{\sqrt{2}}-\sqrt{8}=$ オ $\sqrt{\text{カ}}$

(4) ２次方程式　$(x-1)^2-2(x+3)(x-1)=0$　の解のうち，

負の数であるものは $x=$ キク

(5) 図のような円において，$x=$ ケコ °

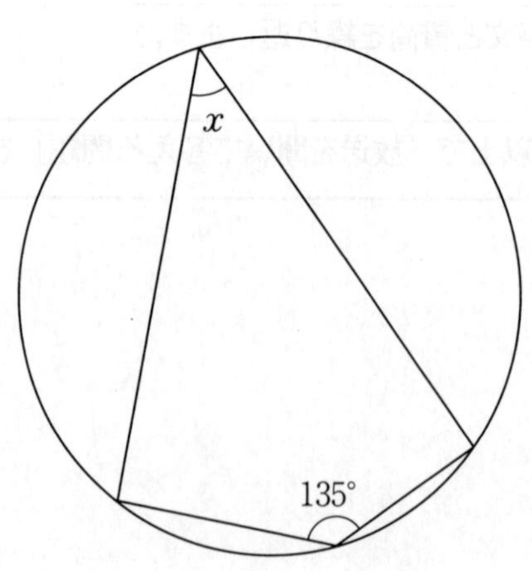

(6) $x = 2z - 10$, $y = 3z - 6$ であるとき，x を y の式で表すと

$x = \dfrac{\boxed{サ}}{\boxed{シ}} y - \boxed{ス}$

$\boxed{\text{II}}$ 次の各問いに答えなさい。

(1) $x = \sqrt{5} + 1$ ，$y = \dfrac{\sqrt{5} - 1}{2}$ のとき，$x^2 + 4xy + 5y^2 + y = \boxed{アイ}$

(2) $\sqrt{n}$ の整数部分が8となるような整数 n は全部で $\boxed{ウエ}$ 個

(3) 図のように，点A(2，1)，B(2，3)があります。また，点Pは x 軸上を動き，点Qは y 軸上を動きます。

このとき，AP＋PQ＋QBの最小値は

$\boxed{オ}\sqrt{\boxed{カ}}$

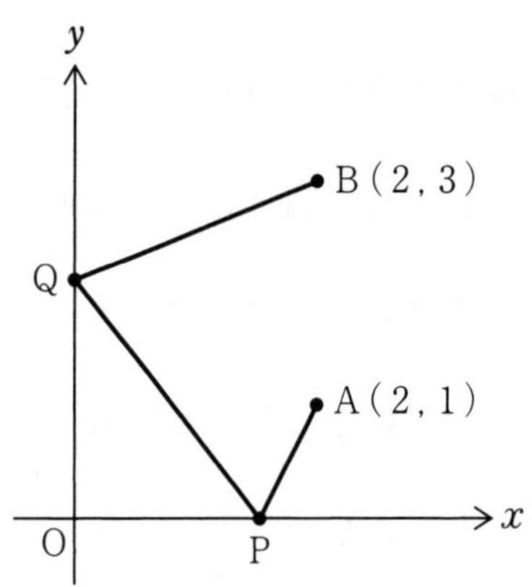

(4) A，B，C，D，Eのアルファベット5文字を横1列に並べます。

次の各問いに答えなさい。

① 並べ方は全部で［キクケ］通り

② ［キクケ］通りのうち，AとBの並びに着目します。

AがBより左にある確率は $\dfrac{\boxed{コ}}{\boxed{サ}}$，AがBより右にある確率は $\dfrac{\boxed{シ}}{\boxed{ス}}$ なので，

AがBより左にある並べ方は全部で［セソ］通り

③ ［キクケ］通りのうち，AとBとCの並びに着目します。

AがBより左にあり，CがBより右にある確率は $\dfrac{\boxed{タ}}{\boxed{チ}}$ なので，

AがBより左にあり，CがBより右にある並べ方は全部で［ツテ］通り

(5) 図のような1辺の長さが15の正方形ABCDにおいて，辺BC上にBE：EC＝2：1となる点Eを，辺CD上に中点Fをとります。また，線分BDと線分AE，AFとの交点をそれぞれG，Hとします。

このとき，線分GHの長さは $\boxed{ト}\sqrt{\boxed{ナ}}$

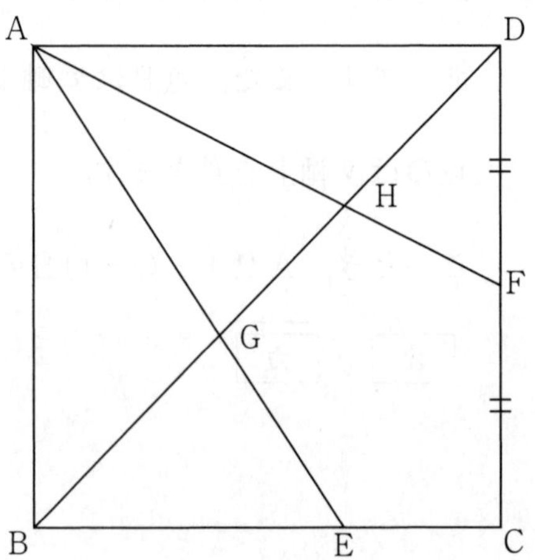

Ⅲ 放物線 $y = ax^2$ 上に，点A（－４，８）と x 座標が６である点Bがあります。

この放物線上の点Aから点Bまでの間に点Pをとります。

次の各問いに答えなさい。

(1) $a = \dfrac{\boxed{ア}}{\boxed{イ}}$

(2) 直線ＡＢと y 軸との交点の座標は（０，$\boxed{ウエ}$）

(3) 点Pの x 座標を t とするとき，△ＰＡＢの面積を t を使って表すと

$$\frac{\boxed{オカ}}{\boxed{キ}}t^2 + \boxed{ク}\,t + \boxed{ケコ}$$

(4) △ＰＡＢの面積が $\dfrac{105}{2}$ になるときの点Pの座標は

$$\left(\boxed{サシ},\ \frac{\boxed{ス}}{\boxed{セ}}\right) \text{または} \left(\boxed{ソ},\ \frac{\boxed{タ}}{\boxed{チ}}\right)$$

Ⅳ　図のような，四角柱を4点A，P，Q，Rを通る平面で切断してできる立体があります。
底面の四角形ＡＢＣＤは，1辺の長さが$\sqrt{10}$でＡＣ：ＢＤ=1：2であるひし形です。
また，辺ＢＰ，辺ＣＱ，辺ＤＲは底面ＡＢＣＤと垂直に交わっており，ＢＰ＝ＤＲです。
次の各問いに答えなさい。

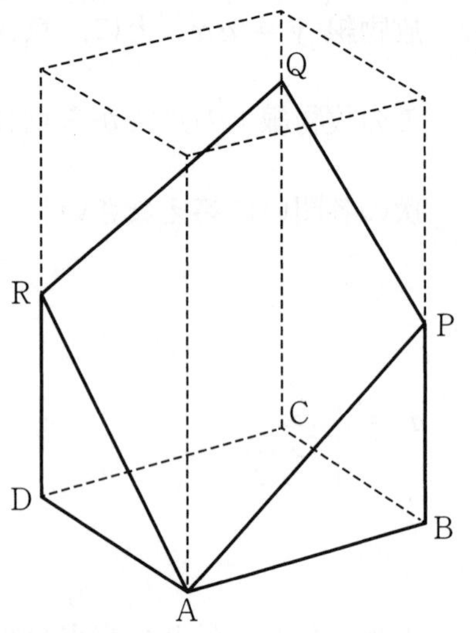

(1)　ＢＤ＝ ア $\sqrt{\text{イ}}$

(2)　四角形ＡＰＱＲが正方形であるとき，ＡＰ＝ ウ

(3)　四角形ＡＰＱＲの面積が24であるとき，ＡＱ＝ エ $\sqrt{\text{オ}}$

(4)　(3)のとき，この立体の体積は カキ

【資料2】

疑問 1　仕入税額控除ってなに？

納付する消費税額の計算方法

売上げの消費税額（売上税額）　マイナス　**仕入れや経費の消費税額**（仕入税額）　＝　納付する税額（納付税額）

差し引く計算が**仕入税額控除** ➡ 仕入税額控除には**インボイスの保存**が**必要** ➡ **インボイスがなければ仕入税額控除できない**※

※　一定期間、経過措置が設けられています

疑問 2

当社が**登録しないと**どうなるんだろう・・・

登録をしないと、
売上先（B社）にインボイスを交付できない
そして、売上先（B社）は、**インボイスがなければ仕入税額控除ができない**
ということは…

ポイント

当社（売手）がインボイスを交付した場合と比べ、**売上先（買手）の納付税額が大きく**計算されます※

※　一定期間、経過措置が設けられています

疑問 3

申告って、**どう計算**するの？
売上げの10%を納税しなきゃいけないの？

課税事業者になったとしても、**インボイスを保存**し、**仕入税額控除を行えば**…

ポイント

納付税額は、売上げの10%**ではなく**、**仕入税額控除後の金額**です※

※　帳簿とインボイスの保存が必要です

（国税庁HP「免税事業者のみなさまへ」『インボイス制度の概要』による。最終アクセス　二〇二二年八月）

【資料１】

消費税の仕入税額控除の方式として インボイス制度が開始されます

平成30年４月
国　税　庁
（令和４年７月改訂）

令和５年10月１日から、複数税率に対応した消費税の仕入税額控除の方式としてインボイス制度（適格請求書等保存方式）が開始されます。インボイス制度の下では、**税務署長に申請して登録を受けた課税事業者**である**「インボイス発行事業者」（適格請求書発行事業者）が交付する「インボイス」（適格請求書）等の保存が仕入税額控除の要件**となります。

［令和元年10月１日から令和５年９月30日までの間の仕入税額控除の方式は、区分記載請求書等保存方式です。区分記載請求書等保存方式の内容については、パンフレット「よくわかる消費税軽減税率制度（令和元年７月）」をご参照ください。］

1　インボイスとは

インボイスとは、「**売手が、買手に対し正確な適用税率や消費税額等を伝えるための手段**」であり、一定の事項が記載された請求書や納品書その他これらに類するものをいいます。

※　請求書や納品書、領収書、レシート等、その書類の名称は問いません。

2　インボイス発行事業者登録制度

○　インボイスを交付できるのは、**インボイス発行事業者に限られます**。

○　インボイス発行事業者となるためには、登録申請手続を行い、登録を受ける必要があります。
なお、**課税事業者でなければ登録を受けることはできません。**

※　免税事業者がインボイス発行事業者の登録を受けるためには、「６　免税事業者の登録手続」をご覧ください。

※　インボイス発行事業者は、基準期間の課税売上高が1,000万円以下となった場合であっても免税事業者にはならず、消費税及び地方消費税の申告義務が生じますのでご注意ください。

（国税庁ＨＰ「消費税の仕入税額控除の方式としてインボイス制度が開始されます」『インボイス制度の概要』による。最終アクセス　二〇二二年八月）

① たくさんの布施を恵心僧都が持ち帰ってきたことで、恵心僧都の母は極楽往生を叶えられないと悲しんだ。このことを受けて、恵心僧都は改心し仏道に専心しようとした。

② 恵心僧都から預かっていた布施を、事情を察した人々が恵心僧都の母のために返却した。このことを受けて、恵心僧都は貧困生活を恥ずかしく思い仏門に入ることを選んだ。

③ 母のために布施を盗んだ恵心僧都だったが、尼である母はその行いを当然許すことができなかった。このことを受けて、恵心僧都は気持ちを入れ替え出家しようと決意をした。

④ 導師として母のために布施を集めたが、母は喜ばずに往生が達成できないと泣いてしまった。このことを受けて、恵心僧都は素晴らしい倹約家になるべく修行を続けることにした。

問四 『発心集』は鴨長明の作品ですが、同時代に成立した作品として適当なものを、次の①～④のうちから一つ選びなさい。解答番号は〈22〉

① 玉勝間　② 閑居友　③ 枕草子　④ 雨月物語

五

18ページ・17ページの資料は令和五年より施行されるインボイス制度に関する資料です。これらをふまえて、次の問に答えなさい。解答番号は〈23〉・〈24〉

問一 【資料1】・【資料2】から読み取れるものとして最も適当なものを次の①～④から一つ選びなさい。解答番号は〈23〉

① インボイス制度とは消費者のもとへ商品がいたるまでの売買中に生じてしまう消費税をすべて免税し、個人の事業者への税額負担を和らげる目的で設置される。

② インボイス制度とは消費者のもとへ商品が届くまでの売買に関して正確な税率、税額を保存し消費税の仕入れ税額を控除する方法として設置される。

③ インボイスは売買に携わる事業者すべてに発行する義務があるため、特別な登録や手続きを行わずともこれまでの請求書がそのまま利用できる。

④ インボイスは売り上げの消費税額から仕入れや経費の消費税額を差し引いて納付する税額を算出するために用いられるが、インボイスの発行を行わなかった事業者は脱税となり処罰される。

問二 次の選択肢は【資料1】・【資料2】を読んだ生徒たちによるインボイス制度に関する話し合いの様子です。【資料1】・【資料2】を読み取ったものとして最も適当なものを次の①～④から一つ選びなさい。解答番号は〈24〉

① 生徒A「【資料1】にあるようにインボイス制度によって店頭で消費者が払うべき消費税額が増えてしまうんだね。だから消費者は【資料2】の税額控除を領収書やレシートを保存しておくことで行う必要があるんだね。」

② 生徒B「仕入税額控除とあるから消費者には関係ないんじゃないかな。【資料1】にあるように納付するべき正確な所得税額を計算するための制度であって、【資料2】の仕入税額控除によって重複した課税が是正されるんだよ。」

③ 生徒C「【資料1】にあるようにインボイスを発行できないと取引自体が禁じられるんだね。増税に次ぐ増税で市場が活性化していないのに売買を停滞させるこんな制度を施行するのは度し難いね。不景気な今だからこそ誰でも市場に参画できるシンプルなシステムが必要なんだよ。」

④ 生徒D「確かに複雑な仕組みかもしれないね。【資料2】にあるようにインボイスが発行されないと、取引相手の納付税額が大きくなってしまう。だから免税事業者が【資料1】の発行事業者登録をしなければならないんだね。」

問五　——部ⓒに必要な資質とはどのようなものだと筆者は考えていますか、最も適当なものを、次の①〜④のうちから一つ選びなさい。解答番号は〈17〉

① 他人より物知りであるのは当然として、多くのことを物語っているテクスト内に、作家が考えずに済ませている「制度」を発見する能力や感性が必要だと考えている。

② テクストの養分を消化し、作家の意識の「へり」にあるものを拾い上げて、原テクストに関するオリジナリティのあるアバターを生産する力が必要だと考えている。

③ ひとえに「作家が何を考えているか」ではなく「作家がどのような考えに感染しているか」という構造的な問題をテクストから抽出する力が必要だと考えている。

④ 作家よりもテクストのほうがより多く考えていると見なし、作家の盲点になっていることをテクストという自立システムから読み取る力が必要だと考えている。

四　次の文章を読んで、後の問に答えなさい。（……の左側は現代語訳です。）

恵心僧都、年たかくわりなき（ひどく年老いた）母を持ち給ひけり。志は深かりけれども、㋐いと事もかなはねば、思ふばかりにて、孝養する事もなくて過ぎ給ひにける程に、しかるべき所に（それ相応のところで）仏事しける※導師に請ぜられて、布施など多く取り給ひたれば、いとうれしくて、㋑即ち、母のもとへ相ひ具してわたり給へり。

此の母、世のわたらひたえだえしきさまなり（生活が貧困をきわめている様子である）。いかに悦ばれん（どれほど喜びなさるだろうか）と思ふほどに、これを打ち見て、うちうしろむきて、さめざめと泣かる。ⓐいと心得ず。「君、うれしさのあまりか」と思ふ間に、とばかりありて、母の云ふやう、「※法師子を持ちては、我、後世を助けらるべき事とこそ、年来（数年来）はたのもしくて過ぎしか。まのあたり（目の前で）、かかる地獄の業を見るべき事かは。夢にも思はざりき」と云ひもやらず、泣きにける。

これを聞きて、ⓑ僧都発心して、※遁世せられける。ありがたかりける母の心なり。

（『発心集』による。）

※導師…法会や供養などのとき多くの僧の中心となって仏事を行う僧。
※法師子…仏教に通じている者。ここでは仏事に従事する恵心僧都のこと。
※遁世…俗世間を逃れること。

問一　——部㋐、㋑の本文中の意味として最も適当なものを、後の①〜④のうちからそれぞれ一つずつ選びなさい。解答番号は〈18〉・〈19〉

㋐「いと事もかなはねば」〈18〉
① 仏道修行を成し遂げたい気持ちが少しも思い通りにならないので
② 母を極楽往生させたい気持ちが意図せず上手くいったので
③ 親孝行したい気持ちが全く思い通りにならないので
④ 裕福な暮らしをしたいという気持ちが相応しくなかったので

㋑「即ち」〈19〉
① 言い換えれば　② そのたびごとに
③ すぐに　④ 突然

問二　——部ⓐの主語として最も適当なものを、次の①〜④のうちから一つ選びなさい。解答番号は〈20〉
① 恵心僧都　② 母　③ 導師　④ 君

問三　——部ⓑとありますが、その説明として最も適当なものを、次の①〜④のうちから一つ選びなさい。解答番号は〈21〉

ます。

以上の説明は、ⓒ批評家の思考法にそのままつながっていきます。批評家は「作家が何を考えているか」という問いでは勝負しません。むしろ、作家がどのような考えに感染しているか、あるいは作家が何を考えずに済ませているか、このような構造的な問題にアプローチするのが批評の仕事です。

もっと踏み込んで言えば、批評の前提は、作家よりもテクストのほうがより多くを考えていると見なすところにあります。作家が自覚的に考えている以上のことまで――つまり作家にとっては盲点になっていることまで――テクストは語ってしまっている。なぜなら、テクストはオープン・システムであり、同時代のムードからジャンルの伝統の作用、ときには未来の暗号まで、実にさまざまなものを受け取っているからです。作家はテクストの生産者ですが、テクストの支配者ではありません。

言うまでもなく、批評家は他人よりも知識がなければ務まりません。しかし、たんに物知りであるだけでは、批評を書けません。批評家には、作家を動かしている構造が見えないとダメ。そのためには、作家の意識の「へり」にあるものを発見する能力やセンスが必要です。作家自身がすでに分かっていそうなことを繰り返しても、仕方がない。そうではなく、作家の意識を超えたものをテクストから抽出すること――それが批評という企ての本質です。

（福嶋亮大 著『思考の庭のつくりかた はじめての人文学ガイド』による。なお、一部省略した。）

問一 A に当てはまる語句として最も適当なものを、次の①～④のうちから一つ選びなさい。解答番号は〈13〉

① 呉越同舟　② 独立独歩
③ 付和雷同　④ 以心伝心

問二 ――部ⓐとありますが、どういうことですか、その説明として最も適当なものを、次の①～④のうちから一つ選びなさい。解答番号は〈14〉

① 作品が長く読み継がれるために重要なのはユニヴァーサリティであり、オリジナリティは単に作家が剽窃家と呼ばれないための方便に過ぎないということ。
② オリジナリティとは、他人の養分を素材の加算および減算によって別の何かにトランスフォームすることのできるパワフルな消化力のことであるということ。
③ オリジナリティとは、ただ他人を引き写しながらも、文化のゼロ地点から作品を生み出しているかのように擬装するためのマジックワードでしかないということ。
④ 既存の複数の作品の要素を組み合わせたりまとめたりして、独自の作品を作り上げる剽窃行為こそが世間がオリジナリティと認識しているものの本性だということ。

問三 B に当てはまる語句として最も適当なものを、次の①～④のうちから一つ選びなさい。解答番号は〈15〉

① 多様性　② 通俗性　③ 普遍性　④ 永続性

問四 ――部ⓑとありますが、このように言える理由として最も適当なものを、次の①～④のうちから一つ選びなさい。解答番号は〈16〉

① わけても作家は、たえず物事を考えつづけるために、多くの判断を選択以前の無意識の領域に追いやり、社会の「制度」に預けてしまっている人種だから。
② 作家にかぎらず、人は誰しも他者の考えが感染した状態にあるので、全ての選択を自分の意識の前景と後景の組み合わせで処理できるわけではないから。
③ 人が生きるためには後景で情報処理することは避けられないが、社会のためには後景を前景へと浮上させて偏見を自覚する作業が求められるから。
④ 人間は日常のあらゆることを選択の対象とすると思考にかかる負担が大きくなりすぎるので、多くの情報を無意識の領域で処理しているから。

とは間違いないのです。

（宮脇　昭　著『木を植えよ！』による。）

① Ⅰ：人　Ⅱ：森　Ⅲ：生物　Ⅳ：消費者
② Ⅰ：人　Ⅱ：森　Ⅲ：動物　Ⅳ：生産者
③ Ⅰ：植物　Ⅱ：植物　Ⅲ：生物　Ⅳ：生産者
④ Ⅰ：植物　Ⅱ：森　Ⅲ：動物　Ⅳ：消費者

三　次の文章を読んで、後の問に答えなさい。

批評家の蓮實重彦さんは一九八〇年代に、村上春樹、村上龍、井上ひさし、中上健次らが当時刊行した小説を題材として、このような共鳴現象をもっと詳しく分析したことがあります。蓮實さんによれば、彼らは特に相談したわけでもないのに、なぜかそろいもそろって「黒幕が主人公に宝探しを依頼し、主人公がそれを探索する」という物語的パターンを採用していました。作家たちは［Ａ］でやっているつもりでも、間テクスト的なネットワークのなかにいると、いつしかお互い感染して似てしまうわけです。（略）

そもそも、オリジナリティとは何でしょうか。フランスの詩人ポール・ヴァレリーは「剽窃家というのは、他人の養分を消化しきれなかった者のことだ」と評しながら、ⓐオリジナリティというのは「胃袋の問題でしかない」と言い切っています。文化のゼロ地点からは、何も生まれません。かといって、他人をただ引き写すだけでは、剽窃家になってしまいます。

だから、ヴァレリーが言うように、パワフルな消化力こそがオリジナリティの根源になります。「消化」とはさまざまなものを食べあわせることでもあるし、食べたものをコンパクトにすることでもある。つまり、素材の加算および減算によって、それらを別の何かにトランスフォームするのが胃袋の仕事です。（略）

ちなみに、ヴァレリーはオリジナリティよりもユニヴァーサリティのほうが重要だとも言っています。唯一無二の個性よりも「［Ｂ］」を目指すべきだということです。これは僕も同感です。共同体の「お約束」を超えたユニヴァーサルなものを追求しなければ、小説も批評も成り立ちません。長く読み継がれる作品は、オリジナルだからというよりもユニヴァーサルだから、たえず読者を刺激するのではないでしょうか。

このように「作家が考える」といっても、その考えにはすでに他者の考えが入り込んでいます。ⓑ思考は自己の独占物ではありません。それを別の角度から言い表すと、人間はたえず何かを考えているようでいて、実際には考えずに済ませている領域が大きいということでもあります。多くの判断を社会の「制度」に預けてしまっているのです。

例えば、皆さんが家から出かけるとき、どの服を着るかで悩むことは多いでしょう。しかし、服を着るかどうかで悩んだりはしない。「家を出るときは服を着る」というのはいわば選択以前の選択、つまりあらかじめ制度化された選択です。「服を着る」という無意識の選択があり、その後に「どの服を着るか」という意識的な選択のステージが来るわけです。

ここでは、意識的に選択可能な領域を「前景」、選択以前の無意識の領域を「後景」として区別しましょう。日常のありとあらゆることを選択の対象とすると、負担が大きくなりすぎる。服を着るかどうかでいちいち悩んでいては、思考がパンクするので、バックグラウンド（後景）で処理してしまうわけです。われわれの行為や思考は、前景と後景の組み合わせでできています。

後景で情報処理することは、生きるためには避けられませんが、それによって偏見が育つことはあります。服を着ることで言えば、男は男らしい服装、女は女らしい服装をすることが、われわれの選択以前の暗黙の「制度」になっています（男子はスカートを穿かない等）。しかし、この後景こそがジェンダー的な偏見を固定化しているのではないか、という議論は成り立つ。そのときは、当たり前の後景を、当たり前ではない前景へと浮上させる作業も必要になり

④ 悲しみでタン息をもらす

(ウ) レンズのショウ点距離を計算する 〈7〉

① 問題をショウ去法で考える

② 修行僧がショウ進料理を食べる

③ インフルエンザ流行の警ショウを鳴らす

④ 宿題が終わらずショウ燥感を覚える

(エ) 任務をスイ行する 〈8〉

① 父は生スイの江戸っ子だ

② 計画は未スイに終わってしまった

③ 祖父は老スイのため亡くなった

④ 手がかりをもとに犯人をスイ理する

(オ) 鉄分の欠ボウによりめまいが生じた 〈9〉

① 政治的な理由で他国へボウ命する

② 結論を急ぐことはボウ挙以外の何物でもない

③ 陰ボウを暴いて悪事を阻止する

④ 貧ボウから脱却したいがために努力する

問二 ═══部「綺麗な」と品詞が同じものを、後の①〜④の――部のうちから一つ選びなさい。解答番号は〈10〉

押し入れを掃除すると綺麗な箱がいくつも見つかった。

食事は普通人程の分量は①頂きました。お医者様が「②偉いナー私より多いがナー」と言われる位で有りました。二十日ばかり心臓を冷やしている間、仕方が無い程気分の悪い日と、また少し気分のよい日もあって、それが次第に③楽になり、もう④冷やす必要も無いと言うまでになりました。そして、時には手紙の三四通も書く事があり、又肩の凝らぬ読物もして居りました。

（梶井　久　著『臨終まで』による。）

① 頂き　② 偉い　③ 楽に　④ 冷やす

問三 次の故事成語を用いた文章として**適当でないもの**を、後の①〜④のうちから一つ選びなさい。解答番号は〈11〉

① 一度は失敗して悔しい経験をしたが、臥薪嘗胆（がしんしょうたん）の末、素晴らしい成果を残した。

② ライバルと同じテーブルで食事をした。あれは窮鼠猫（きゅうそ）をかむようなものだったなあ。

③ 彼のフルートの演奏技術が有名なアーティストに評価され、すぐにその名は人口に膾炙（かいしゃ）した。

④ 高性能な車と宣伝していたのに三日で故障するなんて、まるで羊頭狗肉（くにく）ではないか。

問四 [Ⅰ]〜[Ⅳ]に入る語句の組み合わせとして最も適当なものを、後の①〜④のうちから一つ選びなさい。解答番号は〈12〉

今朝食べた食事も、今着ている服も、リビングの机も椅子もソファーも、もともとはすべて植物からできています。

われわれが吸っている酸素も植物がつくり、吐き出している炭酸ガスは植物が光合成に使ってくれます。ナイロンの衣服も、基本的には植物資源です。化石燃料の石油、石炭、天然ガスは、すべて太古の時代の木生シダ植物を主とした大森林や生物が、地中で炭化したものです。

森は、[Ⅰ]の重量の何百倍、何千倍、ときには何万倍もの炭素(C)を蓄え、人間より何億年も前から生きています。[Ⅱ]が持続していなければ、地球上では私たちを含めた[Ⅲ]の何人も、現在の生活を支えることができません。緑の植物が光合成によって太陽の光エネルギーを固定した炭水化物や、それからつくり出す脂肪など、植物起源の材料が持続的に供給されるときのみ、われわれ人間や他の動物たちは持続的に生きていけるのです。森は私たちのように、おしゃべりではありません。何の理屈も語りません。しかし、植物だけが、地球上で「唯一の[Ⅳ]」であるこた日常を際立たせる効果をあげている。

② 楽しそうな子供たちの行動と、信太郎のいら立ちを対比させ、信太郎の心情を強調する効果をあげている。

③ あどけない子供たちの描写によって、祖母と信太郎の些細な対立を際立たせる効果をあげている。

④ 子供たちの描写によって、祖母と信太郎の対立が後に解決することを暗示させる効果をあげている。

問二 ――部ⓐとありますが、その説明として最も適当なものを、次の①～④のうちから一つ選びなさい。解答番号は〈2〉

① 小さすぎて使い勝手の悪い筆。

② 高価な割にはつくりが雑で粗末な筆。

③ 欲しくもないのに無理矢理買わされた筆。

④ 出来が悪く役に立たない筆。

問三 ――部ⓑ・ⓒとありますが、この時の信太郎の心情の変化の説明として最も適当なものを、次の①～④のうちから一つ選びなさい。解答番号は〈3〉

① 今までの対立を、まるでなかったかのように振る舞う祖母の態度を可笑しく思ったが、祖母の布団をたたんでいるうち、意地を張っていた自分が情けなくなると同時に、祖母に対して申し訳なさとありがたさを感じ、涙があふれてしまった。しかしその涙によってわだかまりが解決され、すがすがしい気分になった。

② 今までの対立をすっかり忘れてしまった祖母の姿を見て初めは可笑しく思ったが、そのような祖母の年老いた様子を見ていると、意地を張っていた自分が情けなくなり、涙があふれてしまった。しかしその涙によって自分の心が浄化され、すがすがしい気分になった。

③ 今までの対立を、忘れたふりをして振る舞う年老いた祖母を見ていると、その態度が可笑しくも、また哀れにも感じられ、涙があふれてしまった。しかしその涙によって、祖母のことを許してやろうと決心することができ、すがすがしい気分になった。

④ 今までの意地の張り合いを忘れたかのように振る舞う祖母の姿を見ていると可笑しく思うと同時に、意地を張っていた自分に腹立たしさを感じ、その悔しさから涙があふれてしまった。しかしその涙によって、わだかまりも解消してすがすがしい気分になった。

問四 この小説の文体の特徴の説明として最も適当なものを、次の①～④のうちから一つ選びなさい。解答番号は〈4〉

① 比喩を多用し、的確に登場人物の心情の推移を想起させている。

② 擬声語の多用によって、情景描写が写実的に表現されている。

③ 抽象的な表現が多く、登場人物の人物像を多角的に読み取ることができる。

④ 一文一文が短いものが多く、平明で簡素かつ写実的な表現である。

二

次の各問に答えなさい。

問一 ㋐～㋔の文の――部のカタカナを漢字に改めた場合、それと同じ漢字に該当するものを、後の①～④のうちからそれぞれ一つずつ選びなさい。解答番号は〈5〉～〈9〉

㋐ 絵馬を神社に奉ノウする 〈5〉

① 学業をオサめる

② 争いを丸くオサめる

③ 仕事を無事にオサめる

④ 風邪の症状がオサまる

㋑ 見事な演技に詠タンする 〈6〉

① タン鉱を掘り進める

② 全国大会を目指してタン練を積む

③ タン刀直入に発言をする

「どうしてこうやくざだか……」祖母は溜息をついた。

「一時にねて、六時半に起きれば五時間半だ。やくざでなくても五時間半じゃあ眠いでしょう」

「宵に何度ねろと云っても諾きもしないで……」

信太郎は黙っていた。

「直ぐお起き。おっつけ福吉町からも誰か来るだろうし、坊さんももうお出でなさる頃だ」

祖母はこんな事を言いながら、自身の寝床をたたみ始めた。祖母は七十三だ。よせばいいのにと信太郎は思っている。

祖母は腰の所に敷く羊の皮をたたんでから、大きい敷蒲団をたたもうとして息をはずませている。祖母は信太郎が起きて手伝うだろうと思っている。ところが信太郎は其手を食わずに故意に冷かな顔をして横になったまま見ていた。とうとう祖母は怒り出した。

「不孝者」と云った。

「年寄りの云いなり放題になるのが孝行なら、そんな孝行は真っ平だ」彼も負けずと云った。彼はもっと毒々しい事が云いたかったが、失策った。文句も長すぎた。然し祖母をかっとさすにはそれで十二分だった。祖母はたたみかけを其処へほうり出すと涙を拭きながら、烈しく唐紙をあけたてして出て行った。

彼もむっとした。然しもう起しに来まいと思うと楽々と起きる気になれた。

彼は毎朝のように自身の寝床をたたみ出した。大夜着から中の夜着、それから小夜着をたたもうとする時、彼は不意に「ええ」と思って、今祖母が其処にほうったように自分も其小夜着をほうった。

彼は枕元に揃えてあった着物に着かえた。

あしたから一つ旅行をしてやろうかしら。諏訪へ氷滑りに行ってやろうかしら。諏訪なら、このあいだ三人学生が落ちて死んだ。祖母は新聞で聴いている筈だから、自分が行っている間少くも心配するだろう。

押入れの前で帯を締めながらこんな事を考えていると、又祖母が入って来た。祖母はなるべく此方を見ないようにして乱雑にしてある夜具のまわりを廻って押入れを開けに来た。彼は少しどいてやった。そして夜具の山に腰を下して足袋を穿いていた。

祖母は押入れの中の※用箪笥から小さい筆を二本出した。五六年前信太郎が伊香保から買って来た自然木の ⓐやくざな筆である。

「これで如何だろう」祖母は今迄のことを忘れたような顔を故意として云った。

「何にするんです」信太郎の方は故意と未だ少しむっとしている。

「坊さんにお塔婆を書いて頂くのっさ」

「駄目さ。そんな細いんで書けるもんですか。お父さんの方に立派なのがありますよ」

「お祖父さんのも洗ってあったっけが、何処へ入って了ったか……」

そう云いながら祖母は其細い筆を持って部屋を出て行こうとした。

「そんなのを持って行ったって駄目ですよ」と彼は云った。

「そうか」祖母は素直にもどって来た。そして叮嚀にそれを又元の所に仕舞って出て行った。

信太郎は急に可笑しくなった。旅行もやめだと思った。彼は笑いながら、其処に苦茶々々にしてあった小夜着を取り上げてたたんだ。敷蒲団も。それから祖母のもたたんでいると彼には ⓑ可笑しい中に何だか泣きたいような気持が起って来た。涙が自然に出て来た。物が見えなくなった。それがポロポロ頬へ落ちて来た。彼は見えない儘に押入れを開けて祖母のも自分のも無闇に押し込んだ。間もなく涙は止った。ⓒ彼は胸のすがすがしさを感じた。

（志賀直哉 著『或る朝』による。）

※擦筆画…鉛筆やチョークなどの粉末を筆でなすりつけてぼかしをかけた画。

※用箪笥…身の回りの小物を入れておく小型のたんす。

問一 【 】の部分の子供たちの描写は、この小説の中でどのような効果をあげていますか。その説明として最も適当なものを、次の①～④のうちから一つ選びなさい。解答番号は〈1〉

① 幼い子供たちの描写によって、一般的な家族のほのぼのとし

二〇二三年度　春日部共栄高等学校（第二回）

【国語】（五〇分）〈満点：一〇〇点〉

一　次の文章を読んで、後の問に答えなさい。

祖父の三回忌の法事のある前の晩、信太郎は寝床で小説を読んでいると、並んで寝ている祖母が、

「明日坊さんのおいでなさるのは八時半ですぞ」と云った。

暫くした。すると眠っていると思った祖母が又同じ事を云った。彼は今度は返事をしなかった。

「それ迄にすっかり支度をして置くのだから、今晩はもうねたらいいでしょう」

「わかってます」

間もなく祖母は眠って了った。

どれだけか経った。信太郎も眠くなった。時計を見た。一時過ぎていた。彼はランプを消して、寝返りをして、そして夜着の襟に顔を埋めた。

翌朝（明治四十一年正月十三日）信太郎は祖母の声で目を覚した。

「六時過ぎましたぞ」驚かすまいと耳のわきで静かに云っている。

「今起きます」と彼は答えた。

「直ぐですぞ」そう云って祖母は部屋を出て行った。彼は帰るように又眠って了った。

又、祖母の声で眼が覚めた。

「直ぐ起きます」彼は気休めに、唸りながら夜着から二の腕まで出して、のびをして見せた。

「此お写真にもお供えするのだから直ぐ起きてお呉れ」

お写真と云うのは其部屋の床の間に掛けてある※擦筆画の肖像で、信太郎が中学の頃習った画学の教師に祖父の亡くなった時、描いて貰ったものである。

黙っている彼を「さあ、直ぐ」と祖母は促した。

「大丈夫、直ぐ起きます。――彼方へ行ってて下さい。直ぐ起きるから」そう云って彼は今にも起きそうな様子をして見せた。

祖母は再び出て行った。彼は又眠りに沈んで行った。

「さあさあ。どうしたんだっさ」今度は角のある声だ。信太郎は折角沈んで行く、未だ其底に達しない所を急に呼び返される不愉快から腹を立てた。

「起きるといえば起きますよ」今度は彼も度胸を据えて起きると云う様子もしなかった。

「本当に早くしてお呉れ。もうお膳も皆出てますぞ」

「わきへ来てそうぐずぐず云うから、尚起きられなくなるんだ」

「あまのじゃく！」祖母は怒って出て行った。信太郎ももう眠くはなくなった。起きてもいいのだが余り起きろ起きろと云われたので実際起きにくくなっていた。彼はボンヤリと床の間の肖像を見ながら、それでももう起しに来るか来るかという不安を感じていた。起きてやろうかなと思う。然しもう少しと思う。もう少しこうしていて起しに来なかったら、それに免じて起きてやろう、そう思っている。彼は大きな眼を開いて未だ横になっていた。

【いつも彼に負けない寝坊の信三が、今日は早起きをして、隣の部屋で妹の芳子と騒いでいる。

「お手玉、南京玉、大玉、小玉」とそんな事を一緒に叫んでいる。そして一段声を張り上げて、

「其内大きいのは芳子ちゃんの眼玉」と一人が云うと、一人が「信三さんのあたま」と怒鳴った。二人は何遍も同じ事を繰り返していた。】

又、祖母が入って来た。信太郎は又起きられなくなった。

「もう七時になりましたよ」祖母はこわい顔をして反って叮嚀に云った。信太郎は七時の筈はないと思った。彼は枕の下に滑り込んでいる懐中時計を出した。そして、

「未だ二十分ある」と云った。

2023年度／春日部共栄高等学校（第２回）

英語解答

1	No.1 ②	No.2 ③	No.3 ②		問4 ④	問5 ③	問6 ①
	No.4 ④	No.5 ①	No.6 ④		問7 ④	問8 ②	
	No.7 ③				問9 ②，⑤，⑦		
2	問1 ③	問2 ②	問3 ③	4	問1 29…④ 30…①		
	問4 ①	問5 ②	問6 ③		問2 31…② 32…⑤		
	問7 ④	問8 ④	問9 ②		問3 33…③ 34…⑥		
	問10 ②				問4 35…⑥ 36…③		
3	問1 ①	問2 ④	問3 ②		問5 37…① 38…④		

1〔放送問題〕解説省略

2〔長文読解総合─会話文〕

≪全訳≫❶ボブ（Ｂ）：みんなは何か冬休みの予定はある？　みんなで旅行に行きたいな。❷サラ（Ｓ）：実はいくつか予定はあるんだけど，みんなと一緒にどこかへ行きたいな。スケジュールは変えられるよ。あなたはどう，ダン？❸ダン（Ｄ）：いいね。僕は予定がないから，冬休み中は君たちと出かけられるよ。楽しみだな。❹リサ（Ｌ）：本当にごめん。祖父母に会って軽井沢でスキーをするために，家族と長野に行くんだ。❺Ｂ：それは残念だな。じゃあ，どこに行くか決めようよ。何か考えはある？❻Ｄ：12月に凍えるのにはうんざりだから，逃れたいな。❼Ｓ：どこか南の島っていうこと？❽Ｄ：うん。そこでおいしい地元の料理も楽しみたいな。❾Ｓ：それはすばらしいけど，私たちは埼玉に住んでいるから(3)そういう地域へ行くのは無理だと思う。移動だけでお金と時間がすごく必要になるよ。例えば，飛行機のチケットを買わなきゃならないし，そういう地域に着くのには半日かかるよ。❿Ｂ：なるほど。行きやすいところを見つけなくちゃね。他に考えはある？⓫Ｓ：あるよ。埼玉はスキーリゾートに近いから，スキーをやってみたい。暖かい地域に旅行したいって言ったのに寒い地域に行くことになっても大丈夫？⓬Ｄ：(6)大丈夫だよ。僕もスキーをやってみたい。でも，どこへ行けばいいんだろう？　僕はやったことがないんだ。スキーリゾートは全然知らないし，いくらお金が必要なのかもわからない。⓭Ｂ：えっとね。僕は群馬のスキーリゾートに行ったことがあるんだ。確か父が，ホテルを予約する料金は高いって言っていたよ。それに，そこへ行くには車が必要だ。⓮Ｌ：いい考えがあるよ。(7)私の祖父母の家に来ない？　みんなはお金が節約できるし，私もみんなと一緒に行ける。それだけじゃなくて，新幹線で楽に行けるよ。もしそれでよければ，私たちの問題は解決できる。⓯Ｂ：本当？　みんな，どう思う？　僕はいいと思う。⓰Ｄ：僕も。すごくいい考えだ。君のおじいさんとおばあさんが嫌じゃなければいいけど。⓱Ｌ：２人はきっと喜んで私たちを泊めてくれるよ。⓲Ｓ：私もその考えがいいと思う。軽井沢は日本で最も有名な場所の１つだそうね。行くのが待ちきれないな。⓳Ｂ：電車の料金を調べて，必要な物をチェックするよ。それが終わったらみんなに知らせるね。旅行が本当に楽しみだな。

問１＜内容真偽＞①「ボブは１人で旅行を楽しみたいと思っていた」…×　第１段落参照。「みんなで旅行に行きたい」と言っている。　②「サラはスケジュールを変える必要がなかった」…×　第２段落で「スケジュールを変えられる」と言っているが，実際に変える必要がなかったかはわからない。　③「ダンは冬休みに空いている時間があった」…○　第３段落第２文の内容に一致する。 hang out with ～「～とつき合う」 ④「リサは友達と休暇に出かけたくなかった」…× 第14段落参照。一緒に行けるアイデアを提案している。

問２＜適語句選択＞この後に続く内容から，ボブは行き先を決めようと提案したと判断できる。where to go「どこに行くか」は，‘疑問詞＋to不定詞’の形。この形は疑問詞に応じて「何を〔いつ，どこで，どのように〕～すべきか」という意味を表す。なお，①は語順が誤り。where we are going であれば正しい（‘疑問詞＋主語＋動詞...’の語順の間接疑問）。

問３＜英文解釈＞第６段落参照。be tired of ～は「～にうんざりしている」，get away from ～「～から逃れる」という意味。ここでの freezing は「凍るほど寒く感じる，凍える」という意味の動詞 freeze の動名詞。

問４＜適文選択＞ダンの考えに対し，That sounds nice と返答した後，‘逆接’を表す but を使って自分の意見を続けている部分なので，「どこか南の島へ行って地元の料理を楽しむ」という案に否定的な内容になると推測できる。

問５＜適語句選択＞空所の後の those areas「それらの地域」とは，第７段落の the southern islands「南の島」のこと。「そのような地域に着くのに半日必要だ」という意味になると考えられる。 get to ～「～に着く」。

問６＜適語選択＞「埼玉はスキーリゾートに近い」→「スキーをやってみたい」という関係をつなぐのは「だから」を表す so。

問７＜適文選択＞前文のサラの Is it OK ...? という質問への返答になる部分。直後の「僕もスキーをやってみたい」という発言から賛同していることが読み取れる。

問８＜適文選択＞直後に「みんなはお金が節約できるし，私もみんなと一緒に行ける」とあることから，みんなはホテルに泊まらなくて済み，リサ自身はみんなと一緒に過ごせるアイデアとして，一緒に祖父母の家に行くことを提案したのである。 Why don't you ～?「～するのはどうですか」

問９＜語句解釈＞①は第４段落第２文，③は第13段落第３文，④は第13段落第４文でそれぞれ挙げられている内容に一致する。当てはまらないのは②。

問10＜内容真偽＞①「軽井沢は日本の他のどの場所よりも人気がある」…× 第18段落第２文参照。軽井沢は日本で最も有名な場所の１つとあるが一番人気があるとは言っていない。 ②「ボブは軽井沢へ行くのにいくらかかるか知らない」…○ 最終段落の内容に一致する。 ③「リサは友達と旅行に行くのを諦めなくてはならなかった」…× 第14～最終段落参照。友達を祖父母宅に誘うことによって，一緒に行けることになった。 ④「ボブはこれ以上友達に連絡をとる必要はない」…× 最終段落参照。電車の料金や必要な物を調べてみんなに知らせると言っている。

3 〔長文読解総合―説明文〕

≪全訳≫❶水はあらゆる物――人間，動物，植物に命を与える。それはあらゆるところに存在する。海にも，川にも，大気中にも，私たちの食べ物にも。私たちのほとんどは，それについてあまり考えない。水は私たちのために，毎日，台所や浴室にある。しかし，それは誰にでもあるわけではなく，世界は急速に変化している。私たちは水について，そしてその使い方についてきわめて注意深く考えなくてはならない。❷では何が起きているのか。自動車や飛行機，工場，都市生活が，毎年世界をより温暖にさせている。一部の寒い国々は暖かくなってきている。一部の暑い国々はより暑くなってきている。大気はより暖かく，海はより温かい。このことは世界中で気候の変化を引き起こしている。降雨はあらゆる場所で変化している。❸多くの国々で，暖かい空気はより多くの雨をもたらし，毎年洪水を引き起こしている。より温かい海の上にあるより暖かい空気は，大気中により多くの水を引き上げる。このことはハリケーンや台風を引き起こしうる。それらは海上で始まり，急速に動く。陸地にぶつかると非常に大きくなることがある。強風と豪雨が都市を襲う。それに加え，それらはしばしば海で大波を引き起こす。その波が陸地に到達すると，ひどい洪水になる。2005年８月，ハリケーンのカトリーナがアメリカ合衆国のニューオーリンズを襲い，街の80％を浸水させた。水の高さが６メートルになった場所もあった。毎年，夏にはバングラデシュのより広い範囲が水に沈んでいる。1988年には，大洪水で3000人以上が亡くなり，300万人が家を失った。今ではいくつかの場所が常に水の下にあり，多くの人々が病気にかかっている。この洪水の水は当然ながら汚れており，地下水に入っていく。水はあらゆる場所にあるのに，飲むことはできない。❹またある国々では，問題は雨が多すぎることではなく，十分ではないことだ。以前ほどには雨が降らず，長期間の干ばつがある。木々がとても乾燥しているので，すぐに火災が起きる。火はすぐにより大きく，より危険になる。私たちは現在，これらの変化を目にすることができる。オーストラリアはほぼ毎年干ばつを経験している。南西部のいくつかの大きな川はよく干上がる。南東部のシドニーやメルボルンといった都市の近くでは毎年危険な火災が起き，都市の大気は黒く煙たい。❺同時に，世界の北と南にある氷は解けており，あらゆる場所で海は徐々に水位が高くなっている。氷は急速に解けている。1980年には北極の氷は約５メートルの厚みがあった。現在，場所によっては約３メートルしかない。北極圏の国々の人々は食べ物や家を失いつつある。多くの場所で氷はあまりにも危険になっている――その上を歩けないのだ。動物や鳥たちも食べ物を失っている。Dそれらの多くが死んでいる。❻洪水や干ばつがときどきしか起きなければ，人々はたいてい翌年まで生き延びられる。他の，より豊かな国々から援助を受けられる。しかし，毎年洪水が起きるなら，解決策はない。人々は別の場所へ移動しなくてはならない。将来はさらに大きな問題が起きるだろうと言う人もいる。国と国が水を巡って争うだろう。世界が温暖化していることはわかっている。気候が変動していることはわかっている。手遅れになる前に何かしなくてはならない。

問１＜英文解釈＞causeは「～の原因となる，～を引き起こす」という意味。cause changes to the weatherで「気候に変化を引き起こす」，つまり「気候に影響を及ぼす」という意味になる。また，thisは前の文，またはその一部の内容を指すことが多い。このThisも前にあるThe air is warmer; our seas are warmer.という文の内容を指す。

問２＜適所選択＞脱落文は「それらの多くが死んでいる」。脱落文のthem「それら」が何を指すか考える。themが受けるのは複数名詞。Dの前文で北極圏の動物や鳥たちが食べ物を失っていることが述べられており，themはこの文のAnimals and birdsを指していると考えられる。

問３＜語句解釈＞「ハリケーンと台風」の特徴は下線部(2)の前後に書かれている。下線部(2)の直後の文にThey begin over the seas and move quicklyとある。

問４＜適語句選択＞be killed in ～「(事故など)で死ぬ」

問５＜適語選択＞'not ～ but …'は「～ではなく…」という意味なので，空所を含む部分は「問題はtoo much rainではなくnot (　)である」という意味。この後に続く内容から，雨が降らないことが問題だとわかり，直前にnotがあるのでnot enough「十分ではない」とする。enoughの後には繰り返しとなるrainが省略されている。

問６＜熟語＞from time to time「ときどき」≒ sometimes

問7＜語句解釈＞an even bigger problemの具体的な内容は，次の文で説明されている。このように英語では‘抽象’→‘具体’の順で説明されることが多い。

問8＜表題選択＞第1段落最終文で「私たちは水について，そしてその使い方についてきわめて注意深く考えなくてはならない」と問題提起し，第2段落以降でその具体的な内容として，温暖化による気候変動がもたらす「水に関する問題」について述べている。

問9＜内容真偽＞①「水は私たちの生活に不可欠で，私たちは世界を変えるためにそれを必要としている」…×　このような記述はない。　②「今日，水について考える人はそれほど多くない」…○　第1段落第3文の内容に一致する。　③「大気がより暖かくなると，雨はより少なくなる」…×　第3段落第1文参照。the warm air brings more rainとある。　‘the＋比較級～, the＋比較級…’「～すればするほどますます…」　④「バングラデシュの人々は，汚れた洪水の水を飲むことによって病気にかかっている」…×　第3段落最後の3文参照。最終文にit's not drinkableとあるので，飲んではいない。　⑤「オーストラリアではほぼ毎年干ばつがある」…○　第4段落第6文の内容に一致する。　almost ≒ nearly　⑥「世界の北と南の氷はゆっくり解けつつある」…×　第5段落第2文参照。The ice is melting fast.とある。　⑦「今や北極圏の国々の人々にとって氷の上で暮らすことは危険すぎる」…○　第5段落第5，6文の内容に一致する。
⑧「地球を救うために何かするにはもう遅すぎる」…×　最終段落最終文参照。before it is too late「手遅れになる前に」とある。

4〔整序結合〕

問1．We love「私たちは大好きだ」で始める。loveの目的語には「甘いもの」をsweet thingsとして置き，「クッキーやケーキのような」は前置詞likeを使ってlike cookies and cakesと表す。We love sweet things like cookies and cakes.

問2．語群から，「姉が寝ている横でテレビを見ていました」は「姉が寝ている間，姉の横でテレビを見ていた」と読み換える。I was watching TVで始め，この後にnext to ～「～の横で」を使ってnext to my sister「姉の横で」と続ける。残りはwhile「～している間」を使ってwhile she was sleepingとまとめる。 I was watching TV next to my sister while she was sleeping.

問3．「～を(辞書などで)調べる」はlook up ～で表せる。‘～’に当たる「(君が)知らない単語」は，目的格の関係代名詞が省略された形で，the wordsの後にyou don't knowを続ける。 You should look up the words you don't know in the dictionary.

問4．「(私が)～できたらなあ」という‘現在実現困難な願望’は，‘I wish＋主語＋(助)動詞の過去形…’の形で表せる(仮定法過去)。「～と同じくらい速く」は，as fast as ～。 I wish I could run as fast as you.

問5．並べ換えるのは「その使用が環境を害することがない」の部分。「その使用」とは「そのエネルギーの使用」ということなので，語群のwhoseを，energyを先行詞とする所有格の関係代名詞として使いwhose useとしてenergyの後に置く。harmは「～を害する」という動詞として使う。“Clean energy” is energy whose use doesn't harm the environment.

2023年度／春日部共栄高等学校（第２回）

数学解答

Ⅰ
(1) 4　(2) イ…3　ウ…1　エ…3
(3) オ…7　カ…2
(4) キ…－　ク…7
(5) ケ…4　コ…5
(6) サ…2　シ…3　ス…6

Ⅱ
(1) ア…2　イ…1
(2) ウ…1　エ…7
(3) オ…4　カ…2
(4) ① キ…1　ク…2　ケ…0
② コ…1　サ…2　シ…1
ス…2　セ…6　ソ…0
③ タ…1　チ…6　ツ…2
テ…0
(5) ト…4　ナ…2

Ⅲ
(1) ア…1　イ…2
(2) ウ…1　エ…2
(3) オ…－　カ…5　キ…2　ク…5
ケ…6　コ…0
(4) サ…－　シ…1　ス…1　セ…2
ソ…3　タ…9　チ…2

Ⅳ
(1) ア…4　イ…2　(2) 4
(3) エ…6　オ…2
(4) カ…3　キ…2

Ⅰ〔独立小問集合題〕

(1)＜数の計算＞与式 $=-3+5+2=4$

(2)＜数の計算＞与式 $=-\frac{35}{3}+11\times2=-\frac{35}{3}+22=-\frac{35}{3}+\frac{66}{3}=\frac{31}{3}$

(3)＜数の計算＞与式 $=8\sqrt{2}-\sqrt{2\times3^2}+\frac{8\times\sqrt{2}}{\sqrt{2}\times\sqrt{2}}-\sqrt{2^3}=8\sqrt{2}-3\sqrt{2}+\frac{8\sqrt{2}}{2}-2\sqrt{2}=8\sqrt{2}-3\sqrt{2}+4\sqrt{2}-2\sqrt{2}=7\sqrt{2}$

(4)＜二次方程式＞$x^2-2x+1-2(x^2+2x-3)=0$，$x^2-2x+1-2x^2-4x+6=0$，$-x^2-6x+7=0$，$x^2+6x-7=0$，$(x+7)(x-1)=0$　$\therefore x=-7,\ 1$　よって，求める解は $x=-7$ である。

(5)＜平面図形—角度＞右図のように，円の中心を O，円周上の点を A～D と定め，点 O と点 B，点 O と点 D をそれぞれ結ぶ。$\overset{\frown}{\mathrm{DAB}}$ に対する円周角が 135° なので，円周角と中心角の関係より，その中心角の大きさは，$135°\times2=270°$ である。よって，$\overset{\frown}{\mathrm{BCD}}$ に対する中心角の大きさは，$360°-270°=90°$ だから，その円周角である $\angle x$ の大きさは，$\angle x=\frac{1}{2}\times90°=45°$ である。

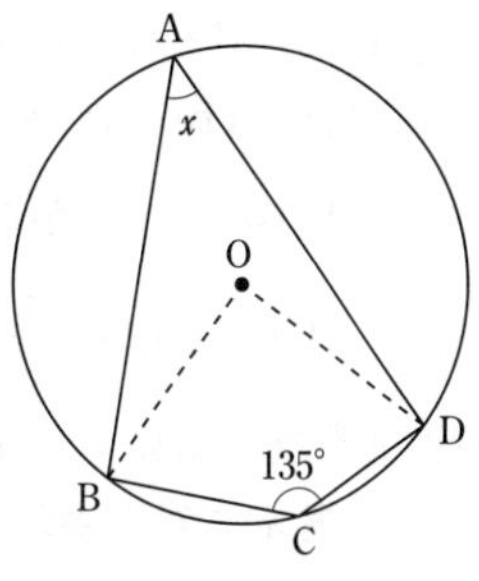

(6)＜文字式の利用＞$y=3z-6$ より，$3z=y+6$，$z=\frac{1}{3}y+2$ である。これを $x=2z-10$ に代入して，$x=2\times\left(\frac{1}{3}y+2\right)-10$，$x=\frac{2}{3}y+4-10$　$\therefore x=\frac{2}{3}y-6$

Ⅱ〔独立小問集合題〕

(1)＜数の計算＞与式 $=(x^2+4xy+4y^2)+(y^2+y)=(x+2y)^2+y(y+1)$ と変形し，$x=\sqrt{5}+1$，$y=\frac{\sqrt{5}-1}{2}$ を代入する。与式 $=\left\{(\sqrt{5}+1)+2\times\frac{\sqrt{5}-1}{2}\right\}^2+\frac{\sqrt{5}-1}{2}\times\left(\frac{\sqrt{5}-1}{2}+1\right)=(\sqrt{5}+1+\sqrt{5}-1)^2+\frac{\sqrt{5}-1}{2}\times\frac{\sqrt{5}-1+2}{2}=(2\sqrt{5})^2+\frac{(\sqrt{5}-1)(\sqrt{5}+1)}{4}=20+\frac{5-1}{4}=20+1=21$

(2)＜数の性質＞$\sqrt{n}$ の整数部分が 8 のとき，$8\leqq\sqrt{n}<9$ である。$8=\sqrt{64}$，$9=\sqrt{81}$ より，$\sqrt{64}\leqq\sqrt{n}<\sqrt{81}$ だから，$64\leqq n<81$ となる。よって，n は 64 以上 81 未満の整数なので，全部で $80-63=17$（個）ある。

(3)＜関数—長さ＞次ページの図 1のように，x 軸について点 A と対称な点を A′，y 軸について点 B と対称な点を B′ とすると，A′(2，－1)，B′(－2，3) である。ここで，AP＝A′P，QB＝QB′ だから，AP

$+PQ+QB=A'P+PQ+QB'$ となる。よって，$A'P+PQ+QB'$ が最小となるとき $AP+PQ+QB$ は最小となる。$A'P+PQ+QB'$ が最小となるのは，4点 A′，P，Q，B′ が一直線上にある場合で，線分 A′B′ と x 軸，y 軸の交点がそれぞれ点 P，Q となる。点 A′ と点 B の x 座標は 2 で等しいから，$A'B \perp BB'$ であり，点 A′，B，B′ の座標より，$A'B=3-(-1)=4$，$BB'=2-(-2)=4$ だから，△A′BB′ は $A'B=BB'$ の直角二等辺三角形である。したがって，$AP+PQ+QB$ の最小値は，$A'B'=\sqrt{2}A'B=\sqrt{2}\times4=4\sqrt{2}$ となる。

図1

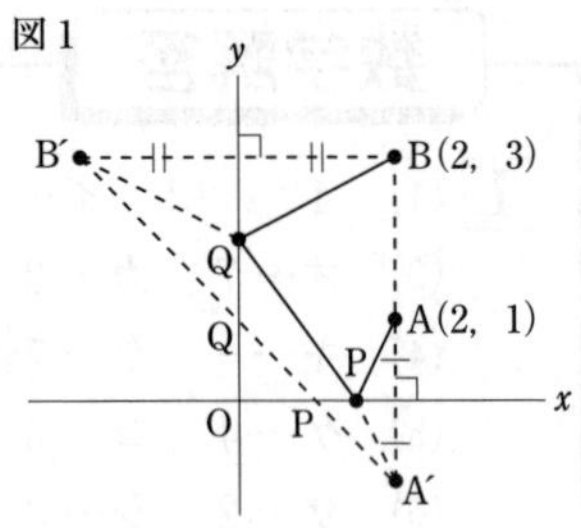

(4)<場合の数・確率―文字>①A，B，C，D，E のアルファベット5文字を横1列に並べるとき，一番左に並ぶ文字は A～E の5通りあり，左から2番目に並ぶ文字は一番左に並ぶ文字以外の4通りある。以下，左から3番目に並ぶ文字は3通り，左から4番目に並ぶ文字は2通り，一番右に並ぶ文字は1通りとなる。よって，並べ方は全部で $5\times4\times3\times2\times1=120$(通り)ある。　②A，B の2文字の並べ方は(A, B)と(B, A)の2通りだから，5文字を横1列に並べるときも，他の文字の並べ方にかかわらず，A が B より左にある確率は $\frac{1}{2}$，B が A より左にある確率も $\frac{1}{2}$ で等しい。よって，A が B より左にある並べ方は $120\times\frac{1}{2}=60$(通り)ある。　③A，B，C の3文字の並べ方は，$3\times2\times1=6$(通り)あり，このうち，A が B より左にあり，C が B より右にある並べ方は(A, B, C)の1通りだから，その確率は $\frac{1}{6}$ である。同様に，5文字を横1列に並べるとき，A が B より左にあり，C が B より右にある確率も $\frac{1}{6}$ だから，並べ方は $120\times\frac{1}{6}=20$(通り)ある。

(5)<平面図形―長さ>右図2の正方形 ABCD で，△ABD は直角二等辺三角形だから，$BD=\sqrt{2}AB=\sqrt{2}\times15=15\sqrt{2}$ となる。$AD /\!/ BC$ より △AGD∽△EGB であり，BE：EC＝2：1 だから，GD：GB＝AD：EB＝BC：EB＝(2＋1)：2＝3：2 となり，$GD=\frac{3}{3+2}BD=\frac{3}{5}BD$ である。同様に，$AB /\!/ DC$ より △AHB∽△FHD であり，HB：HD＝AB：FD＝CD：FD＝2：1 だから，$HD=\frac{1}{2+1}BD=\frac{1}{3}BD$ となる。よって，$GH=GD-HD=\frac{3}{5}BD-\frac{1}{3}BD=\frac{4}{15}BD=\frac{4}{15}\times15\sqrt{2}=4\sqrt{2}$ となる。

図2

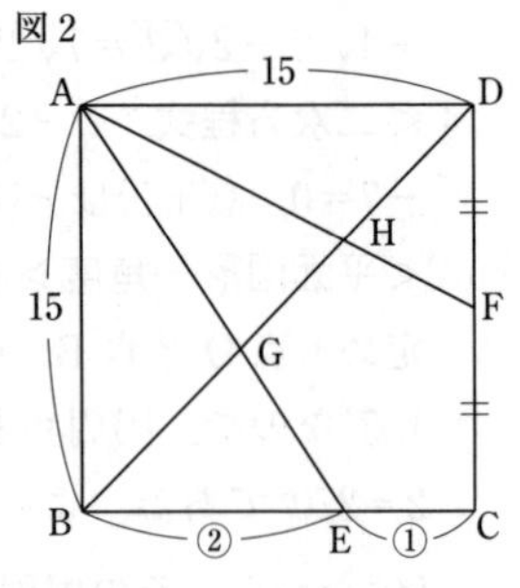

Ⅲ〔関数―関数 $y=ax^2$ と一次関数のグラフ〕

《基本方針の決定》(3)　点 P を通り，直線 AB と平行な直線の式を，t を用いて表してみよう。

(1)<比例定数>右図で，放物線 $y=ax^2$ は A(−4, 8) を通るから，$x=-4$，$y=8$ を代入して，$8=a\times(-4)^2$ より，$a=\frac{1}{2}$ となる。

(2)<座標>(1)より，放物線の式は $y=\frac{1}{2}x^2$ である。点 B の x 座標は 6 だから，$y=\frac{1}{2}\times6^2=18$ より，B(6, 18) となる。これと A(−4, 8) より，直線 AB の傾きは $\frac{18-8}{6-(-4)}=1$ となるから，その式を $y=x+b$ とおくと，点 B の座標より，$18=6+b$，$b=12$ となる。よって，直線 AB と y 軸との交点の座標は (0, 12) である。

(3)<面積>右図のように，点 P を通り直線 AB と平行な直線と y 軸との交点を Q とし，直線 AB と y 軸との交点を R とする。点 P は放物線上

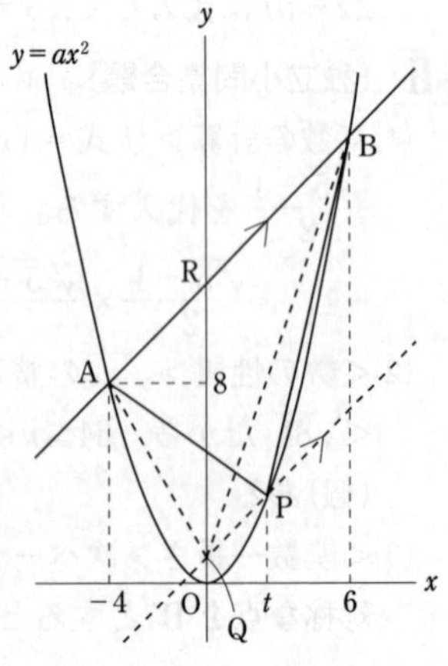

の点Aと点Bの間にあるから，点Qは点Rより下側にある。AB∥QPより，△PAB＝△QAB＝△QAR＋△QBRである。放物線$y=\frac{1}{2}x^2$上の点Pのx座標がtだから，$P\left(t,\ \frac{1}{2}t^2\right)$となる。平行な直線の傾きは等しいから，直線PQの傾きは直線ABの傾きと等しく1である。よって，直線PQの式を$y=x+q$とおくと，点Pの座標より，$\frac{1}{2}t^2=t+q$，$q=\frac{1}{2}t^2-t$となり，$Q\left(0,\ \frac{1}{2}t^2-t\right)$である。△QARと△QBRの底辺を$QR=12-\left(\frac{1}{2}t^2-t\right)=-\frac{1}{2}t^2+t+12$と見ると，高さは2点A，Bの$x$座標よりそれぞれ4，6だから，$\triangle QAB=\frac{1}{2}\times\left(-\frac{1}{2}t^2+t+12\right)\times4+\frac{1}{2}\times\left(-\frac{1}{2}t^2+t+12\right)\times6=\frac{1}{2}\times\left(-\frac{1}{2}t^2+t+12\right)\times(4+6)=-\frac{5}{2}t^2+5t+60$となる。したがって，$\triangle PAB=-\frac{5}{2}t^2+5t+60$である。

(4)＜座標＞(3)より，$\triangle PAB=\frac{105}{2}$のとき，$\frac{105}{2}=-\frac{5}{2}t^2+5t+60$が成り立つ。これを解くと，$105=-5t^2+10t+120$，$t^2-2t-3=0$，$(t+1)(t-3)=0$　$\therefore t=-1,\ 3$　$-4<t<6$だから，ともに適する。$t=-1$のとき$y=\frac{1}{2}\times(-1)^2=\frac{1}{2}$，$t=3$のとき$y=\frac{1}{2}\times3^2=\frac{9}{2}$だから，点Pの座標は$\left(-1,\ \frac{1}{2}\right)$，$\left(3,\ \frac{9}{2}\right)$である。

Ⅳ〔空間図形—四角柱を切断した立体〕

≪基本方針の決定≫(1)　ひし形の対角線は，それぞれの中点で垂直に交わる。

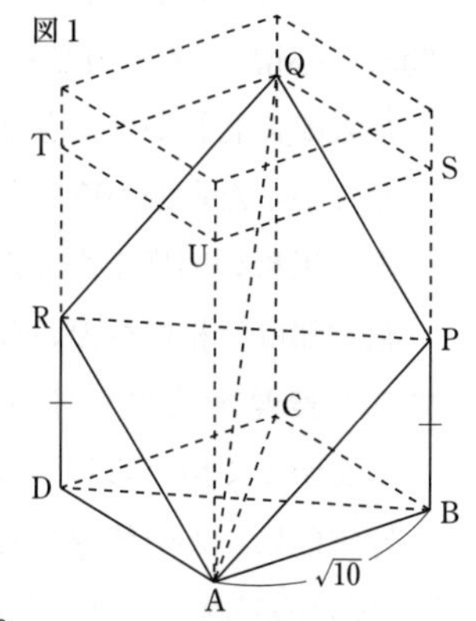

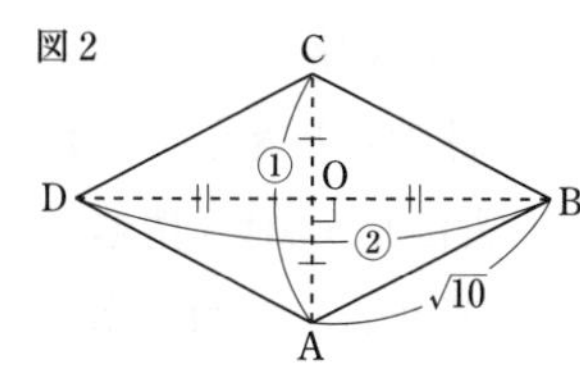

(1)＜長さ＞右図1の立体の底面ABCDは，右下図2のような1辺の長さが$\sqrt{10}$で，AC：BD＝1：2のひし形である。図2で，2本の対角線の交点をOとすると，AO⊥BO，AO＝CO，BO＝DOであり，△ABOは直角三角形となる。ここで，$AO=x$とすると，$AC=2x$，$BD=2AC=2\times2x=4x$となるから，$BO=DO=\frac{1}{2}BD=\frac{1}{2}\times4x=2x$と表せる。よって，△ABOで三平方の定理$AO^2+BO^2=AB^2$より，$x^2+(2x)^2=(\sqrt{10})^2$が成り立つ。これを解くと，$x^2+4x^2=10$より，$x^2=2$，$x=\pm\sqrt{2}$となり，$x>0$だから，$x=\sqrt{2}$である。したがって，$BD=4\times\sqrt{2}=4\sqrt{2}$となる。

(2)＜長さ＞右上図1で，四角形APQRが正方形のとき，AQ＝PRである。四角形BPRDは長方形なので，(1)より，$PR=BD=4\sqrt{2}$であり，$AQ=4\sqrt{2}$となる。△APQは直角二等辺三角形だから，$AP=\frac{1}{\sqrt{2}}AQ=\frac{1}{\sqrt{2}}\times4\sqrt{2}=4$である。

(3)＜長さ＞右上図1で，もとの四角柱を，点Qを通り底面ABCDと平行な平面で切断し，直線BP，DRとの交点をそれぞれS，T，点Aを通り面ABCDに垂直な直線との交点をUとする。立体ABCD-USQTの底面はひし形だから，側面は合同な長方形であり，BP＝DRだから，図形の対称性より，四角形APQRはひし形となる。よって，$\frac{1}{2}\times AQ\times PR=24$が成り立ち，$PR=4\sqrt{2}$だから，$\frac{1}{2}\times AQ\times4\sqrt{2}=24$より，$AQ=6\sqrt{2}$である。

(4)＜体積＞右上図1の四角柱ABCD-USQTは平面APQRで2等分される。(1)より$AC=\frac{1}{2}BD=\frac{1}{2}\times4\sqrt{2}=2\sqrt{2}$である。また，(3)より$AQ=6\sqrt{2}$だから，直角三角形ACQで三平方の定理より，$QC=\sqrt{AQ^2-AC^2}=\sqrt{(6\sqrt{2})^2-(2\sqrt{2})^2}=\sqrt{64}=8$となる。したがって，求める立体の体積は，$\frac{1}{2}$〔四角柱ABCD-USQT〕$=\frac{1}{2}\times$〔ひし形ABCD〕$\times QC=\frac{1}{2}\times\left(\frac{1}{2}\times4\sqrt{2}\times2\sqrt{2}\right)\times8=32$である。

国語解答

一	問一　③　　問二　④　　問三　① 問四　④		三	問一　②　　問二　②　　問三　③ 問四　④　　問五　①	
二	問一　㋐…③　㋑…④　㋒…④　㋓…② ㋔…④ 問二　③　　問三　②　　問四　②		四	問一　㋐…③　㋑…③　　問二　① 問三　①　　問四　②	
			五	問一　②　　問二　④	

一〔小説の読解〕出典；志賀直哉『或る朝』。

問一＜表現＞信太郎は，祖母から何度促されても起きずに，「わきへ来てそうぐずぐず云うから，尚起きられなくなるんだ」と口答えをして，祖母を怒らせた。その二人のけんかの直後に，幼い信三と芳子が，遊びながら「其内大きいのは芳子ちゃんの眼玉」「信三さんのあたま」と無邪気な言い合いをしている様子が描かれて，信太郎と祖母の取るに足らない争いの印象が強められている。

問二＜語句＞「やくざな」は，役に立たず，つまらないさま。ここでは，筆のつくりがいいかげんで，役に立たない様子を表している。

問三＜心情＞「あまのじゃく！」「不孝者」と怒っていた祖母が，「今迄のことを忘れたような顔」で，信太郎に話しかけてきたのを，信太郎は「可笑しく」思った。一方で，祖母に反発して起きようとしなかった自分の態度を情けなく感じ，けんかしたことを「忘れたような顔を故意と」して接してきた祖母の態度をありがたくも申し訳なくも思って，「涙が自然に出て」きた。その涙によって，信太郎は，祖母へのいら立ちやわだかまりが消えて，すがすがしい気持ちになったのである。

問四＜表現＞「どれだけか経った。信太郎も眠くなった。時計を見た」のように，短く技巧の少ない一文が多く用いられており，それによって信太郎や祖母など登場人物の動作や言葉，心情などが，写実的に，かつ簡潔に表現されている。

二〔国語の知識〕出典；梶井久『臨終まで』／宮脇昭『木を植えよ！』。

問一＜漢字＞㋐「奉納」と書く。①は「修(める)」，②は「収(める)」，④は「治(まる)」。　㋑「詠嘆」と書く。①は「炭鉱」，②は「鍛錬」，③は「単刀直入」。　㋒「焦点」と書く。①は「消去法」，②は「精進」，③は「警鐘」。　㋓「遂行」と書く。①は「生粋」，③は「老衰」，④は「推理」。　㋔「欠乏」と書く。①は「亡命」，②は「暴挙」，③は「陰謀」。

問二＜品詞＞「綺麗（きれい）な」は，形容動詞「綺麗だ」の連体形で，「楽に」は，形容動詞「楽だ」の連用形。「頂き」は，動詞「頂く」の連用形。「偉い」は，形容詞「偉い」の終止形。「冷やす」は，動詞「冷やす」の連体形。

問三＜故事成語＞①「臥薪嘗胆」は，果たすべき目的のために長年苦労しながら努力すること(…○)。②「窮鼠猫をかむ」は，強者に追いつめられると，弱者でも必死になって反撃することがある，という意味(…×)。　③「人口に膾炙する」は，多くの人々の間で話題になって広く知られる，という意味(…○)。　④「羊頭狗肉」は，表面ばかり立派に飾り立てて，内容が伴わないこと(…○)。

問四＜資料＞森は，人間の「重量の何百倍～何万倍もの炭素(C)」を蓄え，「人間より何億年も前から」生きている(…Ⅰ)。命を保つために必要な酸素や植物資源をつくり出す森が「持続して」いなければ(…Ⅱ)，地球上では私たち人間を含めた命ある動物は，「現在の生活を支えること」ができない(…Ⅲ)。植物だけが，地球上で唯一，「酸素」や「炭水化物」などをつくり出す存在であることは，「間違いない」のである(…Ⅳ)。

三〔論説文の読解―芸術・文学・言語学的分野―文学〕出典；福嶋亮大『思考の庭のつくりかた　はじめての人文学ガイド』。

≪本文の概要≫一九八〇年代に，村上春樹，村上龍，井上ひさし，中上健次らが，相談したわけでもないのに，そろって同じ物語的パターンを採用していたことがある。間テクスト的なネットワークの中にいると，お互い感染して似てくるのである。だが，オリジナリティの根源は，他人の養分から得た素材をトランスフォームするパワフルな消化力である。「作家が考える」といっても，その考えには他者の考えが入り込んでいる。別の角度から言い直すと，人間は考えずに済ませる領域が大きく，多くの判断を社会の「制度」に預ける。ただ，意識的に選択可能な領域を「前景」，無意識の領域を「後景」と区別した場合，後景で情報処理することで偏見が育つこともあり，議論の際には当たり前の後景を，当たり前ではない前景へ浮上させる作業が必要になる。これは批評家の思考法にもつながる。批評家は，作家がどのような考えに感染しているか，何を考えずに済ませているかを発見するのが仕事である。作家の意識を超えたものをテクストから抽出することが，批評の本質なのである。

問一＜四字熟語＞作家たちは，お互い「特に相談したわけでも」なく，他人の影響を受けずに自分の発想だけで物語を書いたつもりだったが，知らず知らずのうちに，似た「物語的パターン」の作品をつくり上げていた。「独立独歩」は，他人を頼らず，自分の信じるところに従って行動すること。

問二＜文章内容＞オリジナリティは，胃袋のように「パワフルな消化力」が根源であり，他人から得た養分をそのまま作品の中に取り込むのではなく，「素材の加算および減算」をして「別の何かにトランスフォームする」力により生まれるものである。

問三＜表現＞作品は「ユニヴァーサリティ」が重要であり，作家は唯一無二の個性のある作品ではなく，「共同体の『お約束』」を超え，より広い範囲の人々に共通して「長く読み継がれる」ような作品を目指すべきだとヴァレリーはいうのである。

問四＜文章内容＞「日常のありとあらゆること」を意識的に選択する対象とするのは，あまりに負担が大きく，「思考がパンク」してしまう。そのため，人間は，多くの判断を「社会の『制度』」に預けて，思考せずに「無意識の領域」で処理しているのである。

問五＜文章内容＞批評家は「他人よりも知識がなければ」ならない。それと同時に，「作家がどのような考えに感染」し，また「何を考えずに済ませているか」という，作家自身の意識を超えて「作家を動かしている構造」をテクスト内から発見する「能力やセンスが必要」である。

四〔古文の読解―説話〕出典；鴨長明『発心集』第七ノ九。

≪現代語訳≫恵心僧都は，ひどく年老いた母をお持ちだった。(孝養の)志は深かったけれども，親孝行したい気持ちが全く思いどおりにならないので，思うばかりで，孝養することもなくてお過ごしになっていたときに，それ相応のところで仏事をした導師として招かれて，布施などをたくさんお受け取りになったので，たいそううれしくて，すぐに，母のもとへ(布施を)持ってお訪ねになった。

この母は，生活が貧困をきわめている様子である。どれほど喜びなさるだろうかと(恵心僧都が)思っていると，(母は)これ(＝布施)をちらっと見て，後ろを向いて，さめざめとお泣きになる。(恵心僧都は)よく理解ができなかった。「母上は，うれしさのあまり(お泣きになっているの)か」と思っていると，しばらくして，母の言うには，「仏教に通じている息子を持っているからには，私は，来世の極楽往生を助けられるはずだと，数年来頼みにして過ごしてきた。目の前で，このような地獄に落ちるような行いを見てよいものだろうか(，いえ，よいはずがない)。夢にも思わなかった」と最後まで言いきることもできず，泣いたのだった。

これを聞いて，恵心僧都は悟りを得る決意をして，俗世間を逃れて仏道修行に専念されたのだった。めったにないほど尊かった母の心である。

問一．㋐<現代語訳>「かなはねば」の「かなふ」は，望むとおりになる，という意味。「ね」は，打ち消しを表す助動詞「ず」の已然形。ここでは，母への孝養の心は深いのに，少しも望むように孝行できないので，という意味。　㋑<古語>「即ち」は，直ちに，即座に，という意味。

問二<古文の内容理解>息子の持ってきた布施を見て泣く母の態度を，恵心僧都は，よく理解できなかった。「心得ず」は，納得できない，理解できない，という意味。

問三<古文の内容理解>恵心僧都は，導師として招かれた仏事で「布施など」を多く得たため，喜んで母のもとに持ち帰った。だが，母は，金を得て喜ぶ息子の物欲を「地獄の業」だとして，深く嘆いた。母は，金銭などではなく，自分の極楽往生を「助けらるべき」ことを望んでいたのである。母の言葉と嘆きによって，恵心僧都は心を入れかえ，俗世間を離れて仏道修行に専念することにした。

問四<文学史>『発心集』と『閑居友』は，鎌倉時代に成立した仏教説話集。『玉勝間』は，江戸時代後期に本居宣長が著した随筆。『枕草子』は，平安時代中期に清少納言が著した随筆。『雨月物語』は，江戸時代後期に上田秋成が著した読本。

五〔資料〕

問一．インボイス制度は，消費者が商品を手にするまでの売買に関して，「売手が，買手に対し正確な適用税率や消費税額等を伝える」ために定められた制度であり，「消費税の仕入税額控除」のための新しい方式を示すものである(①…×，②…○)。「『インボイス』(適格請求書)」を交付できるのは，「インボイス発行事業者」のみであり，インボイス発行事業者になるためには，「登録申請手続を行い，登録を受ける必要」がある(③…×)。インボイスを発行しなかった事業者が脱税となるという説明はない(④…×)。

問二．インボイス制度の開始によって，売手の事業者から発行されるインボイスがなければ，買手の事業者は「仕入税額控除」ができなくなるのであり，店頭で消費者が払う消費税額が増えるわけではない(①…×)。インボイス制度は，所得税の計算ではなく，「仕入税額控除」をしたうえでの消費税の納付額を計算する方式である(②…×)。インボイスを発行できなくても，取引自体は行うことができるが，インボイスが発行できない場合，取引相手の事業者は，「仕入税額控除」ができず，消費税の納付額が大きくなる。そうした事態を避けるためには，免税事業者が課税事業者となって登録を受け，インボイス発行事業者になる必要がある(③…×，④…○)。

2022年度 春日部共栄高等学校(第1回)

【英 語】 (50分) 〈満点：100点〉

■リスニングテストの音声は，当社ホームページで聴くことができます。(実際の入試で使用された音声です)
再生に必要なユーザー名とアクセスコードは「収録内容一覧」のページに掲載しています。

1 放送を聞いて答える問題

問題は全部で7問あり、放送はすべて英語で行われます。放送中メモを取ってもかまいません。各問題について英語は2回ずつ放送されます。

【No. 1, No. 2】

Listen to each talk, and choose the best answer for each question.

No. 1 　1

①

②

③

④

No. 2 　2

①

②

③

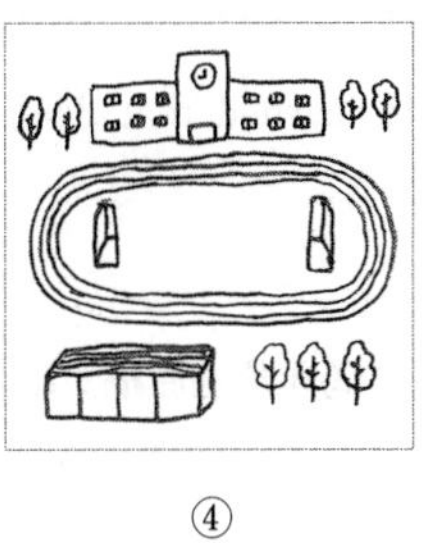

④

【No. 3, No. 4】

Listen to each situation, and choose the best answer for each question.

No. 3 　3

① Nice to meet you. 　② Thanks for inviting me.

③ Why don't you join us? 　④ We're home.

No. 4 | 4 |

① Would you like me to take pictures?　② Can you take pictures?

③ Shall we take pictures?　④ Why don't you take pictures?

【No. 5 − No. 7】

Listen to the speech by a junior high school student, Takuya, and choose the best answer for each question.

No. 5 | 5 |

① He was in his little sister's room.

② He was in front of his house.

③ He was at home.

④ He was behind his house.

No. 6 | 6 |

① A girl did.

② A man did.

③ Takuya did.

④ Takuya's sister did.

No. 7 | 7 |

① He learned that thinking about something is important.

② He learned that writing to someone in English is important.

③ He learned that seeing someone is important.

④ He learned that doing something is important.

※＜リスニング問題放送原稿＞は英語の問題の終わりに付けてあります。

2 次の会話を読んで、後の問いに答えなさい。

Alex, a teacher at a school in the U.S., talks about Japanese to his student, Clara.

Clara ：I heard that Japanese has special characters, *kanji*. Where did *kanji* come from?

Alex ：*Kanji*, or Chinese characters, came from China about 1400 years ago. Similar *kanji* （1） in China, Korea, Taiwan and other countries, but they don't have the same meaning.

Clara ：Oh, really?

Alex ：（2）, the characters for "letter" (*tegami*) mean "toilet paper" in China.

Clara ：I see. It's interesting that they have a （3） meaning even though they have the same characters. I am interested in Japanese and want to study it! Is Japanese a difficult language to learn?

Alex ：There are only 51 sounds in Japanese, so it is not difficult to pronounce. Some people say that Japanese sounds like Spanish even though their grammar is completely different.

Clara ：It sounds easy to speak Japanese.

Alex ：(4)It might be. But there are many types of Japanese, and it is difficult to know which type to use. If an adult uses the language for children, (5)it sounds funny.

Clara ：So we have to learn some different types of Japanese.

Alex ：Right. For me, the difficult part about learning Japanese was knowing which word to use. It （6） a long time for me to learn that it was okay to say *omae* to a friend, but not to a business client. My American friend told me a surprising story. He once called his Japanese client *omae* because he used it all the time with his friends! Of course, （7）.

Clara ：Wow, it can be a big problem. Are there （8） interesting features of Japanese?

Alex ：Well, in America and many other countries, the most important thing is to be friendly. So it's common even to call your boss by his or her first name. But in Japan, it's more important to show respect than to be friendly. So sometimes you might think that Japanese people are unfriendly and cold, but they are probably just trying to show respect to you.

Clara ：I see. I guess that not only learning foreign languages but also understanding cultural differences is important. I would like to know more about Japan.

Alex ：OK, then I'll talk about Japanese food next time.

Clara ：Thank you. Japan is known （9） sushi but I want to learn about other Japanese foods. I'm looking forward to talking to you next time!

問1 空所（1）に入る最も適当なものを選び、番号で答えなさい。 8

① have also used ② are also used ③ are also using ④ also use

問2　空所 （2） に入る最も適当なものを選び、番号で答えなさい。 9

① In addition　② In other words　③ For example　④ Moreover

問3　空所 （3） に入る最も適当なものを選び、番号で答えなさい。 10

① difficult　② simple　③ different　④ same

問4　下線部（4）の内容として最も適当なものを選び、番号で答えなさい。 11

① 日本語には51音しかないかもしれないということ。

② 日本語の発音がスペイン語の発音に似ているかもしれないということ。

③ 日本語の文法とスペイン語の文法が全く異なるものかもしれないということ。

④ 日本語を話すことは簡単かもしれないということ。

問5　下線部（5）の意味として最も適当なものを選び、番号で答えなさい。 12

① 日本語にはたくさんの種類があり、発音が面白いということ。

② 日本語には数種類の文字があり、奇妙であるということ。

③ 大人が子どもの言葉を使うと、おかしく聞こえるということ。

④ 子どもが大人の言葉を使うと、楽しい響きに聞こえるということ。

問6　空所 （6） に入る最も適当なものを選び、番号で答えなさい。 13

① made　② took　③ had　④ gave

問7　空所 （7） に入る最も適当なものを選び、番号で答えなさい。 14

① this didn't sound good at all　② they were appreciated so much

③ they didn't think of it　④ this was important for them

問8　空所 （8） に入る最も適当なものを選び、番号で答えなさい。 15

① the others　② another　③ the other　④ any other

問9　空所 （9） に入る最も適当なものを選び、番号で答えなさい。 16

① as　② for　③ to　④ by

問10　会話の内容と一致する最も適当なものを選び、番号で答えなさい。 17

① The characters for "letter" in Japanese have a different meaning in Chinese.

② There are less than 50 sounds in Japanese.

③ It's more important to show respect than to be friendly in America.

④ Clara learned that studying foreign languages was important to know about Japan.

3 次の英文を読んで、後の問いに答えなさい。

A year ago, Susan became blind. She was once a truly independent woman, but she now felt weak and helpless, and hated having to trouble everyone around her. "Why did this happen to me?", she asked, but she got no answer.

Even though she cried and complained and prayed, she knew her sight was never going to return. Just living each day was [(1)], but she was [(2)] that she had her husband Mark to help her.

Mark was a pilot and he loved Susan with all of his heart. When she first lost her sight, he watched her suffer and decided to help her get the strength and confidence to become independent again.

[A]

Finally, Susan thought she was ready to return to her job. But now she was too afraid to take the bus. Mark offered to drive her to work each day.

[B]

At first, Mark thought it was a good idea. Soon, however, he realized that it was difficult, and cost a lot of money. How could he tell Susan that she had to take the bus again?

[C]

Mark was sad to hear these words, so he promised Susan that each morning and evening he would ride the bus with her until she (3) <u>got the hang of it.</u>

[D]

Each day, for two weeks, Mark dressed in his uniform and went with Susan to and from work. He taught her how to rely on her hearing to know where she was, and how to get used to her new environment.

Each morning they made the journey together, and Mark would take a cab back to his office. This cost more money and was more tiring than driving her, but Mark knew Susan would soon be able to ride the bus on her own. He believed that she [(4)].

Finally, Susan decided that she was ready to try the trip alone. Monday morning arrived, and before she left, she threw her arms around Mark.

She thought of his *loyalty, his *patience, his love and her eyes filled with tears. That morning for the first time, [(5)]. Each day went perfectly. She was doing it! She was going to work all on her own!

On Friday morning, when Susan was paying her fare, the driver said, "Oh, you are so lucky."

She asked the driver, "Why do you say that?" The driver answered, (6) <u>"You must be so happy. You are taken care of and protected."</u> Susan didn't know what he was talking about, so she asked again, "What do you mean?"

The driver answered, "You know, every morning for the past week, that gentleman in the uniform has been standing across the road and watching you when you get off the bus. He makes sure you cross the street safely and he watches you until you enter your office building. Then he blows you a kiss, and walks away. You are very lucky."

Tears of happiness ran down Susan's cheeks. [(7)] she couldn't see him with her eyes, she always felt Mark's presence. She was so lucky, because he gave her a gift more powerful than sight, a gift she didn't need to see to believe — the gift of love that brought light to the darkness.

【出典】平本照磨『英語で心いやされるちょっといい話』，一部改変

注 loyalty 忠誠　patience 忍耐

問１ 空所 [(1)]、[(2)] に入る語の組み合わせとして最も適当なもの選び、番号で答えなさい。 [18]

① easy — happy　② difficult — happy
③ easy — unhappy　④ difficult — unhappy

問２ 次の英文を本文中に入れるには [A] ～ [D] のどこが最も適当か、番号で答えなさい。 [19]

When Mark told her, Susan said, "I'm blind! How will I know where I'm going? I feel like you're leaving me."

① [A]　② [B]　③ [C]　④ [D]

問３ 本文の内容に合うよう、次の英文を完成させるのに最も適当なものを選び、番号で答えなさい。 [20]

Mark decided to drive Susan to work, but soon he found it was difficult to do so because ______.

① he did not have a driver's license
② he was blind
③ he faced some financial problems
④ he did not know where he should go

問４ 下線部 (3) の内容として最も適当なものを選び、番号で答えなさい。 [21]

① 一人で通勤できるようになる。
② タクシーを呼べるようになる。
③ マークの腕につかまれるようになる。
④ 一人で着替えられるようになる。

問５ 空所 [(4)] に入る最も適当なものを選び、番号で答えなさい。 [22]

① would never give up　② was going to give up
③ has never given up　④ has given up

問 6　空所［（5）］に入る文として最も適当なものを選び、番号で答えなさい。　［23］

① they went the same way

② she made a trip alone to another country

③ they went their separate ways

④ she drove to work on her own

問 7　下線部（6）の内容として適当でないものを選び、番号で答えなさい。　［24］

① Mark waited outside until Susan got off the bus.

② Mark watched her cross the street.

③ Mark paid for Susan's bus ticket.

④ Mark blew a kiss to Susan after she entered her office building.

問 8　空所［（7）］に入る最も適当なものを選び、番号で答えなさい。　［25］

① Because　② However　③ For these reasons　④ Although

問 9　本文の内容と一致するものを 3 つ選び、番号で答えなさい。ただし、解答の順番は問わない。

［26］～［28］

① Susan has been blind since she was born.

② Susan has never complained about her eyes.

③ Susan met Mark at the airport on the way to work.

④ Mark went to Susan's workplace with her in his uniform.

⑤ Mark went to his workplace by taxi after he helped her go to work.

⑥ Susan's eyes filled with tears because she was able to go to work by herself.

⑦ Susan liked talking to the bus driver when she got off the bus.

⑧ Susan was so happy to receive the best present from her husband which she couldn't see but feel.

4 次の問い（問１～５）において、①～⑥の語（句）を日本語の意味を表すように並べかえて、文を完成しなさい。解答は [29] ～ [38] に入るものの番号のみを答えなさい。なお、文頭にくるべき語も小文字にしてある。

問１　コーヒーをもう一杯いかがですか。

____ [29] ____ ____ [30] ____ coffee ?

①　cup　②　you　③　one more　④　will　⑤　of　⑥　have

問２　息子には、暗い所で読書をしないようにいつも言っているんだけど、全然聞かないのよ。

I always ____ [31] ____ ____ [32] ____, but he never listens.

①　in the dark　②　read　③　not　④　to　⑤　tell　⑥　my son

問３　彼女は運動をするのが好きではないと思います。

I ____ [33] ____ ____ [34] ____ play sports.

①　that　②　don't　③　she　④　think　⑤　to　⑥　likes

問４　新聞によるとその地震は歴史上最悪の災害の一つであった。

The newspaper says that ____ [35] ____ ____ [36] ____ in history.

①　was　②　one　③　disasters　④　of　⑤　the worst　⑥　the earthquake

問５　君のために私にできることがあったらいいのに。

I ____ [37] ____ ____ [38] ____ do for you.

①　could　②　were　③　I　④　there　⑤　wish　⑥　something

＜リスニング問題放送原稿＞

Hi-light … Male Voice

※「チャイム」

これから「放送を聞いて答える問題」を始めます。

問題は全部で7問あり，放送はすべて英語で行われます。放送中メモを取ってもかまいません。各問題について英語は2回ずつ放送されます。

では，始めます。

Look at No. 1 and No. 2.

Listen to each talk, and choose the best answer for each question.

Let's start.

No. 1

A：What subjects do you like, Eric?

B：I like science and P.E.　How about you, Mari?

A：I like English.　And I like science, too.　It's fun.

B：Yes.　Our science teacher Ms. Sato is very nice.

Question：What subjects does Mari like?

（会話と質問を繰り返します。）

No. 2

A：Are you busy now, Kate?

B：Yes, I'm going to the computer room.　I have a lesson.　Why, Tom?

A：Well, I have something to tell you.　Can you come to our classroom after the lesson?

B：OK.　See you then.

Question：Where will Kate go after she takes the lesson?

（会話と質問を繰り返します。）

Look at No. 3 and No. 4.

Listen to each situation, and choose the best answer for each question.

Let's start.

No. 3

Ann holds a Christmas party at her house.

Her classmate, Sho, goes to her house.

Ann welcomes him at the door.

Question： What will Sho say to Ann?

（英文と質問を繰り返します。）

No. 4

Mika is having dinner with her family at a Sushi restaurant.

She sees a family from another country taking pictures of themselves.

Mika wants to help them.

Question： What will Mika say to them?

（英文と質問を繰り返します。）

Look at No. 5 to No. 7 on page 2.
Listen to the speech by a junior high school student, Takuya, and choose the best answer for each question.
Let's start.

Hello, everyone. I'm Takuya Sano. Today, I'm going to talk about the experience I had a few days ago.

When I was looking out of the window from my room, I saw a man from another country in front of my house. It looked like he was looking for something. I wanted to help him, but I didn't because I thought my English wasn't good enough. I stayed in my room, and I was looking at him from the window for a while.

A few minutes later, a little girl came and talked to the man in Japanese. He didn't understand her, but he looked happy.

Suddenly, I started to feel sorry for not doing anything for him. So, I decided to talk to him. I went out and said to him, "May I help you?" He smiled and said, "Yes. Could you tell me the way to the station?" I told him how to get there in English. He said, "Thank you so much. You are very kind." I was really happy to hear that.

From this experience, I learned that the important thing was doing something. Just thinking is not good enough. Next time I see someone in trouble, I'll do something right away.

No. 5

Question： Where was Takuya when he first saw the man?

No. 6

Question： Who talked to the man in Japanese?

No. 7

Question： What did Takuya learn from the experience?

（英文と質問を繰り返します。）

以上で「放送を聞いて答える問題」を終わります。では，ほかの問題を始めてください。

【数　学】 (50分) 〈満点：100点〉

(注意) (1) 問題の文中のア，イ，ウ，……の１つ１つは，それぞれ０から９までの数字，または－のいずれか１つに対応します。それらをア，イ，ウ，……で示された解答欄にマークしなさい。

(2) 分数形で解答が求められたときは，既約分数で答えなさい。符号は分子につけ，分母につけてはいけません。

(3) 問題文中にある図は必ずしも正確ではありません。

(4) 円周率はπとして計算しなさい。

Ⅰ 次の各問いに答えなさい。

(1) $\frac{19}{3}-\left(-\frac{8}{5}+\frac{1}{81}\div\frac{5}{3^7}\right)=\frac{\boxed{アイ}}{\boxed{ウエ}}$

(2) $(\sqrt{3}+1)^3(\sqrt{3}-1)(\sqrt{3}-2)=\boxed{オカ}$

(3) $x>0$，$y>0$ とします。

$\frac{y}{x}-\frac{6x}{y}=1$ が成り立つとき，$x:y=1:\boxed{キ}$

(4) 連立方程式 $\begin{cases}\frac{4}{x+2y+1}=1\\ \frac{x}{2x-3y}=2\end{cases}$ を解くと，$x=\frac{\boxed{ク}}{\boxed{ケ}}$，$y=\frac{\boxed{コ}}{\boxed{サ}}$

(5) 図のような四角形ＡＢＣＤがあります。

辺ＡＢの長さが１であるとき，

辺ＣＤの長さは $\boxed{シ}\sqrt{\boxed{ス}}$

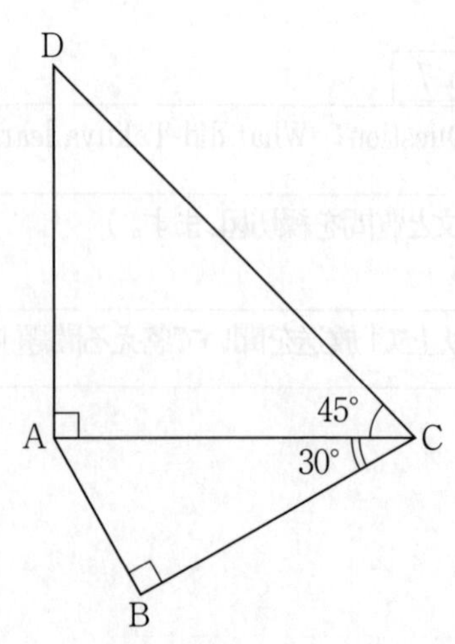

(6) 1次関数　$y = 2x + 3$　のグラフについて誤っているものを

下記①～④より1つ選ぶと [セ]

① 点（－3，－3）を通る

② どのような x の値の範囲に対しても変化の割合は一定である

③ 原点に関して対称である

④ 直線　$y = -x$　との交点の座標は（－1，1）である

Ⅱ　次の各問いに答えなさい。

(1) $x = 3\sqrt{2} - 1$　のとき，$(x - 1)(x^2 + 2x - 17) =$ [ア]

(2) 図のような8マスを用いて，次のルールで「すごろくゲーム」を行います。

（ルール）

・さいころを投げて出た目の数だけゴールに向かう方向にコマを進めます。

・コマがちょうどゴールに止まれなかった場合は，ゴールに止まるのに必要なマスを越えた分だけゴールからAの方向に向かってコマを動かします。

ゴール
G
F
E
D
C
B
A

例えば，コマがAのマスにある状態からさいころを投げるとき

さいころを3回投げて，[2] → [4] → [1] の目が出ると
コマは A → C → G → ゴール と進みます。

さいころを3回投げて，[5] → [6] → [2] の目が出ると
コマは A → F → D → F と進みます。

次の各問いに答えなさい。

① コマがAのマスにある状態からさいころを投げるとき，

さいころを2回投げてゴールに止まる確率は $\frac{\boxed{イ}}{\boxed{ウ}}$

② 上記のルールに「Fのマスに止まったコマはAに戻します」というルールを加えます。コマがDのマスにある状態からさいころを投げるとき，

1回目はゴールに止まらず，2回目でゴールに止まる確率は $\frac{\boxed{エ}}{\boxed{オカ}}$

(3) x，yを0以上の整数とします。

$\sqrt{5x+7y}$ で表すことのできない自然数は全部で $\boxed{キ}$ 個

(4) 図のような，∠DAB＝∠ABC＝90° である台形ABCDがあり，点Eは線分ACと線分BDの交点です。AB＝BC＝2，AD＝1のとき，

△EBCの面積は $\frac{\boxed{ク}}{\boxed{ケ}}$

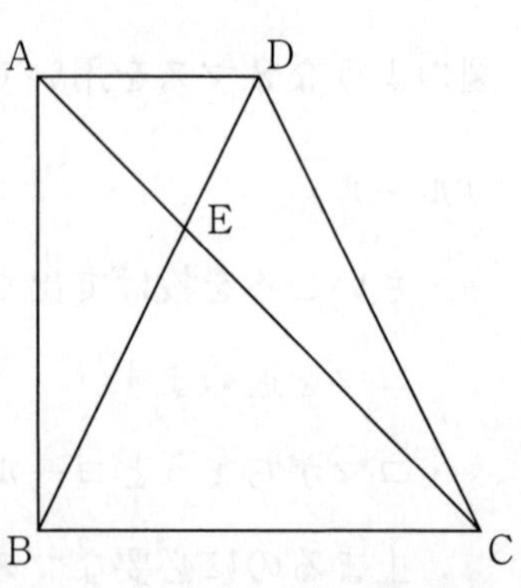

(5) 図のように，辺ＡＢの長さが３，辺ＡＤの長さが２である長方形ＡＢＣＤがあります。半径 x の円 O_1 は辺ＡＢと辺ＡＤの両方に接し，半径 y の円 O_2 は辺ＢＣと辺ＣＤの両方に接していて，また，円 O_1 と円 O_2 は接しています。

このとき，$x + y =$ ［コ］ $-$ ［サ］$\sqrt{［シ］}$

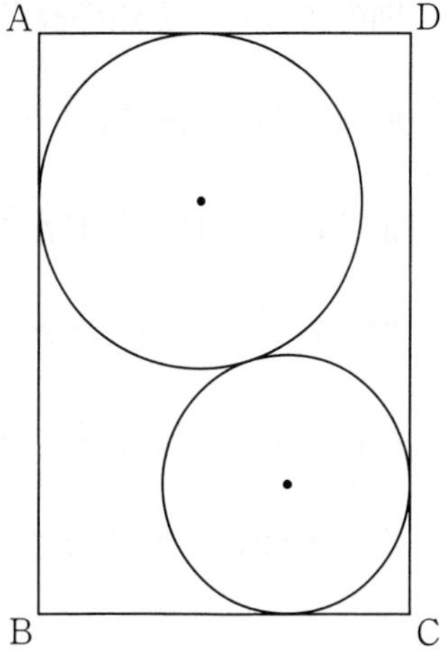

Ⅲ　放物線 $y = 2x^2$ と傾きが正である直線 ℓ が異なる２点Ａ，Ｂで交わっています。

点Ａの x 座標は -1 です。ただし，原点をＯとします。

三角形ＯＡＢの面積が y 軸によって１：２に分けられているとき，

次の問いに答えなさい。

(1) 点Ｂの座標は（［ア］，［イ］）

(2) 直線 ℓ の式は　$y =$ ［ウ］$x +$ ［エ］

(3) x 軸に平行な直線 $y = a$ が三角形ＯＡＢを２つの図形に分けるとき，

大きい方の図形の面積が小さい方の図形の面積の３倍になりました。

定数 a の値は　$a =$ ［オ］，［カ］ $-$ ［キ］$\sqrt{［ク］}$

Ⅳ 図のような，１辺の長さが４である正方形ＢＣＤＥを底面とし ＡＢ＝ＡＣ＝ＡＤ＝ＡＥ＝４ である正四角錐ＡＢＣＤＥがあります。

頂点Ａから底面に向かって垂線を引き，底面との交点をＦとします。

次の各問いに答えなさい。

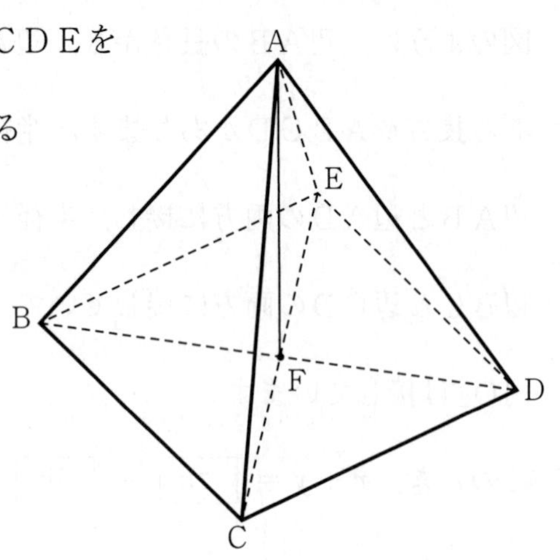

(1) ＢＦ＝ ア $\sqrt{\text{イ}}$

ＡＦ＝ ウ $\sqrt{\text{エ}}$ であるから，

正四角錐ＡＢＣＤＥの体積は $\dfrac{\text{オカ}\sqrt{\text{キ}}}{\text{ク}}$

(2) 正四角錐ＡＢＣＤＥの内部に点Ｆを中心とする半球があります。

この半球の底面は正四角錐の底面ＢＣＤＥ上にあり，

半球は正四角錐の４つの側面と接しています。

このとき，半球の半径の長さは $\dfrac{\text{ケ}\sqrt{\text{コ}}}{\text{サ}}$

問一 【資料1】から読み取れる内容として最も適当なものを、次の①～④のうちから一つ選びなさい。解答番号は〈27〉

① この条例は、エスカレーターを管理する事業者だけを対象に策定されたものである。

② この条例は、県民に対してエスカレーターの安全利用を心がけるよう義務づけるものではない。

③ この条例は、他都道府県の在住者が埼玉県のエスカレーターを利用した際には適用されない。

④ この条例は、知事の権限のもとに、管理者に対して必要に応じた干渉を認めるものである。

問二 次に掲げるのはこれらの資料を見た四名の生徒の会話です。資料の内容を正しく踏まえたものとして最も適当なものを、次の①～④のうちから一つ選びなさい。解答番号は〈28〉

① 生徒A「【資料1】を読むと分かるように、法的根拠を伴う強制力のある条例だね。この条例に違反した場合に罰則が科されることからも強い効力があることが分かるよ。」

② 生徒B「【資料1】の第二条に『関係地方公共団体との相互の連携及び協力』とあるけど、他の資料を見てみても、埼玉県以外にこういった取り組みはしていないみたいだね。」

③ 生徒C「【資料2】から分かるように、エスカレーターの事故要因は『乗り方不良』が突出して多いね。こういったことも条例が策定された背景にはあると思うな。」

④ 生徒D「【資料2】にある『機器故障』を原因とする事故件数だけが減少傾向にあるのは、【資料1】の第四条によって事業者の危機管理意識が高まった結果と読み取れるね。」

【資料3】エスカレーターの安全な利用を呼びかける啓発ポスター

出典：「エスカレーターの安全利用について－埼玉県」
（埼玉県のwebページ）より引用。

（利用者の義務）
第五条　エスカレーターを利用する者（次条において「利用者」という。）は、立ち止まった状態でエスカレーターを利用しなければならない。
（管理者の義務）
第六条　エスカレーターを管理する者（次条において「管理者」という。）は、その利用者に対し、立ち止まった状態でエスカレーターを利用すべきことを周知しなければならない。
（管理者に対する指導等）
第七条　知事は、エスカレーターの安全な利用の促進のために必要であると認めるときは、管理者に対し、前条に規定する周知に関し必要な指導、助言及び勧告をすることができる。

出典：「エスカレーターの安全利用について—埼玉県」
（埼玉県のwebページ）より引用。

【資料2】エスカレーターで発生した事故の原因別件数のグラフ

調査回数	調査時期
第５回	1998年１月から1999年12月まで
第６回	2003年１月から2004年12月まで
第７回	2008年１月から2009年12月まで
第８回	2013年１月から2014年12月まで

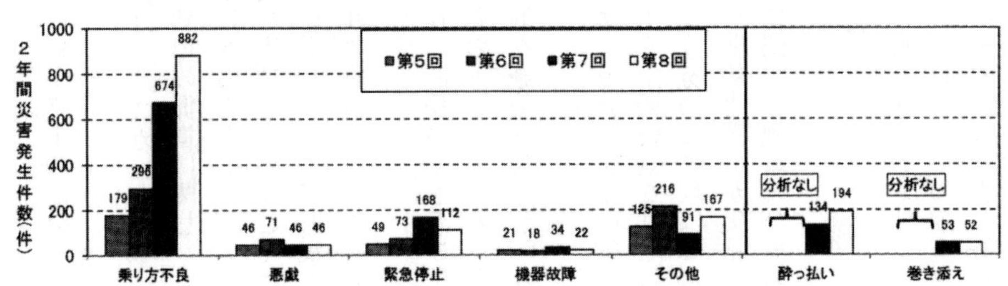

原因別の２年間災害発生件数

出典：「エスカレーターにおける利用者災害の調査報告」
（日本エレベーター協会のwebページ）より引用。

問二　――部ⓐの主語として適当なものを、次の①～④のうちから一つ選びなさい。解答番号は〈23〉

①　恵心僧都　②　安養の尼上　③　小尼上　④　盗人

問三　――部ⓑの解釈として最も適当なものを、次の①～④のうちから一つ選びなさい。解答番号は〈24〉

①　夫がその小袖を気に入らなかったので、私はもうそれを着ることはないだろう。

②　盗人が自分のものと思っているものを、盗人の了承なく私が着ることなどできません。

③　盗人風情が気に食わずに捨てていったものを着ることが、私にどうしてできようか。

④　夫が大切にしていた小袖を、盗人にくれてやることができようか、いやできない。

問四　――部ⓒのように盗人が言った理由として最も適当なものを、次の①～④のうちから一つ選びなさい。解答番号は〈25〉

①　盗人をどこまでも追いかけて捕まえようとする執念深い尼君で、とうとう捕まってしまったから。

②　質素な家で盗みを働いたが、成果も小さい上に、身柄を拘束される事態になってしまったから。

③　盗人にも慈悲の心を持った尼君に感動し、盗んだものを返さざるをえなくなってしまったから。

④　つい魔が差して悪事を働いてしまっただけなのに、重い刑罰を受けなければならなくなったから。

問五　『十訓抄』は説話集であるが、**説話集でないもの**を、次の①～④のうちから一つ選びなさい。解答番号は〈26〉

①　今昔物語集　②　宇治拾遺物語

③　発心集　④　万葉集

五　次に掲げる資料は埼玉県エスカレーターの安全な利用の促進に関するものです。これらの資料に関する後の問に答えなさい。

【資料1】「埼玉県エスカレーターの安全な利用の促進に関する条例」条文(令和3年10月1日施行)

埼玉県エスカレーターの安全な利用の促進に関する条例

(目的)

第一条　この条例は、エスカレーター(動く歩道を含む。以下同じ。)の安全な利用の促進に関し、県、県民及び関係事業者の責務を明らかにするとともに、エスカレーターの利用及び管理に関し必要な事項を定めることにより、エスカレーターの安全な利用を確保し、もって県民が安心して暮らすことのできる社会の実現に寄与することを目的とする。

(県の責務)

第二条　県は、県民、関係事業者及び関係地方公共団体との相互の連携及び協力の下に、エスカレーターの安全な利用の促進に関する総合的な施策を策定し、及び実施するものとする。

(県民の責務)

第三条　県民は、エスカレーターの安全な利用に関する理解を深め、エスカレーターの安全な利用に関する取組を自主的かつ積極的に行うよう努めなければならない。

2　県民は、県及び関係事業者が実施するエスカレーターの安全な利用の促進に関する施策及び取組に協力するよう努めなければならない。

(関係事業者の責務)

第四条　関係事業者は、エスカレーターの安全な利用に関する理解を深め、エスカレーターの安全な利用の促進に関する取組を自主的かつ積極的に行うよう努めなければならない。

2　関係事業者は、県が実施するエスカレーターの安全な利用の促進に関する施策に協力するよう努めなければならない。

びなさい。解答番号は〈19〉

① ほんの一瞬だとしても、マイノリティがテレビに映るだけで、周囲に理解者を得られずにいる不特定多数のマイノリティの少年少女に勇気と激励を届け、「君は一人じゃないよ」と呼びかけることができるということ。

② たとえわずかな時間であっても、マイノリティが一見してそれと分かる見た目でテレビ画面に映るだけで、周囲に理解者を得られずにいるマイノリティの少年少女が励まされ勇気づけられることがあるということ。

③ 性的マイノリティが「見ただけで同じ国から来たことがわかる」ような姿でテレビ画面にほんの一瞬登場するだけで、同じ悩みを抱えたマイノリティの少年少女たちの孤独な魂が癒されることがあるということ。

④ 特別な言葉をかけたり具体的な何かをしたりしなくとも、わずかな時間少女の前に姿をあらわすだけで、フィラデルフィアの軽食堂にいた名も無い中年女が不特定多数の悩める人々を救うことがあるということ。

四 次の文章を読んで、後の問に答えなさい。（----の左側は現代語訳です。）

横川（よかは）の恵心僧都（ゑしんそうづ）の妹、安養の尼上のもとに（恵心僧都の妹の、安養の尼上の所に）、強盗入りて、あるほど（ある限り）の物の具、みな取りて出でにければ（の道具をすべて奪い取って行ってしまったので）、尼上は※紙衾（かみぶすま）といふものばかり、ひき着てゐられたりけるに（引っ掛けて着て座っていらっしゃったところ）、姉尼のもとに※小尼上とてありけるが、走り参りて見れば、小袖をひとつ落し（おと）たりけるを、「これを落して侍るなり。㋐奉れ。」とて、ⓐ持て来たりければ、「それを取りてのちは、わが物とこそ思ひつらめ。ⓑ主の心ゆかぬものをばいかが着るべき。いまだ、㋑よも遠くは行かじ。とくとくもておはして（すぐに持っていって）取らせ給へ」とありければ、門戸のかたへ走り出でて（門の方に走って）、「やや」と呼び返して（「もし、もし」と言って呼び返して）、「これを落とされにけり。㋒たしかに奉らむ。」といひければ、盗人ども立ちどまりて、しばし案じたる気色（けしき）にて（しばらく思案した様子で）、「ⓒ悪しく（あ）参りにけり。」とて、取りけるものどもを、さながら（そのまま）返し置きて、帰りにけり。

（『十訓抄』による。）

※紙衾…和紙で作られた寝具。
※小尼上…安養の尼の妹。

問一 ——部㋐～㋒の本文中の意味として最も適当なものを、後の①～④のうちからそれぞれ一つずつ選びなさい。解答番号は〈20〉～〈22〉

㋐「奉れ」〈20〉
① 拾ってください
② お召しください
③ 捕まえてください
④ 差し上げてください

㋑「よも遠くは行かじ」〈21〉
① まさか遠くに行っていないだろう
② もう遠くに行ってしまっただろう
③ 遠くには行かなくてもよい
④ 遠くても必ず行ってくれ

㋒「たしかに奉らむ」〈22〉
① 決して忘れません
② おそらく落としました
③ しっかりとお召しください
④ たしかに差し上げましょう

してやったわけではない。

それでも、「見ただけで同じ国から来たことがわかる」ような姿を人前にあらわすだけで、そのほんの一瞬で、おばさんが、甥たち姪たちのさまよえる魂を救済することもあるのだ。テレビと共に育った ⓕ我々は、そのことをよく知っている。

（岡田　育 著『我は、おばさん』による。）

※セクシュアリティ…性と欲望にかかわる人間の活動全般を指す語。ここでは性的指向性の意。

※old school butch…古き良き男役のレズビアンの意。

※CBS…アメリカの商業放送テレビ・ラジオネットワーク。NBC、ABCと並ぶ三大ネットワークのひとつ。

※クィア…「不思議な」「風変わりな」「奇妙な」といった意味で、かつては同性愛者への侮蔑語であったが、一九九〇年代以降は性的マイノリティを包括する用語として肯定的な意味で使われている。

問一　ⓐ に当てはまる語句として最も適当なものを、次の①～④のうちから一つ選びなさい。解答番号は〈14〉

①　一期一会　②　一蓮托生
③　一日千秋　④　一木一草

問二　――部ⓑとありますが、幼いアリソンがこのように答えた理由として最も適当なものを、次の①～④のうちから一つ選びなさい。解答番号は〈15〉

①　「なりたい」と答えることはレズビアンであるという隠し事を父親に告白することに等しいから。
②　「なりたい」と答えることで女の子らしい服装や髪型を強要する父親を怒らせたくなかったから。
③　好んで男性的な格好をする女性の存在を知って喜びが押し寄せてきたことが恥ずかしかったから。
④　まだ性的指向性を自覚していなかったため、男性的な格好をしたいかどうか分からなかったから。

問三　ⓒ に当てはまる語句として最も適当なものを、次の①～④のうちから一つ選びなさい。解答番号は〈16〉

①　I'm lying　②　I need you
③　I know you　④　I miss you

問四　――部ⓓとありますが、シドニー・ルーカスの歌唱が筆者の「胸を打つ」理由として最も適当なものを、次の①～④のうちから一つ選びなさい。解答番号は〈17〉

①　小さなアリソンの劇的な瞬間を抜群の表現力で高らかに歌い上げる十一歳の少女のパフォーマンスが、「私を見ろ」とマイノリティが主張するトニー賞の特番を象徴するに相応しいものだったから。
②　少女がセクシュアリティを自覚する瞬間をうたう少女の歌がゴールデンタイムに生中継で全米にテレビ放送されることで、多くの性的マイノリティの少年少女の魂が救済されるに違いないから。
③　十一歳の少女が高らかに歌い上げる、小さなアリソンがセクシュアリティを自覚する瞬間を歌うソロ曲は、トニー賞の五部門で受賞したミュージカルの劇中の重要なハイライトの一つだから。
④　小さなアリソンが自身の性的指向性に気づいた瞬間を、わずか十一歳の少女が抜群の表現力で高らかに歌い上げ、その様子が多くの人が視聴する時間帯に生中継で全米にテレビ放送されたから。

問五　ⓔ に当てはまる語句として最も適当なものを、次の①～④のうちから一つ選びなさい。解答番号は〈18〉

①　魔法の箱のなかのネコ
②　シンデレラの魔法使い
③　ブラウン管越しのキリン
④　ザッピングの波間に消える泡沫

問六　――部ⓕとありますが、「そのこと」とは具体的にはどういうことですか。最も適当なものを、次の①～④のうちから一つ選ことを知らなかった　でも、旅先で自分の故郷から来た人と偶然出会った時、たとえそれまで一度も言葉を交わしたことがなくても、見ただけで同じ国から来たことがわかるように、わたしもその女性のことがわかり、喜びが押し寄せてきた〉

ブルースもその女性に気づき、不機嫌そうな顔で「ああいうふうになりたいのか？」と訊く。ⓑ娘にはもちろん「なりたくない」と答える他に選択肢がない。

〈でも、その男性的なレズビアンのトラック運転手の光景は、何年もの間わたしを励まし続けた　…たぶん同じように父も忘れられなかったのだ〉

本作は二〇一三年に舞台化され、二〇一五年のトニー賞ではミュージカル作品賞を含む五部門で受賞した。舞台上には漫画家となった大人のアリソンに加え、少女期と学生期のアリソンも同時に登場し、ヒロインの回想を三人の女優が演じ分けていく。軽食堂のくだりは小さなアリソンが歌う「Ring Of Keys」というソロ曲に生まれ変わり、劇中の重要なハイライトの一つとなった。大人のアリソンが「※old school butch」と端的に表現する同じ女性の特徴を、幼いアリソンは珍しそうに一つ一つ挙げていく。男っぽい歩き方、女らしくない身のこなし、短い髪、ダンガリーシャツに編み上げのブーツ、そして、腰にぶら下げた鍵束。

〈心の中であなたに「ハイ」って声をかけているのがわかる？
どうしてこの店にいる人の中で、私だけが、あなたのことをこう思うんだろう、きれいだ……いや、「ハンサム」だって！〉

（筆者訳）

小さなアリソンの歌は、ただ一方的に眺めただけの、それも初めて見かけるタイプの人間に向かって、「　ⓒ　」と繰り返し呼びかけて終わる。あの人は私にとって大切な人だ。これからもずっと私を励まし続け、心の中で話し相手になってくれるだろう。血縁じゃない、直接語らったこともない、つながりがあると示す証拠は何一つないけれど、それを誰かに証明する必要もない。彼女は「私のおばさん」だ。自分がそうわかっていれば十分なのだ。

ブロードウェイ版のオリジナルキャストとして小さなアリソンを演じたシドニー・ルーカスは、弱冠十一歳でトニー賞の助演女優賞にノミネートされ、授賞式でこの「Ring Of Keys」を披露した。抜群の表現力とともにⓓ胸を打つのは、小さな少女がセクシュアリティを自覚する瞬間を高らかに歌い上げるそのさまが、ゴールデンタイムの※CBSを通じて全米に生中継ブロードキャストされた、という事実である。

そうでなくともトニー賞の特番は毎年、確信犯的にマイノリティ博覧会の様相を呈する。各賞の受賞者が壇上から家族へ謝辞を述べると、大映しになった会場客席のパートナーは年の離れた同性であったり、子供たちは一人ずつ肌の色が違ったりする。何組ものゲイカップルがカメラを向けられるたびに濃厚な祝福のキスを見せつけ、女性クリエイターがトロフィーを高々と掲げて賃金平等を訴え、アジア系俳優が移民であった親に感謝しながら、非白人キャストへの正当な評価を求める。「埒外」が代わる代わる「私を見ろ」と主張する、オープンマイク・イベントのようだ。

年に一度の祭典、演劇関係者はきらびやかな笑顔を公衆の面前に晒す。顔の知られたセレブリティもいるが、普段は映像業界と接点の薄い者も多い。公共の電波に乗せて不特定多数のマイノリティへ勇気と激励を届ける、またとない機会なのである。保守的な田舎町に住み周囲に理解者を得られずにいる、かつての自分のような孤独な少年少女に彼らは、君は一人じゃないよ、と呼びかける。この広い地球上には、こんなに※クィアな仲間が、誰にも虐げられず幸福に生きる街だってある、とみんな全力で、「　ⓔ　」を演じきるのだ。

（略）数十年前、フィラデルフィアの軽食堂にいた名も無い中年女はおそらく、自分を歌った歌が二〇一五年のある晩に米国全土で視聴され、世界にまで中継されたことを知らずに一生を終える。その「おばさん」は、個別の誰かに特別な言葉をかけ、具体的に何か

② 人のうわさなどを聞きつけるのが早い
③ 遠慮なく思ったことを言う
④ ひどい様子で見過ごせない

問四 ═══部「蓄積」と熟語の構成が**異なるもの**を、次の文の───部①～④のうちから一つ選びなさい。解答番号は〈13〉

若い森林は旺盛な成長に伴って大量の炭酸ガスを固定し、木材として蓄積するが、森林が①老齢になるとそれ以上の蓄積はわずかとなる。里山の雑木林はまさに「常に若い林」である。この若い林の状態を続けるにはある程度成長したところで、木を伐らねばならない。しかし、木を伐って燃やすなり②分解するなりしてしまえば、再び炭酸ガスが空気中に戻るではないか、という指摘がある。確かにそのとおりである。が、燃やすことによって出るエネルギーをかつてのように生活のエネルギーとして利用することができれば、その分、化石燃料の③消費を減らすことができる。さらに、木炭などを生産して活性炭などに利用した後に燃やすなり土壌改良材として土地に戻すなりに利用が図られればその分、さらに炭酸ガスの④放出を減らすことになるだろう。

（鈴木三男 著『日本人と木の文化』による。）

三 次の文章を読んで、後の問に答えなさい。

ⓐ［　　］、と目に焼き付けた情景が、何年もの間、見た者を励まし続けることがある。これはアリソン・ベクダル『ファン・ホーム ある家族の悲喜劇』（二〇〇六年原著刊）に登場するフレーズである。米国でベストセラーとなった自伝的グラフィックノベルだ。

ペンシルバニア州の葬儀屋（フューネラルホーム）に長女として生まれたアリソンは、大学進学後、自分がレズビアンであることを両親にカムアウトする。しばらくすると彼女の父・ブルースがトラックの前に飛び出して急逝（きゅうせい）した。自殺ともとれるような事故死だ。愛書家で室内装飾に執心（しゅうしん）し、伝統的家族像を追求していた厳格な父親は、じつは同性愛者であり、未成年を含む複数の男性と関係を持っていたことが明らかになる。

ブルースの死後、アリソンは彼と過ごした幼少期の記憶を辿（たど）っていく。知りたかったことは何も語られぬまま、膨大（ぼうだい）な蔵書、こだわり抜かれた調度品、手紙や写真だけが遺（のこ）った。一つ一つの資料を漫画のコマに克明に描き起こして記録するアリソンの作画手法には、完璧主義者だった父の面影が滲（にじ）む。

〈ある意味、父の終わりはわたしの始まりだったと言うことができるかもしれない　もっと正確に言うと、父の嘘が終わるのと同時に、わたしの真実が始まったのだ　なぜなら、わたしも長い間、嘘をついてきたからだ。4歳か5歳の時からずっと〉

（椎名ゆかり訳）

父親から強要される女の子らしい服装や髪型を嫌う子供だったアリソンが、※セクシュアリティをはっきり自覚する少し前。父に連れられてフィラデルフィアへ向かう途中、軽食堂に立ち寄った幼い彼女は、「とても落ち着かない光景」に出会った。女性のトラック運転手が、店にカートいっぱいの荷物を運び込むところだ。男の格好をして、恰幅（かっぷく）がよく大股で歩き、そしてニコリとも笑わない、おじさんのような中年女である。

〈当時わたしは男性の服を着て、男性的な髪型をする女性がいるる。

問五　――部ⓕとありますが、この場面におけるヨイの気持ちの説明として最も適当なものを、次の①～④のうちから一つ選びなさい。解答番号は〈5〉

① 結婚祝いの袋を見つけたヨイは立っていられないほど大きな衝撃を受け、父に対する感謝の気持ちを抱くが、同時に大切な傘を落としてしまったという、勇司に対する謝罪の気持ちも抱いている。

② 結婚祝いまでくれたのに、なぜ父は自分のことを許してくれないのかと、立っていられないほど悲しく思い、勇司の傘も抱くことにより、勇司への愛情をますます深くしている。

③ 結婚祝いの袋を見つけたヨイは立っていられないほど驚き、勇司の傘を落としてしまうほど、勇司に対する愛情よりも、父に対する感謝の気持ちを大きくしている。

④ 結婚祝いの袋を見つけたヨイは立っていられないほど大きな衝撃を受け、傘と祝儀袋を一緒に胸に抱きながら、父と勇司の二人に対する感謝と愛情を感じている。

二

次の各問に答えなさい。

問一　――部㋐～㋔のカタカナを漢字に改めた場合、それと同じ漢字に該当するものを、後の①～④のうちからそれぞれ一つずつ選びなさい。解答番号は〈6〉～〈10〉

㋐ 高齢者のコ用問題に取り組む　〈6〉
① 懐コの情に引かれる
② 青春を回コする
③ 背任で解コされる
④ 軍事力を世界にコ示する

㋑ キ存の建物をそのまま使用する　〈7〉
① 人生の分キ点に立つ
② 常キを逸した行動に驚いた
③ 交通をキ制する
④ 皆キ日食を観察する

㋒ 実現不可能な砂上のロウ閣だ　〈8〉
① 時間をロウ費しない
② ロウ下を静かに歩く
③ ニューヨークの摩天ロウ
④ 危険なロウ電状態

㋓ 学生主催で交カン音楽会を開く　〈9〉
① 空気のカン燥を加湿器で防ぐ
② カン喜の声が響く
③ 部屋をカン気する
④ 注意をカン起する

㋔ 日ごろのソ行が運命を変える　〈10〉
① 平ソから心懸けて行動する
② 物をソ末にしてはいけない
③ 基ソ知識を身につける
④ 地震のとき適切なソ置をとる

問二　＝＝部「ない」と文法上の性質が同じものを、後の①～④の文の――部のうちから一つ選びなさい。解答番号は〈11〉

> 今でこそ親友だが、以前はあまり親しくない関係であった。

① 今日は忙しくて買い物に行く暇がない。
② 彼が何気なく発した言葉にその場が凍りついた。
③ 楽しみにしていた本だったが面白くなかった。
④ 今日はテレビを見ないでゆっくり過ごすつもりだ。

問三　＝＝部「目に余る」の慣用句が表す意味を、後の①～④から一つ選びなさい。解答番号は〈12〉

> 彼の行為は目に余るものであり、到底許すことが出来ない。

① 緊張し、はらはらして見てしまう

封のされていない封筒の中からは、分厚い祝儀袋(しゅうぎぶくろ)が出てきた。
「……結婚祝い……」
袋の上に書かれた墨文字をそのまま読みあげたヨイの声は、かすれて聞き取れぬほどだった。抱えるようにしていた黒い傘が落ちて、アスファルトの上で音を立てた。ⓕヨイはそのまま路上にうずくまり、傘と祝儀袋を胸に抱いた。
——お父さん、ヨイは今でも、そうしてこれからもずっと、良い子でいるよ……。
心の中でそう呟(つぶや)くと、ヨイは立ちあがり、再び自転車を押して歩き出した。アパートでは、今ごろ勇司が目を覚まし、腹を空かしてヨイの帰りを待っているだろう。

（鷺沢　萠　著「柿の木坂の雨傘」による。）

問一　——部ⓐとありますが、その理由として最も適当なものを、次の①～④のうちから一つ選びなさい。解答番号は〈1〉
① 雨が降り続くのを見ていると、勇司にはじめて会った日も、父親に勘当された日も、自分にとって大きな出来事があった時には必ず雨が降っていたということを思い起こしてしまうから。
② 雨が降り続くのを見ていると、父に勘当された日に、勇司に借りた傘を実家に置き忘れてきてしまい、取りに帰ることができない自分を情けなく思い、また父への恨めしさも思い起こしてしまうから。
③ 雨が降り続くのを見ていると、父に勘当された日に、勇司に借りた傘を実家に置き忘れてきてしまい、取りに帰ることもできず、その傘のことをヨイの心に思い起こさせてしまうから。
④ 雨が降り続くのを見ていると、父に勘当された日に、勇司に借りた傘を実家に置き忘れてきてしまい、取り帰ることもできず、勇司に申し訳ないという気持ちを思い起こしてしまうから。

問二　——部ⓑの本文における意味内容として最も適当なものを、次の①～④のうちから一つ選びなさい。解答番号は〈2〉
① 自己の信念に基づき、成人後の正当な行為として勇司と結婚するということ。
② 成人した後なのだから、誰からも祝福されると信じて結婚するということ。
③ 結婚には反対の父でも、成人後なのだからきっと理解してくれると信じて結婚するということ。
④ 「正体不明の男」でも自分にとっては大切な人だと信じて結婚するということ。

問三　——部ⓒとありますが、その理由として最も適当なものを、次の①～④のうちから一つ選びなさい。解答番号は〈3〉
① 懐かしさのあまり、今の自分の置かれている境遇を煙草屋のおばあちゃんに打ち明けてしまいそうになるから。
② 懐かしさのあまり、まだ半年とはいえ、今の結婚生活をあきらめ、父に謝って実家に帰ることを許してもらいたくなるから。
③ 懐かしさはあるが、かえって父に対する反感が強まり、傘を取りにいくことをあきらめてしまいそうになるから。
④ 懐かしさのあまり、勘当されてまでも勇司との結婚を押し通したという自分の信念が揺らいでしまいそうになるから。

問四　——部ⓓ・ⓔとありますが、この二つの返事における、ヨイの気持ちの説明として最も適当なものを、次の①～④のうちから一つ選びなさい。解答番号は〈4〉
① 前者は、父からぶっきらぼうに質問され、父に対して反感の気持ちを抱いているが、後者は、期待が裏切られたことに落胆している。
② 前者は、父の質問に対して素直に期待の気持ちを抱いているが、後者は父の言葉を聞いて、淋しい気持ちを隠せないでいる。
③ 前者は家に上げてくれない父に対して淋しい気持ちを抱いているが、後者は父の言葉を聞いてあきらめの気持ちになっている。
④ 前者は結婚祝いをくれた父に対して感謝の気持ちを抱いているが、後者は父の言葉を聞いて戸惑いの気持ちを隠せないでい

半年前、ヨイが最後に実家を訪れた日も雨が降っていた。二度と帰って来るなと言われ、歯をくいしばって軒先の庇から一歩踏み出したその途端、濡れた舗道がヨイの目に飛びこんできた。――傘を忘れた。そう気づいたらしゃがみこみたくなった。

結局ヨイは小糠雨の中を小走りに、勇司の待つアパートに帰ったのだったが、その日から一本の傘がヨイの心を占有してしまった。柿の木坂の生まれ育った家にヨイが置き去りにして来てしまったものは、まだたくさんあるけれど、あの傘だけは「今の」自分の家に持って来なければ――なぜかそんなふうに思っていた。

三日のあいだ東京に雨を降らせた灰色の雲は嘘のようにどこかへ消え失せてしまい、翌日は冴々と晴れわたった気持ちのよい日だった。ヨイは勇司には内緒で朝早くアパートを出た。

勇司とヨイのアパートから柿の木坂までは歩けば小一時間ほどである。ヨイは冬の朝独特の淡く白い光の中を、頼りなげな足どりで歩いた。半年ぶりで見る家族の顔を思い浮かべると、ヨイの心は期待と不安でごちゃまぜになる。

冬の朝の住宅街をゆっくり歩いていると、これと似たような思いをしたことがあることにヨイは気づいた。歩きながら長いこと考えて、やっと思い出した。これはまだ小学生の頃、終業式の日に通信簿をもらって帰るときの感じに似ている。そう思ったら何だか可笑しくなった。くすんと笑うと、ピリピリ張りつめていた気持ちが急にほぐれた。

――ヨイは良い子だ。良い子になるように、ヨイと付けたんだぞ。

父はきまってそう言った。持って帰った通信簿の数字がどうであっても。

歩くヨイの前に坂道が見えてきた。柿の木坂という町の名が示すように、このあたりは坂が多い。目の前の坂のふもとには煙草屋がある。坂を上りつめるともうヨイの実家はすぐである。

ヨイは煙草屋の前に立ち止まって中を覗いた。ヨイが小さいときからおばあちゃんだった煙草屋の女主人は、今でもやっぱりおばあちゃんで、店の奥のこたつに入って小さな背中をまるめている。喉もとまでせりあがって来る懐かしい気持ちは、ⓒ今のヨイにとっては危険なものである。ヨイは懐かしさを呑みこんで、店先の赤電話に十円玉を落とした。

電話に出たのは父親だった。傘を取りに来たと用件を告げると、そうかと言って今どこにいるのかと訊いた。「下の煙草屋」というヨイの答えに、そこで待っていろとだけ言って電話を切った。気が抜けるほどあっけなかった。

五分と経たぬうちに、父は古い自転車にまたがって坂を下ってきた。脇に黒い傘を抱えている。

「ひとりで来たのか」

父は自転車から降りると、ヨイの顔から目をそらすようにして訊いた。息が白い。

「ⓓうん」

「――勘当した娘を、家に上げるわけにはいかん」

「……ⓔうん」

父は傘を娘に渡した。短い沈黙があった。

「――お前、歩いて来たのか」

ヨイが黙って頷くと、父は自転車のスタンドを立てた。

「これ、乗っていけ」

「え」

「車に気をつけろよ」

父はそう言うと背中を向けた。――お父さん、ちょっと待って。出かかったことばをあわてて押さえた。

遠ざかっていく焦茶のカーディガンの背中をしばらく見つめたあと、ヨイも自転車を押して反対向きに歩きはじめた。何を期待していたのだろうと思うと、たまらなく淋しくなった。

ヨイが自転車のカゴの中にあるものに気づいたのは、十分ほど歩いたあとだった。ヨイは足をとめて、カゴの中から白い封筒を手に取った。

二〇二二年度　春日部共栄高等学校（第一回）

【国　語】（五〇分）〈満点：一〇〇点〉

一　次の文章を読んで、後の問に答えなさい。

今年の冬はよく雨が降る。寒い日にはみぞれのような、半分凍ったものが音を立てて傘を叩く。

ヨイはビニールの傘に水滴があたる音を聴きながら、灰色の空を見あげた。ビニール越しの空の雨雲は、石灰のような色をしている。小さな頃から、雨の日のこんな感じが好きだった。雲の上から飛行機の轟音が鈍く聞こえてきたり、ひとりで歩く舗装道がいつもとは違って変に静かに思えたりするのは、なんだか自分が映画の中にいるようで、いつもヨイを浮き立った気持ちにさせるのだ。

それなのにⓐ近ごろのヨイは、雨が降ると憂鬱な気分になってしまう。それは雨そのものがいけないのではなくて、雨が降るとどうしても思い出してしまうことがヨイの胃袋の中に重くのしかかるからだった。

ヨイが最後に父に会ったのは、もう半年も前のことになる。ヨイの父親は六十三歳。三人兄妹の末っ子のヨイは父が四十になってからの娘だったから、兄妹のなかでもいちばん可愛がられた。そんなヨイがもう半年も父に会っていないのには理由がある。ヨイは勘当されたのだ。それはヨイが、父の言うところの「正体不明の男」といきなり結婚したからだった。

大学を途中でやめてのことだったから、周りの友人たちも驚いたけれど、ヨイはそれまでずっと、二十歳になるのを待っていたのだ。もともと成人を迎えたらすぐに勇司のところに飛びこむつもりでいた。ⓑ確信犯の感がある。

勇司はヨイより十一歳年上で、別に正体不明なわけではなく、写真のデザインの仕事をしている。売れっ子というわけにはいかないが、どうにかふたりで食べていける。それでも長いこと仕事がなくて、ぶらぶらしていることもある勇司だから、定年まで地方公務員を勤めあげた父にしてみれば「正体不明」と言いたくなるのも、ヨイにはわかる。けれどヨイの気持ちは止めようがなかった。それは仕方がないことだと思う。

大学をやめることはないと勇司は言ったけれど、勇司に無理をさせたくなくてヨイは自分からやめた。勇司はそのことについて未だに文句を言うけれど、ヨイ自身はやめてしまってよかったと思っている。いつでも勇司のそばにいられることがヨイには嬉しい。そんな気分は今のうちだけだと言う人もいるが、たとえ「今のうちだけ」でも、それを経験できることだけでヨイには充分だった。

スーパーマーケットの袋をぶらさげて雨の中を急ぎ、アパートに戻って扉を開けると勇司の靴があった。

「帰ってたの」

部屋に上がりながら声をかけたが返事はなかった。暗室だな、と思ってそのまま台所へ行き、買ったものを冷蔵庫にしまいはじめた。

物音に気づいた勇司が暗室から出て来て、ヨイの頭をぽんと叩く。

「いつ帰った」

「ついさっき」

それだけで勇司はまた暗室に戻ってしまう。暗室といっても勇司が押し入れに無理矢理こさえたものだけれど、そこにはヨイは入れない。そんな淋しさも、勇司といるということだけで、ヨイには我慢できる。

柿の木坂にある実家から傘を取って来ようとヨイが決心したのは、三日間雨が降り続いた次の日だった。

雨が降るたびにヨイの心を重くしていたのは一本の傘である。決して上等なものというわけではないが、黒い細身の傘はヨイにとっては大切なものだった。はじめて勇司に会った日、帰り際に俄か雨が降った。黒い傘はそのとき勇司が貸してくれて、そのままヨイが自分のものにしてしまったものなのである。

英語解答

1 No.1 ④　No.2 ③　No.3 ②
No.4 ①　No.5 ③　No.6 ①
No.7 ④

2 問1 ②　問2 ③　問3 ③
問4 ④　問5 ③　問6 ②
問7 ①　問8 ④　問9 ②
問10 ①

3 問1 ②　問2 ③　問3 ③
問4 ①　問5 ①　問6 ③
問7 ③　問8 ④
問9 ④，⑤，⑧

4 問1 29…② 30…①
問2 31…⑥ 32…②
問3 33…④ 34…⑥
問4 35…① 36…⑤
問5 37…④ 38…③

1〔放送問題〕解説省略

2〔長文読解総合─対話文〕

≪全訳≫❶アメリカの学校の教員であるアレックスは，自分の生徒のクララに日本語について話す。❷クララ（C）：日本語には漢字という特別な文字があると聞きました。漢字はどこからきたのですか？❸アレックス（A）：漢字，つまり中国の文字は約1400年前に中国から伝わったんだ。中国や韓国，台湾，その他の国でも同じような漢字が使われているけど，同じ意味というわけではないんだ。❹C：えっ，本当ですか？❺A：例えば，「手紙」という漢字は中国では「トイレットペーパー」の意味なんだよ。❻C：なるほど。同じ文字だけど意味が違うなんておもしろいですね。私は日本語に興味があって，勉強したいんです！　日本語は学ぶのが難しい言語ですか？❼A：日本語には51音しかないから，発音するのは難しくないよ。日本語の音は，文法は全く違うけど，スペイン語のように聞こえると言う人もいるんだ。❽C：日本語を話すのは簡単そうですね。❾A：そうかもしれないね。でも，日本語にはさまざまな種類があって，どの種類を使ったらいいかを知るのが難しいんだ。もし大人が子どもの言葉を使うと，おかしく聞こえてしまう。❿C：ということは，私たちはいくつか違う種類の日本語を学ばなければいけないんですね。⓫A：そうなんだ。私にとって日本語を学ぶうえで難しい部分は，どの言葉を使うべきかを知ることだった。友人には「お前」と言ってもいいけど，仕事上の顧客に言うのはよくないとわかるまでずいぶん時間がかかったよ。アメリカ人の友人が驚くべき話を教えてくれたんだ。彼は昔，友達にいつも使っていたからと，日本人の顧客を「お前」と呼んだんだ！　もちろん，(7)これは全くいい響きではなかったね。⓬C：まあ，それは大きな問題になりえますね。何か他に日本語のおもしろい特徴はありますか？⓭A：そうだね，アメリカや他の多くの国で最も重要なのは，友好的であることなんだ。だから，上司をファーストネームで呼ぶことさえよくある。だけど，日本では，友好的であることより敬意を示すことの方が大切なんだ。それで，ときに日本人はよそよそしくて冷たいと思うかもしれないけど，たぶん彼らは敬意を示そうとしているだけなんだよ。⓮C：なるほど。外国語を学ぶだけでなく，文化の違いを理解することも大切なんですね。日本についてもっと知りたいです。⓯A：いいよ。では，次回は日本食について話そう。⓰C：ありがとうございます。日本はすしで知られていますが，他の日本食についても知りたいです。次回もお話しできるのを楽しみにしています！

問1＜適語句選択＞「漢字が使われている」となればいいので，‘be動詞＋過去分詞’の受け身形にする。

問２＜適語(句)選択＞空所後で述べている「手紙」という漢字が表す意味の違いは，空所前の「同じような漢字でも同じ意味というわけではない」という内容の具体例である。 for example「例えば」 in addition「そのうえ，さらに」 in other words「言い換えれば」 moreover「さらに，そのうえ」

問３＜適語選択＞空所後に even though「～だけれど」という‘逆接’の接続詞があることに注目。文字は「同じ」だけれども，意味は different「違う」となる。第５段落の「手紙」の例から考えてもわかる。

問４＜英文解釈＞文脈から，It might beの後には直前のクララの発言にある easy to speak Japaneseが省略されていることを読み取る。このように英語では，前の内容と重複する語句は，繰り返しを避けるために多くの場合省略される。

問５＜英文解釈＞sounds funnyは‘sound＋形容詞’「～のように聞こえる」の形。主語のitは直前のif節の内容を受けている。 funny「おかしい，こっけいな」

問６＜適語選択＞直後に‘時間’を表す a long timeがあるので，‘It takes＋時間＋for＋人＋to ～’「〈人〉が～するのに(時間が)…かかる」の形だとわかる。

問７＜適文選択＞「日本人の顧客を『お前』と呼んだ」という前文の内容の続きを話しているので，当然それはよいことでないとわかる。 not ～ at all「全く～でない」

問８＜適語(句)選択＞直後の interesting features「おもしろい特徴」を修飾する語句が入る。featuresという複数名詞を修飾できるのは③か④だが，③の the otherは「(２つのうちの)もう片方，(３つ以上のうちの)残りの全ての」の意味なのでここでは不可。

問９＜適語選択＞be known for ～で「～で知られている〔有名である〕」という意味を表す。 *cf.* be known as ～「～として知られている」 be known to〔by〕～「～に知られている」

問10＜内容真偽＞①「日本語の『手紙』という文字は，中国語では別の意味を持つ」…○ 第５段落に一致する。 ②「日本語の音は50音に満たない」…× 第７段落第１文参照。 less than ～「～より少ない，～未満の」 ③「アメリカでは友好的であることより，敬意を示すことの方が大切だ」…× 第13段落第１，３文参照。敬意を示すことの方が大切なのは日本。 ④「クララは，日本について知るためには外国語を勉強することが重要だと知った」…× 第14段落参照。 ‘not only *A* but (also) *B*’「*A*だけでなく*B*も」

3〔長文読解総合─物語〕

≪全訳≫❶１年前，スーザンは目が見えなくなった。かつては本当に自立した女性だったが，今は弱くて無力だと感じ，周りのみんなに迷惑をかけなければいけないのを嫌がった。「なぜ，こんなことが私に起こったの？」 彼女は問いかけたが，答えは返ってこなかった。❷彼女は泣いて，不平を言い，祈ったが，もう視力が戻ることはないとわかっていた。一日一日を生きるだけで大変だったが，夫のマークがいて自分を手伝ってくれることは幸せだった。❸マークはパイロットで，スーザンを心から愛していた。彼女が視力を失ったばかりの頃，彼は彼女が苦しむのを見て，再び自立するための強さと自信を得る手助けをしようと決心した。❹ついに，スーザンは仕事に復帰できそうだと思った。しかし，今度は怖くてバスに乗ることができなかった。マークは，毎日彼女を職場まで車で送ろうと申し出た。❺

マークは当初，それがいい考えだと思った。しかしすぐに，それは難しく，お金もかかると気がついた。再びバスに乗らなければいけないなんて，どうスーザンに伝えたらよいのだろう。❻マークがスーザンに話すと，彼女は「私は目が見えないのよ！　自分がどこに向かっているってどうやったらわかるの？あなたが私を置き去りにしている気分だわ」と言った。❼その言葉を聞いてマークは悲しくなり，彼はスーザンがこつをつかむまで，毎朝，毎晩一緒にバスに乗ると約束した。❽２週間毎日，マークは制服を着て，スーザンと一緒に職場まで往復した。彼は，彼女がどこにいるかを知るために耳に頼る方法と，新しい環境への慣れ方を教えた。❾毎朝，２人は一緒に通勤し，マークはタクシーに乗って自分のオフィスに戻った。これは彼女を車で送るよりもお金がかかり疲れたが，マークはスーザンがすぐに１人でバスに乗れるようになるとわかっていた。彼は彼女が決して諦めないと信じていた。❿ついに，スーザンは１人で通勤してみようと決心した。月曜日の朝がきて，彼女は出発する前，マークに抱きついた。⓫彼女は彼の誠実さ，忍耐，愛を思い，目が涙でいっぱいになった。その朝初めて，(5)彼らは別々の道を行った。毎日がうまく進んだ。彼女はやれていた。全くの自力で通勤していたのだ。⓬金曜日の朝，スーザンが運賃を支払っていたとき，運転手が言った。「ああ，あなたはとても幸運ですね」⓭彼女は運転手に「なぜそんなことをおっしゃるのですか？」と尋ねた。運転手は「あなたはとても幸せに違いありません。大事にされ，守られているのですから」と答えた。スーザンは彼が何のことを話しているかわからなかったので，「どういうことですか？」ともう一度きいた。⓮運転手は答えた。「ほら，この１週間，毎朝，制服を着たあの紳士が道の向こう側に立ってあなたがバスを降りるのを見ているんです。彼はあなたが安全に道を渡るのを確かめて，あなたがオフィスビルに入るまで見ているんですよ。それから，彼はあなたに投げキスを送って，歩き去っていくんです。あなたはとても幸運です」⓯幸せの涙がスーザンのほほをつたった。彼女は目で見ることはできなかったが，いつもマークの存在を感じていた。彼女はとても幸運だった。視力よりも強力な，彼女が信じるために見る必要のない贈り物——暗やみに光をもたらす愛という贈り物——を彼が与えてくれたからだ。

問１＜適語選択＞スーザンは視力を失ったのだから，たった１日過ごすことも「大変(困難)で」あったと推測できる。その後に‘逆接’を表す but が続くので，夫がいたことは「幸せで」あったとわかる。

問２＜適所選択＞空所Ｃの直後の文にある these words に着目。これは脱落文中のスーザンの言葉を受けていると考えられる。

問３＜内容一致＞「マークはスーザンを職場まで車で送ることに決めたが，(　　)ので，すぐにそうすることが難しいと気がついた」―③「金銭上の問題に直面した」　第４段落最終文～第５段落参照。　cost「(お金)がかかる」　face「～に直面する」　financial「金銭上の，財政上の」

問４＜語句解釈＞「彼女(＝スーザン)～するまで一緒にバスに乗ると約束した」という下線部を含む部分の内容と前後の文脈から，下線部の意味を推測する。マークが付き添う必要があるのはスーザンがどのような状態になるまでなのかを考える。なお，この hang は「こつ，扱い方」という意味で，get the hang of ～ で「～のこつをつかむ」といった意味になる。

問５＜適語句選択＞前文に「マークはスーザンがすぐに１人でバスに乗れるようになるとわかっていた」とあるので，彼は彼女が諦めないと信じていたとわかる。過去における未来の予想なので，will の過去形 would が使われている①が適切(時制の一致)。　on ～'s own「１人で」　give up

「諦める」

問6＜適文選択＞第10段落に「スーザンは1人で通勤してみようと決心した」とあるので，マークがスーザンの付き添いをやめ，初めて2人が別々に通勤したと考えられる。本文中の trip とは trip (to work)「通勤」のことなので②は不可。　separate「別々の」

問7＜要旨把握＞ここでの be taken care of は「大事にされている」，be protected は「守られている」という意味。その具体的な内容は，この後のバスの運転手の説明で明らかになる。当てはまらないのは，③「マークはスーザンのバスの切符代を払った」。　pay for ～「～の支払いをする」

問8＜適語(句)選択＞空所の後に続く2つの文をつなぐ接続詞が入る。「目で見ることはできなかった」という前半の内容と，「マークの存在を感じていた」という後半の内容をつなぐのは，'逆接'の意味を表す although「～だけれども」。however「しかしながら」も'逆接'を表すが，このように後ろに2つの文を伴う形はとれない。

問9＜内容真偽＞①「スーザンは生まれたときから目が見えない」…×　第1段落第1文参照。　②「スーザンは自分の目の不平を言ったことがない」…×　第2段落第1文参照。　complain「不平を言う」　③「スーザンは出勤途中に空港でマークに会った」…×　このような記述はない。　④「マークは制服を着て，一緒にスーザンの職場に行った」…○　第8段落第1文に一致する。　⑤「マークは彼女が出勤するのを手伝った後，タクシーで自分の職場に行った」…○　第9段落第1文に一致する。　cab「タクシー」　⑥「スーザンは1人で出勤することができたので，目が涙でいっぱいになった」…×　第11段落第1文参照。初めて1人で出勤する朝，夫の忍耐や愛について考えて涙が出た。　⑦「スーザンはバスを降りるとき，バスの運転手と話すのが好きだった」…×　このような記述はない。　⑧「スーザンは，目に見えないけれど感じることのできる最高のプレゼントを夫から受け取り，とても幸せだった」…○　第15段落に一致する。

4〔整序結合〕

問1．「～をいかがですか(飲食しませんか)」は Will you have ～? で表せる。「コーヒーをもう一杯」は語群に one more があるので one more cup of coffee とまとめる。　Will you have one more cup of coffee?

問2．「〈人〉に～しないように言う」は'tell＋人＋not to ～'で表せる。not を to不定詞の前に置くことに注意。　I always tell my son not to read in the dark, but he never listens.

問3．日本語の「～ではないと思う」は，英語では通例，'don't think (that)＋主語＋動詞...'「～とは思わない」のように think を否定する形で表す。　I don't think that she likes to play sports.

問4．「最も～な…のうちの1つ」は'one of the＋形容詞の最上級＋複数名詞'で表せる。　The newspaper says that the earthquake was one of the worst disasters in history.

問5．「～ならいいのに」という'実現できそうにないことへの願望'は，'I wish＋主語＋動詞の過去形...'の形で表せる(仮定法過去)。仮定法では通例，主語が I や3人称単数でも was の代わりに were が使われるので，wish の後は there were something と続け，この後に something を修飾する関係代名詞節として I could (do for you) とまとめる(目的格の関係代名詞は省略されている)。　I wish there were something I could do for you.

数学解答

Ⅰ (1) ア…3　イ…8　ウ…1　エ…5
(2) オ…－　カ…4　(3) 3
(4) ク…3　ケ…2　コ…3　サ…4
(5) シ…2　ス…2　(6) ③

Ⅱ (1) 0
(2) ① イ…1　ウ…6
② エ…1　オ…1　カ…2
(3) 4　(4) ク…4　ケ…3

(5) コ…5　サ…2　シ…3

Ⅲ (1) ア…2　イ…8
(2) ウ…2　エ…4
(3) オ…2　カ…8　キ…2　ク…3

Ⅳ (1) ア…2　イ…2　ウ…2　エ…2
オ…3　カ…2　キ…2　ク…3
(2) ケ…2　コ…6　サ…3

Ⅰ〔独立小問集合題〕

(1)＜数の計算＞与式$=\frac{19}{3}-\left(-\frac{8}{5}+\frac{1}{3^4}\times\frac{3^7}{5}\right)=\frac{19}{3}-\left(-\frac{8}{5}+\frac{3^3}{5}\right)=\frac{19}{3}-\left(-\frac{8}{5}+\frac{27}{5}\right)=\frac{19}{3}-\frac{19}{5}=\frac{95}{15}-\frac{57}{15}=\frac{38}{15}$

(2)＜数の計算＞与式$=(\sqrt{3}+1)^2\times(\sqrt{3}+1)(\sqrt{3}-1)\times(\sqrt{3}-2)=(3+2\sqrt{3}+1)\times(3-1)\times(\sqrt{3}-2)=(4+2\sqrt{3})\times2\times(\sqrt{3}-2)=2(\sqrt{3}+2)\times2\times(\sqrt{3}-2)=2\times2\times(\sqrt{3}+2)(\sqrt{3}-2)=2\times2\times(3-4)=2\times2\times(-1)=-4$

(3)＜方程式―解の利用＞両辺にxyをかけて，$y^2-6x^2=xy$，$y^2-xy-6x^2=0$，$(y+2x)(y-3x)=0$となるので，$y+2x=0$，または，$y-3x=0$である。$x>0$，$y>0$より，$y+2x>0$なので，$y+2x=0$になることはない。よって，$y-3x=0$であり，これより，$y=3x$なので，$x:y=x:3x=1:3$である。

(4)＜連立方程式＞$\frac{4}{x+2y+1}=1$……①，$\frac{x}{2x-3y}=2$……②とする。①より，$4=x+2y+1$，$x+2y=3$……①′　②より，$x=2(2x-3y)$，$x=4x-6y$，$-3x=-6y$，$x=2y$……②′　②′を①′に代入して，$2y+2y=3$，$4y=3$　$\therefore y=\frac{3}{4}$　これを②′に代入して，$x=2\times\frac{3}{4}$　$\therefore x=\frac{3}{2}$

(5)＜平面図形―長さ―特別な直角三角形＞右図で，$\angle ABC=90°$，$\angle ACB=30°$より，△ABCは３辺の比が$1:2:\sqrt{3}$の直角三角形だから，$AC=2AB=2\times1=2$である。また，$\angle CAD=90°$，$\angle ACD=45°$より，△ACDは直角二等辺三角形だから，$CD=\sqrt{2}AC=\sqrt{2}\times2=2\sqrt{2}$となる。

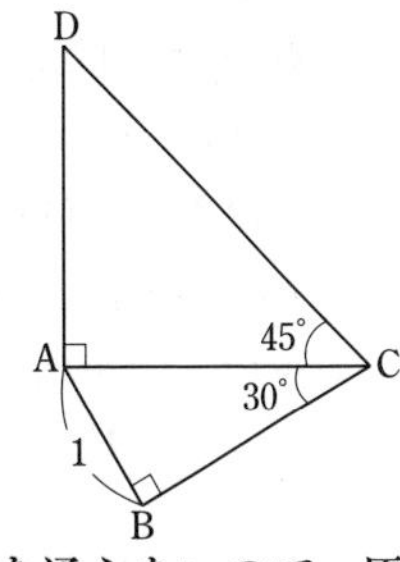

(6)＜関数―一次関数＞①…正。$x=-3$のとき，$y=2\times(-3)+3=-3$だから，一次関数$y=2x+3$のグラフは点$(-3,\ -3)$を通る。　②…正。一次関数$y=2x+3$の変化の割合は一定で，常に２である。　③…誤。直線が原点について対称であるとき，その直線は原点を通る。一次関数$y=2x+3$のグラフは，原点を通らないので，原点について対称ではない。　④…正。直線$y=2x+3$と直線$y=-x$の交点の座標は，この２式を連立方程式として解くことで得られる。$2x+3=-x$より，$3x=-3$，$x=-1$となり，これを$y=-x$に代入して，$y=-(-1)$，$y=1$となるから，交点の座標は$(-1,\ 1)$である。

Ⅱ〔独立小問集合題〕

(1)＜数の計算＞$x^2+2x-17=(3\sqrt{2}-1)^2+2(3\sqrt{2}-1)-17=18-6\sqrt{2}+1+6\sqrt{2}-2-17=0$となるので，与式$=(x-1)\times0=0$である。

(2)＜確率―さいころ＞①さいころを２回投げるとき，目の出方は，全部で$6\times6=36$(通り)ある。コマがＡのマスにある状態からさいころを２回投げてゴールに止まるのは，出た目の数の和が７となるときだから，(1回目，2回目)＝(1，6)，(2，5)，(3，4)，(4，3)，(5，2)，(6，1)の6通りある。よって，求める確率は$\frac{6}{36}=\frac{1}{6}$である。　②1回目が2，6のとき，Fのマスに止まりAに戻るので，2回目でゴールに止まることはない。また，1回目が4のとき，1回目でゴールに止まるので，適さない。よって，1回目は1か3か5であり，2回目でゴールに止まる目の出方は，(1回目，2回目)＝(1，3)，(3，1)，(5，1)の3通りとなる。よって，求める確率は$\frac{3}{36}=\frac{1}{12}$である。

(3)<数の性質>$\sqrt{5x+7y}$が自然数になるとき，$5x+7y$は，1，4，9，16，25，……のように，自然数を2乗した数である。$y=0$のとき，$5x+7y=5x+0=5x$となるので，$5x+7y$は全ての5の倍数を表すことができる。$y=1$のとき，$5x+7y=5x+7\times1=5x+5+2$だから，5でわると2余る自然数のうち，5より大きいものを全て表すことができる。$y=2$のとき，$5x+7y=5x+7\times2=5x+10+4$だから，5でわると4余る自然数のうち，10より大きいものを全て表すことができる。$y=3$のとき，$5x+7y=5x+7\times3=5x+20+1$だから，5でわると1余る自然数のうち，20より大きいものを全て表すことができる。$y=4$のとき，$5x+7y=5x+7\times4=5x+25+3$だから，5でわると3余る自然数のうち，25より大きいものを全て表すことができる。以上より，5でわると1余る1と16は表すことはできない。4余る4と9も表すことはできない。25以上の自然数は全て表せるので，$\sqrt{5x+7y}$で表すことのできない自然数は，$5x+7y=1$，4，9，16となる4個である。

(4)<平面図形―面積―相似>右図1で，$\angle ABC=90^\circ$より，$\triangle ABC=\frac{1}{2}\times BC\times AB=\frac{1}{2}\times2\times2=2$である。また，対頂角より$\angle AED=\angle CEB$，$AD /\!/ BC$より$\angle EAD=\angle ECB$だから，$\triangle EDA \backsim \triangle EBC$である。これより，$EA:EC=AD:CB=1:2$だから，$\triangle ABC:\triangle EBC=AC:EC=(1+2):2=3:2$となり，$\triangle EBC=\frac{2}{3}\triangle ABC=\frac{2}{3}\times2=\frac{4}{3}$である。

図1

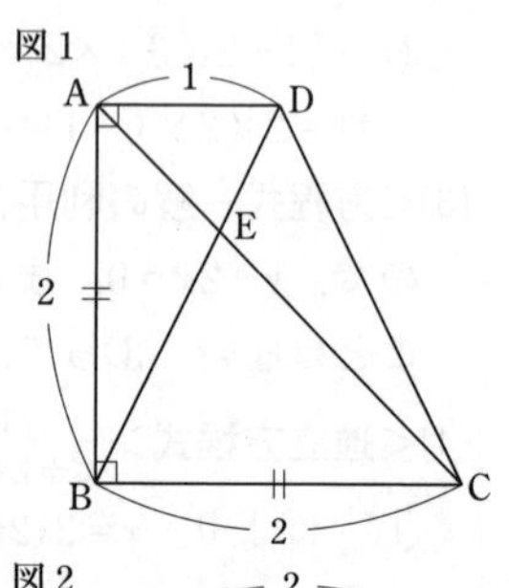

(5)<平面図形―長さ>右下図2で，円O_1と辺AB，辺ADの接点をそれぞれP，Q，円O_2と辺BC，辺CDの接点をそれぞれR，Sとすると，$O_1P=O_1Q=x$，$O_2R=O_2S=y$となる。点O_1を通り辺ABに平行な直線と，点O_2を通り辺ADに平行な直線の交点をHとすると，$O_1H=AB-O_1Q-O_2R=3-x-y=3-(x+y)$，$O_2H=AD-O_1P-O_2S=2-x-y=2-(x+y)$となる。$\triangle O_1O_2H$で三平方の定理より，$O_1H^2+O_2H^2=O_1O_2{}^2$だから，$\{3-(x+y)\}^2+\{2-(x+y)\}^2=(x+y)^2$となる。$x+y=t$とおくと，$(3-t)^2+(2-t)^2=t^2$，$(9-6t+t^2)+(4-4t+t^2)=t^2$，$t^2-10t+13=0$より，

$$t=\frac{-(-10)\pm\sqrt{(-10)^2-4\times1\times13}}{2\times1}=\frac{10\pm\sqrt{48}}{2}=\frac{10\pm4\sqrt{3}}{2}=5\pm2\sqrt{3}$$

となる。$0<t<2$だから，$t=5-2\sqrt{3}$であり，$x+y=5-2\sqrt{3}$である。

図2

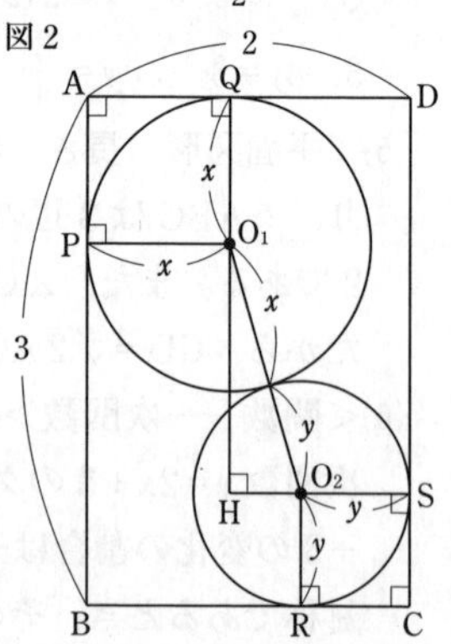

Ⅲ〔関数―関数$y=ax^2$と一次関数のグラフ〕

(1)<座標>次ページの図1で，2点A，Bからy軸にそれぞれ垂線AH，BIを引き，直線lとy軸の交点をCとする。直線lの傾きが正より，$AH<BI$となるから，$\triangle OAC<\triangle OBC$である。よって，$\triangle OAC:\triangle OBC=1:2$であり，$\frac{1}{2}\times OC\times AH:\frac{1}{2}\times OC\times BI=1:2$，$AH:BI=1:2$である。点Aの$x$座標が$-1$より，$AH=1$だから，$BI=2AH=2\times1=2$である。よって，点Bの$x$座標は2であり，点Bは放物線$y=2x^2$上の点だから，$y=2\times2^2=8$より，B(2，8)である。

(2)<直線の式>次ページの図1で，点Aは放物線$y=2x^2$上にあり，x座標は-1だから，$y=2\times(-1)^2=2$より，A(−1，2)である。(1)より，B(2，8)だから，直線lの傾きは$\frac{8-2}{2-(-1)}=2$であり，その

式は$y=2x+b$と表せる。これが点Bを通るから，$8=2\times2+b$，$b=4$であり，直線lの式は$y=2x+4$となる。

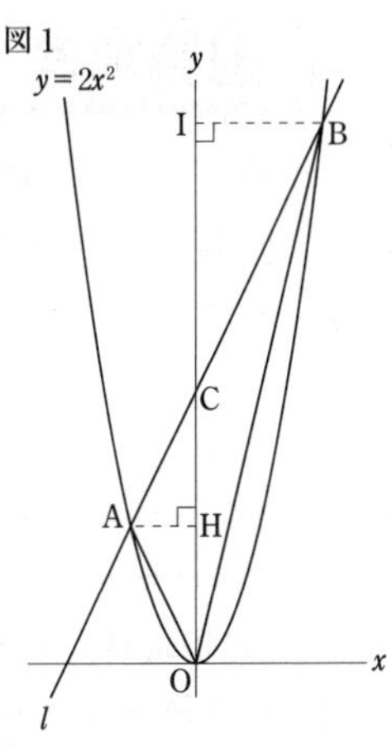

図1

(3)＜直線の式＞右下図2で，(2)より，直線lの切片が4だから，C(0, 4)であり，OC＝4となる。これより，$\triangle OAB=\triangle OAC+\triangle OBC=\frac{1}{2}\times4\times1+\frac{1}{2}\times4\times2=6$である。まず，点Aを通り$x$軸に平行な直線と直線OBの交点をDとする。辺ADを底辺としたときの△OADと△BADの高さの比は$2:(8-2)=1:3$だから，△OAD：△BAD＝1：3であり，△BAD＝3△OADとなる。よって，直線ADが求める直線の1つであり，その式は$y=2$だから，$a=2$となる。次に，$2<a<8$のとき，直線$y=a$と直線l，直線OBとの交点をそれぞれP，Qとする。$\triangle BAD=\frac{3}{1+3}\triangle OAB=\frac{3}{4}\times6=\frac{9}{2}$である。また，△BPQ＝△OADとなればよいから，$\triangle BPQ=\triangle OAD=\triangle OAB-\triangle BAD=6-\frac{9}{2}=\frac{3}{2}$である。PQ∥ADより，△BPQ∽△BADであり，$\triangle BPQ:\triangle BAD=\frac{3}{2}:\frac{9}{2}=1:3$だから，相似比は$\sqrt{1}:\sqrt{3}=1:\sqrt{3}$となる。よって，△BPQ，△BADの底辺をPQ，ADと見たときの高さの比も$1:\sqrt{3}$となる。△BADの高さは6なので，△BPQの高さは$\frac{1}{\sqrt{3}}\times6=2\sqrt{3}$であり，点Pの$y$座標は$8-2\sqrt{3}$となる。したがって，直線PQの式は$y=8-2\sqrt{3}$となるから，$a=8-2\sqrt{3}$である。

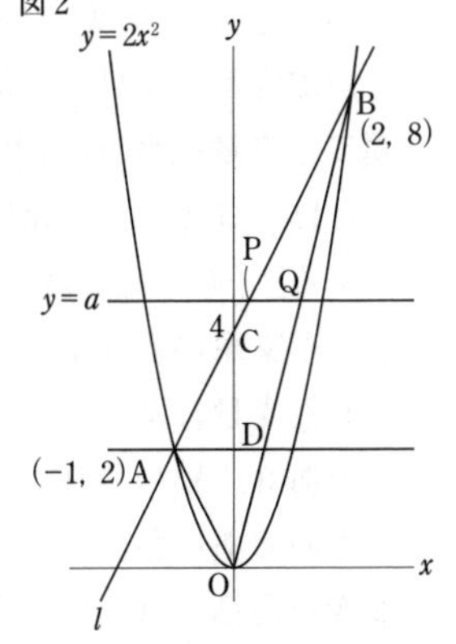

図2

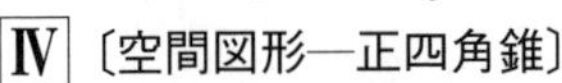

Ⅳ〔空間図形―正四角錐〕

(1)＜長さ，体積＞右下図1で，四角形BCDEは正方形だから，$BD=\sqrt{2}BC=\sqrt{2}\times4=4\sqrt{2}$である。立体ABCDEは正四角錐だから，点Fは，正方形BCDEの対角線の交点となり，$BF=\frac{1}{2}BD=\frac{1}{2}\times4\sqrt{2}=2\sqrt{2}$である。また，△ABD≡△CBDだから，$AF=CF=BF=2\sqrt{2}$である。正四角錐ABCDEの体積は，$\frac{1}{3}\times4^2\times2\sqrt{2}=\frac{32\sqrt{2}}{3}$となる。

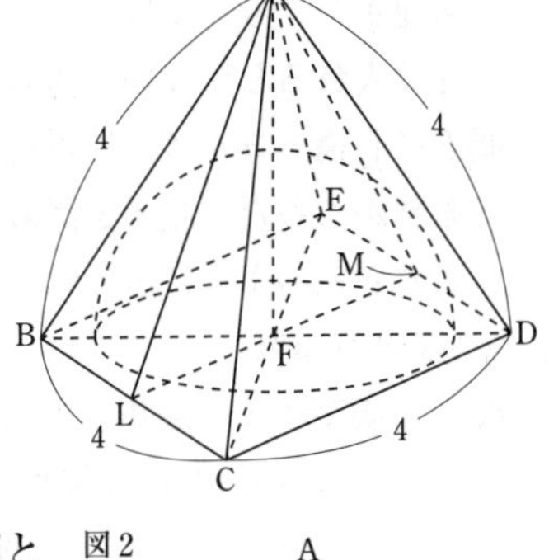

図1

(2)＜長さ＞右図1で，辺BC，辺DEの中点をそれぞれL，Mとすると，半球と面ABC，面ADEが接する点は，それぞれ線分AL上，AM上の点となる。よって，四角錐A-BCDEを3点A，L，Mを通る平面で切断すると，その切り口は右図2のようになる。半円と辺ALの接点をGとする。△ALMはAL＝AMの二等辺三角形で，AF⊥LMだから，$FL=\frac{1}{2}LM=\frac{1}{2}\times4=2$となる。(1)より，$AF=2\sqrt{2}$だから，△ALFで三平方の定理より，$AL=\sqrt{AF^2+LF^2}=\sqrt{(2\sqrt{2})^2+2^2}=\sqrt{12}=2\sqrt{3}$となる。∠AFL＝∠FGL＝90°，∠ALF＝∠FLGより，△ALF∽△FLGだから，$AF:FG=AL:FL=2\sqrt{3}:2=\sqrt{3}:1$であり，$FG=\frac{1}{\sqrt{3}}AF=\frac{1}{\sqrt{3}}\times2\sqrt{2}=\frac{2\sqrt{6}}{3}$となる。よって，半球の半径は$\frac{2\sqrt{6}}{3}$である。

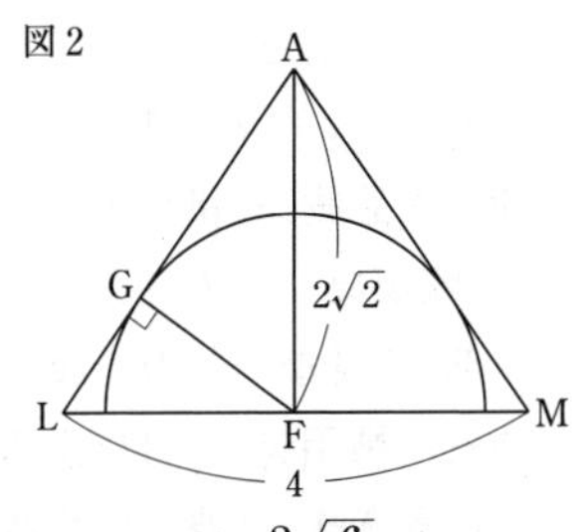

図2

2022年度／春日部共栄高等学校（第１回）

国語解答

一　問一　③　　問二　①　　問三　④
問四　②　　問五　④

二　問一　㋐…③　㋑…④　㋒…③　㋓…②
㋔…①
問二　③　　問三　④　　問四　①

三　問一　①　　問二　②　　問三　③
問四　④　　問五　③　　問六　②

四　問一　㋐…②　㋑…①　㋒…④
問二　③　　問三　②　　問四　③
問五　④

五　問一　④　　問二　③

一〔小説の読解〕出典；鷺沢萠『柿の木坂の雨傘』。

問一＜文章内容＞勇司に借りた傘を実家に置き忘れてきてしまった日から，ヨイは，「あの傘だけは『今の』自分の家に持って来なければ」と思いながら，取りに帰ることができずにいた。そのため，雨が降るのを見ているとその傘のことが思い起こされ，ヨイは憂鬱な気分になるのだった。

問二＜文章内容＞「もともと成人を迎えたらすぐに勇司のところに飛びこむつもりでいた」ということは，ヨイは，結婚は成人後の正当な行為であるという自分の考えが正しいと信じて結婚したのである。「確信犯」は，信念に基づいて，正しいと信じて行われる犯罪行為のこと。

問三＜文章内容＞半年ぶりに実家を訪れる途中でよみがえった子どもの頃の思い出や，目にした見慣れた光景によって，ヨイは懐かしい気持ちになった。その懐かしさは，実家への思いを強めるものであり，勘当されても結婚を選んだことは正しかったと信じるヨイの気持ちを不安定にしてしまうものであった。

問四＜心情＞ヨイは，実家に向かっているとき，家族の顔を思い浮かべて期待と不安を抱いていたが，父から「ひとりで来たのか」と聞かれて，実家に連れていかれることを期待した(…ⓓ)。しかし，父親から「家に上げるわけにはいかん」と言われて，残念だが勘当されているという自分の立場を受け入れるしかないと諦め，寂しくてたまらなくなった(…ⓔ)。

問五＜心情＞ヨイは，結婚祝いの袋に気づいたとき，立っていられずうずくまってしまうほど強く心を動かされた。結婚を認めてくれた父からの祝儀袋と，勇司が貸してくれた傘は，ヨイへの愛情を表すもののように思われ，そんな二人に，ヨイは感謝するとともに愛情を感じていた。

二〔国語の知識〕

問一＜漢字＞㋐「雇用」と書く。①は「懐古」，②は「回顧」，④は「誇示」。　㋑「既存」と書く。①は「分岐」，②は「常軌」，③は「規制」。　㋒「楼閣」と書く。①は「浪費」，②は「廊下」，④は「漏電」。　㋓「交歓」と書く。①は「乾燥」，③は「換気」，④は「喚起」。　㋔「素行」と書く。②は「粗末」，③は「基礎」，④は「措置」。

問二＜品詞＞「親しくない」の「ない」と「面白くなかった」の「なかっ」は，補助形容詞「ない」。「暇がない」の「ない」は，形容詞「ない」。「何気なく」の「なく」は，形容詞「何気ない」の一部。「見ない」の「ない」は，打ち消しの助動詞「ない」。

問三＜慣用句＞「目に余る」は，あまりにひどくて，黙って見過ごすことができないほどである，という意味。「彼」の行為はあまりにひどくて，黙って見過ごすことができないほどであり，「到底許すことが出来ない」のである。

問四＜熟語の構成＞「蓄積」「分解」「消費」「放出」は，同じような意味の漢字を重ねた熟語。「老齢」は，上の字が下の字を修飾している熟語。

三〔随筆の読解—哲学的分野—人生〕出典；岡田育『我は，おばさん』。

≪本文の概要≫アリソン・ベクダルは，幼い頃父親と立ち寄った軽食堂で，男の格好をして，男のように行動する女性のトラック運転手を見かけた。アリソンは，まだ自身の性的指向性を自覚する前であったが，その女性の姿に喜びを感じ，その後もその姿に励まされ続けた。彼女の自伝的著書『ファン・ホーム　ある家族の悲喜劇』は，後にミュージカルとして舞台化された。その軽食堂のくだりでは，アリソン役の少女が，一方的に眺めただけの初めて見かけるタイプの人間に向かって，あなたのことがわかると歌う。トニー賞の授賞式でこの歌が披露され，少女が性的指向性を自覚する瞬間を歌い上げる様子が，多くの人が視聴する時間帯に，テレビで全米に生中継された。このようにして，マイノリティが一目でそれとわかる姿で一瞬でもテレビに現れるだけで，周囲から理解を得られずに悩む少年少女たちは，励まされ勇気づけられるのである。

問一＜四字熟語＞生涯に一度だけの出会いであっても，「目に焼き付けた情景が，何年もの間，見た者を励まし続けることがある」とアリソン・ベクダルは著書の中で述べている。「一期一会」は，一生に一度しかない出会いのこと。「一蓮托生」は，人と行動や運命を共にすること。「一日千秋」は，一日が千年のように長く思われることで，待ち遠しいことのたとえ。「一木一草」は，一本の木と一本の草で，わずかなことのたとえ。

問二＜文章内容＞アリソンが幼い頃，父親は，彼女に「女の子らしい服装や髪型」を強要し，また，男性的な姿のトラック運転手を見て不機嫌そうであった。だから，アリソンは，「ああいうふうになりたいのか？」ときかれて「なりたい」と答えれば父親は怒るだろうと考えた。アリソンは，父親が怒るのを避けたかったのである。

問三＜文章内容＞「見ただけで同じ国から来たことがわかるように」，アリソンは初めて見かけるタイプの女性のことがわかった，つまり，彼女がマイノリティであることを理解できた。そのため，ミュージカルでは，アリソンはその女性に向かって，私はあなたのことがわかると繰り返し呼びかけるのである。

問四＜文章内容＞幼い少女のアリソンが自身の性的指向性に気づいた瞬間を，わずか十一歳の女優が表現力豊かに歌い上げ，その様子が多くの人が視聴する時間帯にテレビで全米に生中継されたことに，筆者は感動したのである。

問五＜文章内容＞トニー賞の特番では，受賞者やその関係者のマイノリティたちが，キリンのように物珍しく扱われる「クィア」な自分たちでも，誰にも虐げられず幸福に生きているのだということを，視聴しているマイノリティの少年少女たちに，テレビ画面を通して語りかけている。

問六＜指示語＞テレビ放送では，「『見ただけで同じ国から来たことがわかる』ような姿」，言い換えれば，ある人物が一見してマイノリティだとわかる見た目で画面に映ることがある。そして，映った時間はわずかであっても，「おばさんが，甥たち姪たちのさまよえる魂を救済する」，つまり，マイノリティの大人の姿が，周囲の理解を得られずに悩む少年少女たちを勇気づけ，励ますことがあることを，「テレビと共に育った我々」は，よく知っているのである。

四〔古文の読解—説話〕出典；『十訓抄』六ノ三十六。

≪現代語訳≫横川の恵心僧都の妹の，安養の尼上のところに，強盗が入って，ある限りの道具を全て奪い取って行ってしまったので，尼上は紙衾というものだけ，引っ掛けて着て座っていらっしゃったところ，姉尼のところに小尼上という人がいて，（その人が）走って参上して見ると，小袖を一つ落としていたのを，（小尼上が）「これを落としております。お召しください」と言って，持ってきたところ，「（盗人は）それを盗んでいった後は，（その小袖を）自分のものと思っているでしょう。持ち主の納得しないものをどうして着ることができましょう(いや，できません)。まだ，まさか遠くに行っていないでしょう。すぐに持っていって与えてください」と(尼上が)言うので，(小尼上が)門の方に走って，「もし，もし」と言って呼び返して，「これを落とされました。確かに差し上げましょう」と言ったので，盗人たちは立ち止まって，しばらく思案した様子で，「具合の悪いところに参上してしまった」と言って，取った物を，そのまま返して置いて，帰ったということである。

問一＜古文の内容理解＞㋐「奉れ」は，ここでは「着る」の尊敬語「お召しになる」という意味の動詞「奉る」の命令形。小尼上は，小袖を尼上に持ってきた。　㋑「よも」は，下に打ち消し推量の助動詞「じ」を伴って，まさか，という意味になる副詞。「よも〜行かじ」は，まさか〜行っていないだろう，という意味になる。尼上は，まだ近くにいるであろう盗人に小袖を持っていくように，小尼上に言った。　㋒「奉らむ」は，ここでは「与ふ」の謙譲語で，差し上げる，という意味の動詞「奉る」＋意志を表す助動詞「む」で，差し上げましょう，という意味になる。小尼上は，盗人を呼び返して，小袖を渡そうとした。

問二＜古文の内容理解＞尼上のところに小尼上という人がいて，その人が走って参上して見ると，盗人が小袖を一つ落としていたので，小尼上は，これを落としております，お召しください，と言って，その小袖を尼上のところへ持ってきた。

問三＜古文の内容理解＞尼上は，「それを取りてのちは，わが物とこそ思ひつらめ」，つまり，盗人は，盗んだ後は小袖を自分のものと思っているだろう，と考えた。だから，小袖の持ち主である盗人が着ることを認めないだろうその小袖を，私が着ることなどできない，と尼上は言った。

問四＜古文の内容理解＞小袖を渡された盗人は，小袖の持ち主である尼上が，盗人に対しても憐れみの心を持っていることに心を動かされた。そして，盗人は，盗みをしてはいけない人のところへ入ってしまったと反省し，盗んだものを返さなくてはいけないという気持ちになった。

問五＜文学史＞『今昔物語集』は，平安時代末期に成立した説話集。『宇治拾遺物語』は，鎌倉時代初期に成立した説話集。『発心集』は，鎌倉時代初期に成立した鴨長明の説話集。『万葉集』は，奈良時代に成立した，現存する我が国最古の歌集。

五〔資料〕

問一．この条例は，県，県民，エスカレーターに関係する事業者を対象に策定されたものである(①…×)。この条例により，県民は，「エスカレーターの安全な利用に関する取組を自主的かつ積極的に行うよう」努めるという責任と義務を負う(②…×)。「立ち止まった状態でエスカレーターを利用しなければならない」エスカレーターの利用者は，埼玉県民とは限定されていない(③…×)。知事は，必要を認めるとき，管理者に対して「指導，助言及び勧告をすることができる」，つまり，エスカレーターの管理の仕方について介入し，適切な行動や措置をとるように注意することができる(④…○)。

問二．【資料１】によると，県民，関係事業者がエスカレーターの安全利用を心がけることや，利用者がエスカレーターを立ち止まって利用すること，そのことを管理者が利用者に周知することは義務づけられているが，違反したときの罰則規定はない(①…×)。また，埼玉県以外の地域の取り組みについては，【資料３】からわかる(②…×)。【資料２】で，第５回から第８回までのそれぞれの調査における原因を比較すると，「乗り方不良」を原因とする事故が他の原因によるものより突出して多い(③…○)。また，【資料２】の調査は1998年から2014年にかけて行われているが，「埼玉県エスカレーターの安全な利用の促進に関する条例」は，令和３(2021)年に施行されているから，【資料１】の第四条によって「事業者の危機管理意識が高まった」とは考えられない(④…×)。

2022年度 春日部共栄高等学校（第２回）

【英　語】（50分）〈満点：100点〉

■リスニングテストの音声は，当社ホームページで聴くことができます。（実際の入試で使用された音声です）
再生に必要なユーザー名とアクセスコードは「収録内容一覧」のページに掲載しています。

1 放送を聞いて答える問題

問題は全部で７問あり、放送はすべて英語で行われます。放送中メモを取ってもかまいません。各問題について英語は２回ずつ放送されます。

【No. 1，No. 2】

Listen to each talk, and choose the best answer for each question.

No. 1　　1

①　2021 10月 7 木曜日　　②　2021 10月 17 日曜日　　③　2021 10月 18 月曜日　　④　2021 10月 19 火曜日

No. 2　　2

① 　　② 　　③ 　　④

【No. 3，No. 4】

Listen to each situation, and choose the best answer for each question.

No. 3　　3

① Sounds strange.　　② Who knows?

③ I can't wait.　　④ Oh no.

No. 4 [4]

① It's my pleasure. ② Say, "cheese."

③ Never mind. ④ Thanks a lot.

【No. 5 ～ No. 7】

Listen to the talk about a festival called the Japan Festival, and choose the best answer for each question.

No. 5 [5]

① It's September.

② It's October.

③ It's November.

④ It's December.

No. 6 [6]

① Over 350 people did.

② Over 600 people did.

③ Over 3,500 people did.

④ Over 6,000 people did.

No. 7 [7]

① Because she asked foreign visitors some questions about the festival.

② Because she also wanted to come to the festival again next year.

③ Because she learned many of the visitors wanted to visit the festival next year.

④ Because she knew next year's festival would be more exciting.

※＜リスニング問題放送原稿＞は英語の問題の終わりに付けてあります。

2 次の会話を読んで、後の問いに答えなさい。

Mary and her classmates are talking about their future. Their teacher, Mr. White, is giving advice to them and hopes that his students will be successful in the future.

Mr. White : Do you have any future dreams? When I was a child, I wanted to be a scientist, but I am a science teacher now. I actually gave up ［ (1) ］ more after I graduated from my university because I didn't have enough money to study in graduate school and found (2)<u>a new goal</u>. I decided to become a science teacher instead of a scientist when I went to my high school for teaching practice to get a teacher's license. Students' smiles changed my mind.

Mary : I didn't know you wanted to be a scientist. I want to live happily but I don't have a specific job which I want to do in the future. Do you have a dream, James?

James : I haven't decided but I want to help people. When I went to a home for the aged, I ［ (3) ］ that it was interesting to take care of old people. I want to know many kinds of jobs and to help people.

Mr. White : Mary, don't worry about your dream. You will be able to find the thing you really want to do in the future if you keep looking for it. James, how about working as a nursery teacher? Children also need help. Why don't you choose nursery school teaching for the career experience program next month?

Mary : I will learn about many kinds of jobs to find my future career. First, I will go to the library to borrow books (4)<u>write</u> about careers. When I ［ (5) ］ reading some books, I will meet my uncle working as a business consultant. I think he knows many jobs and might give me some advice for the career experience program.

James : Mary, your plan is amazing. I think you can learn many things from your uncle and books. Mr. White, I will choose nursery school teaching for my career experience program and ask teachers about their motivation to work. In addition, I want to know why they chose to become nursery teachers. By the way, Bob, have you decided what to do in the career experience program?

Bob : Yeah, I'm going to a trading company because I want to work at an international company and use my language skills.

James : That's great. You speak English and Spanish, don't you?

Bob : Actually, English and Chinese. I was raised in China when I was an elementary school student. I learned how to speak Chinese and enjoyed communicating with Chinese people.

Mr. White : Bob, you already have your goal for the future. That's very good. I want you to follow your dream and make your skills better. Now everyone, even if you haven't decided your goals for the future, remember that you always have to keep thinking about your dreams and try to get useful knowledge and experience from classes.

問1 Mr. White が子どもの時になりたかったものは何か。最も適当なものを選び、番号で答えなさい。 8

① 理科の先生　② 保育士　③ 科学者　④ 看護師

問2 空所 (1) に入る最も適当なものを選び、番号で答えなさい。 9

① study　② to study　③ studied　④ studying

問3 下線部 (2) の内容として最も適当なものを選び、番号で答えなさい。 10

① to be a scientist　② to be a teacher

③ to go back to his high school　④ to get a driver's license

問4 空所 (3) に入る最も適当なものを選び、番号で答えなさい。 11

① made　② found　③ got　④ talked

問5 Mr. White は Mary と James にそれぞれどのような提案をしたか。最も適当な組み合わせを選び、番号で答えなさい。 12

① Mary に自分の親戚に会って話をするように提案した。
James に保育園で職業体験をするように提案した。

② Mary に自分の親戚に会って話をするように提案した。
James に将来やりたいことを探し続けるように提案した。

③ Mary に将来やりたいことを探し続けるように提案した。
James に自分の親戚に会って話をするように提案した。

④ Mary に将来やりたいことを探し続けるように提案した。
James に保育園で職業体験をするように提案した。

問6 下線部 (4) を正しい形にした場合、最も適当なものを選び、番号で答えなさい。 13

① writes　② wrote　③ writing　④ written

問7 空所 (5) に入る最も適当なものを選び、番号で答えなさい。 14

① finish　② finishes　③ will finish　④ am going to finish

問8 James は職業体験で何を尋ねるつもりか。最も適当なものを選び、番号で答えなさい。 15

① 仕事に対するモチベーションと給料。

② 仕事で大変なことと仕事に対するモチベーション。

③ 仕事に対するモチベーションと仕事を選んだ理由。

④ 仕事を選んだ理由と仕事で大変なこと。

問9 Bob について本文と一致する最も適当なものを選び、番号で答えなさい。 16

① He can speak English and Spanish and studied in China.

② He wants to go to a trading company in the career experience program because he can have a chance to work in China.

③ He can speak more than two languages and wants to work at an international company.

④ He wants to work at an international company because he thinks his skills are useful for it.

問10 本文と一致する最も適当なものを選び、番号で答えなさい。 17

① Mr. White wants his students to try to look for their dreams and to learn from their school lives.

② Mr. White thinks that all students should have their dreams but they have no time to look for them.

③ Bob wants to speak many languages so he is studying Chinese now and James is also studying it.

④ Mary finally found her future goal and decided where to go in the career experience program because Mr. White gave her some advice.

3 次の英文を読んで、後の問いに答えなさい。

People love and need animals. They keep them in their homes and on their farms. They enjoy going to zoos, and （1） animals on film and on TV. Little children love to play with toy animals. On the other hand, people have become a great danger to animals. They take their land and cut down trees that are homes for animals. They pollute the rivers and seas. In some countries, hunters kill big animals for their skins or horns to make money. Sometimes people want to buy animals to make medicine. Today, humans have become the biggest danger to animals.

In 1996, we knew of 5,000 animal species in danger of (2) extinction. Today, about 7,000 species are in danger. Perhaps there are many more—we cannot know. So, many species of animals are at risk. (3) Why does this matter?

The world is a more interesting and beautiful place because there are animals in it. When you go outside, what do you see? Trees, flowers, and also animals. You can see birds in the trees and in the sky. You visit other countries, and the animals there are different—perhaps bigger or faster or in more beautiful colors. You watch them and take photographs of them. Cats and dogs live happily with people in their homes, but (4) wild animals want to be free. We are interested in how they live, what they eat and drink, and where they sleep. We want to know more about them. [A]

Animals also help us in many important ways. When scientists learn about animals, they understand people better, too. Scientists can help sick people by studying animals that are alive or dead. Many years ago, people were afraid of (5) smallpox. When someone had smallpox, 30 percent of the people near them died. But other people did not get ill, because people did not move from place to place. When people began to visit different countries more often, smallpox went more quickly and easily from one person to another. The scientist Dr. Edward Jenner found the answer to this problem: it was a vaccine, and it came from cows. With the help of cows, nobody in the world has smallpox now. [B]

Of course, we want to help animals because we are animals too. [(6)] Chimpanzees can walk on two legs and eat with their hands. You can see in their faces when they are happy, angry, or afraid. Wild chimpanzees only live in Africa, and in thirty years their numbers went down from about 600,000 to less than 200,000. This is because people are taking their land. Also, when humans near them become ill, they get ill too. Hunters have also killed them for their meat. In bad times we help other people because they matter. Animals matter to us too. If we don't do anything, a lot more animal species are going to disappear. [C]

Humans and animals live in one world. Our land is their land; our trees are their trees; our rivers are their rivers. We need to protect animals because at the same time we are protecting our world.

[D]

問1　空所 [(1)] に入る最も適当なものを選び、番号で答えなさい。 [18]

① touching　② watching　③ reading　④ catching

問2　下線部 (2) の意味として最も近いものを選び、番号で答えなさい。 [19]

① die out completely　② come alive again　③ change in form　④ continue to live

問3　下線部 (3) の答えとして、適当でないものを1つ選び、番号で答えなさい。 [20]

① 私たち人間も動物であるので、他の動物を助けたいから。

② 世界が興味深い場所であるのは、多くの動物が生息しているおかげだから。

③ 動物が住む場所を移動する時、人間の手助けが必要だから。

④ 動物を研究することは、人間について知ることでもあるから。

問4　下線部 (4) についての記述として最も適当なものを選び、番号で答えなさい。　21

① They live with people in homes.

② People know everything about them.

③ They get food from humans to stay alive.

④ Humans are interested in where they live.

問5　次の英文を本文中に入れるには A ～ D のどこが最も適当か、番号で答えなさい。　22

We cannot close our eyes to this problem.

① A　② B　③ C　④ D

問6　下線部 (5) についての記述として最も適当なものを選び、番号で答えなさい。　23

① 牛にワクチンを打つことにより、smallpox が消滅した。

② Smallpox に感染した人の生存率は、30パーセントだった。

③ 牛を研究することにより、人間は smallpox から身を守れるようになった。

④ 移住することにより、人々は smallpox から逃れることができた。

問7　空所 (6) に入る文として最も適当なものを選び、番号で答えなさい。　24

① Animals can show their feelings on their faces.

② Each animal looks very different from one another.

③ Animals and humans can express their feelings with their body.

④ Humans do not look very different from some animals.

問8　本文の内容に合うよう、次の英文の（　）に入る最も適当なものを選び、番号で答えなさい。　25

More wild chimpanzees will die (　　) humans don't help them.

① if　② and　③ or　④ so

問9　本文の内容と一致するものを３つ選び、番号で答えなさい。ただし、解答の順番は問わない。

26 ～ 28

① Rivers and seas are polluted by wild animals.

② Some hunters kill animals to sell their skins and horns.

③ More animal species were at risk in 1996 than now.

④ Dead animals can also help scientists learn more about humans.

⑤ Dr. Jenner made a vaccine from cows to save animals in the wild.

⑥ In Africa, more than 600,000 chimpanzees were killed in thirty years.

⑦ Humans get sick, but wild animals don't get sick like humans.

⑧ Protecting the environment is important because some animals are in danger.

4 次の問い（問１～問５）において、①～⑥の語（句）を日本語の意味を表すように並べかえて、文を完成しなさい。解答は [29] ～ [38] に入るものの番号のみを答えなさい。なお、文頭に来るべき語も小文字にしてある。

問１　あなたは彼女がいつここに着くか知っていますか。

Do ＿＿＿ [29] ＿＿＿ ＿＿＿ [30] ＿＿＿ here ?

①　know　②　arrive　③　you　④　will　⑤　she　⑥　when

問２　ケンは化学がテーマの雑誌を３冊買った。

Ken ＿＿＿ [31] ＿＿＿ ＿＿＿ [32] ＿＿＿ chemistry.

①　is　②　three　③　subject　④　whose　⑤　magazines　⑥　bought

問３　これは私が今まで解いた中で最も難しい問題だ。

This is ＿＿＿ [33] ＿＿＿ ＿＿＿ [34] ＿＿＿ solved.

①　the most　②　that　③　have ever　④　question　⑤　difficult　⑥　I

問４　彼は私のアドバイスなしでは、その宿題をすることが出来ない。

He ＿＿＿ [35] ＿＿＿ ＿＿＿ [36] ＿＿＿ .

①　without　②　advice　③　his homework　④　do　⑤　my　⑥　can't

問５　もし、私が100万円あげたら、あなたは何を買いますか。

＿＿＿ [37] ＿＿＿ ＿＿＿ [38] ＿＿＿ gave you a million yen ?

①　buy　②　would　③　if　④　what　⑤　I　⑥　you

<リスニング問題放送原稿>

Hi-light … Male Voice

※「チャイム」

これから「放送を聞いて答える問題」を始めます。
問題は全部で7問あり，放送はすべて英語で行われます。放送中メモを取ってもかまいません。各問題について英語は2回ずつ放送されます。
では，始めます。

Look at No. 1 and No. 2.
Listen to each talk, and choose the best answer for each question.
Let's start.

No. 1

A：What's the date today, Ken?
B：It's October 17.　We'll have an English test tomorrow, right?
A：No.　It's the day after tomorrow.　We'll have a math test tomorrow.
B：Really?　Thank you for telling me that.

Question：When is the English test?

（会話と質問を繰り返します。）

No. 2

A：It's a nice day today, Mom.　It's bright and sunny.
B：Yes, but I hear it will rain in the afternoon and snow in the evening.
A：Are you sure?
B：Yes.　You should come home early today.

Question：How will the weather be today?

（会話と質問を繰り返します。）

Look at No. 3 and No. 4.

Listen to each situation, and choose the best answer for each question.

Let's start.

No. 3

Nancy gets a phone call from her grandfather.

He says he will come to her house next month.

Nancy is so happy because she likes him very much.

Question: What will Nancy say to her grandfather?

（英文と質問を繰り返します。）

No. 4

Saki visits a zoo to see pandas.

One of the foreign tourists at the zoo asks Saki to take a picture of him with the pandas.

She does it for him.

Question: What will the tourist say to Saki?

（英文と質問を繰り返します。）

Look at No. 5 to No. 7 on page 2.
Listen to the talk about a festival called the Japan Festival, and choose the best answer for each question.
Let's start.

Hello, everyone. I'm Aya Suzuki. Today, I'm going to talk about the Japan Festival held in our city last month.

The festival was held from October 3rd to 7th at Musashi Stadium. More than 6,000 people visited in the five days. Over 3,500 people came on the 4th and 5th, and there were not so many visitors on the 6th because it rained all day long.

All the forty-seven prefectures in Japan joined the festival. They introduced their own history, culture, and food at each booth. Some of them performed their traditional music and dance. A lot of visitors enjoyed the festival. There were not only Japanese, but also many visitors from other countries. I asked them, "Which booth are you interested in?" The most popular prefecture was Okinawa, and Hokkaido came second.

I also asked, "Do you want to come to the festival again next year?" Many of them answered, "Yes." I was glad to hear that. I hope next year's festival will be even more exciting.

No. 5

Question： What month is it now?

No. 6

Question： How many people joined the festival in all?

No. 7

Question： Why was Aya glad?

（英文と質問を繰り返します。）

以上で「放送を聞いて答える問題」を終わります。では，ほかの問題を始めてください。

【数　学】 (50分) 〈満点：100点〉

(注意) (1) 問題の文中のア，イ，ウ，……の１つ１つは，それぞれ０から９までの数字，または－のいずれか１つに対応します。それらをア，イ，ウ，……で示された解答欄にマークしなさい。

(2) 分数形で解答が求められたときは，既約分数で答えなさい。符号は分子につけ，分母につけてはいけません。

(3) 問題文中にある図は必ずしも正確ではありません。

(4) 円周率はπとして計算しなさい。

Ⅰ　次の各問いに答えなさい。

(1) $\left(1-\frac{1}{7}\right)^2+\left(2-\frac{2}{7}\right)^2+\left(3-\frac{3}{7}\right)^2+\left(4-\frac{4}{7}\right)^2=\frac{\boxed{アイウエ}}{\boxed{オカ}}$

(2) $\left(\sqrt{24}+\sqrt{18}\right)^2-\left(\sqrt{24}-\sqrt{18}\right)^2=\boxed{キク}\sqrt{\boxed{ケ}}$

(3) １次方程式　$\frac{5x+4}{6}=\frac{3x-7}{8}-x+2$　を解くと，$x=\frac{\boxed{コサ}}{\boxed{シス}}$

(4) 和が４，積が－96である２つの整数は，小さい方から順に $\boxed{セソ}$ ， $\boxed{タチ}$

(5) 点Oを中心とする図のような円において，

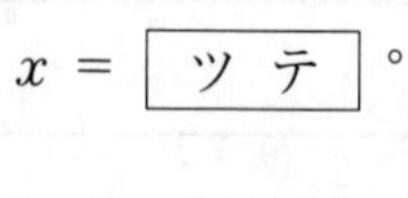
$x=\boxed{ツテ}$°

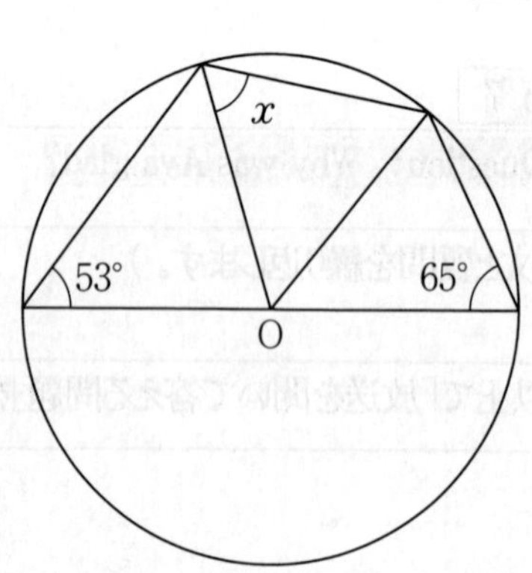

(6) 右の表は，ある中学校の3年生の生徒40人の数学のテストの得点を度数分布表に表したものです。度数分布表から読み取れるものとして誤っているものを下記①～④より1つ選ぶと ト

得点の階級(点)	度数(人)
40以上50未満	3
50 ～ 60	5
60 ～ 70	12
70 ～ 80	11
80 ～ 90	9
計	40

① 得点の低い方から21番目の生徒が含まれる階級は70（点）以上80（点）未満

② 中央値は69点以上

③ 40点以上70点未満の生徒数は全体の半数以下

④ 階級の幅は10点

また，この結果をもとにしてこの中学校の3年生全体220人のうちの得点が60点以上70点未満の生徒の人数を推定すると，およそ ナニ 人

Ⅱ 次の各問いに答えなさい。

(1) $x=2022$ のとき，$x^2-24x+44=$ アイウエオカキ

(2) 赤のカードが1枚，白のカードが2枚，青のカードが3枚あり，そのカード6枚すべてを横一列に並べます。

同じ色のカードを区別しないとき，次の各問いに答えなさい。

① 白のカードが隣り合うような並べ方は，全部で クケ 通り

② 青のカードが隣り合わないような並べ方は，全部で コサ 通り

(3) 21個の約数を持つ自然数のうち，最小の数は シスセ

(4) 下の図において，斜線部の面積は $\dfrac{\text{ソタ}}{\text{チ}}\left(\text{ツ}\sqrt{\text{テ}}-\pi\right)$

ただし，点Oは円の中心とします。

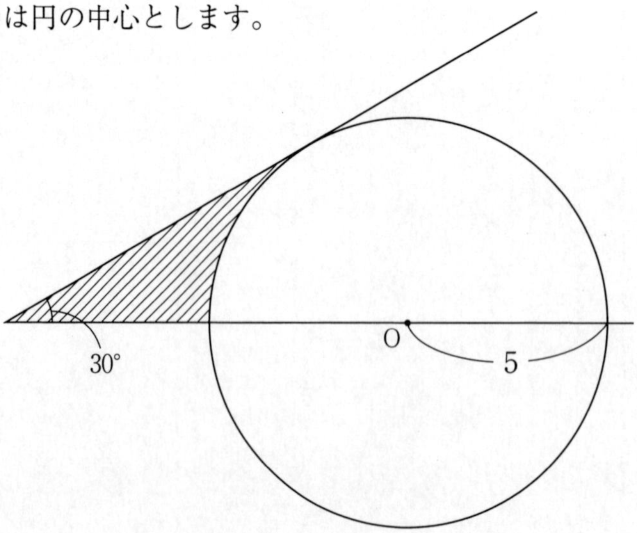

(5) 1辺の長さが20である正四面体ＡＢＣＤがあります。辺ＡＤ，辺ＢＣ上に

それぞれ点Ｅ，点ＦをＡＥ：ＥＤ＝ＢＦ：ＦＣ＝2：1となるようにとります。

また，辺ＡＣ上に点ＧをＥＧ＋ＧＦが最小となるようにとります。

このとき，ＥＧ＝ $\dfrac{\boxed{トナ}}{\boxed{ニ}}$

Ⅲ 放物線Ｃ：$y=\dfrac{1}{2}x^2$ と直線ℓ：$y=mx+n$ があり，Ｃとℓは2点Ａ，Ｂで交わっています。ただし，点Ａのx座標は-4で，点Ｂのx座標は8です。

また，y軸に関して点Ａと対称な点をＤとし，直線ℓとy軸の交点をＥとします。

次の各問いに答えなさい。

(1) Ａの座標は（－4，$\boxed{ア}$）

Ｂの座標は（8，$\boxed{イウ}$）

であるから　$m=\boxed{エ}$，$n=\boxed{オカ}$

(2) Ｄの座標は（$\boxed{キ}$，$\boxed{ク}$）

(3) y軸上に点Ｐを，三角形ＢＰＤの周の長さが最小になるようにとります。

① 点Ｐの座標は（0，$\boxed{ケコ}$）

② 三角形ＢＰＤの周の長さは $\boxed{サシ}\sqrt{\boxed{ス}}+\boxed{セ}\sqrt{\boxed{ソタ}}$

③ 三角形ＢＰＤの面積は $\boxed{チツ}$

Ⅳ　図のように，ＡＢ＝３，ＡＤ＝７，ＡＥ＝５である直方体ＡＢＣＤ－ＥＦＧＨがあり，対角線ＡＧ上にＦＩ⊥ＡＧとなるように点Ｉをとります。
次の各問いに答えなさい。

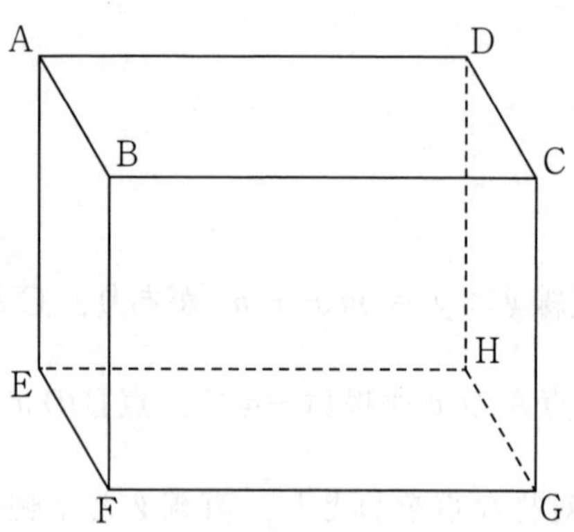

(1)　ＡＦ＝$\sqrt{\boxed{アイ}}$

(2)　三角形ＡＦＧの面積は　$\dfrac{\boxed{ウ}\sqrt{\boxed{エオ}}}{\boxed{カ}}$

(3)　ＡＧ＝$\sqrt{\boxed{キク}}$

(4)　ＦＩ＝$\dfrac{\boxed{ケ}\sqrt{\boxed{コサシス}}}{\boxed{セソ}}$

問一　【資料1】から読み取れる内容として最も適当なものを、次の①～④のうちから一つ選びなさい。解答番号は〈26〉

①　取扱加盟店からの問い合わせに対応するのは、市役所都市整備部の電話窓口となっている。

②　プレイート購入者が実際に買い物をしたとき、取扱加盟店への支払いは事務局から行われる。

③　春日部市が抽選を行い、プレイートの購入希望者に直接食事券を送付する仕組みとなっている。

④　プレイートの購入希望者は、取扱加盟店を通して申し込みや入金の手続きを行う必要がある。

問二　次に掲げるのはこれらの資料を見た四名の生徒の会話です。資料の内容を正しく踏まえたものとして最も適当なものを、次の①～④のうちから一つ選びなさい。解答番号は〈27〉

①　生徒A「この事業は、春日部市内のすべての飲食店が自動的に取扱加盟店になるんだね。ただ、その中でも市の審査によって加盟店から除外される飲食店もあるみたいだね。」

②　生徒B「名称は『電子食事券』だけど、実際は申し込みのときに何種類かある媒体から選べるのか。従来の商品券と同じ紙媒体もあるから、高齢者の方も安心して使えるね。」

③　生徒C「プレイートの購入者は、QRコードで買い物する仕組みになっているよ。時代に合わせているね。その後、取扱加盟店が精算を行い、市に報告する形なんだね。」

④　生徒D「購入した金額よりも多く使えるのが特徴だね。こうやって利用者にたくさん買い物をしてもらえる工夫をすることで地域経済を活性化させようとしているんだね。」

【資料2】「春日部市プレミアム付電子食事券（プレイート）」事業案内のチラシ

2021年度 春日部市

プレイート

プレミアム付電子食事券

販売総額 3億円

発行します！

WE LOVE KASUKABE
〜 みせましょう 地元愛 〜

春日部市では県の営業時間短縮要請により、売上が減少した市内の飲食店等への支援及び市内経済の活性化のために、春日部市プレミアム付電子食事券（プレイート）を発行いたします。

プレミアム付電子食事券について

1 QRコード式（電子版）

1口（発行数：45,000口）

販売価格	ご利用価格
4,000円	6,000円

50％のプレミアム

2 QRコード式（カード版）

1口分（発行数：3,000枚）

販売価格	ご利用価格
4,000円	6,000円

5口分（発行数：400枚）

販売価格	ご利用価格
20,000円	30,000円

50％のプレミアム

購入限度	お一人様5口まで（1世帯あたり上限25口まで）
購入資格	春日部市民の方、春日部市外の方問わずご購入可能です。
使用期間	令和3年8月23日（月）〜令和4年2月6日（日）まで

※使用期間を過ぎてのご利用はできませんのでご注意ください。

商品券利用店舗

令和3年6月14日（月）より春日部市プレミアム付電子食事券ホームページにて随時更新いたします。

加盟店登録された春日部市内の飲食店等にてご利用いただけます。

春日部市プレミアム付電子食事券ホームページはこちら
https://kasukabe.pre-eat.com

加盟店登録の対象となる店舗

下記に該当する、「彩の国『新しい生活様式』安心宣言」及び業界ガイドラインを活用した感染症対策を徹底している店舗。
- 日本標準産業分類の「76 飲食店」に分類されている飲食店のうち、食品衛生法第52条第1項の許可を得ている飲食店。
- テイクアウト専門・デリバリー専門の飲食店事業者等。
- その他、埼玉県感染防止対策協力金を受給した事業者。

※スーパー・コンビニエンスストアは対象外とする。

加盟店登録の対象外となる店舗

- 風俗営業等の規制及び業務の適正化等に関する法律第2条4項に規定される「接待飲食等営業」を営む飲食店。
- 反社会的勢力やそのような団体と密接な関係を有している店舗。
- 特定の宗教または政治団体と関わる店舗、公序良俗に反する店舗。
- その他、春日部市または事務局が不適当と認めるもの。

出典：「春日部市プレミアム付電子食事券（プレイート）事業案内チラシ」
（春日部市のwebページ）より引用。

五　次に掲げる資料は、春日部市が実施している「春日部市プレミアム付電子食事券（プレイート）」の事業に関するものです。これらの資料に関する後の問に答えなさい。

【資料1】「春日部市プレミアム付電子食事券（プレイート）」の事業フレーム

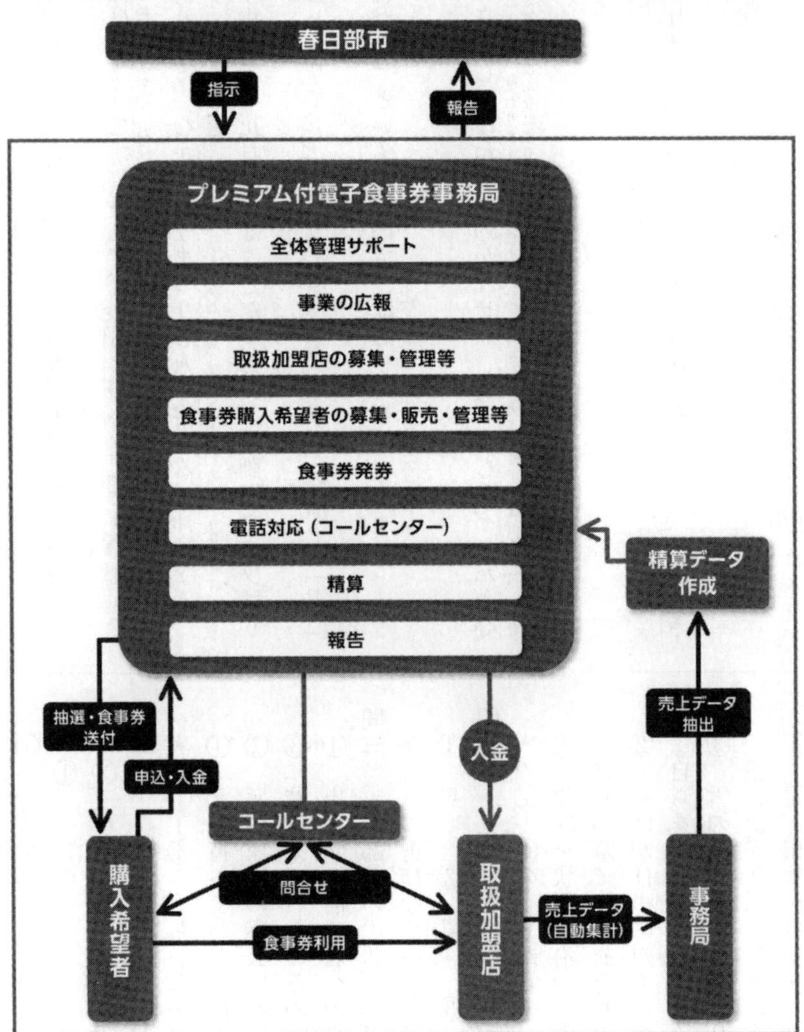

出典：「取扱加盟店マニュアル」
（春日部市プレミアム付電子食事券のwebページ）より引用。

四 次の文章を読んで、後の問に答えなさい。（----の左側は現代語訳です。）

むかし、男ありけり。わらはより（子供のころから）仕うまつりける※君㋐御髪（みぐし）おろし給うてけり。正月（むつき）にはかならずまうでけり（（ご挨拶に）うかがった）。おほやけの宮仕へしければ、常にはえまうでず（（男は）絶えずうかがうわけにはいかない）。されど、ⓐもとの心うしなはでまうでけるになむありける。むかし仕うまつりし人、俗なる、禅師（ぜんじ）なる、（（その君に）仕えていた人は、僧でない人も僧になった人も、）あまたまゐり集（つど）りて、正月なればことだつとて（特別だということで）、大御酒（おほみき）たまひけり。雪こぼすがごと降りて、㋑ひねもすにやまず。みな人酔（ゑ）ひて、「雪に降り籠（こ）められたり」といふを題にて、歌ありけり（歌を詠むことになった）。

思へども身をしわけねばめかれせぬ雪のつもるぞわが心なる
（いつも我が君のことを思っておりますが、公の務めと二つに身を分けることができませんので、今絶え間なく降り続く雪が、こんなに積もってここに閉じ込められるのは、むしろ私の望みにかなったことなのです。）

とⓑよめりければ、親王（みこ）いといたうあはれがり給うて、ⓒ御衣（おんぞ）ぬぎてたまへりけり。

（『伊勢物語』による。）

※君…「君」と後述の「親王」は同一人物を指す。

問一 ――部㋐・㋑の本文中の意味として最も適当なものを、後の①～④のうちからそれぞれ一つずつ選びなさい。解答番号は〈20〉・〈21〉

㋐「御髪おろし給うてけり」〈20〉

① 散髪して心を入れ替えた
② 髪を切ってお渡しくださった
③ 俗世に舞い戻っていらっしゃった
④ 出家してしまわれた

㋑「ひねもす」〈21〉

① 一日中　② はるばる
③ ひさしぶりに　④ ひたすらに

問二 ――部ⓐとありますが、その説明として最も適当なものを、次の①～④のうちから一つ選びなさい。解答番号は〈22〉

① 元々持っていた家臣への思い
② 元の家臣の奉公に報いようとする気持ち
③ 昔仕えていたころの君への恨み
④ 出家する前の君への真心

問三 ――部ⓑの主語として最も適当なものを、次の①～④のうちから一つ選びなさい。解答番号は〈23〉

① 男　② 君　③ みな人　④ 雪

問四 ――部ⓒとありますが、その説明として最も適当なものを、次の①～④のうちから一つ選びなさい。解答番号は〈24〉

① 和歌を状況に沿って素早く、巧みに読んだため、褒美として自身の着ている衣を脱ぎ与えたということ。
② 和歌が仕事に対する恨みを詠んでいたため、謝罪の気持ちを自らを罰することで示そうとしたということ。
③ 雪の降るさまがあまりに華麗であったため、衣を脱いで肌で感じようと思ったということ。
④ 雪と和歌があまりに優雅であったため、自身の着ている無粋な衣が恥ずかしくなったということ。

問五 『伊勢物語』と同時期に成立した作品として適当なものを、次の①～④のうちから一つ選びなさい。解答番号は〈25〉

① 御伽草子　② 竹取物語　③ 徒然草　④ 平家物語

③　文明化と自然支配とは不可分なものであるため、人間が知力を使って自然と関わる限り、自然を支配せざるをえず、人間と自然の原初的な調和は実現不可能なものであるから。

④　原初的な人間と自然の調和というものは、人間が後になって抱いた理想であり、現状に満足せず常に理想を追求し続けている人間は、理想的な状態に到達することがないから。

問三　――部ⓒとありますが、その説明として最も適当なものを、次の①～④のうちから一つ選びなさい。解答番号は〈17〉

①　疎外論者たちの理想とするありのままの自然の中で食べる食事は、非現実的であり不衛生であることの例として示されている。

②　頂上のレストランとは正反対に位置しながらも、裕福な人々の憧れの的であるという共通点を持つものの例として示されている。

③　都会で何不自由なく裕福に生活している人が、田舎の不自由な生活に憧れることが多いことの例として示されている。

④　原初的な自然への憧れというものは、自然を支配することのできた状態でのみありえるということの例として示されている。

問四　ⓓ に入る語句として最も適当なものを、次の①～④のうちから一つ選びなさい。解答番号は〈18〉

①　抽象　②　具体　③　主観　④　客観

問五　――部ⓔに続く引用は、何を示すためのものですか。その説明として最も適当なものを、次の①～④のうちから一つ選びなさい。解答番号は〈19〉

①　森林管理を仕事としているアルド・レオポルドは、森林だけではなく、アルハンブラ宮殿などを含んだあらゆる土地の問題にまで言及して土地倫理という新たな発想を生み出した人物であるということ。

②　人間中心主義を批判する者として理解されているアルド・レオポルドは、自然に手を全く加えないことを主張しているのではなく、手の加え方に客観的な基準を持つことを唱えた人物であるということ。

③　自然保護の原理を打ち出した実践家であるアルド・レオポルドは、自然保護を提唱しただけではなく、蒸気シャベルなどの道具を手にしながら実際に自然保護の活動をしていた人物であるということ。

④　『野生のうたが聞こえる』の著者であるアルド・レオポルドは、壮大な建造物を建設できる人間の自尊心の高さに注目し、決して人間は科学を手放すことができないことを唱えた人物であるということ。

然」を考えるとき、人為的ではない「自然」が想定されてきたのです。

しかし、すでに確認したように、人間抜きの「自然」とはⓓ的な虚構にすぎません。人間が眼前に見いだす「自然」は、それに先立つ世代によって手の加えられてきた「自然」であって、「社会的形成物」と表現できます。「自然」は、つねにすでに、多くの人々によって手が加えられ、また今後も手が加えられていきます。人間の活動を離れて、「自然」が独立にあるわけではありません。その意味では、「自然」は、「文化的形成物」と呼んでも、間違いではないでしょう。

このように考えると、実践的な方向についても、重大な指針が示されるように思えます。いままで、環境保護のためには、人間が自然にできるだけ介入しないことが、求められてきました。人間が自然から手を引くことが、エコロジーだというわけです。ところが、そんなことは、そもそも不可能ですし、望ましいわけでもありません。むしろ、人間が自然をどう管理していくかが重要なのです。それを理解するために、アルド・レオポルドの『野生のうたが聞こえる』を見ておきましょう。

レオポルドといえば、自然保護の原理を打ち出した実践家として、きわめて有名です。彼の原理（「土地倫理」）は、多くの場合、人間中心主義を批判するものとして理解されてきました。たとえば、彼はつぎのように語っています。「土地倫理（ランド・エシック）は、ヒトという種の役割を、土地という共同体の征服者から、単なる一構成員、一市民へと変えるのである。」しかし、この立場は、自然にいっさい手を加えないことを主張してはいません。ⓔレオポルドは、『野生のうたが聞こえる』の最後を、つぎの言葉で結んでいます。

まとめて言うならば、われわれの現在の問題は、土地に対してどういう姿勢でのぞみ、道具をどう使用するかということである。われわれは蒸気シャベルを用いて、かつては人力でつくられたアルハンブラ宮殿を改修しようとし、その規模の壮大さを得意に感じている。そのシャベルをとても手離す気になれない。[…]われわれに本当に必要なのは、そうした道具を有効に使うための、もっと穏やかで客観的な基準を持つことなのだ。
（レオポルド『野生のうたが聞こえる』）

レオポルドの仕事は「森林管理」ですが、彼はその経験を通して「土地倫理」を形成したのです。その点では、人間の介入しない「土地倫理」はあり得ない、と言わなくてはなりません。

（岡本裕一朗 著『12歳からの現代思想』による。）

※『啓蒙の弁証法』…アドルノとホルクハイマーによる著作。

問一 ――部ⓐとありますが、その説明として最も適当なものを、次の①～④のうちから一つ選びなさい。解答番号は〈15〉

① 疎外論的発想とは、人間中心主義を批判し、牧歌的な自然を称賛する発想のことである。

② 疎外論的発想とは、人間の歴史を逆行させ、過去に退行することを目指す発想のことである。

③ 疎外論的発想とは、科学文明を真っ向から否定し、原始的な生活を目標とする発想のことである。

④ 疎外論的発想とは、過去に存在した自然との調和を取り戻すために過去へと回帰する発想のことである。

問二 ――部ⓑとありますが、そのように言える理由として最も適当なものを、次の①～④のうちから一つ選びなさい。解答番号は〈16〉

① 人間が知力を使って自然と関わってきた歴史の中で、人間と自然との調和を理想的な状態として目指してきたが、人間の知力は自然に到底及ぶことができないものであるから。

② 人間と自然の原初的な調和というものは、人間中心主義者たちが、ロマンチックな自然への憧れをあたかも原初的な自然の状態であるかのように捏造したものにすぎないから。

三　次の文章を読んで、後の問に答えなさい。

人間と自然の失われた調和を取り戻す——この言葉は、「地球にやさしい」というキャッチフレーズと同じように、心に響く美しい表現かもしれません。けれど、現在の環境問題を考えるとき、はたして適切な言葉と言えるのでしょうか。そもそも、この表現の基礎にある ⓐ疎外論的発想は、有効な論理を提供するのでしょうか。

疎外論をとる場合、陥りやすい危険は、歴史のネジを逆に回し、未来ではなく過去へと回帰することです。エコロジーで、「自然との調和を取り戻す」と語られるとき、じっさいには過去の「原初的な調和」へ舞い戻るにすぎないのです。人間中心主義を批判して、牧歌的な自然が称賛されるとき、目標とされたのは過去にほかなりません。極端な場合には、近代の科学文明が否定され、原始的な生活を提唱するようにさえ見えます。

しかし、「疎外論」が前提とするような、原初的な「自然との調和」というモデルが、怪しいのではないでしょうか。こうした状態が、はたして存在したことがあるのでしょうか。現在以前の、いつの時代に、そのような「人間と自然の調和」が成立していたのでしょうか。※『啓蒙の弁証法』も明らかにしたように、人間による自然支配は、ある意味では文明化とともに始まった、と言えます。人間が知力を使って自然とかかわるかぎり、自然支配の欲望は不可避なのです。

とすれば、ⓑ人間の歴史をどこまでさかのぼっても、原初的な「人間と自然の調和」には達しないのではないでしょうか。むしろ、ハッキリいえば、こうした「原初的な調和」なるものは、後になって理想化された状態にほかなりません。ニーチェだったら、おそらく「捏造された」と表現するでしょう。人間中心主義を批判する人たちは、自分たちのロマンチックな自然への憧れを、あたかも原初的な状態であるかのように空想(捏造)したにすぎないのです。

しかし、こうした自然への憧れが、近代の豊かな社会のもとで発想されることに、注意すべきです。それは、たとえば、都会で裕福に生活している人が、ときどき田舎の生活に憧れるようなものです。つぎのようなエコロジストの記述を見ると、その感がつよくなるのではないでしょうか。

> 自分で井戸から運んだ水や自分で集めた木々と共に、田舎にある自分のコテージにいる時には、どんな金持ちよりも豊かだと感じます。ヘリコプターに乗って山頂に行ったとします。景色は絵はがきのように見え、頂上にレストランがあれば、食べ物がちゃんとできていないと不満を言うかもしれません。でも、もし苦労してふもとから登ったならば、深い満足感を味わって、スキーのワックスと砂が混ざったサンドイッチでさえ、すばらしく美味しいと思うはずです。（ネス「手段は質素に、目標は豊かに」）

しかし、「頂上のレストラン」と「砂混じりのサンドイッチ」を対比するのは、裕福な一部の人々にしか意味をなしません。いつもレストランで美味しいものを食べている人には、「砂混じりのサンドイッチ」もたまには美味しく感じられるでしょう。しかし、自分のコテージももたず、ヘリコプターに乗ることもなく、土ぼこりのする道路脇で ⓒ「砂混じりのするサンドイッチ」を食べる人にとって、それは美味しいのでしょうか。

少し視野を広げて考えてみましょう。疎外論的発想で、「自然」への憧れを語るとき、前提されているのは、「人間」との二元的な対立です。「自然」を、「人間による支配」から解放することが、目標にされています。しかし、この対立そのものが問題なのです。

たしかに、「自然」と「人間」の対立は、古くから常識的になってきました。「自然」と「人工」は、しばしば対義語として使われますし、「自然」と「文化」の対立も、同じように考えられます。人為的ではない「自然」に対して、「文化」が人間的現象であることは、いわば定義に属しています。そのため、エコロジーでも「自

の――部から一つ選びなさい。解答番号は〈12〉

家族というものは切っても切れない縁である。

① 主砲が逆転ホームランを打ちました。
② むやみにゴミを捨ててはいけません。
③ 思い出の品を見れば当時を思い出す。
④ 寒かったのでコートを着て外出する。

問三 ――部「予告」と熟語の構成が同じものを、――部①～④のうちから一つ選びなさい。解答番号は〈13〉

犯人からの突然の犯行予告で、現場に緊張感が走る。

① 止まらない物価の高騰に頭を悩ます。
② 豊富な人材で実績を上げる会社。
③ 長い期間苦楽をともにしてきた仲間。
④ 信頼の厚さから学級委員に指名される。

問四 Ⅰ ～ Ⅳ に入る語句の組み合わせとして最も適当なものを、後の①～④のうちから一つ選びなさい。解答番号は〈14〉

世界中の森林が減少して、大変なことになっている。これは残念だが、疑いようのない事実だ。世界中の人が森林の消失・劣化を気にかけている。木材資源の枯渇(こかつ)だけが問題ではない。非木材林産物、つまり木材以外の森林産物、Ⅰ 有用な樹皮や樹脂、森林内の動植物、とくに薬草なども一緒になくなってしまう。森林がなくなると生物多様性も減少してしまう、と心配する人もいる。環境の劣化を嘆く人も多い。森林がなくなって洪水が多くなったという。Ⅱ 森林の減少は温室効果ガスの増加につながる、という主張もある。

Ⅲ 、その森はだれのものだろうか。僕たちは、だれかよその人の持っている森林のことを心配しなくてはならないのだろうか。なくなると困ると皆がいっているその森は、いったいだれのものだろう。森はだれのものか、という問いかけは、考えれば考えるほどわからなくなる。

いろいろ考えたあげく、森はだれのものでもない、という結論を出すことになる。一方まったく逆に、森はみんなのものだ、というのも正しい。Ⅳ 、森は誰のものでもあって、だれのものでもないということになる。

(阿部健一著『だれのための森か』による。)

① Ⅰ：特に　Ⅱ：そして　Ⅲ：だが　Ⅳ：だから
② Ⅰ：たとえば　Ⅱ：また　Ⅲ：でも　Ⅳ：つまり
③ Ⅰ：たとえば　Ⅱ：だから　Ⅲ：なぜ　Ⅳ：でも
④ Ⅰ：そして　Ⅱ：しかし　Ⅲ：つまり　Ⅳ：これは

④ 「慎一」の父親の話を聞いて、「女」は、生死を分けるような肝心なことは人に理解されるものではないが、それでも人間はその孤独に耐えて生きていかなければならないと考えるようになった。

問五　本文中の「夜光虫」に関する説明として**適当でないもの**を、次の①～④のうちから一つ選びなさい。解答番号は〈6〉

① 月のない夜の海に淡い緑色の燐光が光る場面は、読者に幻想的な美しさを感じさせる。
② 暗黒の海面を漂う慎一や若い女に仄(ほの)かな光を当て、二人の表情や動きを照らし出す働きがある。
③ 呼吸するように明滅(めいめつ)を繰り返す様子は、命あるものの鼓動を暗示しているように感じられる。
④ 闇夜にきらきらと光を放つ一定のリズムが、物語の中に流れる時間の経過を示している。

二　次の各問に答えなさい。

問一　――部㋐～㋔のカタカナを漢字に改めた場合、それと同じ漢字に該当するものを、後の①～④のうちからそれぞれ一つずつ選びなさい。解答番号は〈7〉～〈11〉

㋐ 急なショウ動に駆られる　〈7〉
① 友の言葉にショウ撃を受ける
② 水ショウの輝きに見とれる
③ 父は電車の車ショウを務めている
④ 派手な衣ショウで登場する

㋑ 青年の純スイさに心引かれる　〈8〉
① スイ奏楽部の部長を務める
② 必要な部分を抜スイする
③ 当初の計画を完スイする
④ 演技の素晴らしさに陶スイした

㋒ コウ名をあげて出世する　〈9〉
① 植物は気コウで呼吸する
② 精コウな細工の時計だ
③ 米を発コウさせると酒になる
④ 失敗は成コウのもと

㋓ 役員の見カイが一致する　〈10〉
① 家族とのカイ食を楽しむ
② 金カイを地中に埋めて隠した
③ 今になって後カイしても遅い
④ 複雑な事件をカイ決する

㋔ 繊イ製品を輸出する　〈11〉
① 現状をイ持する
② イ大な人物と出会う
③ 規則にイ反する
④ イ産を受け継ぐ

問二　══部「切れ」と活用の種類が同じ動詞を、後の①～④の文た色の燐光を散らしていた。

真赤なスポーツ・カーが、慎一のいるガソリン・スタンドに止まったのは、翌日の夕暮れ近くだった。ガソリンを入れに近づく慎一の顔を見て、女はサン・グラスをとり、急に目を大きくした。

「昨夜は」といい、女は笑いかけた。「……ねえ、あのお話、ほんとう?」

「ほんとうです」と、慎一は答えた。

「……そう。ありがと。私、あれから一時間近くかかって、やっと岸に着いたわ」

女は慎一の手を握った。

「ⓒあなたに、勇気を教えられたわ。それと、働くってことの意味とを」

国道を真赤なスポーツ・カーが小さくなるのを、慎一はぼんやりと見ていた。女の言葉の意味が、よくわからなかった。

彼はただ、小さなその町に今日も溢れている無数の都会の人びと、その人びとがそれぞれに生きている夏の一つ、そんな他人の夏の一つが、しだいに視野を遠ざかるのだけを見ていた。

（山川方夫 著『他人の夏』による。）

問一 ――部㋐・㋑における「女」の心情として最も適当なものを、下の①～④のうちからそれぞれ一つずつ選びなさい。解答番号は〈1〉・〈2〉

㋐ ① 驚嘆 ② 悲哀 ③ 憎悪 ④ 反発

㋑ ① 苦悩 ② 激怒 ③ 安堵 ④ 恐怖

問二 ――部ⓐとありますが、その理由の説明として最も適当なものを、次の①～④のうちから一つ選びなさい。解答番号は〈3〉

① この町の海で思い思いに避暑を楽しんでいる都会の人びとに圧倒され委縮してしまった慎一には、自分の町がまるで他人の町のように感じられたから。

② 夏の間避暑客を相手にアルバイトをしている慎一は、都会からこの町にやって来た人びとに遠慮しなければならない立場にいると感じていたから。

③ 夏になると町も海も押しかけてきた大勢の避暑客に占領されてしまうので、地元で育った慎一の方がかえって気兼ねするような気持ちになっていたから。

④ この町の海が都会からの避暑客であふれかえっているので、かえって慎一の方が町の外から来たお客さんのように振る舞わなければならないように思えたから。

問三 ――部ⓑとありますが、「女」が「ヒステリック」になった理由の説明として最も適当なものを、次の①～④のうちから一つ選びなさい。解答番号は〈4〉

① 自殺を止めようともしない慎一に馬鹿にされたと思って、その屈辱から腹立たしく感じたから。

② 自殺を止めようとしない慎一に非情なものを感じて、自殺を思いとどまれなくなったから。

③ 死のうという時に、慎一に口をはさまれて、立場を失った自分を情けなく思ったから。

④ 死のうという時に、慎一に冗談ごとにされて、立つ瀬がなくなり自暴自棄になったから。

問四 ――部ⓒとありますが、ここから読み取れる考えや心情の説明として**適当でないもの**を、次の①～④のうちから一つ選びなさい。解答番号は〈5〉

① 「慎一」に笑いかけ手を取って感謝している「女」は、ここでは「慎一」のことを子ども扱いすることなく一人前の大人と認めて敬意をもって応対している。

② 「女」は、昨夜、海で「慎一」から自殺しても意味がないことを示され、苦しくても生き続ける「勇気」を教えられたと言って感謝している。

③ 「慎一」の父親の言葉を、「女」は、何かに命懸けで取り組んでその手ごたえを感じることが真の生甲斐であり、そこに「働

かった。慎一はその方向に泳ぎ寄った。
「……あぶないですよ、この海は。すぐうねりが変わるんです。もっと岸の近くで……」
「かまわないで」
ほんの二メートルほど先の海面で、波の襞(ひだ)とともに夜光虫の光に顔をかすかに浮かび上がらせた㋐女は、睨(にら)むような目をしていた。
ああ、と慎一は思った。彼は、その顔をおぼえていた。
今日、真赤なスポーツ・カーにひとりで乗ってきた女だった。目の大きな、呼吸(いき)をのむほど美しいまだ若い女で、同級生の兄は、あれは有名な映画女優にちがいないぞといった。
「……あなた、この町の人ね？」
女の顔は見えなかった。彼は答えた。
「そうです。だからこの海にはくわしいんです」
「漁師さんなの？」
「……親父(おやじ)が漁師でした」と彼はいった。「親父は、沖で一人底引き網をやってたんです。銛(もり)も打ったんです。二十八貫もあるカジキを、三日がかりでつかまえたこともあります」
自分でも、なぜこんなことをしゃべりはじめたのか、見当がつかなかった。
ただ、なんとなく女を自分とつなぎとめておきたかったのかもしれない。
「そのときは、親父も生命(いのち)からがらだったんです。牛みたいな大きなカジキを、ふらふらになって担(かつ)ぎながら、親父は精も魂(こん)もつき果てたっていう感じでした。……でもその夜、親父はそのカジキの背をたたきながらぼくにいったんです。おい、よく見ろ、おれは、こいつに勝ったんだぞ。生きるってことは、こういう、この手ごたえのことなんだよ。……あのとき、親父は泣いていました」
「銛で打ったの？」
「そうです。とても重い銛なんです」
「ずいぶん、原始的ね」女はひきつったような声で笑った。「で、お父さんは？」
「死にました。去年」
女はだまった。ゆっくりとその女のそばをまわりながら、彼はいった。
「……あなたは、自殺するつもりですか？」
喘(あえ)ぐ呼吸が聞こえ、女は反抗的に答えた。
「ほっといてよ。……あなたには、関係ないことだわ」
「べつに、やめなさい、っていうつもりじゃないんですよ」
ⓑ女は、ヒステリックにいった。
「からかうの？　軽蔑(けいべつ)しているのね、私を。子どものくせに」
あわてて、慎一はいった。
「ちがいます。親父がぼくにいったんです。死のうとしている人間を、軽蔑しちゃいけない。どんな人間にも、その人なりの苦労や、正義がある。その人だけの生甲斐(いきがい)ってやつがある。そいつは、他の人間には、絶対にわかりっこないんだ、って」
女は無言だった。遠く、波打ち際で砕ける波の音がしていた。
「人間には、他の人間のこと、ことにその生きるか死ぬかっていう肝心のことなんかは、決してわかりっこないんだ、人間は、だれでもそのことに耐えなくちゃいけないんだ、って。……だから、目の前で人間が死のうとしても、それをとめちゃいけない。その人を好きなように死なしてやるほうが、ずっと親切だし、ほんとうは、ずっと勇気のいることなんだ、って……」
女の顔に夜光虫の緑の燐光(りんこう)が照って、それが呼吸(いき)づくように明るくなり、また暗くなった。㋑女は怒ったような目つきで、海をみつめていた。
「ぼくの親父も、自殺したんです。背骨を打ってもう漁ができなくなって、この沖で銛をからだに結(ゆ)わえつけてとびこんじゃったんです。……あなたも、ぼくはとめはしません」
彼は岸に顔を向けた。そのままゆっくりと引きかえした。真っ暗な夜の中で、ただ夜光虫だけが彼につづき、波間にあざやかに濡れ

二〇二二年度 春日部共栄高等学校（第二回）

【国 語】（五〇分）〈満点：一〇〇点〉

一 次の文章を読んで、後の問に答えなさい。

海岸のその町は、夏になると、急に他人の町になってしまう。——都会から、らくに日帰りができるという距離のせいか、避暑客たちが山のように押し寄せてくるのだ。夏のあいだじゅう、町は人口も倍近くにふくれあがり、海水浴の客たちがすっかり町を占領して、夜も昼も、うきうきとそうぞうしい。

その年も、いつのまにか夏がきてしまっていた。ぞくぞくと都会からの海水浴の客たちがつめかけ、例年どおり町をわがもの顔に歩きまわる。大きく背中をあけた水着にサンダルの女。ウクレレを持ったサン・グラスの男たち。写真機をぶらさげ子どもをかかえた家族連れ。真赤なショート・パンツに太腿（ふともも）をむきだしにした麦藁帽（むぎわらぼう）の若い女たち。そんな人びとの高い笑い声に、自動車の警笛が不断の伴奏のように鳴りつづける。

そこには、たしかに「夏」があり「避暑地」があり、決して都会では味わえない「休暇」の感触があったが、でも、その町で生まれ、その町で育った慎一には、そのすべてはひとごとでしかなかった。いわば、他人たちのお祭りにすぎなかった。だいいち、彼には「休暇」も「避暑地」もなかったのだ。

来年、彼は近くの工業高校に進学するつもりでいた。それを母に許してもらうため、すこしでも貯金をしておこうと、その夏、慎一は同級生の兄が経営するガソリン・スタンドに、アルバイトとしてやとわれていた。都会から来た連中が占領していたのは町だけではなく、もちろん、海もだった。海岸に咲いた色とりどりのビーチ・パラソルや天幕（テント）がしまわれるのは、夜も九時をすぎてからだろうか。それからもひとしきり海岸は、ダンスやら散歩やら音楽やらでにぎわう。海辺から人びとのざわめきがひっそりと途絶えるのは、それが終わってから朝までのごく短い時間なのだ。

八月のはじめの、ひどく暑い日だった。その日は夜ふけまで暑さがつづいていた。それで海へ駆（か）けつけてきた連中も多いらしく、自動車を水洗いする仕事が午前一時すぎまでかかった。慎一が、久しぶりに海で泳いだのはその夜だった。ⓐ自分の町の海、幼いころから慣れきった海だというのに、こうして人目をさけてこっそりと泳ぐなんて、なんだかよその家の庭にしのびこんでいるみたいだ。「お客さん」たちに遠慮しているようなそんな自分がふとおかしかったが、慎一はすぐそんな考えも忘れた。冷たい海の肌がなつかしく、快かった。

やはり、海は親しかった。月はなかった。が、頭上にはいくつかの星が輝き、黒い海にはきらきらと夜光虫が淡（あわ）い緑いろの光の呼吸をしている。

夜光虫は、泳ぐ彼の全身に瞬きながらもつれ、まつわりつき、波が崩れるとき、一瞬だけ光を強めながら美しく散乱する。……慎一は、知らぬまにかなり沖にきていた。

ふと、彼は目をこらした。すぐ近くの暗黒の海面に、やはり夜光虫らしい仄（ほの）かな光の煙をきらめかせて、なにかが動いている。

「……だあれ？　あなた」

若い女の声が呼んだ。まちがいなく若い女がひとり、深海の海を泳いでいるのだった。

「知らない人ね、きっと。……」

女は、ひとりごとのようにいった。はじめて慎一は気づいた。女の声はひどく疲れ、喘（あえ）いでいた。

「大丈夫ですか？」

慎一はその声の方角に向いていった。

「いいの。ほっといてよ」

女は答え、笑った。だが、声は苦しげで、笑い声もうまく続かな

2022年度／春日部共栄高等学校（第２回）

英語解答

1	No. 1 ④	No. 2 ②	No. 3 ③		問4 ④	問5 ③	問6 ③
	No. 4 ④	No. 5 ③	No. 6 ④		問7 ④	問8 ①	
	No. 7 ③				問9 ②，④，⑧		
2	問1 ③	問2 ④	問3 ②	**4**	問1 29…① 30…④		
	問4 ②	問5 ④	問6 ④		問2 31…② 32…③		
	問7 ①	問8 ③	問9 ④		問3 33…⑤ 34…⑥		
	問10 ①				問4 35…④ 36…⑤		
3	問1 ②	問2 ①	問3 ③		問5 37…② 38…③		

1〔放送問題〕解説省略

2〔長文読解総合―会話文〕

≪全訳≫❶メアリーと彼女のクラスメートは，自分たちの将来について話している。彼女たちの先生であるホワイト先生は，アドバイスをしながら，生徒たちが将来成功することを願っている。❷ホワイト先生(Mr)：皆さんには将来の夢がありますか？　私は子どもの頃，科学者になりたいと思っていましたが，今は理科の教員です。実は大学を卒業した後，大学院で勉強するお金がなかったので，もっと勉強するのを諦めて新しい目標を見つけたんです。教員免許を取るために高校の教育実習に行ったとき，科学者ではなく，理科の教員になろうと決めました。生徒たちの笑顔が，私の考えを変えたのです。❸メアリー(M)：科学者になりたかったとは知りませんでした。私は幸せに生きたいけど，将来したい具体的な仕事はないんです。ジェームズ，あなたには夢がある？❹ジェームズ(J)：まだ決めてないけど，人助けがしたいな。老人ホームに行ったとき，お年寄りのお世話をするのがおもしろいと気づいたんだ。いろんな種類の仕事を知って，人を助けたいと思う。❺Mr：メアリー，夢のことは心配しなくていいですよ。探し続ければ，本当に将来やりたいことを見つけられるでしょう。ジェームズ，保育士として働くのはどうですか？　子どもも助けを必要としています。来月の職業体験プログラムでは，保育園実習を選んではどうですか？❻M：私は将来のキャリアを見つけるために，さまざまな種類の仕事について学ぼうと思います。まず，キャリアについて書かれた本を借りに図書館に行きます。何冊か読み終えたら，ビジネスコンサルタントとして働いているおじに会おうと思います。彼はいろんな仕事を知っていると思うし，職業体験プログラムについてアドバイスをくれるかもしれません。❼J：メアリー，君の計画はすばらしいね。おじさんや本から多くのことが学べると思うよ。ホワイト先生，僕は職業体験プログラムで保育園実習を選んで，先生たちに働くモチベーションについてきいてみようと思います。それと，どうして保育園の先生になることを選んだのかも知りたいです。ところでボブ，君は職業体験プログラムで何をするか決めた？❽ボブ(B)：うん。僕は，国際企業で働いて語学力を生かしたいから，貿易会社に行く予定だよ。❾J：それはすばらしいね。英語とスペイン語が話せるんだよね？❿B：いや，英語と中国語だよ。小学生のとき，中国で育ったんだ。中国語の話し方を覚えて，中国の人たちとコミュニケーションをとるのが楽しかったよ。⓫Mr：ボブ，もう将来の目標があるのですね。とてもいいことです。自分の夢を追って，自分のスキルを磨いてほしいと思います。さて，皆さん，将来の目標が決まっていなくても，夢についていつも考え続け，役に立つ知識や経験を授業から得る努力をしなければならないことを忘れないでくださいね。

問1＜要旨把握＞第2段落第2文参照。 wanted to be ～「～になりたかった」 scientist「科学者」

問2＜語形変化＞give up ～ingで「～するのを諦める，やめる」。前置詞の後にくる動詞は，動名詞(～ing)になる。

問3＜語句解釈＞a new goal「新しい目標」とは，ホワイト先生が科学者になる代わりに新たに見つけた夢のことである。直後に，I decided to become ～「～になろうと決めた」とある。instead of ～「～の代わりに，～ではなく」

問4＜適語選択＞目的語にthat節をとれるのは選択肢の中ではfoundのみ。'find(＋that)＋主語＋動詞'で「(that以下)と気づく，わかる」。 find－found－found

問5＜要旨把握＞第5段落参照。メアリーへの提案は第1，2文。will be able to ～で「～できるようになるだろう」，keep ～ingで「～し続ける」，look for ～で「～を探す」。ジェームズへの提案は第3～5文。Why don't you ～?で「～してはどうですか」，nursery schoolは「保育園」。

問6＜語形変化＞「キャリアについて書かれた本」となるように，過去分詞writtenを選ぶ。'過去分詞＋語句'が前の名詞booksを後ろから修飾する形(過去分詞の形容詞的用法)。

問7＜適語(句)選択＞when節であることに注目。「～するとき」のように'時'を表す副詞節では，未来のことでも現在形で表す。主語はIなので，動詞は3人称単数現在形にはならない。

問8＜要旨把握＞第7段落第3，4文参照。'ask＋人＋about ～'で「〈人〉に～について尋ねる」の意味。 in addition「加えて，さらに」 choose to ～「～することを選ぶ」 choose－chose－chosen

問9＜内容真偽＞①「彼は，英語とスペイン語を話すことができ，中国で勉強した」…× 第9，10段落参照。 ②「彼は，中国で働く機会を得られるので，職業体験プログラムでは貿易会社に行きたい」…× 「中国で働く機会を得られる」という記述はない。 ③「彼は3か国語以上話すことができ，国際企業で働きたい」…× 第10段落参照。ボブが話せるのは英語と中国語の2か国語。more than ～は「～より多い」という意味なので，more than two languagesは「3か国語以上」ということになる。 ④「彼は，自分のスキルが生かせると思うので，国際企業で働きたい」…○ 第8段落に一致する。 language skill「語学力，言語スキル」

問10＜内容真偽＞①「ホワイト先生は生徒たちに，夢を探し，学校生活から学ぶ努力をしてほしいと思っている」…○ 第11段落最終文に一致する。 ②「ホワイト先生は，全ての生徒は夢を持つべきだが，彼らにはそうする時間はないと考えている」…× このような記述はない。 ③「ボブはたくさんの言語を話したいので，今は中国語を勉強していて，ジェームズも中国語を勉強している」…× このような記述はない。 ④「メアリーはホワイト先生がアドバイスをくれたので，ついに将来の目標を見つけ，職業体験プログラムでどこに行くかを決めた」…× 第6段落参照。将来の目標や職業体験プログラムについては，これから考えることがわかる。

3〔長文読解総合―説明文〕

≪全訳≫**1**人は動物を愛し，必要としている。人は動物を家や農場で飼育する。動物園に行ったり，映画やテレビで動物を見たりして楽しむ。小さな子どもたちは，動物のおもちゃで遊ぶのが大好きだ。一方で，人は動物にとって大きな脅威となっている。人は，動物の土地を奪ったり，動物の家である木を切り倒したりする。川や海を汚す。一部の国では，ハンターたちが皮や角のために大きな動物を殺して，金稼ぎをする。ときには，薬をつくるために動物を買いたい人もいる。今日，人間は動物にとって最大の脅威となっているのだ。❷1996年，私たちは5000種の動物が絶滅の危機にあるということがわかっていた。今日では，約7000種が危機に瀕（ひん）している。おそらくもっとたくさんいるだろうが，私たちにはわからない。つまり，多くの種の動物が危険にさらされているのだ。なぜ，このことが問題なのか。❸世界は，動物がいるからこそ，よりおもしろく美しい場所である。外に出ると何が見えるだろうか。木々，花々，そして動物たち。木々や空には鳥が見える。他の国を訪れてみると，そこにいる動物たちはおそらくもっと大きかったり，速かったり，美しい色だったりして違っている。人は彼らを見たり，写真を撮ったりする。猫や犬は家の中で人と一緒に幸せに暮らすが，野生動物は自由になりたがっている。私たちは，彼らがどのように暮らし，何を食べて何を飲み，どこで寝ているかに興味がある。私たちは，彼らについてもっと知りたいと思っている。❹動物はまた，多くの重要な点で私たちを助けてくれる。科学者は動物について知るとき，人についても理解を深める。科学者は，生きていたり死んでいたりする動物を研究することで，病気の人を助けることができる。何年も前，人々は天然痘を恐れていた。誰かが天然痘にかかると，その近くにいた人の30パーセントが亡くなった。しかし，人々はあちこち移動することがなかったので，他の人たちは病気にならなかった。人々がより頻繁にさまざまな国を訪れるようになると，天然痘はより急速に，そして簡単に人から人へとうつるようになった。科学者のエドワード・ジェンナー博士は，この問題に対する答えを見つけた。それはワクチンで，牛から得られた。牛の助けのおかげで，今では世界中の誰も天然痘にかかっていないのである。❺もちろん，私たちも動物なので，動物を助けたいと思っている。(6)人間は，一部の動物たちとあまり変わらないように見える。チンパンジーは2足歩行をし，手を使って食べることができる。彼らが喜んだり，怒ったり，怖がったりするのは，表情でわかる。野生のチンパンジーはアフリカにしか生息しておらず，その数は30年間で約60万頭から20万頭未満に減少した。これは，人間が彼らの土地を奪っているからである。また，近くにいる人間が病気になると，彼らも病気になる。ハンターたちはまた，肉のために彼らを殺してきた。(状況が)悪いときに私たちが他の人を助けるのは，その人が大切だからだ。動物もまた，私たちにとって大切である。私たちが何もしなければ，もっと多くの種の動物が消えてしまうだろう。私たちはこの問題に目をつぶることはできない。❻人間と動物は1つの世界に住んでいる。私たちの土地は彼らの土地であり，私たちの木は彼らの木であり，私たちの川は彼らの川である。私たちは，動物を守る必要がある。なぜなら，同時に自分たちの世界を守っていることになるからだ。

問1＜適語選択＞空所後に「映画やテレビで」とあるので，watching「～を見ること」が適切。

問2＜単語の意味＞extinction は「絶滅」の意味。この意味に近いのは，① die out completely「完全に死に絶える」。単語の意味がわからなくても，前段落の後半から，動物たちが人間にすみかを奪われたり殺されたりして存続の危機にさらされていることが読み取れる。 in danger of ～「～の危機にある」

問3＜要旨把握＞下線部の this は，「多くの種の動物が危険にさらされている」という前文の内容を指す。matter は動詞で「問題となる，重要である」の意味。動物の存続の危機が人間にとってなぜ問題となるのかを考える。①は第5段落，②は第3段落，④は第4段落に一致する。

問4＜要旨把握＞下線部直後の文参照。④「人間は野生動物がどこに生息しているかに興味がある」はこの内容に一致する。 ①「野生動物は家で人と暮らす」 ②「人は野生動物について何でも知っている」　③「野生動物は生き続けるために人間から食糧を得る」

問5＜適所選択＞'close ～'s eyes to …'で「…に目をつぶる，…を見て見ぬふりをする」という意味。this problem「この問題」とあるので，脱文の直前で何らかの問題が指摘されている箇所を探す。第5段落は人間のせいで多くの動物種が消えてしまう，という問題を指摘している。

問6＜要旨把握＞第4段落最後の2文参照。smallpox「天然痘」のワクチンは牛から得られる。

問7＜適文選択＞空所後の2文の内容は，人と一部の動物はさほど変わらないという④の内容の具体例であると考えられる。'look＋形容詞'「～のように見える」

問8＜内容一致＞「もし人間が助けなければもっと多くの野生のチンパンジーが死んでしまう」　第5段落終わりから2文目の「私たちが何もしなければ，もっと多くの種の動物が消えてしまう」という内容と重なる。

問9＜内容真偽＞①「川や海は野生動物によって汚染されている」…×　第1段落終わりから4文目参照。Theyは「人々」のこと。　②「ハンターたちの中には皮や角を売るために動物を殺す人もいる」…○　第1段落終わりから3文目に一致する。　③「1996年には現在よりもっと多くの動物種が危険にさらされていた」…×　第2段落第1，2文参照。　④「死んだ動物も，科学者が人間についてもっと知るのに役立つ」…○　第4段落第2，3文に一致する。　⑤「ジェンナー博士は，野生の動物を救うために牛からワクチンをつくった」…×　第4段落最後の2文参照。ワクチンは人間のため。　⑥「アフリカでは30年間で60万頭以上のチンパンジーが殺された」…×　第5段落第5文参照。　⑦「人間は病気になるが，野生動物は人間のように病気にならない」…×　第5段落第7文参照。　⑧「一部の動物は危機に瀕しているので，環境を守ることは重要である」…○　第5，6段落に一致する。

4〔整序結合〕

問1．「あなたは知っていますか」をDo you knowとし，knowの目的語となる「彼女がいつここに着くか」を，'疑問詞＋主語＋(助)動詞...'の順の間接疑問で表す。　Do you know when she will arrive here?

問2．文の骨組みである「ケンは雑誌を3冊買った」をKen bought three magazinesとまとめる。この後は，magazinesとsubjectの間に「雑誌のテーマ」という'所有'の関係が成り立つので，先行詞magazinesを受ける所有格の関係代名詞としてwhoseを使ってwhose subject is (chemistry)と続ける。　Ken bought three magazines whose subject is chemistry.

問3．「今まで～した中で最も…な―」は'the＋形容詞の最上級＋名詞(＋that)＋主語＋have/has ever＋過去分詞'で表せる。　This is the most difficult question that I have ever solved.

問4．「その宿題をすることが出来ない」はcan't do his homeworkとまとまる。この後にwithout ～「～なしで」を続ければよい。　He can't do his homework without my advice.

問5．「もし～なら…だろう〔なのに〕」と，'現在または未来についての可能性の低い想像'は，'If＋主語＋動詞の過去形...，主語＋would＋動詞の原形...'という形で表せる(仮定法過去)。本問は何を買うか尋ねる文なので疑問詞whatを文頭に置き，What would you buyとまとめ，if節を後ろに置く。　What would you buy if I gave you a million yen?

2022年度／春日部共栄高等学校（第2回）

数学解答

Ⅰ (1) ア…1　イ…0　ウ…8　エ…0
オ…4　カ…9
(2) キ…4　ク…8　ケ…3
(3) コ…1　サ…1　シ…3　ス…5
(4) セ…−　ソ…8　タ…1　チ…2
(5) ツ…6　テ…2
(6) ト…②　ナ…6　ニ…6

Ⅱ (1) ア…4　イ…0　ウ…4　エ…0
オ…0　カ…0　キ…0
(2) ① ク…2　ケ…0
② コ…1　サ…2
(3) シ…5　ス…7　セ…6
(4) ソ…2　タ…5　チ…6　ツ…3
テ…3
(5) ト…4　ナ…0　ニ…3

Ⅲ (1) ア…8　イ…3　ウ…2　エ…2
オ…1　カ…6
(2) キ…4　ク…8
(3) ① ケ…1　コ…6
② サ…1　シ…2　ス…5
セ…4　ソ…3　タ…7
③ チ…6　ツ…4

Ⅳ (1) ア…3　イ…4
(2) ウ…7　エ…3　オ…4　カ…2
(3) キ…8　ク…3
(4) ケ…7　コ…2　サ…8　シ…2
ス…2　セ…8　ソ…3

Ⅰ〔独立小問集合題〕

(1)＜数の計算＞与式$=\left(\frac{7}{7}-\frac{1}{7}\right)^2+\left(\frac{14}{7}-\frac{2}{7}\right)^2+\left(\frac{21}{7}-\frac{3}{7}\right)^2+\left(\frac{28}{7}-\frac{4}{7}\right)^2=\left(\frac{6}{7}\right)^2+\left(\frac{12}{7}\right)^2+\left(\frac{18}{7}\right)^2+\left(\frac{24}{7}\right)^2=\frac{36}{49}+\frac{144}{49}+\frac{324}{49}+\frac{576}{49}=\frac{1080}{49}$

(2)＜数の計算＞与式$=(24+2\sqrt{24\times18}+18)-(24-2\sqrt{24\times18}+18)=24+2\sqrt{12^2\times3}+18-24+2\sqrt{12^2\times3}-18=2\times12\sqrt{3}+2\times12\sqrt{3}=24\sqrt{3}+24\sqrt{3}=48\sqrt{3}$

(3)＜一次方程式＞両辺に24をかけて，$4(5x+4)=3(3x-7)-24x+48$，$20x+16=9x-21-24x+48$，$20x-9x+24x=-21+48-16$，$35x=11$　$\therefore x=\frac{11}{35}$

(4)＜二次方程式の応用＞2つの整数は，和が4だから，小さい方の整数をxとすると，大きい方の整数は$4-x$と表せる。積が−96なので，$x(4-x)=-96$が成り立ち，$4x-x^2=-96$，$x^2-4x-96=0$，$(x+8)(x-12)=0$　$\therefore x=-8, 12$　$x=-8$のとき$4-x=4-(-8)=12$，$x=12$のとき$4-x=4-12=-8$となり，$x<4-x$だから，$x=-8$であり，2つの整数は，小さい順に，−8，12である。

(5)＜平面図形—角度＞右図のように，4点A，B，C，Dを定める。△OABはOA＝OBの二等辺三角形だから，∠OBA＝∠OAB＝53°であり，∠AOB＝180°−53°−53°＝74°である。同様に，△OCDもOC＝ODの二等辺三角形だから，∠OCD＝∠ODC＝65°となり，∠COD＝180°−65°−65°＝50°となる。よって，∠BOC＝180°−74°−50°＝56°となり，△OBCもOB＝OCの二等辺三角形だから，x＝(180°−∠BOC)÷2＝(180°−56°)÷2＝62°である。

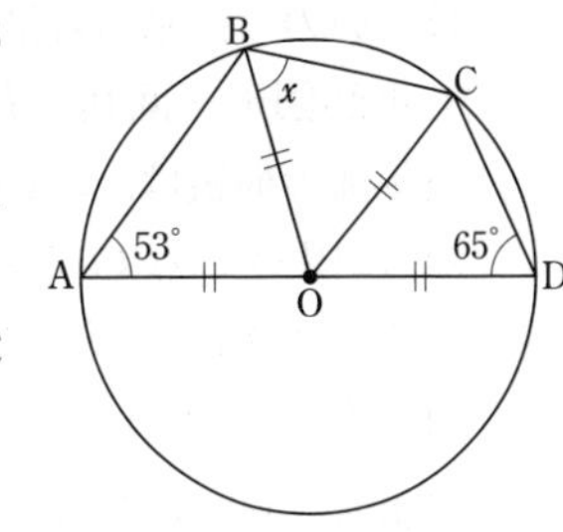

(6)＜データの活用—度数分布表＞①…正。70点未満の生徒は3＋5＋12＝20(人)で，70点以上80点未満の生徒は11人だから，得点の低い方から21番目の生徒は70点以上80点未満の階級に含まれる。　②生徒の人数が40人なので，中央値は，得点の低い方から20番目と21番目の平均値である。20番目は60点以上70点未満の階級に含まれ，21番目は70点以上80点未満の階級に含まれるので，20番目を60点，21番目を70点とすると，平均値は(60＋70)÷2＝65(点)となり，中央

値は，69点より小さくなる。中央値が69点以上とはかぎらない。　③…正。40点以上70点未満の生徒数は20人で，全体40人のちょうど半数である。　④…正。　以上より，度数分布表から読み取れないものは②である。度数分布表から，60点以上70点未満の階級に含まれる人数の割合は$\frac{12}{40}=\frac{3}{10}$である。3年生全体の$\frac{3}{10}$が60点以上70点未満であると考えられるので，その人数は，およそ$220\times\frac{3}{10}=66$(人)と推定できる。

Ⅱ〔独立小問集合題〕

⑴＜数の計算＞与式$=(x-2)(x-22)=(2022-2)\times(2022-22)=2020\times2000=4040000$

⑵＜場合の数―カード＞①白のカードは，左から，1番目と2番目，2番目と3番目，3番目と4番目，4番目と5番目，5番目と6番目のいずれかに並ぶ。白のカードを1番目と2番目に並べるとき，1枚の赤のカードの並べ方は，3番目，4番目，5番目，6番目の4通りあり，3枚の青のカードの並べ方は，残りの3か所で1通りとなる。よって，このときの並べ方は$4\times1=4$(通り)である。2番目と3番目，3番目と4番目，4番目と5番目，5番目と6番目に並べるときも同様にそれぞれ4通りだから，求める場合の数は$4\times5=20$(通り)ある。　②青のカードは，左から，1番目と3番目と5番目，1番目と3番目と6番目，1番目と4番目と6番目，2番目と4番目と6番目のいずれかに並ぶ。青のカードを1番目と3番目と5番目に並べるとき，赤のカードの並べ方は，2番目，4番目，6番目の3通りあり，白のカードの並べ方は，残りの2か所で1通りとなる。よって，このときのカードの並べ方は$3\times1=3$(通り)となる。1番目と3番目と6番目，1番目と4番目と6番目，2番目と4番目と6番目に並べるときも同様にそれぞれ3通りだから，求める場合の数は$3\times4=12$(通り)ある。

⑶＜数の性質＞aを素数，mを自然数として，a^mで表される数の約数は，1，a，a^2，……，a^mの$m+1$個ある。これより，21個の約数を持つ数の素因数が1個のとき，その数はa^{20}と表せる。このようになる数で最小のものは，$a=2$だから，$2^{20}=2^{10}\times2^{10}=1024\times1024$である。$a$，$b$を素数，$m$，$n$を自然数として，$a^m\times b^n$で表される数の約数は，$a^m$の約数(1，$a$，$a^2$，……，$a^m$)と$b^n$の約数(1，$b$，$b^2$，……，$b^n$)から，1つずつを組み合わせてつくる積で全てを表すことができる。a^mの約数の個数が$m+1$個，b^nの約数の個数が$n+1$個より，組み合わせは$(m+1)(n+1)$個できるので，$a^m\times b^n$の約数の個数は$(m+1)(n+1)$個である。21個の約数を持つ数の素因数が2個のとき，$21=7\times3=(6+1)\times(2+1)$より，その数は$a^6\times b^2$と表せる。このようになる数で最小のものは，$a=2$，$b=3$だから，$2^6\times3^2=64\times9=576$である。約数の個数が21個のとき，その数の素因数が3個以上であることはないので，求める最小の数は576である。

⑷＜平面図形―面積＞右図1のように，3点A，B，Cを定める。斜線部の面積は，△AOC－〔おうぎ形OBC〕で求められる。直線ACは円Oと点Cで接しているので，$\angle ACO=90^\circ$である。よって，$\angle OAC=30^\circ$より，△AOCは3辺の比が$1:2:\sqrt{3}$の直角三角形だから，$AC=\sqrt{3}OC=\sqrt{3}\times5=5\sqrt{3}$となる。また，$\angle BOC=60^\circ$である。よって，$\triangle AOC=\frac{1}{2}\times AC\times OC=\frac{1}{2}\times5\sqrt{3}\times5=\frac{25\sqrt{3}}{2}$，〔おうぎ形OBC〕$=\pi\times5^2\times\frac{60^\circ}{360^\circ}=\frac{25}{6}\pi$だから，斜線部の面積は，

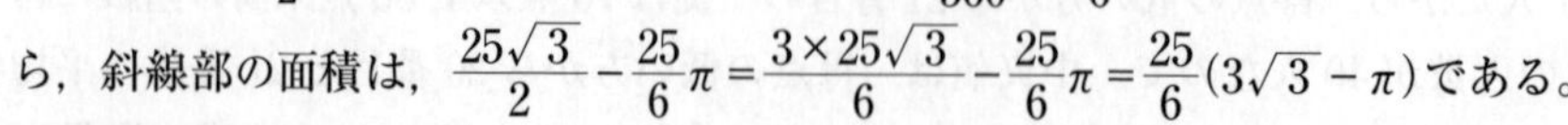

$\frac{25\sqrt{3}}{2}-\frac{25}{6}\pi=\frac{3\times25\sqrt{3}}{6}-\frac{25}{6}\pi=\frac{25}{6}(3\sqrt{3}-\pi)$である。

図1

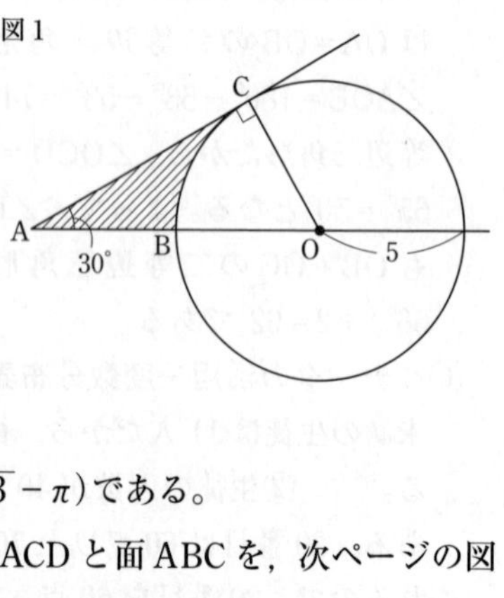

A　B　O　C　30°　5

⑸＜空間図形―長さ＞次ページの図2で，EG，GFを含む2つの面ACDと面ABCを，次ページの図

3のように展開する。EG＋GFが最小となるとき，3点E，G，Fは一直線上に並ぶ。△ACD，△ABCは正三角形だから，四角形ABCDはひし形であり，AB∥DCとなる。AE：ED＝BF：FC＝2：1なので，EF∥DCである。これより，△AGE∽△ACDとなるから，EG：DC＝AE：AD＝2：(2＋1)＝2：3であり，EG＝$\frac{2}{3}$DC＝$\frac{2}{3}$×20＝$\frac{40}{3}$である。

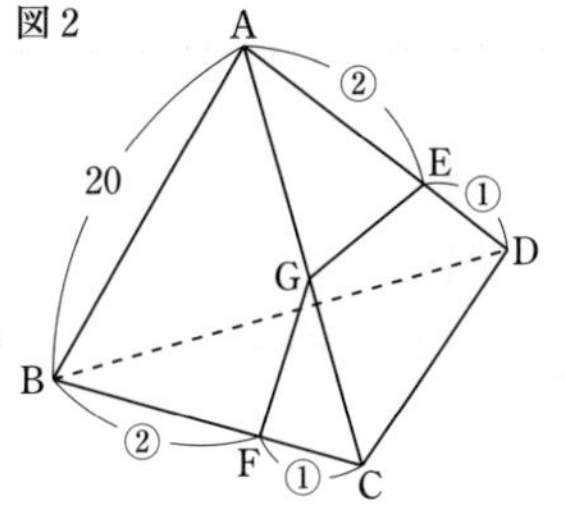

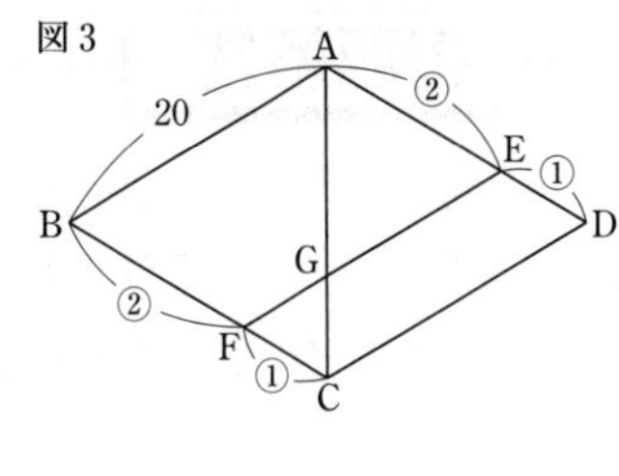

Ⅲ〔関数―関数 $y=ax^2$ と一次関数のグラフ〕

(1)＜座標＞右図で，2点A，Bは放物線 $y=\frac{1}{2}x^2$ 上にあり，x 座標がそれぞれ－4，8なので，y 座標はそれぞれ，$y=\frac{1}{2}\times(-4)^2=8$，$y=\frac{1}{2}\times8^2=32$ であり，A(－4，8)，B(8，32)である。2点A，Bの座標より，直線 l の傾きは，$m=\frac{32-8}{8-(-4)}=2$ である。よって，直線 l の式は $y=2x+n$ となる。点Aを通るので，$8=2\times(-4)+n$ より，$n=16$ である。

(2)＜座標＞右図で，点Dは，A(－4，8)と y 軸に関して対称な点だから，D(4，8)である。

(3)＜座標，長さ，面積＞①右図で，辺BDの長さは変わらないから，△BPDの周の長さが最小になるとき，BP＋PDが最小となる。2点D，Aが y 軸に関して対称であることより，PD＝PAだから，BP＋PD＝BP＋PAであり，BP＋PAが最小となる。このとき，3点B，P，Aは一直線上にあるので，点Pは点Eと一致し，(1)より，E(0，16)だから，P(0，16)である。　②右上図のように，点Bを通り y 軸に平行な直線と直線ADとの交点をFとすると，BF＝32－8＝24，AF＝8－(－4)＝12，DF＝8－4＝4だから，△BAF，△BDFで三平方の定理より，BA＝$\sqrt{\mathrm{BF}^2+\mathrm{AF}^2}=\sqrt{24^2+12^2}=\sqrt{720}=12\sqrt{5}$，BD＝$\sqrt{\mathrm{BF}^2+\mathrm{DF}^2}=\sqrt{24^2+4^2}=\sqrt{592}=4\sqrt{37}$ となる。BP＋PD＝BE＋ED＝BE＋EA＝BA＝$12\sqrt{5}$ だから，△BPDの周の長さはBP＋PD＋BD＝$12\sqrt{5}+4\sqrt{37}$ である。　③△BPD＝△BED＝△BAD－△EADである。AD＝4－(－4)＝8であり，これを底辺と見ると，△BADの高さはBF＝24，△EADの高さは16－8＝8だから，△BAD＝$\frac{1}{2}$×8×24＝96，△EAD＝$\frac{1}{2}$×8×8＝32となり，△BPD＝96－32＝64である。

Ⅳ〔空間図形―直方体〕

(1)＜長さ―三平方の定理＞右図で，∠ABF＝90°だから，△ABFで三平方の定理より，AF＝$\sqrt{\mathrm{AB}^2+\mathrm{BF}^2}=\sqrt{3^2+5^2}=\sqrt{34}$ となる。

(2)＜面積＞右図で，辺FGと面AEFBは垂直なので，∠AFG＝90°である。よって，△AFG＝$\frac{1}{2}$×FG×AF＝$\frac{1}{2}\times7\times\sqrt{34}=\frac{7\sqrt{34}}{2}$ となる。

(3)＜長さ―三平方の定理＞右図の△AFGで三平方の定理より，AG＝$\sqrt{\mathrm{AF}^2+\mathrm{FG}^2}=\sqrt{(\sqrt{34})^2+7^2}=\sqrt{83}$ となる。

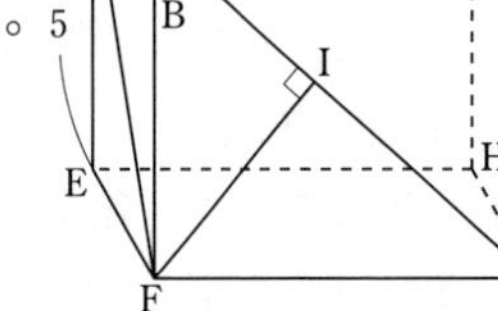

(4)＜長さ＞右上図で，FI⊥AGより，△AFGの面積は $\frac{1}{2}$×AG×FIで表される。(2)，(3)より，△AFG＝$\frac{7\sqrt{34}}{2}$，AG＝$\sqrt{83}$ だから，$\frac{1}{2}\times\sqrt{83}\times\mathrm{FI}=\frac{7\sqrt{34}}{2}$ が成り立ち，FI＝$\frac{7\sqrt{2822}}{83}$ となる。

国語解答

一	問一 ㋐…④ ㋑…①	問二 ③		
	問三 ①	問四 ②	問五 ④	
二	問一 ㋐…①	㋑…②	㋒…④	㋓…④
	㋔…①			
	問二 ②	問三 ①	問四 ②	

三	問一 ①	問二 ③	問三 ④
	問四 ①	問五 ②	
四	問一 ㋐…④ ㋑…①	問二 ④	
	問三 ①	問四 ①	問五 ②
五	問一 ②	問二 ④	

一〔小説の読解〕出典；山川方夫『他人の夏』。

問一＜心情＞㋐女は，自殺しようとして一人で沖まで泳いできたのに，慎一から，危ないからもっと岸の近くで泳いだ方がいいと注意されたため，気に掛けられることを受け入れがたく感じ，「睨むような目を」した。　㋑慎一から，どんな人間にもその人なりの苦労や正義，生きがいがあり，それは他人にはわからないから，死のうとしている人を止めてはいけないという慎一の父親の言葉を聞いて，女は，死まで考えるほどの苦しみが改めて胸に迫り，「怒ったような目つき」になった。

問二＜文章内容＞夏になると町も海も大勢の避暑客たちに「占領」されてしまうので，その町で生まれ育った慎一は，「『お客さん』たちに遠慮しているような」気持ちになって，人目を避けてこっそりと泳いだ。

問三＜文章内容＞慎一が，「自殺するつもりですか？」とききながら，やめなさいというつもりではないと言うので，女は，からかわれたのだと思い，あなどられたことへの腹立たしさから，異常に興奮した言い方をした。

問四＜心情＞慎一から，慎一の父親が命がけでカジキをしとめた際に，生きるとはこういう手応えのことだと言った話を聞いて，女は，生きがいや働くことの意味を学んだと考えられる(③…○)。また，慎一の父親の言葉から，人間が生きるか死ぬかという肝心なことは，他の人間にはわからず，人間は理解されない孤独に耐えなくてはならないことや(④…○)，自殺しようとする人には他人にはわからない深い理由があるから，死のうとする人間を止めてはならず，止めないことは勇気のいることだというのを学び，生きることを決めたので，女は，慎一に感謝し，敬意を込めて手を握ったのである(①…○，②…×)。

問五＜表現＞夜，月のない黒い海で，夜光虫が淡い緑色の光をきらめかせている光景は，現実から離れた世界にいるような美しさを感じさせる(①…○)。慎一や若い女の体にまとわりつく夜光虫の光が，暗い海に漂っている二人の姿をほのかに照らし，慎一の動きや女の表情を浮かび上がらせている(②…○)。夜光虫の緑の燐光が「呼吸づくように明るくなり」，また暗くなる様子は，生命体の鼓動をそれとなく示しているように感じられる(③…○)。夜光虫の燐光は，波や人の動きに従って集散し，物語の時間の流れとは関係なく不規則に光を放っている(④…×)。

二〔国語の知識〕

問一＜漢字＞㋐「衝動」と書く。②は「水晶」，③は「車掌」，④は「衣装」。　㋑「純粋」と書く。①は「吹奏楽」，③は「完遂」，④は「陶酔」。　㋒「功名」と書く。①は「気孔」，②は「精巧」，③は「発酵」。　㋓「見解」と書く。①は「会食」，②は「金塊」，③は「後悔」。　㋔「繊維」と書く。②は「偉大」，③は「違反」，④は「遺産」。

問二＜品詞＞「切れ」は，下一段活用の動詞「切れる」の未然形。「捨て」は，下一段活用の動詞「捨てる」の連用形。「打ち」は，五段活用の動詞「打つ」の連用形。「見れ」は，上一段活用の動詞「見る」の仮定形。「着」は，上一段活用の動詞「着る」の連用形。

問三<熟語の構成>「予告」と「物価」は，上の漢字が下の漢字を修飾している熟語。「豊富」は，同じような意味の漢字を組み合わせた熟語。「苦楽」は，反対の意味の漢字を組み合わせた熟語。「指名」は，下の漢字が上の漢字の目的語になっている熟語。

問四<語句>Ⅰ．森林が減少すると，「木材以外の森林産物」，例を挙げていえば，「有用な樹皮や樹脂，森林内の動植物」なども一緒になくなってしまう。　Ⅱ．森林の減少による環境の劣化を嘆く人も多く，「洪水が多くなった」といううれいに加えて，「森林の減少は温室効果ガスの増加につながる」という主張もある。　Ⅲ．森林が減少すると木材資源や木材以外の森林産物がなくなり，生物多様性も減少し，環境も劣化すると，世界中の人々が心配しているけれども，「その森はだれのものだろうか」と考えると，わからなくなる。　Ⅳ．「森はだれのものでもない」という結論も，全く逆の，「森はみんなのものだ」という結論も正しく，要するに，「森は誰のものでもあって，だれのものでもないということになる」のである。

三〔論説文の読解―自然科学的分野―環境〕出典；岡本裕一朗『12歳からの現代思想』。

≪本文の概要≫環境問題における疎外論的発想では，人間中心主義を批判して，牧歌的な自然を称賛する。この考え方の前提となっているのは，自然と人間との対立であり，疎外論では，自然を人間の支配から解放することを目標としている。しかし，文明化は人間による自然支配なしにはありえないから，人間が知力を使って自然と関わるかぎり，自然支配は避けられない。したがって，疎外論的発想が提唱する自然と人間との原初的な調和は，人間中心主義を批判する人々が，自然への憧れを原初的な状態として理想化したものにすぎず，過去にも存在しないのである。また，こうした自然への憧れは，近代の豊かな社会のような，自然が支配された状態でのみ発想しえる。自然は常に人間によって手が加えられていく文化的形成物であるから，環境保護のためには，人間が自然に介入しないことではなく，人間が自然をどう管理していくかが重要である。この点について，アルド・レオポルドは，自然に手を加える際の，客観的な基準を持つことが必要であると主張している。

問一<文章内容>「人間と自然の失われた調和を取り戻す」という言葉は，「人間中心主義を批判」して，牧歌的な自然を称賛する意味で語られ，その考え方が，疎外論的発想である。

問二<文章内容>人間による自然支配は「文明化とともに始まった」のであり，文明化は人間による自然支配なしにはありえないから，「人間が知力を使って自然とかかわるかぎり」，自然支配は避けられない。だから，人為的ではない自然と人間が調和する原初的な状態は，実現できない。

問三<文章内容>例えば，都会で裕福に生活している人は，田舎の生活に憧れるとき，「砂混じりのサンドイッチ」のような粗末な食べ物でもおいしく感じるだろうが，豊かではない社会でそれを食べる人たちは，おいしいとは感じないだろう。このように，自然を支配することのできた状態の豊かな社会でのみ，「砂混じりのサンドイッチ」にたとえられる原初的な自然は，憧れの対象となる。

問四<表現>文明化は人間による自然支配を伴うから，人間が全く関わらない自然は存在しない。したがって，「人間抜きの『自然』」とは，頭の中だけで考えられて，はっきりとした形態・内容を備えていない，実際には存在しないものにすぎない。

問五<文章内容>アルド・レオポルドは，自然保護の原理として人間中心主義を批判していると理解されてきた。しかし，レオポルドは，「自然にいっさい手を加えないことを主張しては」いないのであり，その著書で，自然に対する手の加え方の「穏やかで客観的な基準を持つこと」が必要であると主張している。

四〔古文の読解―物語〕出典；『伊勢物語』八十五。

≪現代語訳≫昔，ある男がいた。(その男が)子どもの頃からお仕えしていた主君が出家してしまわれた。(男は)正月には必ず(ご挨拶に)伺った。(男は)宮中に仕えていたので，絶えず伺うわけにはいかない。けれども，(男は)もとの(君への)真心を失わずに参上したのであった。昔(その君に)仕えていた人は，僧でない人も，僧になった人も，数多く参上し集まって，正月なので特別だということで，(君は)お酒をくださった。雪が(器の水を)こぼすように降って，一日中やまない。人々は皆酔って，「雪にひどく降られて(屋敷に)閉じ込められている」ということを題にして，歌をよむことになった。(この男が，)／いつも我が君のことを思っておりますが，公の務めと二つに身を分けることができませんので，今(目を離すこともできないほど)絶え間なく降り続く雪が，こんなに積もってここに閉じ込められるのは，むしろ私の望みにかなったことなのです。／とよんだところ，親王はとてもひどく感嘆なさって，お召し物を脱いで(ごほうびに)くださったのだった。

問一．㋐＜現代語訳＞「御髪おろす」は，貴人が髪をそり落として仏門に入る，という意味。「給ふ〔う〕」は，尊敬の意味の補助動詞。全体で，出家してしまわれた，という意味。　㋑＜古語＞「ひねもす」は，一日中のこと。

問二＜古文の内容理解＞男は，正月には必ず君のところへご挨拶に伺っており，出家する前の君に対して抱いていた忠実な心を，出家してしまわれた後も失っていなかった。

問三＜古文の内容理解＞男は，宮仕えしている自分の立場を，公の務めと二つに身を分けることができないとよんで，君のことを思っていながらふだんは参上できないもどかしさを表し，今の雪に閉じ込められた状況を望ましく感じると，君への思いをよんだ。

問四＜古文の内容理解＞男は，雪によって屋敷に閉じ込められている状況に合わせて，自分の以前の君への忠実な心を巧みによんだ。その和歌に感嘆した親王は，自分の着ていた衣を脱いで，ほうびとして男に与えた。

問五＜文学史＞『伊勢物語』は，平安時代前期に成立した歌物語。『竹取物語』は，平安時代前期に成立した伝奇物語。「御伽草子」は，鎌倉時代末期から江戸時代初期にかけて成立した絵入りの短編物語群で，『酒呑童子(しゅてんどうじ)』『鉢かづき』『一寸法師』などがある。『徒然草』は，鎌倉時代末期に成立した兼好法師の随筆。『平家物語』は，鎌倉時代に成立した軍記物語。

五〔資料〕

問一．プレイートの購入希望者は，事業局へ申し込み，入金の手続きを行う(④…×)。事務局が抽選を行い，プレイート購入希望の当選者に食事券を送付する(③…×)。プレイート購入者が食事券を利用して取扱加盟店で買い物をすると，その加盟店の売上データが事務局へ送られ，事務局からその加盟店へ入金，つまり，支払いが行われる(②…○)。取扱加盟店からの問い合わせに対応するのは，事務局のコールセンターである(①…×)。

問二．【資料１】によると，取扱加盟店を事務局が募集することになっている(①…×)。また，取扱加盟店の売上データは自動集計されて事務局に送られ，事務局が精算を行い，市に報告する仕組みとなっている(③…×)。【資料２】によると，食事券は電子版とカード版の２種類があるが，どちらもQRコード式であり，紙媒体のものはない(②…×)。プレイートは「市内経済の活性化のために」行われる事業であり，１口につき販売価格4000円に対して利用価格は6000円と，購入した金額よりも50％多く使えることにより，利用者がより多く商品を買うことができる(④…○)。

2021年度　春日部共栄高等学校(第１回)

【英　語】(50分)〈満点：100点〉

■リスニングテストの音声は，当社ホームページで聴くことができます。(実際の入試で使用された音声です)
再生に必要なＩＤとアクセスコードは「収録内容一覧」のページに掲載しています。

1 放送を聞いて答える問題

問題は全部で７問あり、放送はすべて英語で行われます。放送中メモを取ってもかまいません。各問題について英語は２回ずつ放送されます。

【No. 1, No. 2】

Listen to each talk, and choose the best answer for each question.

No. 1　　1

①

②

③

④

No. 2　　2

①

②

③

④

【No. 3, No. 4】

Listen to each situation, and choose the best answer for each question.

No. 3　　3

① Will you help me?　　② Would you like some?

③ May I help you?　　④ Shall I find a map?

No. 4 [4]

① Hold on, please.　② Sorry, he's out now.

③ I'll call him later.　④ You have the wrong number.

【No. 5 ～ No. 7】

Listen to the speech of a junior high school student, Yuta, and choose the best answer for each question.

No. 5 [5]

① To talk about his grandfather.

② To live with his family.

③ To see his grandfather.

④ To study science.

No. 6 [6]

① For six months.

② For one year.

③ For half an hour.

④ For one hour.

No. 7 [7]

① He's going to learn a lot of interesting things.

② He's going to help his grandfather with his volunteer work.

③ He's going to start some volunteer work by himself.

④ He's going to teach his favorite subject to his grandfather.

※<リスニング問題放送原稿>は英語の問題の終わりに付けてあります。

2 次の会話を読んで、後の問いに答えなさい。

Mike and Yuria are talking about Mike's trip in winter vacation. Yuria introduces the culture of Akita to Mike.

Yuria ：Hi, Mike. What are you doing?

Mike ：Hi, Yuria. I am planning （1） Tohoku during my winter vacation.

Yuria ：That's nice. But (2) you look confused. What's wrong?

Mike ：Well, I'm looking at some guide books but I can't decide where to go because there is too much information.

Yuria ：I see. My grandmother lives in Akita （3） I can tell you something about the place.

Mike ：Really? That's great. I know nothing about Akita. Is it a （4） place to travel?

Yuria ：Absolutely. Akita is full of culture and great *attractions.

Mike ：(5) What can I do there?

Yuria ：You can enjoy the local food there. One of the most famous foods is a Japanese *stew with local chicken and vegetables. You put *kiritampo* in it, too.

Mike ：What's that?

Yuria ：It's *shaped mashed rice.

Mike ：Wow, it sounds delicious. I should try it when I go there.

Yuria ：Yes, you should. Also, Akita has special *pickles called *iburigakko*.

Mike ：What does it taste like?

Yuria ：It's *smoked and tastes a little salty.

Mike ：That sounds good, too. I've never tried smoked pickles. Have you tried it before?

Yuria ：Yes, of course. I have had it many times. I want to have it again. By the way, I remember （6） cool thing. There is (7) a unique festival there in winter.

Mike ：What's that?

Yuria ：It is The Yokote Kamakura Festival.

Mike ：Yokote Kamakura?

Yuria ：That's right. It is held （8） February in Yokote city every year and has a history of about 450 years. During the festival, there are many snow domes called *kamakura* made by *experts. Children invite visitors into *kamakura* and offer them rice cakes and drinks. You can experience （9） culture in Akita.

Mike ：Oh, I would like to go there. Have you been there?

Yuria ：No, I haven't. My grandmother has told me a lot about the festival!

Mike ：Really? Then do you want to come with me?

Yuria ：Sounds good!

注　attraction　魅力あるもの　　stew　鍋物　　shaped mashed rice　お米をすりつぶして成形したもの

pickles　漬物　　smoked　燻製された　　expert　職人

問1　空所［（1）］に入る語句として最も適当なものを選び、番号で答えなさい。　［8］

①　to go to　　②　go to　　③　to going to　　④　going to

問2　下線部（2）の理由として最も適当なものを選び、番号で答えなさい。　［9］

①　たくさん情報が載っているガイドブックを見つけられない。

②　ガイドブックに情報がありすぎて行き先が決められない。

③　東北がどこにあるのかわからない。

④　ガイドブックにどんな情報が書いてあるのか理解できない。

問3　空所［（3）］に入る語句として最も適当なものを選び、番号で答えなさい。　［10］

①　however　　②　or　　③　so　　④　for example

問4　空所［（4）］に入る語として最も適当なものを選び、番号で答えなさい。　［11］

①　dangerous　　②　busy　　③　strange　　④　popular

問5　下線部（5）に対するYuriaの答えとして最も適当なものを選び、番号で答えなさい。　［12］

①　You can enjoy the local stew with beef.

②　You can enjoy making *kiritampo*.

③　You can enjoy smoked pickles called *iburigakko*.

④　You can enjoy the new festival called The Yokote Kamakura Festival.

問6　空所［（6）］に入る語句として最も適当なものを選び、番号で答えなさい。　［13］

①　the other　　②　other　　③　some　　④　another

問7　下線部（7）について、本文の内容と一致するものを1つ選び、番号で答えなさい。　［14］

①　2年に1度開催される。

②　約450年前から開催されている。

③　地元の住民がたくさんのかまくらを作る。

④　かまくらの外でお餅を食べる。

問8　空所［（8）］に入る語として最も適当なものを選び、番号で答えなさい。　［15］

①　in　　②　by　　③　on　　④　to

問9　空所 （9） に入る語として最も適当なものを選び、番号で答えなさい。　16

① tradition　② traditional　③ new　④ newly

問10　会話の内容と一致するものを1つ選び、番号で答えなさい。　17

① Yuria has never eaten *iburigakko*.

② Mike knew about the famous local food with chicken and vegetables.

③ You can make *kamakura* at The Yokote Kamakura Festival.

④ Yuria has never made a snow dome at The Yokote Kamakura Festival.

3　次の英文を読んで、後の問いに答えなさい。

[1] The first Olympic Games were held in Olympia, Greece. Olympia was the home of a famous temple. Every four years, people from all over Greece traveled to Olympia to see the events. Some of the events in the modern and ancient Olympics were the same. There were races, wrestling, boxing, and so on. But there were no team sports. There were no ball sports, no swimming races, and no winter events. At first, the Olympics had only one event. It was a running race of about 190 meters, and it was called the *stade*. Over time, more events were added, and in the end there were 18 events at the ancient Olympics.

[2] The ancient Greeks loved sports. There were a few reasons. First, the ancient Greeks were so （1） sports, because everything in life was a competition for many people. The Greeks always wanted to find the best person in everything. They had drama contests, speech-making contests, poetry contests, and sculpture contests. There were also eating contests, and beauty contests for both men and women. The ancient Greeks even had races and other sports contests at weddings and *funerals.

[3] Second, the Greeks played so many sports, because there were a lot of wars in Greece. （2） Greece is one country today, it was a collection of cities long ago. The cities were always at war with one another, and sports were good training for war. For example, armies had to walk far, so running helped to make (3)them strong and healthy. Boxing and wrestling were important skills to help men survive in battles.

[4] One final reason for the Greek love of sports was that they loved beautiful bodies. They believed that a beautiful body was a gift from the gods and that people should train their bodies through sports to make themselves healthy and beautiful.

[5] The Olympics were an amazing event, but it was not always easy to visit them. One of the biggest problems for *spectators was finding a place to stay. There was only one hotel at Olympia, and it was only for very important people. The others had to camp in the area around the temples. Rich people had large tents filled with expensive goods and had many types of delicious food to eat. But ordinary

people had to stay in small wooden shelters or sleep outdoors under trees.

6 During the Olympics, the air was bad because of all the smoke from cooking fires, and there was not enough water for everyone. Most people were dirty because there was not enough water to wash themselves, and they smelled very bad.

7 Because of the great numbers of people, it was easy for sicknesses to spread. Sometimes many people died from sicknesses at Olympia.

8 It was also difficult to see the events. There were no tickets or seat reservations, and sometimes thousands of people tried to crowd into very small spaces. Officials had to use *whips to control the crowds.

9 Another problem was that the Olympics were held in summer, so it was very hot. Every day many people got *heatstroke, and some of them died.

10 People watching the Olympics suffered a lot, but [(4)]. The Greeks loved sports, and at Olympia they could see the greatest athletes competing against one another. People said everyone should see the Olympics once in their lives.

注 funeral 葬式　spectator 観客　whip むち　heatstroke 熱中症

問1 古代オリンピックの種目に関する記述として、最も適当なものを選び、番号で答えなさい。 [18]

① There were over 10 events at first.

② There were some winter events in the past, but people stopped playing them.

③ Soccer was one of the most popular sports in the ancient Olympics.

④ A running race was the first event of the ancient Olympics.

問2 空所 [(1)] に入る最も適当な語句を選び、番号で答えなさい。 [19]

① different from　② surprised at　③ crazy about　④ afraid of

問3 空所 [(2)] に入る最も適当な語を選び、番号で答えなさい。 [20]

① If　② Because　③ Though　④ When

問4 下線部 (3) は何を指しているか、最も適当なものを選び、番号で答えなさい。 [21]

① cities　② battles

③ boxing and wrestling　④ armies

問5　ギリシャ人がスポーツを好きな理由として<u>適当でないもの</u>を選び、番号で答えなさい。　22

① 全てにおいて、誰が1番なのか知りたかったから。

② 戦争が多かったから。

③ スポーツは神様からの贈り物だと考えていたから。

④ 美しい肉体が好きだったから。

問6　第5段落の内容として最も適当なものを選び、番号で答えなさい。　23

① Rich people had big tents and delicious food.

② There were some hotels at Olympia, and they were for very important people.

③ Some people stayed at a hotel, but other people had to stay at temples.

④ Ordinary people wanted to sleep outdoors under trees.

問7　本文の内容に合うように、次の英文を完成させるのに最も適当なものを選び、番号で答えなさい。　24

People watching the Olympics suffered a lot because ＿＿＿＿＿＿＿＿＿＿.

① it was so difficult to get tickets

② officials didn't control the crowds

③ there was no fire to cook

④ it was too hot and many people got sick

問8　空所 (4) に入る最も適当なものを選び、番号で答えなさい。　25

① they didn't like the event

② they enjoyed the event

③ it was a dangerous event

④ it was for rich people

問9　本文の内容に一致するものを3つ選び、番号で答えなさい。ただし、解答の順番は問わない。

26 ～ 28

① The ancient Olympics were held every four years, like the modern Olympics.

② The ancient Greeks didn't love sports at first because they hated fighting.

③ The ancient Greeks even had races at funerals but people thought it was rude.

④ One of the problems of the ancient Olympics was finding a place to stay.

⑤ The air at Olympia was bad because a lot of people were smoking.

⑥ Most people watching the ancient Olympics were dirty because water was limited.

⑦ Sometimes many people got sick at Olympia but they got well soon.

⑧ It was said that people shouldn't see the Olympics because it was so difficult to see them.

4 次の問い（問１～５）において、①～⑥の語（句）を日本語の意味を表すように並べかえて、文を完成しなさい。解答は 29 ～ 38 に入るものの番号のみを答えなさい。なお、文頭にくるべき語も小文字にしてある。

問１　一生懸命勉強すれば、英語を上手に話せるようになりますよ。

You ＿＿ [29] ＿＿ ＿＿ [30] ＿＿ well if you study hard.

① English　② will　③ to　④ speak　⑤ able　⑥ be

問２　私の母はキッチンの壁を白く塗りました。

＿＿ [31] ＿＿ ＿＿ [32] ＿＿ the kitchen.

① painted　② in　③ my mother　④ wall　⑤ white　⑥ the

問３　私の町では先月たくさんの雨が降りました。

＿＿ [33] ＿＿ ＿＿ [34] ＿＿ my hometown last month.

① a lot　② there　③ rain　④ in　⑤ was　⑥ of

問４　その時、何人がテニスを楽しんでいたのですか。

＿＿ [35] ＿＿ ＿＿ [36] ＿＿ tennis then ?

① playing　② many　③ were　④ enjoying　⑤ how　⑥ people

問５　私はそのニュースを聞いてとても驚きました。

I ＿＿ [37] ＿＿ ＿＿ [38] ＿＿ .

① hear　② was　③ to　④ so　⑤ the news　⑥ surprised

<リスニング問題放送原稿>

※「チャイム」

これから「放送を聞いて答える問題」を始めます。
問題は全部で7問あり，放送はすべて英語で行われます。放送中メモを取ってもかまいません。各問題について英語は2回ずつ放送されます。
では，始めます。

Look at No. 1 and No. 2 on page 1.
Listen to each talk, and choose the best answer for each question.
Let's start.

No. 1

A： Do you play any sports, Ann?
B： Yes, I do. I play baseball. Bill, I hear you play basketball and tennis.
A： I did in America, but now I don't. I practice kendo every day.
B： I see.

Question： What sport does Bill do now?

(会話と質問を繰り返します。)

No. 2

A： When is your trip to Kyoto, Jim?
B： It's from Friday to Sunday.
A： How are you going to go there?
B： By train. But I'm going to come back by plane.

Question： How will Jim go to Kyoto?

(会話と質問を繰り返します。)

Look at No. 3 and No. 4.

Listen to each situation, and choose the best answer for each question.

Let's start.

No. 3

Maki is walking on the street.
She sees a foreign tourist holding a map.
He is looking for something.
He looks troubled.

Question : What will Maki say to the tourist?

(英文と質問を繰り返します。)

No. 4

Betty calls Kenta.
Kenta's father answers the phone.
Betty tells him that she wants to talk with Kenta.
Kenta is watching TV in the living room now.

Question : What will Kenta's father say to Betty?

(英文と質問を繰り返します。)

Look at No. 5 to No. 7 on page 2.

Listen to the speech of a junior high school student, Yuta, and choose the best answer for each question.

Let's start.

Hello, everybody. Today, I'm going to talk about my grandfather.

My grandfather, Hiroshi, lives alone in Nagano. He is sixty-eight years old now. Every summer, I go to Nagano with my family from Saitama to see him.

When he was young, he was a science teacher at a junior high school. So he has told me a lot of interesting things since I was little. Even now, I enjoy talking with him.

Look at this picture. This is my grandfather working as a volunteer. He started volunteering six months ago. He teaches science to children for an hour at a community center every Monday and Friday. The children go there because they need someone to help them with their homework. I think it is hard for my grandfather to do that, but he says to me, "I'm happy because I can learn something new when I talk with children. I want to work as a volunteer as long as possible."

I'm really proud of my grandfather. Next summer, I'm going to help him with his volunteer work.

No. 5

Question : Why does Yuta visit Nagano every summer?

No. 6

Question : How long does Yuta's grandfather teach science to children each day?

No. 7

Question : What is Yuta going to do next summer?

(英文と質問を繰り返します。)

以上で「放送を聞いて答える問題」を終わります。では，ほかの問題を始めてください。

【数　学】（50分）〈満点：100点〉

（注意）(1) 問題の文中のア，イ，ウ，……の１つ１つは，それぞれ０から９までの数字，または－のいずれか１つに対応します。それらをア，イ，ウ，……で示された解答欄にマークしなさい。

(2) 分数形で解答が求められたときは，既約分数で答えなさい。符号は分子につけ，分母につけてはいけません。

(3) 問題文中にある図は必ずしも正確ではありません。

(4) 円周率はπとして計算しなさい。

Ⅰ　次の各問いに答えなさい。

(1) $\frac{1}{2}+\left(-\frac{1}{2^2}\right)-\frac{2}{3}\times\left(-\frac{1}{4}\right)^2-\frac{1}{6}\div\frac{1}{5}=\frac{\boxed{\text{アイ}}}{\boxed{\text{ウ}}}$

(2) $(2\sqrt{3}-3)(\sqrt{12}+5)-\frac{6}{\sqrt{3}}=\boxed{\text{エオ}}+\boxed{\text{カ}}\sqrt{\boxed{\text{キ}}}$

(3) １次方程式　$\frac{x+5}{6}-(x-2)=\frac{3(x-3)}{2}-37$　を解くと，$x=\boxed{\text{クケ}}$

(4) 連続する９個の自然数があります。小さい方から５個の数の和と，残りの４個の数の和が等しいとき，最も大きい数は $\boxed{\text{コサ}}$

(5) 図形（☆）の線対称移動，点対称移動，回転移動，およびこれらの組合せによってできないものは シ

ただし， シ には下記の中から適する者のを答えなさい。

図形（☆）

1	2
3	4

⓪ ① ② ③

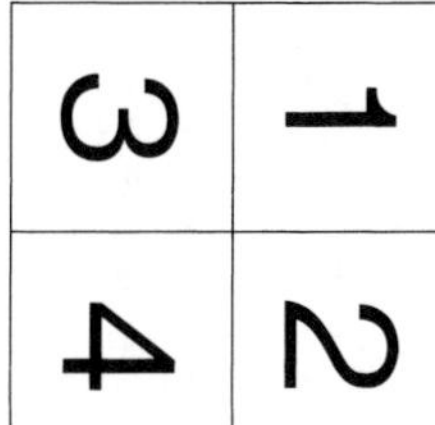

Ⅱ 次の各問いに答えなさい。

(1) $\sqrt{2021}$ にもっとも近い整数は アイ

(2) 図のようなＡＢ＝ＡＣである二等辺三角形ＡＢＣがあります。辺ＡＣ上にＢＣ＝ＢＤとなる点Ｄをとり，$\angle$ＡＢＤ＝15° のとき，$\angle$ＢＡＣ＝ ウエ °

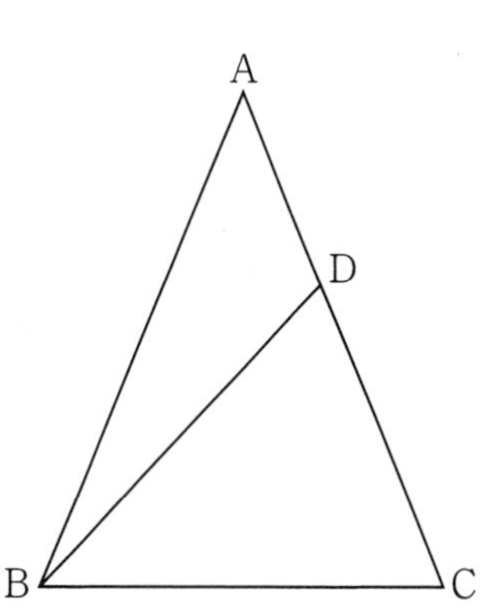

(3) A，B，C，D，Eの５チームが，図のようなトーナメント表をつくるための抽選会を行います。くじはA→B→C→D→Eの順番で引き，引いたくじはもとに戻さないものとします。次の各問いに答えなさい。

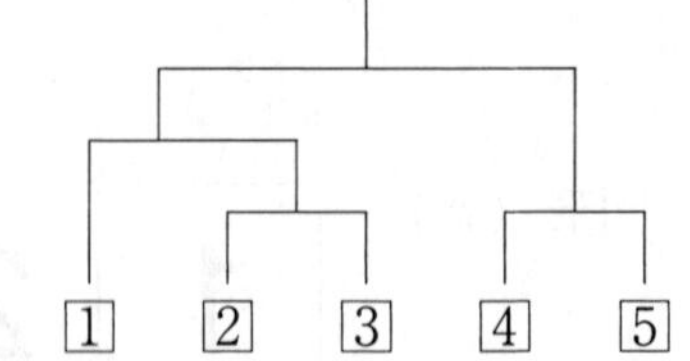

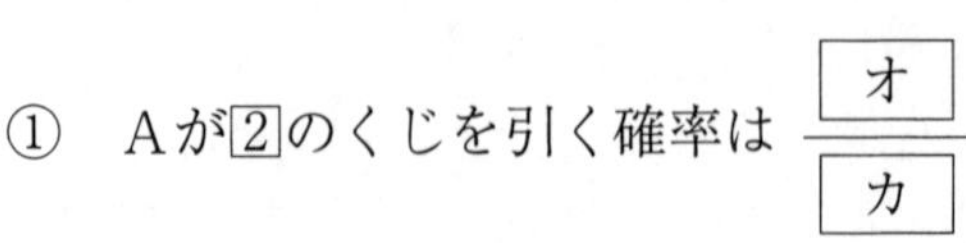

① Aが[2]のくじを引く確率は $\dfrac{\boxed{オ}}{\boxed{カ}}$

② Aが[2]のくじを引いたとき

(i) Bが[3]のくじを引く確率は $\dfrac{\boxed{キ}}{\boxed{ク}}$

(ii) Cが[3]のくじを引く確率は $\dfrac{\boxed{ケ}}{\boxed{コ}}$

(iii) Dが[3]のくじを引く確率は $\dfrac{\boxed{サ}}{\boxed{シ}}$

(4) 7^{2021} の一の位の数は [ス]

(5) 下の図において，Pから始まる一筆書きの方法は全部で [セソタチツ] 通り

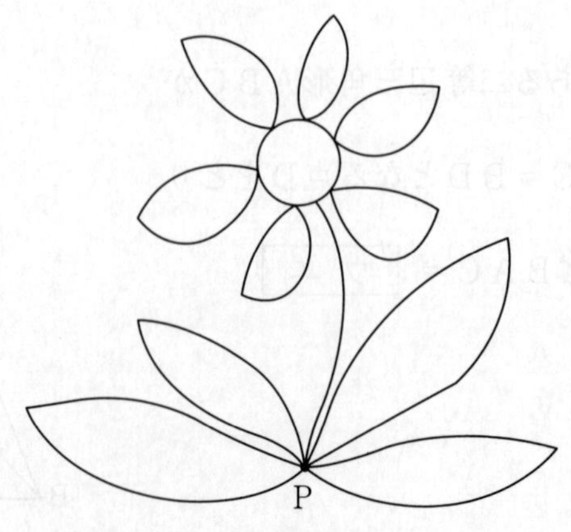

(6) 図のようにAD∥BC，AD：BC＝3：4の台形があります。対角線の交点をEとするとき，△CDEの面積は，台形ABCDの面積の $\dfrac{\boxed{テト}}{\boxed{ナニ}}$ 倍

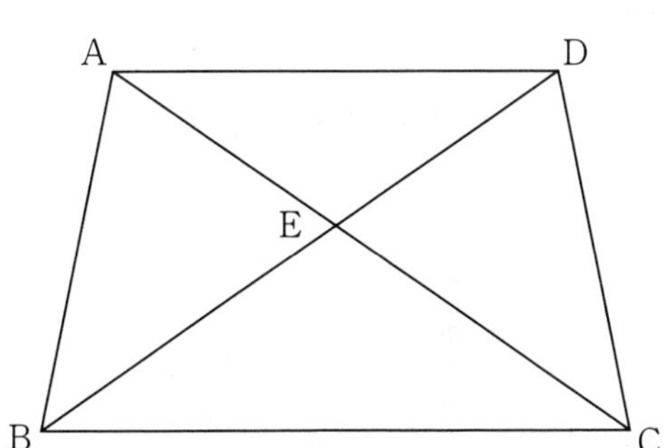

Ⅲ 2つの直線 $\ell_1 : y = a(x-2)+b$，$\ell_2 : y = c(x+4)+d$ があります。

次の各問いに答えなさい。

(1) 直線 ℓ_1 のグラフは点（2，4）を通り，y 切片が8です。

このとき，$a = \boxed{アイ}$，$b = \boxed{ウ}$

(2) 直線 ℓ_2 のグラフは点（－4，4）を通り，y 切片が8です。

このとき，$c = \boxed{エ}$，$d = \boxed{オ}$

(3) (1)，(2)の ℓ_1，ℓ_2 と x 軸で囲まれた三角形の内部に正方形PQRSをつくります。

点Pは ℓ_1 上，点Qは ℓ_2 上，点Rと点Sは x 軸上にあるとき，

Pの x 座標は $\dfrac{\boxed{カ}}{\boxed{キ}}$，Qの x 座標は $\dfrac{\boxed{クケコ}}{\boxed{サ}}$ である。

また，正方形PQRSの一辺の長さは $\dfrac{\boxed{シス}}{\boxed{セ}}$

Ⅳ　図のように，放物線　$y = ax^2$　と直線　$y = x + b$　が異なる２点で交わっています。図の交点Ａの座標は（４，８）であり，点Ｂ，Ｃは直線と x 軸，直線と y 軸とのそれぞれの交点です。

次の各問いに答えなさい。ただし，原点をＯとします。

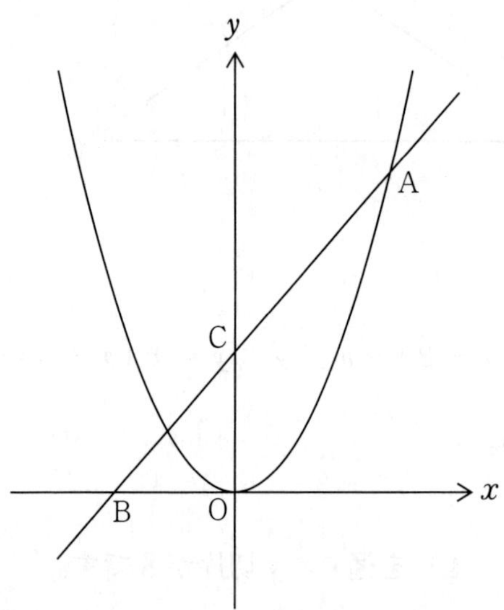

(1)　$a = \dfrac{\boxed{ア}}{\boxed{イ}}$

(2)　$b = \boxed{ウ}$

(3)　線分ＯＢの長さと線分ＯＣの長さはともに $\boxed{エ}$

(4)　点Ｐは放物線のグラフ上で　$x < 0$　の部分を動くものとします。

△ＰＢＯの面積と△ＰＣＯの面積が等しくなるとき，点Ｐの x 座標は $\boxed{オカ}$

③　生徒Ｃ「そうだね。一方で牛乳の消費量については、緑茶、炭酸飲料の消費・購入量との関係性は見いだせないと思うよ。」

④　生徒Ｄ「そうかな。牛乳の消費量が全国でも少ない県に、炭酸飲料の購入量が全国でも多い青森県や秋田県、熊本県が含まれているから、この二つも真逆の関係にあると言えるはずだよ。」

⑤　生徒Ｅ「牛乳の消費量が上位の都道府県の顔ぶれに最初は驚いたよ。どの都道府県も生産量はそんなに多くないイメージがあったけど、調べてみたら千葉県は生産量も全国上位みたいだね。」

五 次の資料は緑茶、牛乳、炭酸飲料の都道府県ごとの購入・消費量（2018年）を表したものです。この資料に関する後の問に答えなさい。

順位	都道府県	牛乳消費量（リットル）
1	滋賀県	89.28リットル
2	千葉県	88.99リットル
3	広島県	87.79リットル
4	奈良県	86.96リットル
5	埼玉県	86.61リットル
6	兵庫県	86.41リットル
7	長野県	86.14リットル
8	鳥取県	84.38リットル
9	香川県	83.94リットル
10	岡山県	82.72リットル
38	青森県	68.21リットル
39	熊本県	67.24リットル
40	福井県	66.41リットル
41	山梨県	66.05リットル
42	大分県	65.96リットル
43	秋田県	65.88リットル
44	鹿児島県	65.83リットル
45	長崎県	65.13リットル
46	高知県	58.34リットル
47	沖縄県	52.02リットル

順位	都道府県	炭酸飲料購入量（円）
1	青森県	7,915円
2	山形県	6,787円
3	北海道	6,440円
4	秋田県	6,017円
5	熊本県	5,970円
6	岩手県	5,942円
7	徳島県	5,878円
8	山口県	5,712円
9	千葉県	5,652円
10	福島県	5,629円
38	長崎県	4,350円
39	兵庫県	4,347円
40	宮崎県	4,347円
41	岐阜県	4,206円
42	大分県	4,181円
43	島根県	3,975円
44	和歌山県	3,888円
45	三重県	3,847円
46	鹿児島県	3,838円
47	静岡県	3,705円

久保哲朗「都道府県別統計とランキングで見る県民性」より作成

順位	都道府県	緑茶消費量（g）
1	静岡県	1,520.8g
2	三重県	1,349.4g
3	鹿児島県	1,229.0g
4	滋賀県	1,189.4g
5	奈良県	1,119.6g
6	京都府	1,104.4g
7	長崎県	1,098.0g
8	佐賀県	1,050.0g
9	和歌山県	1,030.8g
10	石川県	1,024.6g
38	高知県	667.0g
39	愛媛県	620.8g
40	北海道	616.4g
41	香川県	613.4g
42	山形県	597.6g
43	徳島県	586.6g
44	岡山県	584.0g
45	青森県	551.4g
46	鳥取県	462.6g
47	沖縄県	454.0g

問一　これらの資料から読み取れる内容として**適当ではないもの**を、次の①～④のうちから一つ選びなさい。解答番号は〈22〉

① 炭酸飲料の購入量が全国でも多い県は、同時に緑茶の消費量が全国でも少ない県であることが多い。

② 東北地方のすべての県が炭酸飲料の購入量が全国でも多い県となっている。

③ 緑茶の消費量が全国で最も多い静岡県と最も少ない沖縄県の消費量の差は三倍以上である。

④ 青森県、長崎県、鹿児島県は上位または下位としていずれのランキングにも登場している。

問二　次に掲げるのはこれらの資料を見た五名の生徒の会話です。それぞれの見解のうち、**適当ではないもの**を、次の①～⑤のうちから一つ選びなさい。解答番号は〈23〉

① 生徒A「お茶の名産地として有名な静岡県が緑茶の消費量日本一なのは納得だね。その他の上位の都道府県を見ると、西日本に集中しているようだね。何か関係があるのかな。」

② 生徒B「緑茶の消費量が全国でも多い都道府県は、その半数が炭酸飲料の購入量が全国でも少ないみたいだね。この二つは真逆の関係と言えるんじゃないかな。」

濡れ濡れもなほ狩りゆかむ※はしたかの上毛（うはげ）の雪をうち払ひつつ

と詠みて、おのおの「我がまさりたり」と論じつつ、※四条大納言のもとへ二人参りて、判せさせたてまつるに（判定していただいたところ）、大納言のたまふ（おっしゃるには）、「ともによきにとりて、あられは、宿借るばかりは、いかで濡れむ（どうして濡れることがあるだろうか）ぞ。ここもとぞ劣りたる。※歌柄（うたがら）はよし。①道済がは、さ言はれたり。末の世にも、集などにも入りなむ（勅撰集などにもきっと入るだろう）」とありければ、道済、舞ひ奏でて出でぬ。長能、物思ひ姿にて、出でにけり。さきざき（これまでは）何事も、長能は上手（うはて）を打ちけるに、②この度（たび）は本意（ほい）なかりけりとぞ。

（『古本説話集』による。）

※長能…藤原長能。平安時代の歌人。中古三十六歌仙の一人。『蜻蛉日記』の作者、藤原道綱母（みちつなのはは）の弟。

※道済…源道済。平安時代の歌人。中古三十六歌仙の一人。

※交野…現在の大阪府枚方市・交野市にあった狩猟地。

※かりごろも…平安時代の貴族が狩りの際に着用した衣装。

※はしたか…鷹狩りに用いられた鷹の一種。

※四条大納言…藤原公任。平安時代の公卿（くぎょう）・歌人。『和漢朗詠集』の撰者。

※歌柄…和歌の品格、一首全体の風格。

問一 ――部㋐、㋑の本文中の意味として最も適当なものを、後の①～④のうちからそれぞれ一つずつ選びなさい。解答番号は〈18〉・〈19〉

㋐「伝はりたる歌詠み」〈18〉

① 世間にその名が広まっている歌人
② さまざまな伝説が残っている歌人
③ 代々伝統のある家柄の歌人
④ 伝えるべき思想を持った歌人

㋑「なほ狩りゆかむ」〈19〉

① やはり狩りに行くのはやめよう
② 気乗りしないが狩りを続けよう
③ いっそう狩りをしに出かけたい
④ それでもやはり狩りは続けよう

問二 ――部①の説明として最も適当なものを、次の①～④のうちから一つ選びなさい。解答番号は〈20〉

① 道済の歌は見聞きした情景を回想的に詠んだものであるということ。
② すでに長能の歌の本当の意味は道済に知られているということ。
③ 道済の歌は物事の道理に合った詠み方をしているということ。
④ 世間には道済の歌のような言い伝えが実際にあったということ。

問三 ――部②の説明として最も適当なものを、次の①～④のうちから一つ選びなさい。解答番号は〈21〉

① 道済は、今まで何度も長能に和歌で負けており、今回もきっと負けるだろうと思っていたので、予想外の勝利に驚いているということ。
② 長能は、何事においても道済に勝つことができず、今回こそは勝つつもりで勝負に臨んだが、やはり負けてしまったので落胆しているということ。
③ 道済は、自身では優れた和歌を詠んだつもりであったので、四条大納言に和歌の欠点を指摘されたことに対して納得していないということ。
④ 長能は、これまでは何事においても道済よりも優れていたので、今回の勝負において自身の敗因となった判定が不本意なものであったということ。

当なものを、次の①～④のうちから一つ選びなさい。解答番号は〈16〉

① 愛国心の表明に対する抑圧に抗議し、声高に「好きと言える自由」を要求することで、「好きという義務」を押しつける国家権力に迎合し、その後ろ盾のもと反対派や少数派をねじ伏せようとする動きに合流し、軍歌を彷彿とさせる自身の歌の影響力によって世論全体を愛国一色に染め上げたいという危険な欲望に囚われているから。

② 愛国心の表明が国策として奨励されている状況下では、「自分の国が好きだ」と言うことを誰かに制止されることなどありえないが、あえて仮想敵に抑圧される被害者を装うことで、空虚な軍国主義の記号を歌詞に散りばめただけの「HINOMARU」を愛国者たちのプロテスト・ソングに仕立て上げようとする戦略があったから。

③ 「歴史的、政治的背景」によって国を愛する「純粋」で自然な気持ちを堂々と表明することが妨げられてきた情勢を疑問視し、軍歌を想起させる歌詞を通してタブーを打ち破り風通しのよい言論空間を作り上げることで、戦後民主主義を柔軟に捉え返すことに寄与したいというナイーブな使命感をアーティストとして抱いているから。

④ 愛国心を表明する自由を声高に要求する自身の表現が、戦時中の軍歌や愛国歌が挙国一致の翼賛体制の構築に寄与したように、国家権力に迎合して世論全体を愛国一色に染め上げることに加担しかねないという危険性への思慮を欠いているため、「被害者」たる自身が仮想上の抑圧に抗議することの正当性を疑うことができないから。

問五 二つの文章【A】【B】の関係性の説明として最も適当なものを、次の①～④のうちから一つ選びなさい。解答番号は〈17〉

① 「HINOMARU」への批判に作者が反論した【A】を読むことを通して、【B】ではその「抗議の歌」の歌詞の「軍歌っぽさ」より、むしろそこに見られる愛国心の発露の仕方こそが人々の反発を惹起したと結論づけている。

② 【B】ではヘイトスピーチや排外主義運動に見られる言葉と一見区別できない「HINOMARU」の歌詞を議題として取り上げ、作者がその軍歌のような歌詞に込めた意図を率直に吐露した【A】を援用することで好意的に批評している。

③ 今日の日本を覆う不寛容な空気の正体に迫るために、【B】では主に「HINOMARU」の作者が発表した【A】を引用しながら考察し、その愛国心の発露の仕方をファシズムに寄与しかねないものとして批判的に論じている。

④ あえて【A】から読み取れる野田の素朴な愛国心のみを否定することで、【B】では戦後民主主義的な価値観に挑戦し「自由」を勝ち取ろうとした「HINOMARU」の歌詞の「純粋」性をアクロバティックに称揚している。

四

次の文章を読んで、後の問に答えなさい。（……の左側は現代語訳です。）

今は昔、※長能、※道済といふ歌詠みども、いみじう挑み交はして詠みけり。長能は、蜻蛉の日記したる人の兄人（蜻蛉日記を書いた人の兄弟）、(ア)伝はりたる歌詠み、道済、信明といひし歌詠みの孫にて、いみじく挑み交はしたるに、鷹狩の歌を、二人詠みけるに、長能、

あられ降る※交野のみのの※かりごろも濡れぬ（濡れてしまう）宿貸す人しなければ

道済、

いると言わざるをえない。それだけに、彼のナイーブな反権威主義は容易に保守派の権威主義に取り込まれ、飼い馴らされてしまうのである。

「ＨＩＮＯＭＡＲＵ」の問題は、愛国心をタブー化してきた戦後民主主義的な「正しさ」への反発、そしてこの反発を通じて表出される愛国心が多数派の声となって、不寛容な空気の醸成に寄与してしまう危険をはらんでいることを示している。

実際のところ、今日大きな問題となっているヘイトスピーチや排外主義運動は、そうした異議申し立ての感情を養分にしながら、これを過激化させる形で成長しているのである。

（田野大輔 著『ファシズムの教室　なぜ集団は暴走するのか』による。）

※カタルシス…日常生活で抑圧されていた感情が解放されて快感がもたらされること。

※翼賛体制…第二次世界大戦中の大政翼賛会を中心とする政治体制。

問一　――部ⓐとありますが、【Ｂ】の筆者は、この騒動が示しているのはどのようなことだと考えていますか。その説明として最も適当なものを、次の①～④のうちから一つ選びなさい。解答番号は〈13〉

①　「ＨＩＮＯＭＡＲＵ」問題を避けて通れないポイントが、作為的に軍歌を模した古風な歌詞以上に、「無思想」で情緒的な愛国心の表出に見られる、反知性主義的な傾向にほかならないということ。

②　戦後民主主義的な「正しさ」への反発を通じて表出される屈折した愛国心が、多数派の声となり、ヘイトスピーチや排外主義運動を過激化させる不寛容な空気を作り上げてしまう恐れがあること。

③　騒動以前は、ポリティカル・コレクトネスが暗黙のうちに政治的・社会的な制約となり、自分の国を好きでいること、好きと言うことをタブー化する偏狭な雰囲気の温床になっていたということ。

④　曲の歌詞が物議をかもした直後のライブで作者が呟いたとされる「自分の生まれた国を好きで何が悪い」という言葉には、タブーを打破しようとする反権威主義的な心情が確認できるということ。

問二　――部ⓑとありますが、【Ｂ】の筆者は、野田が戦時中の軍歌や愛国歌を思い起させる歌詞を書いたのはなぜだと考えていますか。その説明として最も適当なものを、次の①～④のうちから一つ選びなさい。解答番号は〈14〉

①　内実を備えた古めかしい言葉に託して、自分の国への素朴な愛着という「純粋」で汚れなき感情を表明したいという強い欲求があるから。

②　国を愛するという信仰を「純粋」に告白することで、ヘイトスピーチや排外主義運動が横行する不寛容な空気に異議を申し立てたいから。

③　戦後民主主義的な価値観に挑戦し、その硬直した支配を突き破って、何の制約も受けずに愛国心を表明する「自由」を勝ち取りたいから。

④　「純粋」な愛国心の表明を抑圧しタブー化してきたポリティカル・コレクトネスへ反発することで、ファシズムの再来をもくろんでいるから。

問三　ⓒに当てはまる【Ａ】からの引用として最も適当なものを、次の①～④のうちから一つ選びなさい。解答番号は〈15〉

①　あなたの血液を、全身を、決意を、たぎらせる曲であったら本当に嬉しいです

②　歴史的、政治的な背景もあるのかもしれません

③　純粋に何の思想的な意味も、右も左もなく

④　まっすぐに皆さんに届きますように

問四　――部ⓓとありますが、【Ｂ】の筆者は、野田が「抑圧」に反発しているのはなぜだと考えていますか。その説明として最も適

野田の言うところによれば、「ＨＩＮＯＭＡＲＵ」は「右や左」といった思想・信条ではなく、国を愛するという「純粋」で汚れなき感情を表明した歌である。軍歌を彷彿とさせる歌詞はきわめて空虚で、取って付けたようにぎこちないが、それも国を愛するという「信仰」の告白に力点が置かれていると考えれば、なるほど納得がいく。

彼にとって重要なのは、「日出づる国」や「御国の御霊」といった言葉に含まれる「思想的な意味」を打ち出すことではなく、そうした古めかしい言葉に託された自分の素朴な愛国心を吐露し、その※カタルシスに陶酔することなのである。

この文字通り「無思想」で情緒的な愛国心の表出、そこに見られる反知性主義的な傾向は、「ＨＩＮＯＭＡＲＵ」の問題を考えるうえで避けては通れないポイントだ。

もっとも、作者が「純粋」な感情を吐露したところで、それが多くの人びとの胸に届かなければ意味がない。「　ⓒ　」という野田の発言には、自らの心情の伝達を妨げる何らかの障害の存在が示唆されている。

「自分が生まれた国をちゃんと好きでいたいと思っています。好きと言える自分でいたいし、言える国であってほしいと思っています」

野田はこう述べて、自分の国のことを「ちゃんと好きでいる」こと、「好きと言える」ことを妨げる政治的・社会的な制約の存在を示唆するのだが、その制約がどういったものであるかについては、次の発言がもう少し具体的に説明している。

「世界の中で、日本は自分達の国のことを声を大にして歌ったりすることが少ない国に感じます」「歴史的、政治的な背景もあるのかもしれません」

国を愛する気持ちは「純粋」で自然なものなのに、それを堂々と表明することが「歴史的、政治的な背景」によって妨げられてきた。日本人が自分の国のことを「ちゃんと」歌えないのはおかしいのではないかと言うのである。

こうした発言にあらわれているのは、「純粋」で自然な愛国心の表明を抑圧し、タブー化してきた「政治的正しさ（ポリティカル・コレクトネス）」への反発である。

そう考えれば、作者がなぜ軍歌を思わせるような歌詞を書いたのか、その理由も明らかになってくる。彼のねらいはまさに、愛国心の表明を抑圧してきた戦後民主主義的な価値観に挑戦し、その硬直した支配を突き破って、何の制約も受けずに「自分の国が好きだ」と言えるような「自由」を勝ち取ることにあるのだ。

その限りで、「ＨＩＮＯＭＡＲＵ」は抑圧に抗して立ち上がった愛国者たちの「プロテスト・ソング（抗議の歌）」だと言ってよい。この曲の歌詞が物議をかもした直後のＲＡＤＷＩＭＰＳのライブで、野田が聴衆に向かって叫んだとされる「自分の生まれた国を好きで何が悪い」という言葉は、抑圧への抗議を通じて表出される屈折した愛国心のあり方を示している。そこに表明されているのは、ある種の反権威主義的な心情だと言ってよい。

だがそれにしても ⓓなぜ、野田はこうも「抑圧」に反発するのだろう。「自分の国が好きだ」と言ってはいけないと、誰かに制止されることなどありうるのか。事態はむしろ逆であって、いわゆる「国旗・国歌法」の制定以降、愛国心の表明が国策として奨励されている今日の状況を考えると、この「被抑圧」の感覚はいささか被害妄想的だと思われる。

それどころか、こうした状況下で仮想上の抑圧に抗議し、声高に「好きと言える自由」を要求するなら、それは「好きという義務」を押しつける国家権力に迎合し、その後ろ盾のもと力づくで反対派や少数派をねじ伏せようとする動きに合流して、世論全体を愛国一色に染め上げることにも寄与しかねない。戦時中の軍歌や愛国歌が挙国一致の※翼賛体制の構築に加担した事実を思い起せば、それがいかに危険な事態であるかは明らかだ。

野田の発言には、そうした「歴史的、政治的な背景」への反省、ふしぎなことだが、その言葉をぬすみ聞いた瞬間、昨日一日中くるしめていたあの心の呵責（かしゃく）も息①のつまりそうだった不安も驚くほど②の速さで消えてしまった。歯の痛みまでが不気味なほど、軽くなってしまった。こんなことなら、あの銀色の蝶を焼くのではなかったとさえぼくは思った。一昨日やその前③の日と同じように、教室で教師④の授業を平気な気持ちでノートにとったり、体操の時間の運動パンツを忘れたことを心配しただけだった。

（遠藤周作 著『海と毒薬』による。）

三

次の文章【A】【B】を読んで、後の問に答えなさい。

【A】

〈編集部注…課題文は著作権上の問題により掲載しておりません。〉

・野田洋次郎著SNS「インスタグラム」への投稿〈二〇一八年六月六日〉

【B】

ファシズム再来の危険性は、今日の日本にも無縁のものではない。政権へのいかなる批判も「反日」と糾弾（きゅうだん）され、「国益を損なう売国奴」とバッシングを受ける。在日韓国・朝鮮人への憎悪を煽（あお）るヘイトスピーチや性的マイノリティへの差別的な言動が横行する一方で、日本や日本人を礼賛する「日本スゴイ」番組があふれかえる……。

今日の日本を覆（おお）うこの不寛容な空気は、いったい何をあらわしているのか。

その正体に迫る手がかりを与えてくれるのが、2018年6月に人気ロックバンドRADWIMPSが発表した新曲ⓐ「HINOMARU」をめぐる騒動である。

「さぁいざゆかん　日出（い）づる国の　御名（みな）の下に」「この身体に流れゆくは　気高きこの御国（みくに）の御霊（みたま）」などと歌う「HINOMARU」の歌詞が「軍歌っぽい」と批判を浴びたこの騒動。軍国主義の記号と古風な言葉づかいを散りばめたⓑこの曲の歌詞に、戦時中の軍歌や愛国歌を思い起させてしまう面があるのは確かだ。

批判を受けて作者の野田洋次郎がSNSで発表したコメントを読むと、「HINOMARU」の問題が歌詞の「軍歌っぽさ」以上に、そこでの愛国心の発露の仕方にあることが見えてくる。

野田のコメントのなかでまず目を引くのは、「自分の国」への素朴（そぼく）な愛着を表現したいという強い欲求である。「日本に生まれた人間として、いつかちゃんと歌にしたいと思っていました」「純粋に何の思想的な意味も、右も左もなく、この国のことを歌いたいと思いました」

適当なものを、次の①～④のうちから一つ選びなさい。解答番号は〈4〉

① 自分を受け入れない哲夫くんに落胆しながらも、かえって彼に自分を認めさせようと躍起(やっき)になっている。
② 自分の恋心を理解しようとしない哲夫くんに落胆しながらも、かえって彼に対する想いを強くしている。
③ なかなか心を開かない哲夫くんに怒りを感じながらも、自らの行いの正当性を改めて実感している。
④ 頑(かたく)なに心を閉ざす哲夫くんを残念に思いながらも、その対極にいる自分の幸せを噛(か)みしめている。

二

次の各問に答えなさい。

問一 ――部㋐～㋔のカタカナを漢字に改めた場合、それと同じ漢字に該当するものを、後の①～④のうちからそれぞれ一つずつ選びなさい。解答番号は〈5〉～〈9〉

㋐ お客さんが殺トウする 〈5〉
① エベレストをトウ破する
② 大きな牛が何十トウもいる
③ 目的地にトウ着する
④ 石につまずいて転トウする

㋑ 新しい友人のカン迎会を開く 〈6〉
① カン声が湧き起こる
② 新入部員のカン誘をする
③ 考古学に強いカン心を持つ
④ 生活習カンを整える

㋒ 物資を満サイした船 〈7〉
① 新聞に記事を掲サイする
② サイ月を経て大地が風化した
③ 注目のサイ判が開かれる
④ ベランダで野菜をサイ培する

㋓ 車の修理費がセイ求される 〈8〉
① 給付金の申セイ手続きを済ませる
② 今日は雲一つない快セイだ
③ 機械によるセイ密な作業
④ 身だしなみをセイ潔に保つ

㋔ キ妙な体験をした 〈9〉
① 偉人の伝キを読みあさる
② タンカー船がキ港する
③ 沖縄旅行のキ行文を読む
④ 強い好キ心を持っている

問二 ＝部「られる」と同じ意味(用法)で用いられているものを、後の①～④の文の――部のうちから一つ選びなさい。解答番号は〈10〉

> 天気が良ければ、きれいな海が見られるはずだ。

① 強い風に吹かれて、木々が大きく揺れている。
② 私には、自然とあの日の情景が思い出される。
③ 全校集会の最後は、必ず校長先生が話される。
④ これくらいの量なら少食な私でも食べられる。

問三 ＝部「手」と同じ意味のものを、後の①～④の文の――部のうちから一つ選びなさい。解答番号は〈11〉

> 新製品を広く知ってもらうための手を考えなければならない。

① この手の音楽はもう聞き飽きた。
② あらゆる手を尽くしても無駄だった。
③ 突然台所から火の手があがった。
④ テレビが気になって勉強が手につかない。

問四 ＝部「の」と**異なる意味(用法)のもの**を、――部①～④のうちから一つ選びなさい。解答番号は〈12〉

がりました。それは、心を熱くさせ、私を涙ぐませるほどでした。私は、隙を狙っては、哲夫くんに近寄るようになりました。ねえ、哲夫くん、宿題、やってきた？　ねえ、哲夫くん、おうちで何か動物、飼ってるの？　それからの毎日というもの、私が、彼に声をかけない日はありませんでした。

　その日、私は、哲夫くんと一緒に学校を出ることに成功しました。私は、下校のときに、彼の肩を、ぽんとたたいて、さも快活なおてんばを装って言いました。

「哲夫くん！　一緒に途中まで帰ろう！」

　彼はけげんそうな表情を作り、私をじろりと見つめて言いました。

「あんたと方向、違うよ。」

「知ってるよ。でも途中まで一緒じゃない。何だったら、道草したっていいんだ、私。」

　彼は、何も言わずに歩き始めました。私は、小走りに彼の横をついていきました。彼は、終始、無言で、私の家の方向と彼の家の方向の分かれ目になる曲がり角に来ても、知らん顔でした。

「さよなら、哲夫くん、明日ね！」

　私の声だけが響き渡りました。私は、少し、やるせない思いに浸りながら、彼の後ろ姿を見守っていました。好意を受け取ることのできない人なのだなあ、と、私は残念に思いました。そして、ⓓますます意欲を燃やすのでした。私を嫌いになる人なんているわけがない。私は、小さくなっていく哲夫くんの姿を、いつまでも見つめながら、少し興奮に頬（ほお）を染めていました。それが思い上がりだなどとは、少しも思いませんでした。哲夫くん。この年齢にしてすでに不幸な人。私は、くるりと反対方向に向かって歩き始めました。稲を刈られたたんぼが午後の日ざしの中で香ばしい匂いを放っていました。午後の時間は秋、夕方になると冬に姿を変える、私は、この季節が大好きでした。家に帰り、しばらくすると、暖かい湯気が私を包み始める、そんなとき、私は、自分をとても幸せだなあとしみじみ思うのでした。

（山田詠美 著『晩年の子供』「海の方の子」による。なお、一部改変、省略した）

※恍惚…ここではうっとりと心地よさにひたること。

問一　――部ⓐとありますが、その説明として**適当ではないもの**を、次の①～④のうちから一つ選びなさい。解答番号は〈1〉

①　他の子どもたちよりも大人びている様子。
②　誰にも媚びずに堂々としている様子。
③　上手に争いごとの仲裁ができる様子。
④　鋭い洞察（どうさつ）によって人間関係を察知できる様子。

問二　――部ⓑとありますが、その理由として最も適当なものを、次の①～④のうちから一つ選びなさい。解答番号は〈2〉

①　皆から尊敬を集める「私」が、人の思いやりをはねつけるような態度をとる哲夫くんとわざわざ仲良くなるはずがないと思っていたから。
②　人の思いやりをわざとはねつける、子供じみた応対ばかりする哲夫くんを、大人びた「私」が相手にするとは思えなかったから。
③　片目が不自由なことから世捨て人のような雰囲気を醸（かも）し出す哲夫くんに対して、「私」が恋心を抱くはずがないと思っていたから。
④　転校生である「私」が、仲間外れにされている哲夫くんと仲良くすることは、クラス内の人間関係においてメリットがないと思っていたから。

問三　――部ⓒとありますが、その説明として最も適当なものを、次の①～④のうちから一つ選びなさい。解答番号は〈3〉

①　哲夫くんを皆と仲良くさせようとする意欲。
②　哲夫くんを不幸から救ってやろうとする意欲。
③　哲夫くんの性格を直そうとする意欲。
④　哲夫くんの不自由な目を治そうとする意欲。

問四　――部ⓓとありますが、このときの「私」の心情として最も

二〇二一年度 春日部共栄高等学校（第一回）

【国　語】（五〇分）〈満点：一〇〇点〉

一　次の文章を読んで、後の問に答えなさい。

〈「私」は父親の仕事の都合で何度も転校を経験していた。今回の引っ越し先は美しい自然を有した静岡の小さな都市であった。〉

私のように、何度も学校を変わっていると、その教室で、いったい、誰が好かれているのか、また、誰が忌み嫌われているのかが、すぐにわかるようになるのです。私のこの勘は外れたことがありません。教室には、必ず、権力を持つ数人というのがいて、ほかの子どもたちをまとめています。私は、子どもたちの誰が、誰に属しているのかを、転校して数日のうちに、観察し、それを頭の中で整理して、資料を作り、心の中に常備しておきます。そして、必要なときには、それを引き出して、人間関係のために役立てるのです。そして、いろいろなグループが、とても、つまらないことで争いを起こしたりするとき、そのグループの隙間を縫って皆を説得します。かといって、私は、誰にも媚びたりはしません。私は、私でいるということを、常に、ほかの子どもたちに証明し、うそ偽りのない堂々とした様子で、彼らの信頼を勝ち得ることに成功していました。つまり、私は、彼らより、少しばかり、大人だったのです。

「何でも、久美子さんに聞いてから、しよう。」

彼らは口をそろえて言うようになりました。久美子さんとは、私の名です。彼らは、私を久美ちゃんなどとは言わずに、きちんと名前に「さん」をつけて呼ぶようになりました。きっと、私には、ⓐそうさせる何かがあったのでしょう。彼らは、私を憧れを込めた瞳で見つめました。もちろん、私が、うぬぼれたりしないのを彼らはわかっていたからそうしたのですが、私は、内心、とても誇らしい気持ちでした。ときどき、湧き上がる笑みを、きゅっと唇を引き締めて抑えなければ、ならないほどでした。そして、それこそが、私の求めていた我慢というものでした。それは、何という※恍惚だったことでしょう。

そんなふうに、一目置かれている私が、哲夫くんに近づき始めたのですから、ⓑ皆、本当に驚いたようです。彼こそは、私の資料の中で、どのグループにも入ることができない、見放された子どもでした。私は、そのことを何度も確認した後で、哲夫くんに近づこうとしました。だって、教室の子どもたち全員に嫌われているなんて、何て不幸なことでしょう。私は、不幸を背負った人間が、教室の隅に、ぽつりといるのが、耐えられませんでした。私たちは、まだ子どもです。不幸になる義務などないのです。

哲夫くんは片方の目が不自由で義眼を入れているということでした。私は、最初気づきませんでしたが、別のお友達が教えてくれたのです。

私は、驚いて、こっそり哲夫くんの目を盗み見てみました。はっきりとはわかりません。そういえば、少し、不自然な気もします。私は、そんなことを得意げに教えた子を少し憎みました。それだからといって、彼を仲間外れにするのは、人の道に外れていると思ったのです。

けれども、そのうちに、わかってきました。子どもたちは、哲夫くんの目が不自由だから、仲間外れにしているのではありませんでした。彼の、その世を捨ててしまったような態度。人の思いやりを、わざとはねつけるような意固地な雰囲気に、皆、嫌気が差しているのでした。それを、彼らは、どんなふうに、説明してよいのかわからずにいたのです。

それに気づいたとき、私の心の中には、ⓒ不思議な意欲が湧き上

2021年度／春日部共栄高等学校（第１回）

英語解答

1 No.1 ② No.2 ④
No.3 ③ No.4 ①
No.5 ③ No.6 ④
No.7 ②

2 問１ ① 問２ ② 問３ ③
問４ ④ 問５ ③ 問６ ④
問７ ② 問８ ① 問９ ②
問10 ④

3 問１ ④ 問２ ③ 問３ ③
問４ ④ 問５ ③ 問６ ①
問７ ④ 問８ ②
問９ ①，④，⑥

4 問１ 29…⑥ 30…④
問２ 31…① 32…⑤
問３ 33…⑤ 34…③
問４ 35…② 36…④
問５ 37…④ 38…①

1 〔放送問題〕解説省略

2 〔長文読解総合―対話文〕

≪全訳≫**1**マイクとユリアはマイクの冬休みの旅行について話している。ユリアはマイクに秋田の文化を紹介する。**2**ユリア(Y)：こんにちは，マイク。何をしているの？**3**マイク(M)：こんにちは，ユリア。冬休みに東北に行く計画を立てているところだよ。**4**Y：それはいいわね。でも困っているように見えるわ。どうしたの？**5**M：えっとね，ガイドブックを何冊か見てるんだけど，情報がありすぎて行き先が決められないんだよ。**6**Y：そうなのね。私の祖母は秋田に住んでいるから，そこについて教えてあげることはできるわよ。**7**M：本当？　それはすばらしい。僕は秋田について全く知らないんだ。人気のある旅先なの？**8**Y：もちろんよ。秋田は文化とすばらしい魅力でいっぱいよ。**9**M：そこでは何ができるのかな？**10**Y：郷土料理を楽しむことができるわ。一番有名な料理の１つは，地元の鶏肉と野菜の鍋物よ。そこにきりたんぽも入れるのよ。**11**M：それは何？**12**Y：お米をすりつぶして成形したものよ。**13**M：わあ，おいしそうだね。そこに行ったら食べるべきだね。**14**Y：ええ，ぜひ。それに秋田には，いぶりがっこという名前の特別な漬物があるわよ。**15**M：どんな味がするの？**16**Y：燻製(くんせい)されていて，ちょっとしょっぱいわね。**17**M：それもおいしそうだね。燻製された漬物は食べたことがないよ。君はそれを食べたことがある？**18**Y：ええ，もちろん。何度も食べたことがあるわ。また食べたいな。ところで，もう１つすばらしいことを思い出したわ。冬にはそこで独特なお祭りがあるのよ。**19**M：それは何？**20**Y：横手かまくら祭りよ。**21**M：横手かまくら？**22**Y：そうよ。毎年２月に横手市で開催されるお祭りで，約450年の歴史があるの。お祭りの間，かまくらと呼ばれる，職人がつくった雪のドームがたくさん並ぶのよ。子どもたちが訪問者をかまくらに招き入れて，お餅や飲み物を振る舞うの。秋田の伝統的な文化を体験することができるわ。**23**M：へえ，そこに行ってみたいな。君は行ったことがある？**24**Y：いいえ，ないの。祖母が私にそのお祭りのことをたくさん話してくれたのよ！**25**M：本当？　じゃあ，一緒に行かない？**26**Y：それはいいわね！

問１＜適語句選択＞plan は目的語に to不定詞をとる。‘plan＋to不定詞’で「～するつもりである」。

問２＜文脈把握＞下線部は‘look＋形容詞’「～のように見える」の形で「困っているように見える」の意味。次の発言でマイクは困っている理由を説明している。where to go は「どこへ行くべきか」を表す。 confused「困惑した」

問３＜適語(句)選択＞「私の祖母は秋田に住んでいる」と「そこについて教えてあげることはできる」を結ぶ接続詞として適切なのは，so「だから，それで」。

問４＜適語選択＞この後ユリアは「もちろんよ」と答え，秋田がとても魅力があると言っているので，マイクは秋田は「人気のある」旅先かと尋ねたと考えられる。

問５＜要旨把握＞下線部は「僕はそこで何ができますか」という質問。第14～16段落参照。燻製された漬物のいぶりがっこを紹介している。①はwith beefが，②はmakingが，④はnewがそれぞれ本文の内容に合わない。

問６＜適語(句)選択＞thingは‘数えられる名詞’の単数形なので，①のthe otherか④のanotherになるが，the otherは「(２つのうちの)もう１つ」の意味なのでここでは不適切。「別の，もう１つの」の意味のanotherが適切。

問７＜内容真偽＞第22段落にこの祭りについての説明がある。 ①…× 第２文参照。 ②…○ 第２文に一致する。 ③…× 第３文参照。職人がつくる。 ④…× 第４文参照。... into kamakura「かまくらの中に」とある。

問８＜適語選択＞直後にFebruary「２月」とある。「～月に」を表す前置詞はin。

問９＜適語選択＞450年の歴史があるかまくら祭りは「伝統的な」文化といえる。 traditional「伝統的な」

問10＜内容真偽＞①「ユリアはいぶりがっこを食べたことがない」…× 第17，18段落参照。何度も食べたことがある。 ②「マイクは鶏肉と野菜の有名な郷土料理について知っていた」…× 第10，11段落参照。マイクは「それは何？」と尋ねている。 ③「横手かまくら祭りではかまくらをつくることができる」…× 第22段落第３文参照。かまくらは職人がつくる。 ④「ユリアは横手かまくら祭りでかまくらをつくったことはない」…○ 第23，24段落参照。ユリアはかまくら祭りに行ったことがない。

3〔長文読解総合─説明文〕

≪全訳≫❶第１回オリンピック大会はギリシャのオリンピアで開催された。オリンピアには有名な神殿があった。４年ごとに，そのイベントを見るためにギリシャ全土から人々がオリンピアへと旅をした。近代オリンピックと古代オリンピックの種目には同じものもいくつかあった。競走やレスリング，ボクシングなどがあった。しかし，チームスポーツはなかった。球技も競泳も冬の種目もなかった。最初は，オリンピックは１つの種目だけだったのである。それは約190メートルの競走で，スタディオンと呼ばれるものだった。やがて種目の数は増え，最終的に古代オリンピックには18の種目があった。❷古代ギリシャ人はスポーツを愛していた。それにはいくつかの理由があった。まず，古代ギリシャ人がスポーツに夢中だったのは，多くの人にとって人生のあらゆることが競争だったからだ。ギリシャ人はあらゆることにおいて，一番の人間を見つけたがるのが常だった。劇のコンテスト，スピーチコンテスト，詩のコンテスト，彫刻のコンテストなどがあった。大食い競争もあったし，男性にも女性にも美しさを競うコンテストがあった。古代ギリシャ人は，結婚式や葬式でも競走や他のスポーツコンテストを行ったのである。❸第２に，ギリシャ人は非常に多くのスポーツをしたが，その理由は，ギリシャには戦争が多かったからだ。今日ではギリシャは１つの国家だが，かつては都市の集まりだった。都市どうしは常に互いに戦っていて，スポーツはその戦いのためのよい訓練だったのである。例えば，軍隊は長い距離を歩かなければならないが，走ることによって彼らは強く健康になった。ボクシングやレスリングは，男たちが戦いの中で生き残るための大切なスキルだったのだ。❹ギリシャ人がスポーツを愛する最後の理由は，彼らが美しい肉体を好んだということである。彼らは，美しい肉体は神々からの贈り物であり，自分自身を健康で美しくするために，スポーツを通して肉体を鍛えるべきだと信じていたのである。❺オリンピックはすばらしいイベントだったが，見に行くのは必ずしも簡単ではなかった。観客にとって最大の問題の１つは，宿泊する場所を見つけることだった。オリンピアにはホテルが１つしかなく，それは要人のためだけのものだった。他の人々は神殿の周辺でキャンプをしなければならなかった。金持ちには，高価な品々を備えた大きなテントとさまざまな種類のおいしい食料があった。しかし普通の人々は，小さな木製の小屋に泊まるか，屋外の木の下で眠らなければならなかった。❻オリンピック期間中は，料理の火の煙で空気が悪く，人々には十分な水もなかった。体を洗う水も不足していたので，多くの人は不潔でひどい悪臭がした。❼非常に多くの数の人がいたので，病気が広まるのも容易だった。ときにはオリンピアで多くの人が病死した。❽競技を見るのも大変だった。入場券も座席予約もなく，何千もの人々が非常に小さなスペースになだれこもうとすることもあった。役人たちは，群衆を制御するためにむちを使わなければならなかった。❾別の問題は，オリンピックは夏に開催されたので，非常に暑かったことだ。毎日多くの人が熱中症にかかり，死亡する人もいた。❿オリンピックを見る人たちは非常に苦しい思いをしたが，(4)彼らはそのイベントを楽しんだ。ギリシャ人はスポーツを愛し，オリンピアで最高の競技者たちが互いに競い合うのを見ることができたのである。人々は，誰でも一生に一度はオリンピックを見るべきだと言った。

問１＜内容真偽＞①「最初は10種以上の種目があった」…×　第１段落最後から３文目参照。１つしかなかった。　②「過去には冬の種目があったが，それをやめてしまった」…×　第１段落第７文参照。冬の種目はなかった。　③「古代オリンピックではサッカーは最も人気のあるスポーツの１つだった」…×　第１段落第６，７文参照。チームスポーツも球技もなかった。　④「古代オリンピックの最初の種目は競走だった」…○　第１段落最後から３，２文目に一致する。

問２＜適語句選択＞空所を含む文は，古代ギリシャ人がスポーツを愛した理由を説明する部分。love と似た意味を持つ(be) crazy about ～「～に夢中である」が適切。

問３＜適語選択＞「今日ではギリシャは１つの国家だ」と「かつては都市の集まりだった」を結ぶ接続詞として適切なのは though「～だけれども」。

問４＜指示語＞them なので前に出ている複数名詞を探す。前に出ている複数名詞で，ここに当てはめて意味が通るのは，同じ文の前半にある armies「軍隊」。　'make＋目的語＋形容詞'「～を…の状態にする」

問５＜内容真偽＞①…○　第２段落第４文に一致する。　②…○　第３段落第３文に一致する。　③…×　第４段落第２文参照。神々からの贈り物だと考えていたのは，スポーツではなく美しい肉体。　④…○　第４段落第１文参照。

問６＜内容真偽＞①「金持ちは大きなテントとおいしい食べ物を持っていた」…○　第５文に一致する。　②「オリンピアにはいくつかホテルがあったが，それらは要人のためのものだった」…×　第３文参照。１つしかなかった。　③「ホテルに滞在する人もいたが，神殿に滞在しなければならない人もいた」…×　第３，４文参照。ホテルに泊まらない人は神殿の周辺でキャンプをした。
④「一般の人たちは屋外の木の下で寝ることを望んだ」…×　第６文参照。望んだわけではない。

問７＜内容一致＞「オリンピックの観客は非常に苦しんだ。なぜなら(　　)だからだ」―④「とても暑く，多くの人が病気になった」　第７，９段落参照。

問８＜適文選択＞直前にある‘逆接’の but「しかし」に着目する。but の前の内容と相反する意味になるのは，②「彼らはそのイベントを楽しんだ」。

問９＜内容真偽＞①「古代オリンピックは，現代のオリンピックと同様に４年ごとに開催された」…○　第１段落第３文に一致する。　②「古代ギリシャ人は，戦うのを嫌っていたので最初はスポーツが好きではなかった」…×　第２段落第１～３文参照。　③「古代ギリシャ人は葬式でも競走を行ったが，人々はそれは無礼だと思っていた」…×　「無礼だと思っていた」という記述はない。　④「古代オリンピックの問題点の１つは，滞在する場所を見つけることだった」…○　第５段落第２文に一致する。　⑤「多くの人がたばこを吸ったので，オリンピアの空気は汚れていた」…×　第６段落第１文参照。空気の汚れの原因はたばこではなく料理の火の煙だった。　⑥「水が限られていたので，古代オリンピックを見物する多くの人たちは不潔だった」…○　第６段落第２文に一致する。　⑦「オリンピアでは多くの人が病気になることがあったが，彼らはすぐによくなった」…×　第７段落第２文参照。多くの人が死んだ。　⑧「オリンピックを見ることはとても困難だったので，見るべきではないと言われていた」…×　第10段落最終文参照。一生に一度は見るべきだと言われていた。

４〔整序結合〕

問１．「～できるようになる」は will の後に be able to ～「～できる」を続ける。　You will be able to speak English well if you study hard.

問２．「〈物〉を〈色〉に塗る」は‘paint＋物＋色’で表せる。　My mother painted the wall white in the kitchen.

問３．語群に there があるので，There is/are ～「～がある〔いる〕」の構文で表す。「降りました」なので There was とし，この後に a lot of rain「たくさんの雨」を続ける。　There was a lot of rain in my hometown last month.

問４．「何人」は‘How many＋複数名詞’の形で How many people とまとめ，これが主語になる。「テニスを楽しむ」は「テニスをするのを楽しむ」と読み換えて enjoy ～ing「～するのを楽しむ」の形で表す。　How many people were enjoying playing tennis then?

問５．「～して驚く」は be surprised to ～で表せる。この to 不定詞は‘感情の原因’を表す副詞的用法。so「とても」は surprised の前に置く。　I was so surprised to hear the news.

数学解答

Ⅰ (1) ア…－　イ…5　ウ…8
(2) エ…－　オ…3　カ…2　キ…3
(3) ク…1　ケ…9
(4) コ…2　サ…4　(5) ③

Ⅱ (1) ア…4　イ…5
(2) ウ…5　エ…0
(3) ①　オ…1　カ…5
②　(i)　キ…1　ク…4
(ii)　ケ…1　コ…4
(iii)　サ…1　シ…4
(4) 7

(5) セ…4　ソ…9　タ…1　チ…5
ツ…2
(6) テ…1　ト…2　ナ…4　ニ…9

Ⅲ (1) ア…－　イ…2　ウ…4
(2) エ…1　オ…4
(3) カ…8　キ…5　ク…－　ケ…1
コ…6　サ…5　シ…2　ス…4
セ…5

Ⅳ (1) ア…1　イ…2　(2) 4
(3) 4　(4) オ…－　カ…2

Ⅰ〔独立小問集合題〕

(1)＜数の計算＞与式$=\frac{1}{2}+\left(-\frac{1}{4}\right)-\frac{2}{3}\times\frac{1}{16}-\frac{1}{6}\times\frac{5}{1}=\frac{1}{2}-\frac{1}{4}-\frac{1}{24}-\frac{5}{6}=\frac{12}{24}-\frac{6}{24}-\frac{1}{24}-\frac{20}{24}=-\frac{15}{24}$ $=-\frac{5}{8}$$\left(\frac{-5}{8}\right.$と解答する$\left.\right)$

(2)＜平方根の計算＞$\sqrt{12}=\sqrt{2^2\times3}=2\sqrt{3}$だから，与式$=(2\sqrt{3}-3)(2\sqrt{3}+5)-\frac{6}{\sqrt{3}}=(2\sqrt{3})^2+(-3+5)\times 2\sqrt{3}+(-3)\times5-\frac{6\times\sqrt{3}}{\sqrt{3}\times\sqrt{3}}=12+4\sqrt{3}-15-\frac{6\sqrt{3}}{3}=12+4\sqrt{3}-15-2\sqrt{3}=-3+2\sqrt{3}$

(3)＜一次方程式＞両辺を 6 倍して，$x+5-6(x-2)=9(x-3)-222$，$x+5-6x+12=9x-27-222$，$-5x+17=9x-249$，$-5x-9x=-249-17$，$-14x=-266$　$\therefore x=19$

(4)＜一次方程式の応用＞最も小さい数を x とおくと，連続する 9 個の自然数は，x，$x+1$，$x+2$，$x+3$，$x+4$，$x+5$，$x+6$，$x+7$，$x+8$ と表せる。小さい方から 5 個の数の和と，残り 4 個の数の和が等しいので，$x+(x+1)+(x+2)+(x+3)+(x+4)=(x+5)+(x+6)+(x+7)+(x+8)$が成り立つ。これを解くと，$5x+10=4x+26$，$x=16$ となる。よって，最も大きい数は$x+8=16+8=24$である。

(5)＜図形―対称移動＞右図のように，3 点 A，B，O を定める。⓪は，2 点 A，B を通る直線を対称の軸として対称移動してできる。①は，点 O を中心として時計回りに 90°回転移動してできる。②は，⓪を点 O を中心として反時計回りに 90°回転移動したものだから，2 点 A，B を通る直線を対称の軸として対称移動し，点 O を中心として反時計回りに 90°回転移動してできる。③は，どのように移動させてもできない。

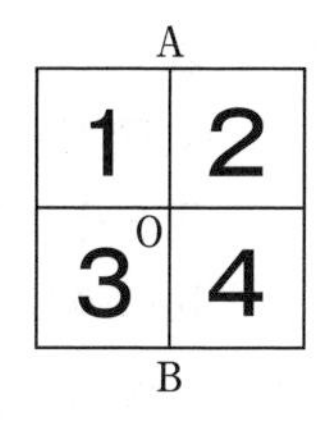

Ⅱ〔独立小問集合題〕

(1)＜数の性質＞$44^2=1936$，$45^2=2025$ より，$\sqrt{1936}<\sqrt{2021}<\sqrt{2025}$，$44<\sqrt{2021}<45$ である。さらに，$44.5=\sqrt{44.5^2}=\sqrt{1980.25}$ だから，$\sqrt{1980.25}<\sqrt{2021}$ より，$44.5<\sqrt{2021}$ である。よって，$\sqrt{2021}$ は，44 と 45 の間の数で 44.5 より大きいから，最も近い整数は 45 である。

(2)＜図形―角度＞次ページの図 1 で，$\angle BAC=x$ とおく。$\triangle ABD$ で内角と外角の関係より，$\angle BDC=\angle ABD+\angle BAD=15°+x$ である。また，$\triangle ABC$ は $AB=AC$ の二等辺三角形だから，$\angle BCD=(180°$

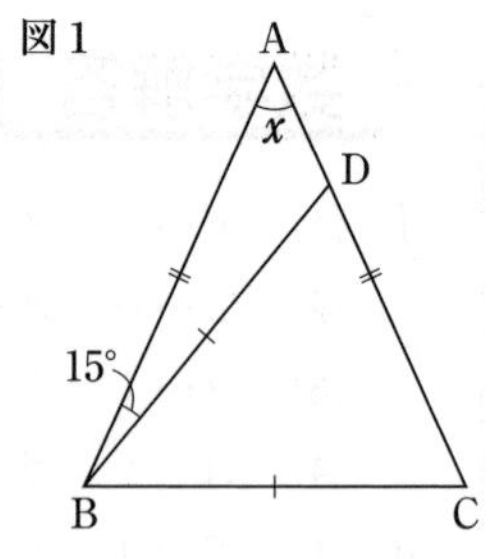

$-\angle BAC)\div 2=(180°-x)\div 2=90°-\frac{1}{2}x$である。BC＝BDより，∠BCD＝∠BDCだから，$90°-\frac{1}{2}x=15°+x$が成り立つ。これを解くと，$x=50°$となる。

(3)＜確率＞①Aは，1，2，3，4，5の5個の中から1個を引くので，くじの引き方は全部で5通りある。このうち，2のくじを引く場合は1通りであるから，求める確率は$\frac{1}{5}$である。　②(i)Aが2のくじを引いたとき，Bは，1，3，4，5の4個の中から1個を引くので，Bのくじの引き方は全部で4通りある。このうち，Bが3のくじを引く場合は1通りであるから，求める確率は$\frac{1}{4}$である。　(ii)Bのくじの引き方は4通りあり，Cは，A，Bが引いた残りの3個の中から1個を引くので，Cのくじの引き方は3通りある。よって，B，Cのくじの引き方は全部で4×3＝12(通り)ある。このうち，Cが3のくじを引く場合は，(B，C)＝(1，3)，(4，3)，(5，3)の3通りあるから，求める確率は$\frac{3}{12}=\frac{1}{4}$である。　(iii)(ii)で求めたB，Cのくじの引き方12通りそれぞれに対して，Dは，残り2個の中から1個を引くので，Dのくじの引き方は2通りある。よって，B，C，Dのくじの引き方は全部で12×2＝24(通り)ある。このうち，Dが3のくじを引く場合は，(B，C，D)＝(1，4，3)，(1，5，3)，(4，1，3)，(4，5，3)，(5，1，3)，(5，4，3)の6通りだから，求める確率は$\frac{6}{24}=\frac{1}{4}$である。

(4)＜整数の性質＞$7^1=7$，$7^2=49$，$7^3=343$，$7^4=2401$，$7^5=16807$，……より，7^nで表される数の一の位の数は，$n=1$のときから順に，7，9，3，1の4個の数の繰り返しとなる。よって，7^{2021}の一の位の数は，2021÷4＝505あまり1より，繰り返される4つの数のうちの1番目の数であり，7となる。

(5)＜場合の数＞右図2のように，4つの葉，6つの花弁をそれぞれA～Jとする。Pから始まるので，まず，4つの葉A，B，C，Dをかき，次に花の部分をかくことになる。葉をかく順番は4×3×2×1＝24(通り)あり，どの葉もかき方は，時計回り，反時計回りの2通りずつあるから，4つの葉のかき方は24×(2×2×2×2)＝384(通り)ある。また，花の部分のかき方は，6つの花弁のかき方で決まる。花弁をかく順番は，E→F→G→H→I→J，J→I→H→G→F→Eの2通りあり，どの花弁も，葉と同様にかき方は2通りずつあるから，花の部分のかき方は，2×(2×2×2×2×2×2)＝128(通り)ある。よって，一筆書きの方法は全部で，384×128＝49152(通り)ある。

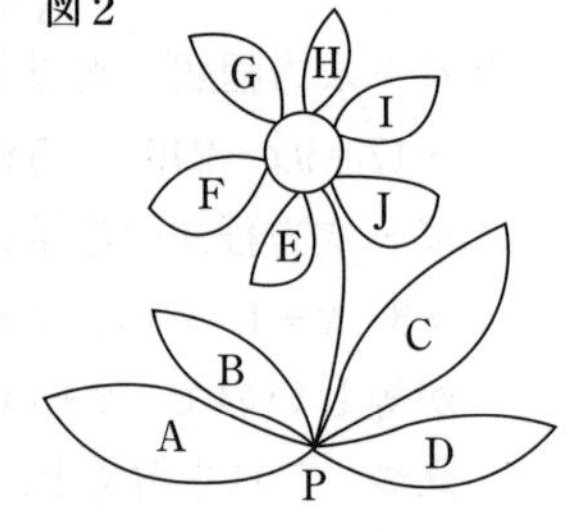

(6)＜図形—面積比＞右図3で，AD∥BCより，△ABD，△BCDは，底辺をそれぞれAD，BCと見ると高さが等しいから，面積の比は底辺の比に等しくなり，△ABD：△BCD＝AD：BC＝3：4である。これより，△BCD＝$\frac{4}{3+4}$〔台形ABCD〕＝$\frac{4}{7}$〔台形ABCD〕である。また，∠AED＝∠CEBであり，AD∥BCより，∠DAE＝∠BCEだから，△AED∽△CEBである。よって，DE：BE＝AD：CB＝3：4となる。△CDE，△BCEの底辺をDE，BEと見ると高さが等しいから，△CDE：△BCE＝DE：BE＝3：4となり，△CDE＝$\frac{3}{3+4}$△BCD＝$\frac{3}{7}$△BCDとなる。したがって，△CDE＝$\frac{3}{7}\times\frac{4}{7}$〔台形ABCD〕＝$\frac{12}{49}$〔台形ABCD〕となるから，△CDEの面積は台形ABCDの面積の$\frac{12}{49}$倍である。

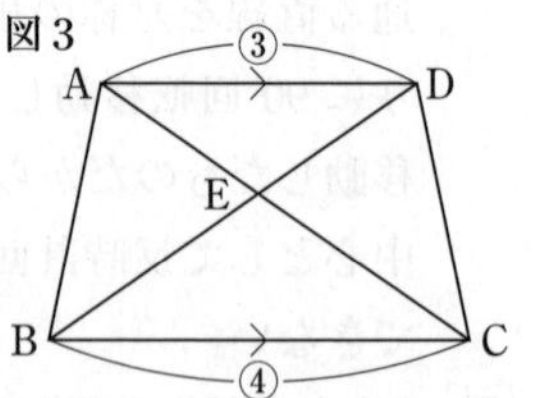

Ⅲ 〔関数――一次関数〕

≪基本方針の決定≫(3)　点Pのx座標を文字でおき，この文字を使って点Qの座標を表す。

(1)＜a，bの値＞直線$y=a(x-2)+b$は点$(2,\ 4)$を通るから，$x=2$，$y=4$を代入して，$4=a\times(2-2)+b$より，$b=4$である。これより，直線l_1の式は$y=a(x-2)+4$，$y=ax-2a+4$となる。切片が8だから，$-2a+4=8$が成り立ち，$-2a=4$，$a=-2$である。

(2)＜c，dの値＞直線$y=c(x+4)+d$は点$(-4,\ 4)$を通るから，$x=-4$，$y=4$を代入して，$4=c\times(-4+4)+d$より，$d=4$である。これより，直線l_2の式は$y=c(x+4)+4$，$y=cx+4c+4$となる。切片が8だから，$4c+4=8$が成り立ち，$4c=4$，$c=1$である。

(3)＜座標＞(1)より直線l_1の式は$y=-2x+8$，(2)より直線l_2の式は$y=x+8$である。右図で，点Pのx座標をtとすると，点Pは直線$y=-2x+8$上にあるから，$P(t,\ -2t+8)$と表せる。点Sはx軸上にあり，PSはy軸に平行となるから，$PS=-2t+8$である。四角形PQRSは正方形であるから，$PQ=PS=-2t+8$となる。PQはx軸に平行だから，点Qのx座標は，$t-(-2t+8)=3t-8$となる。点Qのy座標は点Pのy座標と同じだから，$Q(3t-8,\ -2t+8)$となる。点Qは直線$y=x+8$上にあるから，$x=3t-8$，$y=-2t+8$を代入して，$-2t+8=3t-8+8$，$-5t=-8$より，$t=\frac{8}{5}$である。よって，点Pのx座標は$\frac{8}{5}$である。また，点Qのx座標は，$3t-8=3\times\frac{8}{5}-8=-\frac{16}{5}$である。正方形PQRSの1辺の長さは，$PS=-2t+8=-2\times\frac{8}{5}+8=\frac{24}{5}$である。$\left(\text{点Qの}x\text{座標は}\frac{-16}{5}\text{と解答する}\right)$

Ⅳ 〔関数―関数$y=ax^2$と直線〕

≪基本方針の決定≫(4)　点Pのx座標を文字でおき，その文字を使って△PBO，△PCOの面積を表す。

(1)＜比例定数＞放物線$y=ax^2$は$A(4,\ 8)$を通るから，$x=4$，$y=8$を代入して，$8=a\times4^2$より，$a=\frac{1}{2}$である。

(2)＜切片＞直線$y=x+b$は$A(4,\ 8)$を通るから，$8=4+b$より，$b=4$である。

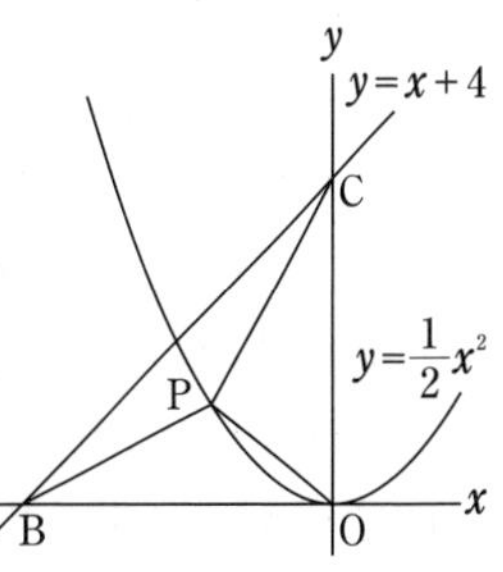

(3)＜長さ＞右図で，点Cは直線$y=x+4$とy軸の交点だから，切片が4より，$C(0,\ 4)$であり，$OC=4$である。点Bは直線$y=x+4$とx軸の交点だから，$y=0$を代入して，$0=x+4$，$x=-4$より，$B(-4,\ 0)$であり，$OB=4$である。よって，$OB=OC=4$である。

(4)＜座標＞右図で，点Pは放物線$y=\frac{1}{2}x^2$上の点だから，x座標を$t(t<0)$とすると，$P\left(t,\ \frac{1}{2}t^2\right)$と表せる。点Pの$y$座標が$\frac{1}{2}t^2$より，△PBOはBOを底辺とすると高さは$\frac{1}{2}t^2$となる。点Pの$x$座標が$t$より，△PCOはOCを底辺とすると高さは$0-t=-t$となる。よって，△PBO＝△PCOより，$\frac{1}{2}\times4\times\frac{1}{2}t^2=\frac{1}{2}\times4\times(-t)$が成り立つ。これを解くと，$t^2+2t=0$，$t(t+2)=0$より，$t=0$，$-2$となり，$t<0$だから，$t=-2$である。したがって，点Pの$x$座標は$-2$となる。なお，$\frac{1}{2}t^2=\frac{1}{2}\times(-2)^2=2$より，$P(-2,\ 2)$であり，この点は直線$y=x+4$上の点でもあるから，点Pは放物線$y=\frac{1}{2}x^2$と直線$y=x+4$の交点と一致する。

国語解答

一	問一 ④	問二 ①	問三 ②		三	問一 ②	問二 ③	問三 ④
	問四 ①					問四 ④	問五 ③	
二	問一 ㋐…③	㋑…①	㋒…①	㋓…①	四	問一 ㋐…①	㋑…④	問二 ③
	㋔…④					問三 ④		
	問二 ④	問三 ②	問四 ①		五	問一 ②	問二 ④	

一〔小説の読解〕出典；山田詠美『海の方の子』（『晩年の子供』所収）。

問一＜文章内容＞「私」が，「久美子さん」とさんづけで呼ばれるようになったのは，争いの際には皆を説得して仲裁し（③…○），誰にもこびずに堂々としており（②…○），他の子どもたちより「少しばかり，大人だった」からである（①…○，④…×）。

問二＜文章内容＞哲夫くんは，「人の思いやりを，わざとはねつけるような意固地な雰囲気」のために，教室の子どもたち全員に嫌われていた。その哲夫くんに，皆から「一目置かれている私」が仲良くしようと声をかけることが，子どもたちを驚かせたのである。

問三＜心情＞「私」は，教室の子どもたち全員に嫌われて，見放されている哲夫くんを，「不幸」であると思った。そして，まだ子どもの哲夫くんが「不幸になる義務などない」のだから，自分が哲夫くんを不幸から救うのだと思い，「私」は張り切って哲夫くんに近寄るようになった。

問四＜心情＞「私」は，積極的に声をかけても心を開く様子が全くない哲夫くんを，「好意を受け取ることのできない人」だと「残念」に思うとともに，「私を嫌いになる人なんているわけがない」から，「私」が哲夫くんを変えてみせると，一段と張り切ったのである。

二〔国語の知識〕

問一＜漢字＞㋐「殺到」と書く。①は「踏破」，②は「何十頭」，④は「転倒」。　㋑「歓迎会」と書く。②は「勧誘」，③は「関心」，④は「習慣」。　㋒「満載」と書く。②は「歳月」，③は「裁判」，④は「栽培」。　㋓「請求」と書く。②は「快晴」，③は「精密」，④は「清潔」。　㋔「奇妙」と書く。①は「伝記」，②は「寄港」，③は「紀行文」。

問二＜品詞＞「見られる」の「られる」は，可能を表す助動詞「られる」の連体形で，「食べられる」の「られる」は，可能を表す助動詞「られる」の終止形。「吹かれて」の「れ」は，受け身を表す助動詞「れる」の連用形。「思い出される」の「れる」は，自発を表す助動詞「れる」の終止形。「話される」の「れる」は，尊敬を表す助動詞「れる」の終止形。

問三＜語句＞「手を考える」と「手を尽くす」の「手」は，手段，方法，という意味。「この手の音楽」の「手」は，種類，という意味。「火の手」の「手」は，突出した動き，という意味で，「火の手」は，燃え上がる炎のこと。「手につかない」の「手」は，仕事，作業，という意味で，「手につかない」は，他のことに心を奪われて集中できない様子を表す。

問四＜品詞＞「息のつまりそうだった」の「の」は，「が」と言い換えができ，主格を表す助詞の「の」である。「心の呵責」，「驚くほどの速さ」，「前の日」，「教師の授業」の「の」は，名詞を修飾することを表す助詞の「の」である。

三〔論説文の読解―社会学的分野―現代社会〕出典；野田洋次郎のインスタグラム（2018年６月６日），

田野大輔『ファシズムの教室　なぜ集団は暴走するのか』。

≪本文の概要≫ファシズムの再来の危険性は，今日の日本にも無縁ではない。反日，売国奴というバッシングや，ヘイトスピーチが横行し，不寛容な空気が日本を覆っている。2018年6月に人気ロックバンドRADWIMPSが発表した新曲「HINOMARU」は，歌詞が「軍歌っぽい」と批判を浴びた。批判に対して，作者の野田は，思想的な意味はなく，純粋にこの国のことを歌いたいのであり，この国を好きと言える国であってほしいとSNSでコメントを出した。野田にとって，軍歌のような歌詞は，愛国心の表明を抑圧してきた戦後民主主義的な価値観への挑戦であり，制約なしに愛国心を表明する自由を勝ち取るという反権威主義的な心情の表れだといえる。しかし，野田には，戦時中の軍歌や愛国歌が，挙国一致体制の構築に加担したという歴史的，政治的な背景への反省も，危険な影響力への思慮も欠けている。戦後民主主義的な「正しさ」への反発や，反発を通じて表出される愛国心は，不寛容な空気の醸成に寄与する危険をはらみ，実際に，排外主義を増長させているのである。

問一＜主題＞RADWINMPSが新曲「HINOMARU」を発表すると，歌詞が軍歌のようだと批判された。批判に対して，作者の野田は，軍歌のような歌詞は，純粋な愛国心の表出であると述べるとともに，愛国心の表出を抑圧する現状への反発を示唆した。筆者は，野田のような，愛国心の表明を抑圧してきた戦後民主主義的な「正しさ」への反発は，軍歌の歴史や影響力への考慮がなく，危険であると考えている。「反発を通じて表出される愛国心」は，「不寛容な空気の醸成に寄与してしまう危険をはらんで」いて，実際にヘイトスピーチや排外主義を増長させているのである。

問二＜文章内容＞筆者は，野田のSNSのコメントから，野田が軍歌を思わせるような歌詞を書いた理由は，「愛国心の表明を抑圧してきた戦後民主主義的な価値観に挑戦し，その硬直した支配を突き破って，何の制約も受けずに『自分の国が好きだ』と言えるような『自由』を勝ち取ることにある」と考えている。

問三＜文章内容＞野田が愛国心を表したところで，「多くの人びとの胸に届かなければ意味がない」のである。野田は，SNSのコメントで「まっすぐに皆さんに届きますように」と述べている。「まっすぐに」とわざわざ述べているのは，野田が「自らの心情の伝達を妨げる何らかの障害の存在」を意識しているからである。

問四＜文章内容＞野田のねらいは，「愛国心の表明を抑圧してきた戦後民主主義的な価値観」への挑戦ではあるが，軍歌の「歴史的，政治的な背景」が踏まえられておらず，思慮を欠いている。野田は，愛国心の表出が抑圧されているかのように述べているが，今日，愛国心の表明は「国策として奨励」されており，野田は，「仮想上の抑圧」に対して，反権威主義としての愛国心の表出を主張しているのである。野田の言動は，国家権力に迎合し，反対派や少数派をねじ伏せ，軍歌調の歌によって世論を愛国一色に染め上げることにも寄与しかねないのだが，そのような危険な影響力を考えていないからこそ，野田は，抑圧への抗議を，権威に反発した行動としか考えられないのである。

問五＜要旨＞日本を覆う不寛容な空気は，ファシズム再来の危険性をはらんでいる。その例として，「HINOMARU」をめぐる騒動を取り上げ，作者の野田のコメントを考察しながら，「歴史的，政治的な背景」への思慮に欠けた，戦後民主主義的な「正しさ」への反発やその反発を通じて表出される愛国心が，ヘイトスピーチなどの不寛容な空気を増長させていることが，指摘されている。

四 〔古文の読解―説話〕出典；『古本説話集』第二十六。

≪現代語訳≫今となっては昔のことだが，(藤原)長能，(源)道済という歌人たちが，並々でなく互いに競い合って(歌を)よんだ。長能は，蜻蛉日記を書いた人の兄弟で，世間にその名が広まっている歌人で，道済は，信明といった歌人の孫で，並々でなく互いに競い合っていたが，鷹狩りの歌を二人がよんだところ，長能は，／あられが降る，交野の(狩猟地の)野では，みのを借りることもなく，(狩り用の私の)狩り衣もぬれてしまう，(ぬれないように)宿を貸す人もいないので(とよみ)，／道済は，／(雪に)ぬれにぬれてもそれでもやはり狩りは続けよう，はし鷹の表面の毛の雪を払いつつ／とよんで，それぞれが「自分が勝っている」と言い争いながら，四条大納言のところへ二人でうかがって，判定していただいたところ，大納言がおっしゃるには，「ともによい(歌)と取る(けれども)，あられは，宿を借りるほどに，どうしてぬれることがあるだろうか。この辺りが(長能の歌は)劣っている。歌全体の風格はよい。道済の(歌)は，もっともである。後の世でも，勅撰集などにもきっと入るだろう」と(の言葉が)あったので，道済は，踊り歌う(ように)出ていった。長能は，思い悩む姿で，出ていった。これまでは何事も，長能の方が上手にしていたので，このたび(の大納言の判定)は不本意なことだった。

問一<現代語訳>㋐「伝はり」は，動詞「伝はる」の連用形。「たる」は，助動詞「たり」の連体形で，ここでは存続を表す。全体で，広く名声が伝わっている歌人，という意味である。　㋑「なほ」は，副詞で，ここでは，それでもやはり，という意味。「狩り」は，動詞「狩る」の連用形。「ゆか」は補助動詞「ゆく」の未然形で，動詞の連用形について，～し続ける，という意味。「む」は，助動詞「む」の終止形で，ここでは意志を表す。全体で，やはり狩りを続けよう，という意味である。

問二<古文の内容理解>「道済が」の後に，「歌」が省略されている。長能の歌は，あられが降ったからといって宿を借りたいほどにぬれるだろうかとおかしく思う点があるが，道済の歌は，そのように言われている，つまり歌の内容が道理に合っていると四条大納言は評価した。

問三<古文の内容理解>「本意なかり」は，形容詞「本意なし」の連用形で，不本意だ，という意味。これまで長能は，何事においても，道済より上手であったので，今回の道済の歌の方が優れているという四条大納言の判定が，不本意だったのである。

五〔資料〕

問一．炭酸飲料の購入量が多い青森県，山形県，北海道は，緑茶の消費量については40位以下で少ない(①…○)。宮城県は，炭酸飲料の購入量が多い県に含まれていない(②…×)。緑茶の消費量が最も多い静岡県は，1520.8gで，最も少ない沖縄県454.0gの三倍以上である(③…○)。青森県は，緑茶45位，牛乳38位，炭酸飲料1位，長崎県は，緑茶7位，牛乳45位，炭酸飲料38位，鹿児島県は，緑茶3位，牛乳44位，炭酸飲料46位である(④…○)。

問二．緑茶の消費量は，2位から10位まで，石川県以西である(①…○)。緑茶の消費量が多い都道府県上位十県のうち，静岡県，三重県，鹿児島県，長崎県，和歌山県の五県は，炭酸飲料の購入量が少ない(②…○)。牛乳の消費量が少なくて炭酸飲料の購入量が多いのは，青森県，熊本県，秋田県の三県で，牛乳も炭酸飲料も消費・購入量が少ないのは，長崎県，鹿児島県の二県であり，牛乳の消費量と炭酸飲料の購入量に相関関係は見出せず(④…×)，また，牛乳の消費量が少なくて緑茶の消費量が多いのは，鹿児島県，長崎県の二県，牛乳も緑茶も消費量が少ないのは，青森県，高知県の二県であり，牛乳と緑茶の消費量についても，相関関係は見出せない(③…○)。牛乳の生産量は，この資料からはわからないが，千葉県は，牛乳消費量6位(『データでみる県勢　2021』「畜産物の生産量(2019年)」より)である(⑤…○)。

2021年度 春日部共栄高等学校(第2回)

【英　語】(50分)〈満点：100点〉

■リスニングテストの音声は，当社ホームページで聴くことができます。(実際の入試で使用された音声です)
再生に必要なIDとアクセスコードは「収録内容一覧」のページに掲載しています。

1 放送を聞いて答える問題

問題は全部で7問あり、放送はすべて英語で行われます。放送中メモを取ってもかまいません。各問題について英語は2回ずつ放送されます。

【No. 1, No. 2】

Listen to each talk, and choose the best answer for each question.

No. 1 　1

①

②

③

④

No. 2 　2

①

②

③

④

【No. 3, No. 4】

Listen to each situation, and choose the best answer for each question.

No. 3 　3

① I'm coming. 　② Fine, thank you.

③ I'll take it. 　④ For here, please.

No. 4 | 4 |

① How are you doing?　② Can you hear me?
③ Where are you going?　④ Would you say that again?

【No. 5 ～ No. 7】

Listen to the speech of an ALT, Ms. Brown, and choose the best answer for each question.

No. 5 | 5 |

① Australia.
② The U.K.
③ The U.S.A.
④ Canada.

No. 6 | 6 |

① Because they had to practice football in the cold.
② Because they couldn't play their favorite sports outside.
③ Because they wanted to do indoor sports in the gym.
④ Because they couldn't play basketball in the gym.

No. 7 | 7 |

① He used a ball.
② He used a big stone.
③ He used a peach basket.
④ He used a box.

※<リスニング問題放送原稿>は英語の問題の終わりに付けてあります。

2 次の会話を読んで、後の問いに答えなさい。

Takuya, a TV show host, and Yumi, an *expert on the *Titanic*, are talking about the *Titanic* on a TV program.

Takuya：Good afternoon, everyone. Today's guest is Yumi Yamashita, an expert on the *Titanic*. Yumi, thank you for coming on our show.

Yumi：Hello, Takuya. Thank you for inviting me.

Takuya：You're very welcome. I'm sure everybody [(1)] of this famous ship. Some people might remember the movie from 1997.

Yumi：Yes, that movie was so popular. I'm happy that it made people interested [(2)] learning more about the true story of the ship.

Takuya：I enjoyed the movie, too. Can you tell us more about the real *Titanic*?

Yumi：I'd love to. Of course, it was big. It was even longer than the tallest building at that time. The ship was also very beautiful, and it had many expensive items on it. Also, it had a swimming pool, libraries, and places for parties.

Takuya：It sounds wonderful. It's too bad that we can't actually see (3)<u>it</u>. The ship *sank in 1912, right?

Yumi：Yes. It was going to America from England, but sadly it hit an *iceberg at 11:40 in the evening.

Takuya：That's terrible! Were all the passengers [(4)]?

Yumi：No, there were not enough lifeboats for everyone, and more than 1,500 people died.

Takuya：I think a lot of people will still be shocked to hear (5)<u>that</u>.

Yumi：I think so, too. Actually, the ship had lifeboats for only 1,178 people. [(6)], 2,200 people were on the ship.

Takuya：I see. Where is the *Titanic* now?

Yumi：It is still lying at the bottom of the sea, but (7)<u>many of the treasures and personal items are not</u>.

Takuya：Why?

Yumi：The legend of the *Titanic* attracts people even today. So, some people steal and damage things on the ship.

Takuya：That's awful! We should [(8)] it.

Yumi：You're right.

Takuya：What can we do about that? Let's talk after the break.

注 expert 専門家　sank sink（沈む）の過去形　iceberg 氷山

問1　空所［　(1)　］に入る最も適当なものを選び、番号で答えなさい。　［8］

①　have heard　②　is hearing　③　has heard　④　to hear

問2　空所［　(2)　］に入る最も適当なものを選び、番号で答えなさい。　［9］

①　of　②　about　③　on　④　in

問3　下線部（3）の指す内容として、最も適当なものを選び、番号で答えなさい。　［10］

①　the movie　②　the ship　③　the TV show　④　the building

問4　空所［　(4)　］に入る最も適当なものを選び、番号で答えなさい。　［11］

①　save　②　saves　③　saving　④　saved

問5　下線部（5）の内容として、最も適当なものを選び、番号で答えなさい。　［12］

①　Many people didn't see the movie.

②　Yumi stopped doing researches about the ship.

③　The ship hit an iceberg in the early morning.

④　More than 1,500 people died.

問6　空所［　(6)　］に入る最も適当なものを選び、番号で答えなさい。　［13］

①　In conclusion　②　However　③　Because　④　Therefore

問7　下線部（7）の後に省略されているものを１つ選び、番号で答えなさい。　［14］

①　stolen by a lot of people

②　damaged by a lot of people

③　lying at the bottom of the sea

④　known to anyone

問8　空所［　(8)　］に入る最も適当なものを選び、番号で答えなさい。　［15］

①　protect　②　damage　③　build　④　destroy

問9　タイタニック号の特徴として、最も適当なものを選び、番号で答えなさい。　［16］

①　People could build ships on the *Titanic*.

②　The *Titanic* has been under the ocean for more than 100 years.

③　The highest building in 1912 was longer than the *Titanic*.

④　The end of the journey of the *Titanic* was England.

問10　会話の内容と一致するものを1つ選び、番号で答えなさい。 17

① Takuya has not seen the movie of the *Titanic* yet.

② The *Titanic* has been kept safe since it sank.

③ According to Yumi, about 700 people survived from the accident.

④ Takuya wants to see the treasures for himself.

3 次の英文を読んで、後の問いに答えなさい。

Kate and David, a couple in Australia, were looking forward to [(1)] parents of twins. Before their babies were born, they named them Emily and Jamie.

When Kate was only 6-and-a-half months *pregnant, she started having problems. Doctors told her that she needed to have an *operation right away.

She said that she wanted to try to give birth naturally, and the staff agreed to help her (2)to do that.

Jamie was born first, and then Emily. Emily cried loudly when she was born, but [(3)].

The medical team worked on Jamie for twenty minutes. But, Jamie had no movement, no sounds of breathing and no response to touch.

The doctor finally turned to Kate and asked her, "Have you already named your son?"

She answered "Yes, his name is Jamie."

The doctor said, "I'm sorry, Kate... [A]."

Emily was taken to a special part of the hospital for very sick babies.

In a blanket, Jamie was held by the doctor. The doctor sat down on Kate's bed and began talking to Kate, but she was not listening to his words.

"I want to hold him by myself while he (4)passes away," she said.

She took the baby away from the doctor and told him that they wanted some time alone with their son. The doctor left the room.

Then Kate asked her husband to take off his shirt [(5)] she wanted his son to feel the warmth of his parents' skin.

Kate and David held him close, told him that he had a sister, and made him promises about the future.

After about five minutes, Jamie began to move a little. A doctor passing by told them that [B].

Kate said later, "If he was on his way out of the world, we wanted him to know his parents and to know that we loved him before he died." They were trying to make his last moments happy ones.

Then (6)those moments began to turn into hours. Kate was sure that Jamie was breathing. Then they saw that Jamie held David's finger.

They tried to call a doctor back to the room, but the doctors did not want to come. So (7)they made up a story. They said to a nurse, "We can live with our son's death, but we want the doctor to explain it." The nurse called him back into the room.

When the doctor lifted Jamie from his mother's chest, the boy gave a weak cry, like a kitten. He was alive!

The doctor listened to Jamie's heart and just kept shaking his head and said, "[C]."

Jamie and Emily are now five. "Nobody can tell he had such a different start," his mother said.

When they were four, the parents told them the story, then Emily started crying and held Jamie.

Today, Jamie and Emily love to tell people that Jamie was once dead but is now alive.

注 pregnant 妊娠している operation 手術

問１ 空所[(1)]に入る最も適当なものを選び、番号で答えなさい。 18

① become ② becomes ③ became ④ becoming

問２ 下線部 (2) の指す内容として、最も適当なものを選び、番号で答えなさい。 19

① 生まれてくる赤ちゃんに「エミリー」、「ジェイミー」と名付けること。
② 妊娠中にケイトが抱えた問題を解決するために、手術すること。
③ 自然な方法で赤ちゃんを出産すること。
④ 生まれてきた赤ちゃんをブランケットで包むこと。

問３ 空所[(3)]に入る最も適当なものを選び、番号で答えなさい。 20

① Jamie cried more loudly than Emily ② Jamie was quiet
③ Jamie gave a weak cry, like a kitten ④ Jamie was taken to the special part of the hospital

問４ 空所[A]〜[C]には、以下の（ア）〜（ウ）の文がそれぞれ入る。正しい組み合わせを１つ選び、番号で答えなさい。なお、文頭に来るべき語も小文字にしてある。 21

（ア）we can't save him
（イ）these small movements were part of dying
（ウ）I don't believe it. I don't believe it

①	A	（ア）	B	（イ）	C	（ウ）
②	A	（ア）	B	（ウ）	C	（イ）
③	A	（イ）	B	（ア）	C	（ウ）
④	A	（イ）	B	（ウ）	C	（ア）
⑤	A	（ウ）	B	（ア）	C	（イ）
⑥	A	（ウ）	B	（イ）	C	（ア）

問5　下線部 (4) の意味として最も近いものを選び、番号で答えなさい。　22

① is sleeping　② is dying　③ is talking　④ is passed to his mother

問6　空所 (5) に入る最も適当なものを選び、番号で答えなさい。　23

① when　② if　③ because　④ but

問7　下線部 (6) の内容として、最も適当なものを選び、番号で答えなさい。　24

① 出産の時間

② 医者が話す時間

③ 医者が来るまでの時間

④ 最期のお別れの時間

問8　下線部 (7) の内容として、最も適当なものを選び、番号で答えなさい。　25

① They told a lie.

② They read a book.

③ They spoke out loud.

④ They wrote the story in a diary.

問9　本文の内容と一致するものを3つ選び、番号で答えなさい。ただし、解答の順番は問わない。

26 ～ 28

① After the babies were born, Kate and David decided their names.

② The medical staff tried to keep Jamie alive.

③ Kate was listening to the doctor carefully on the bed.

④ David took off his shirt because the room was very hot.

⑤ When the parents called a doctor, the doctor didn't quickly come to their room.

⑥ Nobody can tell Jamie from Emily because they always wear the same clothes.

⑦ When the twins heard the story about their birth, Emily started crying and hugged Jamie.

⑧ Today, Jamie and Emily don't want to tell people the story about Jamie's birth because it is a sad story for them.

4 次の問い（問１～問５）において、①～⑥の語（句）を日本語の意味を表すように並べかえて、文を完成しなさい。解答は [29] ～ [38] に入るものの番号のみを答えなさい。なお、文頭に来るべき語も小文字にしてある。

問１　この電車に乗れば新宿につきます。

This ____ [29] ____ ____ [30] ____.

① to　② Shinjuku　③ will　④ you　⑤ take　⑥ train

問２　トムが経営しているこのレストランは多くの人に知られています。

This restaurant ____ [31] ____ ____ [32] ____ many people.

① by　② among　③ Tom　④ is　⑤ run　⑥ famous

問３　ケンは明日、私の宿題を手伝ってくれます。

____ [33] ____ ____ [34] ____ homework tomorrow.

① with　② Ken　③ me　④ will　⑤ help　⑥ my

問４　私はトムと同じくらいやることがあります。

I ____ [35] ____ ____ [36] ____ Tom.

① to　② as　③ many　④ do　⑤ have as　⑥ things

問５　駅への行き方を教えていただけますか。

____ [37] ____ ____ [38] ____ to the station？

① way　② would　③ the　④ show　⑤ me　⑥ you

<リスニング問題放送原稿>

※「チャイム」

これから「放送を聞いて答える問題」を始めます。
問題は全部で７問あり，放送はすべて英語で行われます。放送中メモを取ってもかまいません。各問題について英語は２回ずつ放送されます。
では，始めます。

Look at No. 1 and No. 2 on page 1.
Listen to each talk, and choose the best answer for each question.
Let's start.

No. 1

A : There will be a party at Nancy's house tomorrow.
B : What are we going to bring to the party?
A : I'm thinking about it now.
B : It's Saturday today, so how about going shopping together?

Question : When will the party be held?

(会話と質問を繰り返します。)

No. 2

A : What are you going to eat?
B : Hmm … I can't decide. How about you?
A : Me, neither. Everything looks good.
B : Yes, it really does.

Question : Where are they talking?

(会話と質問を繰り返します。)

Look at No. 3 and No. 4.

Listen to each situation, and choose the best answer for each question.

Let's start.

No. 3

Betty's father is in the kitchen.

Betty is doing her homework in her room.

Betty's father finishes making dinner.

He says to Betty from the kitchen, "Dinner is ready!"

Question： What will Betty say to her father?

(英文と質問を繰り返します。)

No. 4

Mr. Green is Mako's English teacher.

Mako meets him in front of the station.

He is talking to Mako in English.

But Mako can't hear him well.

Question： What will Mako say to Mr. Green?

(英文と質問を繰り返します。)

Look at No. 5 to No. 7 on page 2.

Listen to the speech of an ALT, Ms. Brown, and choose the best answer for each question.

Let's start.

Hello, everyone. When I was a high school student in America, I was a member of the basketball team at school. Today, I'm going to talk about the history of basketball.

Basketball is now very popular around the world, but it doesn't have a long history. James Naismith, a P.E. teacher from Canada, started basketball in America in 1891. James' students didn't like P.E. class in winter, because they couldn't play their favorite sports like football in the school ground. It was too cold outside. They had to do indoor activities in the gym. That wasn't fun for them.

So, James needed to make a new indoor sport for the students. He thought, "The new game should be interesting and easy to play. Also, it must be safe." When he was a child, he enjoyed playing a game called "Duck on a Rock" with his friends. He got a hint from it. In the game, they played using stones, but he thought, "Using stones won't be safe." So, he decided to use a ball instead. He also decided to use a peach basket as the goal. James' students liked the new game very much and it became very popular among them.

That's a short history of basketball. Thank you for listening.

No. 5

Question : Where did James Naismith come from?

No. 6

Question : Why didn't James' students like P.E. class in winter?

No. 7

Question : What did James use as the goal?

(英文と質問を繰り返します。)

以上で「放送を聞いて答える問題」を終わります。では，ほかの問題を始めてください。

【数　学】（50分）〈満点：100点〉

（注意）(1) 問題の文中のア，イ，ウ，……の１つ１つは，それぞれ０から９までの数字，または－のいずれか１つに対応します。それらをア，イ，ウ，……で示された解答欄にマークしなさい。

(2) 分数形で解答が求められたときは，既約分数で答えなさい。符号は分子につけ，分母につけてはいけません。

(3) 問題文中にある図は必ずしも正確ではありません。

(4) 円周率はπとして計算しなさい。

Ⅰ　次の各問いに答えなさい。

(1) $\left(-\frac{3}{2}\right)^2 \div \frac{5}{2} \times \left(-\frac{4}{3}\right) = \frac{\boxed{アイ}}{\boxed{ウ}}$

(2) $\left(\sqrt{108}-\sqrt{12}\right)^2+\left(\sqrt{98}-\sqrt{18}\right)^2+\left(\sqrt{16}\right)^2=\boxed{エオ}$

(3) 連立方程式 $\begin{cases} 3xy - x + y = 4 \\ 3x + 2xy - 3y = 1 \end{cases}$ について

$xy = \frac{\boxed{カキ}}{\boxed{クケ}}$，$x - y = \frac{\boxed{コサ}}{\boxed{シス}}$

(4) $x^2 - 5x - 36$ を因数分解すると $(x + \boxed{セ})(x - \boxed{ソ})$

(5) 次の7つの文章のうち，正しい内容を示しているものは全部で [タ] 個です。

[タ] に適当な数を入れなさい。

・ $\sqrt{123}$ は，10より大きく11より小さい数である。

・ $\dfrac{\sqrt{5}}{3}$ は $\dfrac{\sqrt{3}}{2}$ より大きい。

・ $\sqrt{3} = 1.73$ である。

・ $x = -1$ は $x + 5 > 0$ を満たす。

・ 直角三角形は二等辺三角形である。

・ 正五角形の内角の和は540° である。

・ 奇数の4乗は必ず奇数になる。

[Ⅱ] 次の各問いに答えなさい。

(1) x についての2次方程式 $(x-a)^2-(x-a)-6=0$ の1つの解が

$x=-2$ のとき，$a=$ [アイ]，[ウ]

(2) 異なる4色を使って，図のA，B，C，Dの4つの部分を塗り分けます。

ただし，隣り合う部分には同じ色を塗らないとします。このとき，4色のうち

何色使ってもよいとすると，塗り分ける方法は全部で [エオ] 通り

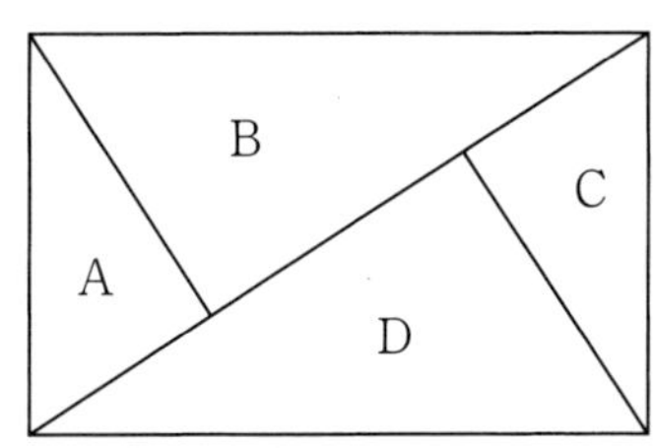

(3) 図のような，面積が 12 である平行四辺形があります。斜線部分の面積は [カ]

(4) A，B 2 つのサイコロを同時に投げ，A のサイコロの出る目を a，

B のサイコロの出る目を b とします。このとき，

$a < b$ となる確率は $\dfrac{\boxed{キ}}{\boxed{クケ}}$

ただし，A，B 2 つのサイコロはともに，1 から 6 までのどの目が出ることも同様に確からしいものとします。

(5) 正の整数 x と y に対して，$x^4 - y^4 = 2145$ のとき

$x =$ [コ]，$y =$ [サ]

(6) 底面が合同な円で，高さが 20 の円すいと円柱の容器があります。

図のように，この円すいの容器に入っている深さ 10 の水を円柱の容器に入れると，その深さは $\dfrac{\boxed{シ}}{\boxed{ス}}$

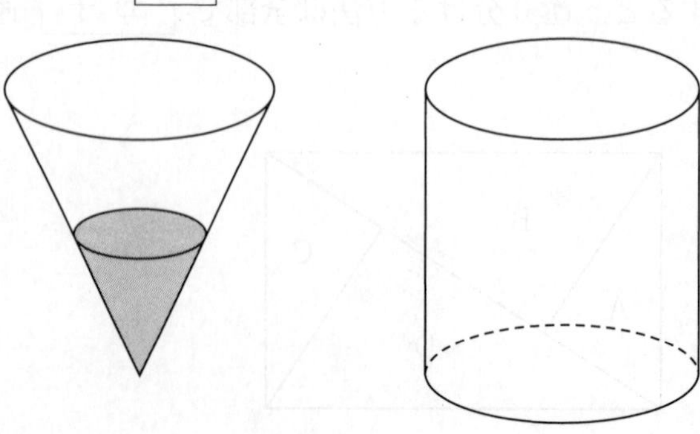

Ⅲ 座標平面において，点Aの座標は（0，3）です。直線 $y=x$ のグラフ上に，点B（2，2）があります。直線 $y=x-1$ のグラフ上に，それぞれ点C（0，−1），D（1，0）があります。直線ABと直線CDとの交点をEとします。次の各問いに答えなさい。ただし，原点をOとします。

(1) 次の三角形の面積の比を最も簡単な整数の比で表しなさい。

① △OBA：△OBC＝［ア］：［イ］

② △OBA：△OBD＝［ウ］：［エ］

③ △OBA：△OBE＝［オ］：［カ］

(2) 点Eの x 座標は $\dfrac{\boxed{キ}}{\boxed{ク}}$

(3) 四角形OBECの面積は $\dfrac{\boxed{ケ}}{\boxed{コ}}$

Ⅳ　関数　$y = ax^2$　が表す放物線と，関数　$y = x + 3a$　を表す直線が，

x 座標が負である点A，x 座標が正である点Bの２点で交わっています。

関数　$y = ax^2$　について，x の変域が　$-2 \leqq x \leqq 1$　のとき

y の変域は　$0 \leqq y \leqq 2$　です。

次の各問いに答えなさい。ただし，原点をＯとします。

(1)　$a = \dfrac{\boxed{ア}}{\boxed{イ}}$

(2)　点Ａの座標は $\left(\boxed{ウ\ エ},\ \dfrac{\boxed{オ}}{\boxed{カ}} \right)$，点Ｂの座標は $\left(\boxed{キ},\ \dfrac{\boxed{ク}}{\boxed{ケ}} \right)$

(3)　三角形ＯＡＢの面積は $\boxed{コ}$

(4)　原点Ｏを通り，三角形ＯＡＢの面積を２等分する直線の方程式は　$y = \dfrac{\boxed{サ}}{\boxed{シ}}x$

平成30年度　調査結果

	学校数	コンピュータ総台数	Bのうち，教育用コンピュータ総台数	教育用コンピュータ1台当たりの児童生徒数
	A	B	C	D
（単位）	校	台	台	人／台
小学校	19,331	1,507,572	1,038,470	6.1
中学校	9,325	839,287	570,171	5.2
高等学校	3,550	723,922	493,149	4.4
中等教育学校	31	7,585	5,501	4.1
特別支援学校	1,070	144,386	54,737	2.5
合計	33,387	3,233,950	2,169,850	5.4

文部科学省「学校における教育の情報化の実態等に関する調査」より作成

問一　これらの資料から読み取れる内容として**適当ではないもの**を、次の①～⑤のうちから一つ選びなさい。解答番号は〈24〉

①　「コンピュータ総台数」（B）は平成15年度から30年度にかけて、どの学校区分においても大幅な増加が認められる。

②　各学校区分における「コンピュータ総台数」（B）の増減は同学校区分の「学校数」（A）の増減に対応している。

③　各学校区分における「Bのうち、教育用コンピュータ台数」（C）の増減は同学校区分の「コンピュータ総台数」（B）の増減に対応している。

④　平成15年度から30年度にかけて、小学校における「コンピュータ総台数」（B）は二倍以上になっている。

⑤　平成15年度から30年度にかけて、「コンピュータ総台数」（B）の増加率が最も高いのは「中等教育学校」である。

問二　資料中の「教育用コンピュータ1台当たりの児童生徒数」（D）に注目すると、平成15年度から30年度にかけて、ほぼ全ての学校区分においてその数値は低下しています。このような結果となった要因として推測できるもののうち、**適当ではないもの**を、次の①～④のうちから一つ選びなさい。解答番号は〈25〉

①　インターネットの普及に伴うトラブルや犯罪から身を守るために、情報教育の必要性が生じたこと。

②　各種手続きが次々と電子化されている現状を受け、基本的な操作スキルを習得する必要性が生じたこと。

③　コンピュータを用いた学習が、主体性や適切な情報活用能力を養う必要性が生じたこと。

④　児童生徒数が増加したことを踏まえ、コンピュータの数も増やす必要性が生じたこと。

五

次の資料は学校におけるコンピュータ整備の実態についてまとめたものです。この資料に関する後の問に答えなさい。

平成15年度　調査結果

	学校数	コンピュータ総台数	Bのうち，教育用コンピュータ総台数	教育用コンピュータ1台当たりの児童生徒数
	A	B	C	D
（単位）	校	台	台	人／台
小学校	22,913	713,960	635,800	11.2
中学校	10,292	500,972	453,559	7.7
高等学校	4,098	506,907	415,549	6.7
中等教育学校	4	224	187	3.0
特別支援学校	930	35,162	24,320	3.7
合計	38,237	1,757,225	1,529,415	8.8

平成21年度　調査結果

	学校数	コンピュータ総台数	Bのうち，教育用コンピュータ総台数	教育用コンピュータ1台当たりの児童生徒数
	A	B	C	D
（単位）	校	台	台	人／台
小学校	21,589	1,152,262	853,734	8.1
中学校	9,962	662,604	494,963	6.7
高等学校	3,838	663,393	480,245	4.9
中等教育学校	25	3,361	2,367	4.9
特別支援学校	966	77,588	30,335	3.7
合計	36,380	2,559,208	1,861,644	6.8

ては異なる変をなさず。昔、※斉衡（さいかう）のころとか、大地震振りて、東大寺の仏の※御首（みぐし）落ちなど、いみじき事ども侍りけれど、なほ㋒この度にはしかずとぞ。すなはちは、ⓑ人みなあぢきなき事を述べて、いささか心の濁りも薄らぐと見えしかど、月日重なり、年経（へ）にしのちは、言葉にかけて言ひ出づる人だになし。

（『方丈記』による。）

※巖…岩。
※堂舎塔廟…神社仏閣。
※なごり…ここでは余震のことを指す。
※四大種…仏教でいう四つの元素。地・水・火・風をさす。
※斉衡…文徳天皇の御代の年号。ここでは八五五（斉衡二）年の大地震のことをさす。
※御首…首。

問一　――部㋐～㋒の本文中における意味として最も適当なものを、後の①～④のうちからそれぞれ一つずつ選びなさい。解答番号は〈18〉～〈20〉

㋐「飛ぶべからず」〈18〉
①　飛ぶことができない　②　飛んではいけない
③　飛ぶべきではない　④　飛ぼうとはしない

㋑「やうやう」〈19〉
①　急に　②　かろやかに
③　不定期に　④　次第に

㋒「この度にはしかず」〈20〉
①　今回に勝っている　②　今回には及ばない
③　今回と同じくらいだ　④　今回とは異なっている

問二　――部①～④の「の」のうち、はたらきが**他と異なるもの**を一つ選びなさい。解答番号は〈21〉

問三　――部ⓐの理由として**適当ではないもの**を、次の①～④のうちから一つ選びなさい。解答番号は〈22〉
①　今回の地震によって、大規模な天変地異が引き起こされたから。
②　今回の地震によって、多くの神社仏閣や民家が倒壊したから。
③　今回の地震においては、地上には逃げ場がないように思われたから。
④　今回の地震は、竜が雲に乗るほどの大きさであるように感じられたから。

問四　――部ⓑとはどういうことですか。その説明として最も適当なものを、次の①～④のうちから一つ選びなさい。解答番号は〈23〉
①　人々が、この世の中のむなしさを知り、心を乱す欲望が薄らいだということ。
②　人々が、地震の恐ろしさを知り、生きる希望が薄らいだということ。
③　人々が、生命のはかなさを知り、正しく生きる気持ちが薄らいだということ。
④　人々が、自然の恐ろしさを知り、政治への期待感が薄らいだということ。

るのは努力が必要であり、退屈でもあるから。

③　才能ある人々のクリエイティヴィティを後押しする積極的意味が、流行にはなく「ダサい化」にはあるから。

④　製造業には、長期間に渡る流行に合わせた製造が難しく、「ダサい化」による流行の収束が求められたから。

問五　――部ⓓとありますが、その説明として最も適当なものを、次の①～④のうちから一つ選びなさい。解答番号は〈17〉

①　私たちはＳＮＳを通じて多様な趣味の人と交流することによって、複雑で重層的な人間関係の中で生きていく術を身につけていくということ。

②　私たち自身の主体は、確固たる一つの存在というよりも、時や場、気分によって様々な志向を持ち、分化し複数化した存在であるということ。

③　私たちは、画一的な流行を追いながらも、自分の個性も尊重していかなければならないという複雑な多様性を自己の中に持っているということ。

④　多様性が認められている現代において、身分や立場にとらわれず私たちは、種々の服を着ることで様々な身分や立場の気分を味わえるということ。

四　次の文章を読んで、後の問に答えなさい。（----の左側は現代語訳です。）

また、同じころかとよ（同じころであったろうか）、おびただしく大地震（おほなゐ）振る事侍（はべ）りき。

そのさま、世①の常ならず。山は崩れて川を埋み、海は傾（かたぶ）きて陸地をひたせり。土裂けて水湧き出（い）で、※巌（いはほ）割れて谷にまろび入る（転がり込んだ）。なぎさ漕（こ）ぐ船は波に漂ひ、道行く馬は脚②の立ちど（置き場）をまどはす。都のほとりには、在々所々、※堂舎塔廟（だうしゃたふめう）、一つとしてまたからず。あるいは崩れ、あるいは倒れぬ。塵灰（ちりはひ）立ち上りて、盛りなる煙のごとし。地の動き、家③の破るる音、雷（いかづち）に異ならず。家④の内にをれば、たちまちにひしげなむとす（押しつぶされそうになる）。走り出づれば、地割れ裂く。羽なければ、空をも㋐飛ぶべからず。竜ならばや（竜であるならば）、雲にも乗らむ。ⓐ恐れのなかに恐るべかりけるは、ただ地震なりけりとこそ覚え侍りしか。

かく、おびただしく振る事は、しばしにて止みにしかども、その※なごり、しばしは絶えず。世の常、驚くほどの地震、二、三十度振らぬ日はなし。十日・二十日過ぎにしかば、㋑やうやう間遠になりて、あるいは四、五度、二、三度、もしは一日まぜ、二、三日に一度など、おほかたそのなごり、三月ばかりや侍りけむ。

※四大種（しだいしゅ）のなかに、水・火・風は常に害をなせど、大地にいたり

質が控えていて、いずれにせよ、その一つの外観でその人物の多様な本質を全体的に把握することは出来ない。

私たちは、思いつきめいた複数の「マイブーム」を分人ごとに所有し、多種多様な「カッコいい」を、同時に楽しむことが出来るようになっている。

勿論、その時にも「カッコいい」は結局のところ、競争するはずである。なぜなら、私たちの人生の時間、一日の時間は有限であり、出費にも限度があるので、その多様性の中から、何かを優先的に選ばねばならないからである。

私たちは複数の分人の構成比率を配慮しつつ生きている。そして、出来れば、「しびれる」ような「カッコいい」ものに触れる分人を多く生き、羞恥心（しゅうちしん）を抱かせられるような「カッコ悪い」分人を生きずに済ませたいと工夫する。

最新の「カッコいい」ディオールの服を着て、パーティーに行くこともあれば、「カッコ悪くない」ファストファッションで無難にやり過ごす日常もあるだろう。長年、愛着をもって着続けているヴィンテージで、デートすることもあるだろう。

そして、ＳＮＳは、ⓓ私たちのそうした多面性を、単線的に流行を追うよりも、遙かに複雑で豊かな個性として提示してくれる。「カッコいい」の外観と内実とのギャップと同一化とは、こうした複数の趣味と複数の人格との組み合わせを通じて、楽しまれてゆくこととなるだろう。

（平野啓一郎 著『「カッコいい」とは何か』による。なお、一部改変した。）

問一 ――部ⓐとありますが、そのように見える理由として最も適当なものを、次の①～④のうちから一つ選びなさい。解答番号は〈13〉

① 多様性が尊重されるようになった時代では、画一的な基準を持った「ダサい化」は時代の流れに合わないものだから。

② 多様性が尊ばれるようになった現在では、「ダサい化」することがむしろ「ダサくない」ことに繋がっているから。

③ 「ダサい」ことが、多様性が尊ばれていく中で価値を持ち始め、「ダサい」ことがある一つの戦略となりうるから。

④ 「ダサい」と人から思われないようにするためには、人々は妥協案として「ダサい」戦略を用いざるを得ないから。

問二 Ⅰ・Ⅱに入る語句の組み合わせとして最も適当なものを、次の①～④のうちから一つ選びなさい。解答番号は〈14〉

① Ⅰ 隆盛 Ⅱ 深刻

② Ⅰ 隆盛 Ⅱ 改善

③ Ⅰ 退潮 Ⅱ 改善

④ Ⅰ 退潮 Ⅱ 深刻

問三 ――部ⓑとありますが、その「考え」の説明として最も適当なものを、次の①～④のうちから一つ選びなさい。解答番号は〈15〉

① インターネットの普及によって多様性が人々の中で推奨されてきたことによって、流行と「ダサい化」の繰り返しという社会的な同調圧力から私たちが解放されているということ。

② 世代を超えた結びつきがインターネットによって生まれ、強くなっていくことによって、流行にのることを重視する若者たちが精神的抑圧となる同調心理から解放されたということ。

③ 多様性が尊重される現在では、同調圧力から個人が解放されたと思われるが、結局は個々人の共通の趣味が一つの流行となった場合、多様性を否定する一面を持っているということ。

④ 同調圧力から解放されたが、一方では孤独になってしまったと言える私たちが、社会に対して影響力を持つためには、巧緻な戦略を用いて仲間を獲得しなければならないということ。

問四 ――部ⓒのように筆者が述べる理由として**あてはまらないもの**を、次の①～④のうちから一つ選びなさい。解答番号は〈16〉

① 私たちには、人間観・世界観が大きく変わっていく時代を敏感にキャッチしたいという欲望があるから。

② 自分の趣味のみに固執して「カッコいい」人間であろうとす

三　次の文章を読んで、後の問に答えなさい。

多様性が尊ばれる現在では、「ダサい化」は、むしろそれ自体が、あまりに単線的な進歩史観に基づいた、ⓐ「ダサい」戦略とも見えよう。

人それぞれに、「カッコいい」と感じるものは違う。前のシーズンの服は、まだネット上で買えるし、自分はそっちの方が「カッコいい」と思っている。世代によって、趣味も違う。それで何が悪いのか？　なぜ、「ダサい」と貶す必要があるのか？

想像の共同体を維持してきたマスメディアの［Ⅰ］は著しく、ネットは多様性を推し進めながら、分断と対立も［Ⅱ］化させている。更に、貧富の差が全世代的に亀裂を生じさせているが、そのために世代を超えた結びつきが生じる可能性もある。

流行と「ダサい化」を繰り返す同調圧力から個人が自由に解放される、というのは、私たちが今日よく知っている世界観である。

しかし、その問題を、既に現実を通じ、骨身に染みて知っている私たちは、更にⓑこのように考えるだろう。

個人の趣味が、もし完全にバラバラであるならば、私たちは孤独である。だから実際、ネット上には無数の共通の趣味による場所が形成されている。それが社会を変えるほどの影響力を持つためには、非常に巧緻な戦略が必要であることは、よく知るところである。いいものであれば、自ずと広がるなどとは言えないのだ、ということは、レジス・ドブレがメディオロジーという学問で喧しく繰り返した事実である。

そして、実際に共通の趣味が、一つの流行となったならば、結局、それが自ずと帯びてしまう同調圧力に反発する、個々人の更に別の趣味が求められる。

流行には、確かに多様性を否定する一面がある。同時代の他の存在を「ダサい化」し、過去の存在を「ダサい化」して、一時代の趣味を独占しようとする暴力性がある。

では、そんなものはない方がいいのか？

必ずしもⓒそうではないだろう。

私たちには、時代の変化を、洋服や食べ物を通じて感じ取りたい、という欲望もある。戦時だから、派手な服は着るべきではない、などというのは、単なる迷惑だが、人間観・世界観が大きく変わってゆく時代に、それを敏感にキャッチした「カッコいい」デザインの服が流行るならば、それを楽しみたい。それが、自分を「カッコよく」見せてくれるならば、自分の趣味一本で「カッコいい」人間になろうと努力するよりも、ある意味、楽である。

実際、自分の好きだと信じるものにだけ固執し続けるのは、些か退屈でもある。

私は、タックが入ったようなストーン・ウォッシュのジーパンから、しゃがむと尻が見えそうなほど股上の浅いベルボトムのジーパンまで、色々穿いてきたが、流行がなければ、決してそれほど豊富なヴァリエーションのジーパンを試してみることはなかっただろうし、勿論、自分でデザインなど出来なかっただろう。

前のシーズンとは違う「カッコよさ」を追求するデザイナーの才能と戯れることにも楽しみがあり、その意味では、流行と「ダサい化」にも、クリエイティヴィティを後押しする積極的な意味があることは事実である。

なぜ、「ダサい化」が効果的だったのか？　それは、流行が終わって、マーケットが萎縮すれば、大量生産を前提とする製造業では、その商品の製造を終了せねばならなかったからである。だらだらと、微妙にブームが続くことを許容することは難しかった。

しかし、3Dプリンターが注目され、AIによるデータベースの活用が期待されている今日、状況は変わりつつある。

「カッコいい」ものは、一時代の全面的な支配ではなく、一定のシェアの獲得で十分である。そして、実のところ、それを受け止める私たち自身の主体も分化し、複数化している。気分によって、あるいはTPO次第で、今日ブーツカットのジーパンを穿き、明日、ストレートのジーパンを穿いても構わない。表面の奥には、複数の実

文の――部のうちから一つ選びなさい。解答番号は〈10〉

出かける前に書き置きを残しておく。

① 突然僕に話しかけてくるものだから、びっくりした。
② ぼんやりしていて、まったく話を聞いていなかった。
③ 申し訳ないが、そこに置いてある本を取ってほしい。
④ 長時間の勉強で疲れたので、少しだけテレビをみる。

問三 ＝＝部「樹木」と熟語の構成が同じものを、――部①〜④のうちから一つ選びなさい。解答番号は〈11〉

大学を卒業してからというもの、実家にはほとんど顔を見せていなかったが、この前久しぶりに①帰郷した。地元の駅に着き、改札を抜けると、駅前の通りには立派な樹木が立ち並んでおり、昔と少しも変わっていない様子であった。ゆっくり歩いていこうかとも思ったが、雲行きは怪しく、②雷鳴も聞こえたのでタクシーを拾って行くことにした。車は好きではないのだが、少しばかりの③忍耐だと我慢し、足早にタクシーへと乗り込んだ。道中、運転手と会話はなく、お互い④終始無言であった。雨の降りつける音だけが聞こえた。

問四 [Ⅰ]〜[Ⅳ]に入る語句の組み合わせとして最も適当なものを、後の①〜④のうちから一つ選びなさい。解答番号は〈12〉

古典を読むと、物事を相対的に捉える目が養われます。現代だけしか知らないと、私たちは自分の生きている現代の価値観や習慣が絶対のものだと信じ込んでしまいます。古典は私たちの生きている現代とはかなり違った価値観や習慣を示してくれます。

[Ⅰ]、平安時代の作品に見る一夫一妻多妾（たしょう）制。現代の一夫一婦制からみると、とても不自然に思えます。[Ⅱ]、当時の貴族社会においては、当然のように受け入れられています。[Ⅲ]、江戸時代の作品に見る男色（なんしょく）。現在から見るといささか異様に思えます。[Ⅱ]、その時代においてはそれがむしろ崇高なことですらあった。そうした現代とは全く異なる物の見方や生活習慣を知ることによって、私たちは現代を絶対と見る見方から脱出できるのです。物事を絶対と見るところに進歩はありません。[Ⅳ]、現代が一番正しいと信じてしまい、傲慢（ごうまん）になり、他から学ぶ必要は何もないと思うからです。

（山口仲美 著『日本語の古典』による。）

① Ⅰ：たとえば　Ⅱ：でも
　 Ⅲ：あるいは　Ⅳ：なぜなら
② Ⅰ：たとえば　Ⅱ：そのため
　 Ⅲ：加えて　Ⅳ：というのも
③ Ⅰ：つまり　Ⅱ：ところが
　 Ⅲ：または　Ⅳ：要するに
④ Ⅰ：つまり　Ⅱ：一方で
　 Ⅲ：あるいは　Ⅳ：しかし

② 「私」は豆腐を買えたことに歓喜していたが、この時世に手作り豆腐屋の存続が難しいと悟り悲しい気持ちになった。しかし「奥さん」の前向きな発言を聞いて、悲しみはすっかり取り除かれていった。

③ 暴飲暴食をしないにしても、夜分に豆腐を食べること自体に罪悪感を抱いていた。しかし「奥さん」との楽しかったやり取りを思い返すうちに、夜食を摂ることに対しての前向きな思いが増幅した。

④ 手作り豆腐に興味を持つ一方で、豆腐屋が潰れてしまわないかと心配ばかりしていた。しかし「奥さん」の優しい言葉や表情により、豆腐屋は決して潰れることはないと信じて疑わなくなった。

問四 ――部ⓓとはどういうことですか。その説明として最も適当なものを、次の①～④のうちから一つ選びなさい。解答番号は〈4〉

① 豆腐一丁で済ます健康的な食事をしなければならないと思っているが、耐えがたい空腹を満たしたい気持ちに駆られてしまうということ。

② 満腹になりたいという思いを満たしたいが、豆腐屋のような手作りの食品以外は食べたくないという気持ちになってしまうこと。

③ 夕食を湯豆腐で済ませた出来事が原因で、どのような空腹であれ豆腐を食べたい欲求を抱くようになってしまったということ。

④ 一品集中の楽しみを再び味わいたいという思いはあるが、一方で満腹になるまで際限なく食事をしたいという気持ちがなくならないこと。

二 次の各問に答えなさい。

問一 ――部㋐～㋔のカタカナを漢字に改めた場合、それと同じ漢字に該当するものを、後の①～④のうちからそれぞれ一つずつ選びなさい。解答番号は〈5〉～〈9〉

㋐ シン重な判断が求められる 〈5〉
① ジン社に参拝に行く
② 謹シンの処分を受ける
③ シン実を突き止める
④ シン頼関係を築く

㋑ 旅館に宿ハクする 〈6〉
① 港に船が停ハクしている
② 割れんばかりのハク手が聞こえる
③ 漂ハク剤を使って洗濯する
④ 彼はハク情な性格だ

㋒ 国キョウを越えて移動する 〈7〉
① 理科の実験で顕微キョウを扱う
② この建物は音が反キョウしやすい
③ 故キョウのことを思い出す
④ 地球環キョウに優しい車

㋓ 間違いを指テキする 〈8〉
① テキ切な指示を出す
② 窓ガラスの水テキを拭く
③ 無テキの強さを誇る
④ 犯罪をテキ発する

㋔ 伝統芸能のケイ承者 〈9〉
① 避難ケイ路を確認する
② 美しい光ケイを目に焼きつける
③ スポーツの実況中ケイ
④ 見事な連ケイプレーを見せてくれた

問二 ＝＝部「おく」と**文法上異なる用法の動詞**を、後の①～④の豆腐でしょう。湯豆腐なら、さして胃の負担にはなるまい。

くつくつ煮え立つ小鍋をそのままテーブルに運び、豆腐すくいで小鉢に盛る。うえから醤油と愛用の柚子ポン酢をたっぷりかけて、さあ、いただきます。

おお、なんとしっかり味の濃い、おいしい豆腐でしょう。アチチ。一口食べて興奮し、続いてすくって、も一度すくって半分、あっというまに一丁たいらげた。

他にはなにも食べるものがない。今夜はこれだけ。豆腐一丁。そうと決めたからなのか、空腹ゆえか、こんなおいしい湯豆腐には久しくめぐり逢っていなかったと思うほどに感動した。

さてと。終わってしまった。私は椅子から立ち上がり、ふたたび冷蔵庫を開ける。まだ絹が一丁、残っている。これも食べてしまおうか。いやいや、これは明日の朝ご飯に回すこととしよう。今夜は我慢だ。我慢と豪語するほどのことではなく、楽しみをもう少し引き延ばしたかっただけである。今はじっくりと、木綿豆腐の後味に浸っていたい。

きっと今までだって何万回もおいしい豆腐に出会ったはずである。しかし、豆腐がどれほどおいしくても、他にもたくさんおいしい料理が並んでいたせいで、舌に残る豆腐の衝撃が長くは持続しなかった。一品集中。こういう味の楽しみ方が、あるものだと私は再発見した。

豆腐だけの晩ご飯。その粋な楽しみを知り、思えばたしかに豆腐は豆腐屋の手作りにかぎる。思い込みの信念が胃袋に烙印され、私はここ最近、街を通り過ぎながら、目ではつい小さな豆腐屋を探している。もっとも豆腐だけの晩ご飯は、それっきり実行していない。ⓓ満腹への悪魔の誘いには、めったに打ち勝つことができないのである。

(阿川佐和子 著『残るは食欲』による。)

問一 ——部ⓐとありますが、その理由として最も適当なものを、次の①~④のうちから一つ選びなさい。解答番号は〈1〉

① お腹が空いているときに食料が何もないと、残念な気持ちを味わってしまうことがあるから。

② 満腹感による心身の充足は、空腹であるときと比較できないほど素晴らしいものであると思うから。

③ 空腹のときのほうが満腹のときよりも、研ぎ澄まされた味覚で食事を摂れると判断したから。

④ 十分にお腹が空いているときに、食事を目の前にして期待に胸を膨らませることは幸せだから。

問二 ——部ⓑはどのような様子を表していますか。その説明として最も適当なものを、次の①~④のうちから一つ選びなさい。解答番号は〈2〉

① 夜遅くに帰宅して空腹であったが、食事をむやみに摂らないほうが翌日の胃袋に良いと分かっていたため、満腹への渇望をこらえた様子。

② 耐えがたい空腹でありながらも、夜遅くに食事をすると身体に悪影響であるという考えに及んだため、健康第一で生活しようと決意した様子。

③ すぐに満腹になりたいという気持ちはあったが、夜に過剰な食事をすることは健康に悪い効果をもたらすため、せめて栄養に偏りのない食事を作ろうとする様子。

④ 満腹になりたいという気持ちはあったが、冷蔵庫には少量の豆腐しかなかったため、少しでも満足感を得られるように豆腐屋での出来事を回想する様子。

問三 ——部ⓒとありますが、「小さな豆腐屋」での「私」の心情の変化として最も適当なものを、次の①~④のうちから一つ選びなさい。解答番号は〈3〉

① 「私」は豆腐屋の存在に嬉しい気持ちだったが、世話を焼いた余計な発言をしてしまったことをきまり悪く思った。しかし不安を払拭する発言を聞いて、ずっと店が続いてほしいという気持ちが強まった。

二〇二一年度　春日部共栄高等学校（第二回）

【国　語】（五〇分）〈満点：一〇〇点〉

一　次の文章を読んで、後の問に答えなさい。

お腹（なか）が空（す）いているときと満腹のときと、はたしてどちらがシアワセだろうか、という問題について、友達と話し合ったことがある。友達は、そりゃいっぱいのときに決まっているわよと断言した。でもⓐ私は違うと思う。

　もちろんお腹が空いて、空いて空いて、たまらなく空いているにもかかわらず、目の前になにも食べるものがなかったら、不幸に決まっている。しかし、お腹がじゅうぶんに空っぽな状態で食卓につき、さあ、これからおいしいものを食べるぞと期待に胃袋を膨らませる瞬間の喜びは、お腹を叩（たた）いて、ああ、もう入らない！　と叫ぶときよりずっとシアワセだと、私は、食事の一口目を味わうたび、あるいは「いただきます」と手を合わせるたびに、断固として、そう思う。

　だからできればかすかな空腹感を残したまま食事を終わらせたいと常々思っているのだけれど、そこが私のさもしいところでありまして、目の前にあるごちそうを、残してはなるまいというケチ精神と、次の料理はどんな味だろうという卑（いや）しい好奇心ゆえに、つい箸（はし）が延び、あげく食べ過ぎて、いつも真のシアワセを逃してしまうのである。

　先日はしかし、我ながらⓑ自制心が働いた。夜の九時すぎに帰宅したのだが、晩ご飯を食べそびれたままだった。当然、お腹が空いている。でも、九時以降に食べることが身体（からだ）に悪いと知っていた。晩ご飯を抜くと、翌朝の胃袋がいかに爽快（そうかい）であるかも、幾度か経験済みである。だからここはじっと我慢をしてそのまま床につくか。いえいえ、それはかわいそう。我慢などせず、明日は明日の節食意欲の風が吹くと信じて、軽めの食事を摂（と）ってしまうか。思案のしどころだ。

　思案しながらとりあえず冷蔵庫を開ける。すると、忘れていたものが目に入った。豆腐があるではないの。

　二日前、たまたま通りかかった渋谷の商店街で小さな豆腐屋を見つけたのである。思えば長らく個人商店でお豆腐を買っていない。つい足が店先に引き寄せられた。たちまち薄暗い店の奥から豆腐屋の奥さんが現れた。

「はい、何にしましょう」

「えー……」と私は考えた。「木綿……、いや、絹、いやいやいや、木綿……、あー、絹？」

　そして心を決めた。

「木綿と絹と一丁ずつ、ください」

「はーい。絹と木綿と一丁ずつね」

　奥さんの声はこよなく明るい。私はうれしくなった。大型店舗中心の流通時代において、こんなⓒ小さな豆腐屋が元気に生き残っている。奥さんが、そのピンク色に輝く清潔そうな手を大きなアルミの水槽に突っ込んで、豆腐をやさしく持ち上げ、ビニールパックに収めるのをじっと見ながら私は小声で言ってみた。

「このお店、閉めないでくださいね、ずっと」

　言ってから、余計なおせっかいだったような気がして恥ずかしくなった。しかし奥さんは明るい顔を一瞬たりとも曇らせることなく、フフフと笑い、まるでこれから我が子を学校に出す母親のような慣れた手つきで豆腐の支度（したく）をすませると、

「今どき、手作りの豆腐屋なんて珍しいでしょ。でも手作りがおいしいんだよね、やっぱり。はい、百八十五円ねえ」

　こよなくのどかな、私を安心させる声で応（こた）えてくれた。

　そんな貴重な豆腐を食べそびれていた。早くしないと。はやる気持とうれしさで心が躍る。まずは木綿豆腐を取り出して小鍋（こなべ）に移す。出し昆布を一片。上からそっと水を差す。なんたって、こんな夜は湯

英語解答

1 No.1 ③　No.2 ②
No.3 ①　No.4 ④
No.5 ④　No.6 ②
No.7 ③

2 問1 ③　問2 ④　問3 ②
問4 ④　問5 ④　問6 ②
問7 ③　問8 ①　問9 ②
問10 ③

3 問1 ④　問2 ③　問3 ②
問4 ①　問5 ②　問6 ③
問7 ④　問8 ①
問9 ②, ⑤, ⑦

4 問1 29…③　30…①
問2 31…①　32…⑥
問3 33…④　34…①
問4 35…③　36…④
問5 37…⑥　38…③

1〔放送問題〕解説省略

2〔長文読解総合─対話文〕

≪全訳≫❶テレビ番組司会者のタクヤとタイタニック号の専門家であるユミが，あるテレビ番組でタイタニック号について話している。❷タクヤ(Ｔ)：皆さん，こんにちは。今日のゲストはタイタニック号の専門家，ヤマシタユミさんです。ユミさん，私たちの番組にようこそ。❸ユミ(Ｙ)：こんにちは，タクヤさん。お招きいただいてありがとうございます。❹Ｔ：どういたしまして。この有名な船については，誰もが聞いたことがあると思います。1997年公開の映画を覚えている方もいらっしゃるでしょうね。❺Ｙ：そうですね，あの映画はとても人気がありましたね。私はあの映画がきっかけで，人々があの船の真実の話についてもっと知ろうと興味を持つようになったことがうれしいです。❻Ｔ：私もあの映画を楽しみましたよ。実際のタイタニック号についてもっと教えていただけますか？❼Ｙ：喜んで。もちろん，船体はとても巨大でした。当時の最も高いビルよりも長かったほどです。それに，あの船はとても美しく，船内にはたくさんの高価な設備がそろっていました。スイミングプールも図書室もパーティー会場もありました。❽Ｔ：すばらしいですね。その船を実際に見ることができないのはとても残念です。船は1912年に沈没したのですよね？❾Ｙ：そうです。イングランドからアメリカに向かう途中でしたが，悲劇的なことに深夜11時40分に氷山に衝突したのです。❿Ｔ：それはひどい！　乗客は全て救助されたのですか？⓫Ｙ：いいえ。全員分の救命ボートがなかったので，1500人以上が亡くなりました。⓬Ｔ：その話を聞くと，今も多くの人がショックを受けると思いますね。⓭Ｙ：私もそう思います。実際のところ，船には1178人分の救命ボートしかありませんでした。しかし，船には2200人の人々が乗っていたのです。⓮Ｔ：なるほど。タイタニック号は今はどこにあるのですか？⓯Ｙ：今も海底に眠っていますよ。しかし，多くの財宝や個人の持ち物はそこにはありません。⓰Ｔ：どうしてですか？⓱Ｙ：タイタニック号の伝説は今日も人々を魅了しています。それで，船の品々を盗んだり，危害を加えたりする人がいるのです。⓲Ｔ：それはひどい！　私たちは船を守らないと。⓳Ｙ：そのとおりです。⓴Ｔ：私たちに何ができるでしょうか？　休憩をはさんでお話ししましょう。

問１＜適語句選択＞‘経験’を表す現在完了形(‘have/has＋過去分詞’)にして，「誰もがこの有名な船のことを聞いたことがある」という文にする。everybodyは単数扱いなので，③has heardが適切。　hear of ～「～のことを耳にする」

問２＜適語選択＞(be) interested in ～ingで「～することに興味がある」。空所を含む文は'make＋目的語＋形容詞'「～を…(の状態)にする」の形。

問３＜指示語＞タクヤとユミの話題はタイタニック号。見ることができなくて残念だと考えられるのはタイタニック号である。このitは直前のユミの発言にあるThe shipを受けている。

問４＜語形変化＞be動詞のWereで始まる疑問文で，saveは「～を救う」という意味の動詞なので，'be動詞＋主語＋過去分詞...?'という形の受け身の疑問文にする。

問５＜指示語＞ショックを受けるような内容が入るので，直前でユミが言った「1500人以上の人が亡くなった」という内容を受けていると判断できる。

問６＜適語(句)選択＞空所前後の内容が相反する内容になっているので，'逆接'を表すHowever「しかしながら」が適切。

問７＜英文解釈＞文の内容から，notの後には前にあるlying at the bottom of the seaが省略されていると判断できる。このように英語では，前の内容と共通する，繰り返しとなる語句が省略されることが多い。

問８＜適語選択＞タイタニック号に危害が加えられているという，直前のユミの発言の内容を受けたタクヤの発言なので，protect「～を守る」が適切。直後のitはthe ship(＝Titanic)を受けている。

問９＜内容真偽＞①「タイタニック号の上で船をつくることができる」…×　このような記述はない。　②「タイタニック号は100年以上の間，海に沈んでいる」…○　第８，15段落参照。1912年に沈没して，今も海底に沈んでいる。　③「1912年当時の最も高いビルは，タイタニック号よりも長かった」…×　第７段落第３文参照。　④「タイタニック号の旅の到着地はイングランドだった」…×　第９段落参照。イングランドからアメリカに向かっていた。

問10＜内容真偽＞①「タクヤはタイタニック号の映画を見たことがない」…×　第６段落参照。②「タイタニック号は，沈没してからずっと無傷である」…×　第17段落参照。盗難や破壊に遭っている。　③「ユミによれば，約700人が事故で生き残った」…○　第11，13段落参照。2200人が乗船していて，1500人以上が亡くなったとある。　④「タクヤは自分で財宝を見たいと思っている」…×　このような記述はない。

3〔長文読解総合―物語〕

≪全訳≫**1**オーストラリアに住むケイトとデイビッド夫婦は，双子の親になることを待ち望んでいた。赤ん坊が生まれる前に，彼らは双子をエミリー，ジェイミーと名づけた。**2**ケイトがまだ妊娠６か月半のとき，彼女に問題が起こった。医師たちは，すぐに手術をする必要があると彼女に言った。**3**彼女は，自然なお産を望んでいると言い，医療スタッフは彼女がそうすることを手助けすることに同意した。**4**ジェイミーが先に生まれ，それからエミリーが生まれた。エミリーは生まれたときに大きな声で泣いたが，(3)ジェイミーは静かだった。**5**医療チームは20分間ジェイミーに手を尽くした。しかし，ジェイミーは動くことも，息の音をたてることもなく，触れても反応しなかった。**6**医師はついにケイトの方を向き，彼女に尋ねた。「あなたはもう息子さんに名前をつけましたか？」　彼女は「ええ。彼の名前はジェイミーです」と答えた。**7**医師は，「ケイト，残念ですが…A彼を助けることができません」と言った。**8**エミリーは重症の新生児のための特別な治療室へ運ばれていった。**9**ジェイミーは毛布にくるまれて医師に抱かれていた。医師はケイトのベッドに腰かけて彼女に話しかけ始めたが，彼女は医師の話を聞いていなかった。**10**「彼が息を引きとる間は私が自分で抱いていたいのです」と彼女は言った。**11**彼女は医師の手から赤ん坊を受け取ると，しばらくの間赤ん坊と自分たちだけにしてほしい，と言った。医師は部屋から出ていった。**12**するとケイトは夫に，シャツを脱ぐように頼んだ，なぜなら，息子に両親の肌のぬくもりを感じてほしかったからだ。**13**ケイトとデイビッドは赤ん坊を抱きしめ，彼には妹がいると話し，彼に未来を約束した。**14**５分ほどたつと，ジェイミーが少し動き始めた。通りがかりの医師は，Bこの小さな動きは息を引きとるときのものだ，と言った。**15**ケイトは後に，「もし彼がこの世を去っていこうとしているなら，私たちは彼に自分の両親というものを知ってもらいたかったし，私たちは彼を愛していたということを息を引きとる前に知ってもらいたかったのです」と語った。彼女たちは，赤ん坊の最後の瞬間が幸せなものになるように努めていた。**16**やがて最期のお別れの時間は何時間にもなった。ケイトはジェイミーが息をしていることを確信した。そしてジェイミーがデイビッドの指をつかんでいるのがわかった。**17**彼女たちは医師を部屋に呼び戻そうとしたが，医師たちは来たがらなかった。そこで夫婦は話をでっちあげた。２人は看護師にこう言った。「私たちは息子の死を受け入れます。しかし，お医者さんにそれを説明していただきたいのです」　看護師は医師を部屋に呼び戻した。**18**医師が母親の胸からジェイミーを抱き上げると，赤ん坊はまるで子猫のような小さな泣き声をあげた。彼は生きていたのだ！**19**医師はジェイミーの心音を聞くと，首を振りながら「C信じられない。信じられない」と言った。**20**ジェイミーとエミリーは今５歳である。「彼がそんな普通ではないスタートをしたとは誰もわかりません」と母親は言った。**21**彼らが４歳のとき，両親が彼らにこの話をしたところ，エミリーは泣き出してジェイミーを抱きしめた。**22**今日，ジェイミーとエミリーは，ジェイミーは一度死んだけれども今は生きているのだと人々に好んで話している。

問１＜語形変化＞look forward to ～「～を楽しみにする」の to は前置詞なので，‘～’ の部分に動詞が続く場合は動名詞(～ing)になる。　look forward to ～ing「～することを楽しみにする」

問２＜語句解釈＞この do that「そうする」は，繰り返しを避けるために前に出ている動詞(＋語句)の代わりとして使われる代動詞。前に出ている内容で医療スタッフが手伝うと考えられるのは「自然なお産をすること」。つまり，この do that は前にある give birth naturally の代わりをしている。　give birth (to) ～「(子を)生む」　‘help＋人＋to ～’「〈人〉が～するのを助ける」　agree to ～「～に同意する」

問３＜適文選択＞直前に ‘逆接’ の but「しかし」があるので，空所前の内容とは対照的な内容が入る。この後の第５段落の内容から，ジェイミーはエミリーとは対照的に，全く声をあげずに生まれてきたことが読み取れる。

問４＜適文選択＞A．動かない赤ちゃんを見て医師がケイトにかけた言葉。医師はジェイミーを救えなかったことを詫びているのである。　B．(イ)の these small movements が直前の文にある move a little という内容を受けていると考えられる。　C．医師たちは，ジェイミーは助からないと思っていたので，ジェイミーの心臓が動いていることが信じられなかったのである。

問５＜語句解釈＞pass away は die の婉曲表現で「亡くなる」という意味。よって，②「死んでいく」が適切。この意味を知らなくても文脈から判断できる。

問６＜適語選択＞空所後の「息子に両親の肌のぬくもりを感じてほしかった」のは，空所前の「夫にシャツを脱ぐように頼んだ」‘理由’になっている。

問７＜語句解釈＞直前に his(＝Jamy's) last moments とある。この時点ではジェイミーは助からないと考えられているので，last moments「最期の時間」となっている。

問８＜英文解釈＞make up には「(話など)をつくりあげる，でっちあげる」という意味がある。戻ってこようとしない医師を部屋へ呼び戻すために，息子の死を受け入れるために説明してほしいと，①「彼女たちは嘘をついた」のである。

問９＜内容真偽＞①「ケイトとデイビッドは赤ちゃんが生まれてから彼らの名前を考えた」…×　第１段落第２文参照。生まれる前に名前を決めた。　②「医療スタッフはジェイミーを生かそうと努力した」…○　第５段落第１文に一致する。　③「ケイトはベッドで医師の言うことを注意深く聞いていた」…×　第９段落第２文参照。　④「部屋がとても暑かったので，デイビッドはシャツを脱いだ」…×　第12段落参照。ケイトがシャツを脱ぐように頼んだ。　⑤「両親が医師を呼んだとき，医師はすぐには部屋に来なかった」…○　第17段落第１文に一致する。　⑥「ジェイミーとエミリーはいつも同じ服を着ているので，誰も２人を区別できない」…×　このような記述はない。　‘tell *A* from *B*’「*A*と*B*を区別する，見分ける」　⑦「双子が自分たちの誕生にまつわる話を聞いたとき，エミリーは泣き出してジェイミーを抱きしめた」…○　第21段落に一致する。　⑧「今日，ジェイミーとエミリーはジェイミーが生まれたときの話をしたがらない。なぜなら彼らにとって悲しい話だからだ」…×　第22段落参照。２人は生まれたときの話をするのが好きである。

4〔整序結合〕

問１．「この電車に乗れば新宿につきます」を「この電車はあなたを新宿に連れていきます」と考え，‘take＋人＋to ～’「〈人〉を～に連れていく」の形で表す。　This train will take you to Shinjuku.

問２．「多くの人に知られています」を「多くの人の間で有名だ」と読み換え，This restaurant の後を is famous among many people とまとめる。「トムが経営しているこのレストラン」は，語群に by があるので「トムによって経営されているこのレストラン」と考え，‘名詞＋過去分詞＋語句’の形で The restaurant run by Tom とする(過去分詞の形容詞的用法)。　This restaurant run by Tom is famous among many people.

問３．「〈人〉の～を手伝う」は‘help＋人＋with ～’の形で表す。　Ken will help me with my homework tomorrow.

問４．「～と同じくらい(の数)の…」は‘as many＋複数名詞＋as ～’の形で表せる。「やること」は「やるべきこと」と考え，to不定詞の形容詞的用法で things to do とする。　I have as many things to do as Tom.

問５．「～していただけますか」というていねいな依頼は Would you ～？で表せる。残りは‘show＋人＋物事’「〈人〉に〈物事〉を教える」の形にまとめる。「駅への行き方」は the way to the station。　Would you show me the way to the station?

数学解答

Ⅰ (1) ア…－ イ…6 ウ…5
(2) エ…9 オ…6
(3) カ…1 キ…3 ク…1 ケ…1
コ…－ サ…5 シ…1 ス…1
(4) セ…4 ソ…9 (5) 3

Ⅱ (1) ア…－ イ…5 ウ…0
(2) エ…4 オ…8 (3) 4
(4) キ…5 ク…1 ケ…2
(5) コ…7 サ…4
(6) シ…5 ス…6

Ⅲ (1) ① ア…3 イ…1
② ウ…3 エ…1
③ オ…3 カ…1
(2) キ…8 ク…3
(3) ケ…7 コ…3

Ⅳ (1) ア…1 イ…2
(2) ウ…－ エ…1 オ…1 カ…2
キ…3 ク…9 ケ…2
(3) 3 (4) サ…5 シ…2

Ⅰ〔独立小問集合題〕

(1)＜数の計算＞与式$=\frac{9}{4}\times\frac{2}{5}\times\left(-\frac{4}{3}\right)=-\frac{9\times2\times4}{4\times5\times3}=-\frac{6}{5}\left(\frac{-6}{5}と解答する\right)$

(2)＜平方根の計算＞$\sqrt{108}=\sqrt{6^2\times3}=6\sqrt{3}$，$\sqrt{12}=\sqrt{2^2\times3}=2\sqrt{3}$，$\sqrt{98}=\sqrt{7^2\times2}=7\sqrt{2}$，$\sqrt{18}=\sqrt{3^2\times2}=3\sqrt{2}$だから，与式$=(6\sqrt{3}-2\sqrt{3})^2+(7\sqrt{2}-3\sqrt{2})^2+(\sqrt{16})^2=(4\sqrt{3})^2+(4\sqrt{2})^2+16=48+32+16=96$となる。

(3)＜連立方程式の応用＞$3xy-x+y=4$……①，$3x+2xy-3y=1$……②とする。①より，$3xy-(x-y)=4$……①′　②より，$2xy+3x-3y=1$，$2xy+3(x-y)=1$……②′　①′×3＋②′で$x-y$を消去すると，$9xy+2xy=12+1$，$11xy=13$　$\therefore xy=\frac{13}{11}$　これを①′に代入して，$3\times\frac{13}{11}-(x-y)=4$，$-(x-y)=\frac{5}{11}$　$\therefore x-y=-\frac{5}{11}$　$\left(x-y の値は，\frac{-5}{11}と解答する\right)$

(4)＜因数分解＞与式$=x^2+\{(+4)+(-9)\}x+(+4)\times(-9)=(x+4)(x-9)$

(5)＜正誤問題＞1つ目…誤。$11=\sqrt{121}$より，$\sqrt{121}<\sqrt{123}$だから，$11<\sqrt{123}$である。　2つ目…誤。$\frac{\sqrt{5}}{3}=\frac{2\sqrt{5}}{6}=\frac{\sqrt{20}}{6}$，$\frac{\sqrt{3}}{2}=\frac{3\sqrt{3}}{6}=\frac{\sqrt{27}}{6}$より，$\frac{\sqrt{20}}{6}<\frac{\sqrt{27}}{6}$だから，$\frac{\sqrt{5}}{3}<\frac{\sqrt{3}}{2}$である。　3つ目…誤。$1.73^2=2.9929$だから，1.73は3の平方根ではない。　4つ目…正。$x=-1$のとき，$x+5=-1+5=4$だから，$4>0$より，$x+5>0$を満たす。　5つ目…誤。3辺の長さが全て異なる直角三角形もある。　6つ目…正。五角形の内角の和は$180°\times(5-2)=540°$だから，正五角形の内角の和も540°である。　7つ目…正。奇数を何回かけても，その結果は奇数となる。以上より，正しい内容は，4つ目，6つ目，7つ目の3個ある。

Ⅱ〔独立小問集合題〕

(1)＜二次方程式の応用＞xについての二次方程式$(x-a)^2-(x-a)-6=0$の1つの解が$x=-2$なので，方程式に$x=-2$を代入して，$(-2-a)^2-(-2-a)-6=0$，$4+4a+a^2+2+a-6=0$，$a^2+5a=0$，$a(a+5)=0$より，$a=0$，-5である。(解答は，-5，0の順)

≪別解≫$(x-a)^2-(x-a)-6=0$で，$x-a=A$とおくと，$A^2-A-6=0$，$(A-3)(A+2)=0$，$(x-a-3)(x-a+2)=0$より，$x=a+3$，$a-2$となる。1つの解が$x=-2$だから，$a+3=-2$のとき$a=-5$，$a-2=-2$のとき$a=0$となる。

(2)＜場合の数＞BとDの塗り方は，Bは4色の中から1色なので4通り，そのそれぞれについて，D

は残りの3色の中から1色なので3通りある。Aは，BとDの色以外の2色の中から1色なので2通りあり，Cも同様に2通りある。よって，塗り分ける方法は，全部で，$4\times3\times2\times2=48$(通り)ある。

(3)<図形―面積の和>右図のように，8点A～Hを定める。∠AGD＝∠EGBであり，AD∥BCより∠GAD＝∠GEBだから，△AGD∽△EGBである。これより，GD：GB＝AD：EB＝BC：$\frac{1}{2}$BC＝2：1だから，△AGD：△AGB＝2：1となり，△AGD＝$\frac{2}{2+1}$△ABD＝$\frac{2}{3}$△ABDである。また，△AGDと△EGBの相似比は2：1なので，△AGD：△EGB＝2^2：1^2＝4：1であり，△EGB＝$\frac{1}{4}$△AGDとなる。△ABD＝$\frac{1}{2}$▱ABCD＝$\frac{1}{2}\times12=6$だから，△AGD＝$\frac{2}{3}\times6=4$となり，△EGB＝$\frac{1}{4}\times4=1$となる。同様に，△AHB∽△FHDであり，HB：HD＝AB：FD＝2：1だから，△AHB：△AHD＝2：1より，△AHB＝$\frac{2}{3}$△ABD＝$\frac{2}{3}\times6=4$となり，△AHB：△FHD＝4：1より，△FHD＝$\frac{1}{4}$△AHB＝$\frac{1}{4}\times4=1$となる。次に，GD：GB＝2：1よりGD＝$\frac{2}{2+1}$BD＝$\frac{2}{3}$BD，HB：HD＝2：1よりHD＝$\frac{1}{2+1}$BD＝$\frac{1}{3}$BDだから，GH＝GD－HD＝$\frac{2}{3}$BD－$\frac{1}{3}$BD＝$\frac{1}{3}$BDとなる。これより，△AGH＝$\frac{1}{3}$△ABD＝$\frac{1}{3}\times6=2$となる。以上より，斜線部分の面積は，△EGB＋△FHD＋△AGH＝1＋1＋2＝4である。

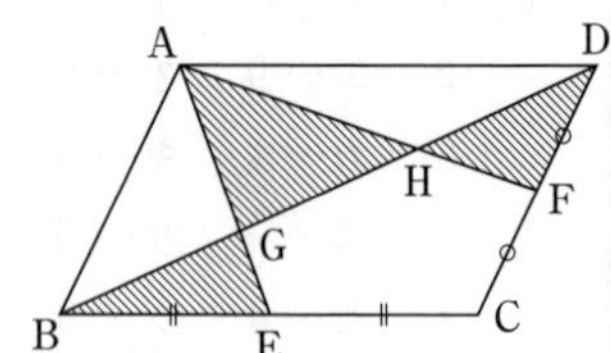

(4)<確率―サイコロ>A，B2つのサイコロを同時に投げるとき，目の出方はそれぞれ6通りより，全部で$6\times6=36$(通り)あるから，a，bの組も36通りある。このうち，$a<b$となるのは，$a=1$のとき$b=2$，3，4，5，6の5通り，$a=2$のとき$b=3$，4，5，6の4通り，$a=3$のとき$b=4$，5，6の3通り，$a=4$のとき$b=5$，6の2通り，$a=5$のとき$b=6$の1通りある。$a=6$のとき，$a<b$となるbはないので，$a<b$となるa，bの組は，$5+4+3+2+1=15$(通り)ある。よって，求める確率は$\frac{15}{36}=\frac{5}{12}$である。

(5)<方程式の応用>$x^4-y^4=2145$より，$(x^2+y^2)(x^2-y^2)=2145$となる。xとyは正の整数より，$x^2+y^2>0$なので，$x^2-y^2>0$であり，x^2+y^2，x^2-y^2はともに2145の約数である。よって，考えられるx^2+y^2，x^2-y^2の組は，$(x^2+y^2,\ x^2-y^2)=(2145,\ 1)$，$(715,\ 3)$，$(429,\ 5)$，$(195,\ 11)$，$(165,\ 13)$，$(143,\ 15)$，$(65,\ 33)$，$(55,\ 39)$である。$x^2+y^2=2145$……①，$x^2-y^2=1$……②のとき，①＋②より，$2x^2=2146$，$x^2=1073$となり，$x$は整数にならないので適さない。$x^2+y^2=715$……③，$x^2-y^2=3$……④のとき，③＋④より，$2x^2=718$，$x^2=359$となり，$x$は整数にならないので適さない。以下同様にして，$x^2+y^2=429$，$x^2-y^2=5$のとき，$x^2=217$となり，適さない。$x^2+y^2=195$，$x^2-y^2=11$のとき，$x^2=103$となり，適さない。$x^2+y^2=165$，$x^2-y^2=13$のとき，$x^2=89$となり，適さない。$x^2+y^2=143$，$x^2-y^2=15$のとき，$x^2=79$となり，適さない。$x^2+y^2=65$，$x^2-y^2=33$のとき，$x^2=49$，$x=\pm7$となる。$x>0$より，$x=7$であり，$49+y^2=65$，$y^2=16$，$y=\pm4$となり，$y>0$より，$y=4$である。$x^2+y^2=55$，$x^2-y^2=39$のとき，$x^2=47$となり，適さない。以上より，$x=7$，$y=4$である。

(6)<図形―深さ>円錐，円柱の容器の底面積をSとする。円錐の容器は高さが20なので，容積は，$\frac{1}{3}\times S\times20=\frac{20}{3}S$と表せる。円錐の容器に入っている水は，容器と相似であり，深さが10なので，円錐の容器と入っている水の相似比は20：10＝2：1である。これより，円錐の容器の容積と，入っている水の体積の比は$2^3:1^3=8:1$となるから，入っている水の体積は，$\frac{1}{8}\times\frac{20}{3}S=\frac{5}{6}S$となる。これを円柱の容器に入れたときの水の深さを$h$とすると，$Sh=\frac{5}{6}S$が成り立ち，$h=\frac{5}{6}$である。

Ⅲ〔関数――一次関数〕

≪基本方針の決定≫(1)②，③　2つの直線$y=x$と$y=x-1$の位置関係に着目する。

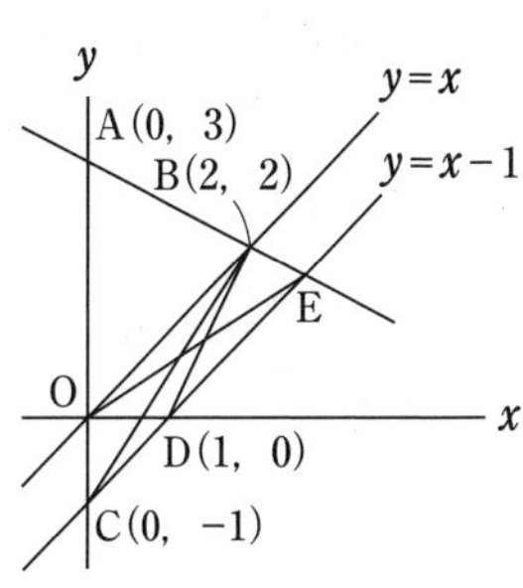

(1)<面積比>①右図の△OBAと△OBCで，辺OA，OCをそれぞれの底辺と見ると，2つの三角形は高さが等しいので，面積の比は底辺の比と等しくなり，△OBA：△OBC＝OA：OCである。A(0，3)，C(0，−1)より，OA＝3，OC＝1だから，OA：OC＝3：1となり，△OBA：△OBC＝3：1である。　②右図で，直線$y=x$と直線$y=x-1$はどちらも傾きが1なので，平行である。これより，△OBDと△OBCの底辺をOBと見ると，2つの三角形の高さは等しいので，△OBD＝△OBCとなる。よって，①より，△OBA：△OBD＝△OBA：△OBC＝3：1である。　③上図で，点Eは直線$y=x-1$上の点であり，②より，OB∥CEなので，②と同様にして，△OBE＝△OBCとなる。よって，△OBA：△OBE＝△OBA：△OBC＝3：1である。

(2)<x座標>右上図で，直線ABは2点A(0，3)，B(2，2)を通るので，傾きは$\frac{2-3}{2-0}=-\frac{1}{2}$，切片は3である。よって，直線ABの式は$y=-\frac{1}{2}x+3$となる。点Eは直線$y=-\frac{1}{2}x+3$と直線$y=x-1$との交点だから，$-\frac{1}{2}x+3=x-1$，$-\frac{3}{2}x=-4$より，$x=\frac{8}{3}$となり，点Eの$x$座標は$\frac{8}{3}$である。

(3)<面積>右上図で，〔四角形OBEC〕＝△ACE−△OBAである。△ACEで底辺をACと見ると，AC＝3−(−1)＝4となり，高さは点Eのx座標より$\frac{8}{3}$だから，△ACE＝$\frac{1}{2}\times4\times\frac{8}{3}=\frac{16}{3}$である。また，△OBAで底辺をOA＝3と見ると，高さは点Bのx座標より2だから，△OBA＝$\frac{1}{2}\times3\times2=3$である。よって，〔四角形OBEC〕＝$\frac{16}{3}-3=\frac{7}{3}$である。

Ⅳ〔関数―関数$y=ax^2$と直線〕

≪基本方針の決定≫(4)　線分ABの中点を通る。

(1)<比例定数>関数$y=ax^2$において，xの変域が$-2\leqq x\leqq1$のときのyの変域が$0\leqq y\leqq2$だから，$a>0$である。よって，xの絶対値が最大の$x=-2$のとき，yの値は最大で$y=2$となるから，$2=a\times(-2)^2$より，$a=\frac{1}{2}$である。

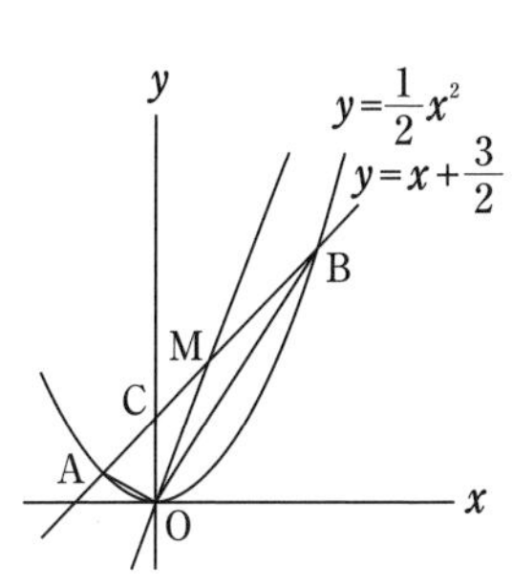

(2)<交点の座標>右図で，(1)より，放物線の式は$y=\frac{1}{2}x^2$となり，直線ABの式は$y=x+\frac{3}{2}$となる。2点A，Bはこの2つのグラフの交点だから，2式からyを消去して，$\frac{1}{2}x^2=x+\frac{3}{2}$，$x^2-2x-3=0$，$(x+1)(x-3)=0$より，$x=-1$，3となる。点Aの$x$座標は負，点Bの$x$座標は正なので，点Aの$x$座標は−1，点Bの$x$座標は3である。$y$座標は，それぞれ，$y=\frac{1}{2}\times(-1)^2=\frac{1}{2}$，$y=\frac{1}{2}\times3^2=\frac{9}{2}$となるから，$A\left(-1,\ \frac{1}{2}\right)$，$B\left(3,\ \frac{9}{2}\right)$である。

(3)<面積>前ページの図で，直線ABとy軸との交点をCとすると，直線ABの式は$y=x+\frac{3}{2}$だから，$C\left(0,\ \frac{3}{2}\right)$であり，$OC=\frac{3}{2}$となる。△OAC，△OBCの底辺をOCと見ると，点A，点Bのx座標より，高さはそれぞれ1，3となる。よって，$\triangle OAB=\triangle OAC+\triangle OBC=\frac{1}{2}\times\frac{3}{2}\times1+\frac{1}{2}\times\frac{3}{2}\times3=3$である。

(4)<直線の式>前ページの図で，原点Oを通り△OABの面積を2等分する直線と線分ABの交点をMとすると，△OAM＝△OBMとなるから，AM＝BMとなる。よって，点Mは線分ABの中点である。$A\left(-1,\ \frac{1}{2}\right)$，$B\left(3,\ \frac{9}{2}\right)$だから，点Mの$x$座標は$\frac{-1+3}{2}=1$，$y$座標は$\left(\frac{1}{2}+\frac{9}{2}\right)\div2=\frac{5}{2}$であり，$M\left(1,\ \frac{5}{2}\right)$となる。これより，直線OMの傾きは$\frac{5}{2}\div1=\frac{5}{2}$となるので，求める直線の式は$y=\frac{5}{2}x$である。

国語解答

一　問一　④　　問二　①　　問三　①
　　問四　④

二　問一　㋐…②　㋑…①　㋒…④　㋓…④
　　　　　㋔…③
　　問二　④　　問三　③　　問四　①

三　問一　①　　問二　④　　問三　③
　　問四　③　　問五　②

四　問一　㋐…①　㋑…④　㋒…②
　　問二　③　　問三　④　　問四　①

五　問一　②　　問二　④

一〔随筆の読解―自伝的分野―生活〕出典；阿川佐和子『残るは食欲』。

問一＜心情＞おなかがすいている状態で，「これからおいしいものを食べるぞと期待に胃袋を膨らませる瞬間」は，満腹時よりもずっと幸せだと，「私」は思っているのである。

問二＜文章内容＞「私」は，食べすぎてしまうことが多いのだが，先日は，空腹にもかかわらず，夜遅くに食べると身体に悪いと考え，湯豆腐一丁しか食べなかったことを，「自制心が働いた」と自分で評価している。

問三＜心情＞長らく個人商店で豆腐を買っていない「私」は，商店街で小さな豆腐屋を見つけて，うれしくなって，豆腐を購入した。うれしさのあまり，豆腐屋の奥さんに「お店，閉めないでくださいね」と言ったものの，余計な発言だと思い，恥ずかしくなった。しかし，奥さんが「手作りの豆腐屋なんて珍しいでしょ。でも手作りがおいしいんだよね」とのどかに言ってくれて，「私」は安心して，一段とうれしくなった。

問四＜文章内容＞九時過ぎだからと，湯豆腐一丁で済ませた晩ご飯は，とてもおいしかった。他の料理がなく，一品に集中したからこそ，一段とおいしかったのだと「私」は思っている。しかしその後，豆腐をおいしく食べるために豆腐だけの食事にすることができなくて，「私」は，おなかがいっぱいになるように他の料理も食べてしまうのである。

二〔国語の知識〕

問一＜漢字＞㋐「慎重」と書く。①は「神社」，③は「真実」，④は「信頼」。　㋑「宿泊」と書く。②は「拍手」，③は「漂白」，④は「薄情」。　㋒「国境」と書く。①は「顕微鏡」，②は「反響」，③は「故郷」。　㋓「指摘」と書く。①は「適切」，②は「水滴」，③は「無敵」。　㋔「継承」と書く。①は「経路」，②は「光景」，④は「連携」。

問二＜品詞＞「残しておく」の「おく」は，補助動詞である。補助動詞は，他の語の後に続いてその意味を補うはたらきをし，本来持っている意味を失っている。「話しかけてくる」の「くる」，「置いてある」の「ある」は，補助動詞。「聞いていなかった」の「いなかった」の「い」は，「いる」の未然形で，補助動詞。「テレビをみる」の「みる」は，動詞である。

問三＜熟語の構成＞「樹木」と「忍耐」は，似た意味の漢字を組み合わせた熟語。「帰郷」は，下の字が上の字の目的語になっている熟語。「雷鳴」は，上の字が主語，下の字が述語になっている熟語。「終始」は，反対の意味の漢字を組み合わせた熟語。

問四＜語句＞Ⅰ．古典が「現代とはかなり違った価値観や習慣を」示す例を挙げると，「一夫一妻多妾制」がある。　Ⅱ．「一夫一妻多妾制」は，現代では，「とても不自然に」思われる制度だけれども，「当時の貴族社会においては，当然」の制度だった。　Ⅲ．「現代とはかなり違った価値観や習慣」のまた別の例を挙げると，「江戸時代の作品に見る男色」がある。　Ⅱ．男色は，現在では異様に思えるけれども，江戸時代では「崇高なこと」であった。　Ⅳ．「物事を絶対と見るところに進歩」がないのは，「他から学ぶ必要は何もない」と思ってしまうからである。

三 〔論説文の読解―社会学的分野―現代社会〕出典；平野啓一郎『「カッコいい」とは何か』。

≪本文の概要≫人それぞれに「カッコいい」と感じるものは違う。多様性が尊ばれるようになり，流行と「ダサい化」を繰り返す同調圧力から，人は自由になった。しかし，個人の趣味が完全にバラバラであるならば，人は孤独になってしまう。結局，人は共通の趣味を求めるのであり，共通の趣味が一つの流行になると，同調圧力を帯びることになる。流行には，多様性を否定する一面があるけれども，人には，時代の変化を，洋服や食べ物を通じて感じ取りたいという欲望もある。変わっていく人間観・世界観を敏感にキャッチしたデザインの服が流行するならば，私たちは，それを楽しみたいと思うものである。自分の趣向だけではなく，さまざまなデザインを楽しむことができるのも，流行のおかげである。大量生産を前提としなくなった現代では，私たちは，多種多様な「カッコいい」を同時に楽しむことができる。気分やTPOに合わせた，複雑で豊かな個性を表すことができるのである。

問一＜文章内容＞今は，流行の画一的な「カッコいい」ものが一時代の趣味を独占する時代ではなく，さまざまな「カッコいい」ものが存在する，多様性が尊重される時代である。現代において，趣味の違いを「ダサい」とおとしめることは，それ自体が「ダサい」ことなのである。

問二＜文章内容＞Ⅰ．テレビや新聞のようなマスメディアは，流行の全面的な支配を推進してきた。しかしインターネットが普及し，人々の情報源はさまざまになり，マスメディアの影響力は弱くなっている。　Ⅱ．インターネットは，多様性を推進する一方で，分断と対立をあおるという面があり，社会の分断と対立は深まっている。

問三＜文章内容＞多様性が尊重されて，流行と「ダサい化」を繰り返す同調圧力から解放されて，人々は自由であるといっても，現実はそう単純な話ではない。個人の趣味が完全にバラバラだと孤独になってしまうため，私たちは，共通の趣味を持ちたがる。そして共通の趣味は，一つの流行となると，結局，同調圧力を帯びてしまうのである。

問四＜文章内容＞流行には「多様性を否定する一面がある」が，流行がなければいいというものでもない。「私たちには，時代の変化を，洋服や食べ物を通じて感じ取りたい，という欲望」があるから，変わりゆく人間観・世界観を敏感にキャッチした「カッコいい」服を楽しみたいと思うのである(①…○)。自分の趣味で「カッコいい」人間になるよりも，流行のデザインの服で「カッコよく」なる方が楽だし，自分の趣味に固執するというのは，退屈なことである(②…○)。流行と「ダサい化」には，前のシーズンとは違う「カッコよさ」を追求するデザイナーのクリエイティヴィティを後押しする積極的な意味がある(③…×)。大量生産を前提とする製造業では，「微妙にブームが続」いて少量の製品を製造することを避けるために，「ダサい化」が効果的だったのである(④…○)。

問五＜文章内容＞私たちは，気分やTPOに合わせて，多種多様な「カッコいい」を楽しむ，「複雑で豊かな個性」を持っている。画一的な流行はなくなっても，多種多様な「カッコいい」ものが楽しまれていくのである。

四 〔古文の読解―随筆〕出典；鴨長明『方丈記』。

≪現代語訳≫また，同じ頃であったろうか，ひどい大地震が起こったことがありました。／その様子は，普通ではない。山は崩れて川を埋め，海は傾いて陸地を浸した。大地は裂けて水が湧き出て，岩は割れて谷に転がり込んだ。波打ち際をこいでいる船は波に漂って，道を行く馬は足の置き場に迷う。都のそばでは，いたるところで，神社仏閣，一つとして無事ではない。一方では崩れ，一方では倒れている。ちりと灰が舞い上がって，勢いが盛んな煙のようである。大地が動き，家が壊れる音は，雷と違わない(ようなすごい音である)。家の中にいれば，すぐに押しつぶされそうになる。(家から)走り出れば，大地が割れて裂ける。羽がないので，空を飛ぶこともできない。竜であるならば，雲にも乗るだろう。恐れるものの中で最も恐れるべきなのは，全く地震であるなあと感じたものです。／このように，ひどく揺れることは，少しの間で止まったけれども，その余震は，しばらくやまない。普通は，驚くほどの地震が，二，三十回も揺れない日はない。十日・二十日も過ぎたら，しだいに間遠になって，ときには四，五回や，二，三回，もしくは一日おいて，二，三日に一回など，だいたい(大地震の)余震は，三か月ほどあったでしょう。／四大種の中で，水・火・風はいつも害をなすけれども，大地だけは特に変なことをしない(ものだった)。昔，斉衡の頃に，大地震が起こって，東大寺の大仏の首が落ちるなど，ひどいことがありましたけれども，それでも今回ほどではなかったということだ。当時は，人々が皆世のはかないことを言い，少し心の汚れも薄くなる様子だったが，月日がたって，年をへた後は，(世のはかなさを)口に出して言い出す人もいない。

問一．㋐<現代語訳>「べから」は，助動詞「べし」の未然形で，ここでは可能を表す。「ず」は，打ち消しの助動詞「ず」の終止形。飛ぶことができない，という意味。　㋑<古語>「やうやう」は，副詞で，だんだん，しだいに，という意味。　㋒<現代語訳>「しかず」は，及ぶ，匹敵するという意味の動詞「しく」の未然形に，打ち消しの助動詞「ず」の終止形がついたもの。全体で，今回のことには及ばない，という意味である。

問二<古典文法>「家の破るる」の「の」は，主格を表す助詞の「の」であり，家が壊れる，と言い換えることができる。「世の常」，「脚の立ちど」，「家の内」の「の」は，下に続く名詞を修飾するはたらきをする助詞の「の」である。

問三<古文の内容理解>今回の地震によって，山が崩れて川を埋め，海が陸を覆うほどの災害が引き起こされた。神社仏閣も，崩れたり倒れたりした。家の中にいると押しつぶされそうになり，家の外では地割れが起こり，逃げる場所がない。竜ならば雲に乗れるが，人は空に逃げることもできない(④…×)。

問四<古文の内容理解>「あぢきなき」は，形容詞「あぢきなし」の連体形で，はかない，世が無常だ，という意味。「いささか」は，少し，という意味の副詞。「濁り」は，汚れ，けがれ，心の欲望，という意味の名詞。「薄らぐ」は，薄くなる，少なくなるという意味の動詞。全体で，大地震により，この世のはかなさ，むなしさを感じた人々は，少しは心を乱す欲望が少なくなった，という意味である。

五〔資料〕

問一．コンピュータ総台数および教育用コンピュータ台数は，全ての学校区分において，大幅に増加している(①・③…○)が，小学校，中学校，高等学校の学校数は，減少している(②…×)。小学校のコンピュータ総台数は，平成15年度の約71万台から，平成30年度の約150万台へと，約2.1倍になっている(④…○)。コンピュータ総台数の平成15年度から平成30年度の増加は，小学校が約2.1倍，中学校が約1.7倍，高等学校が約1.4倍，中等教育学校が約34倍，特別支援学校が約4倍である(⑤…○)。

問二．教育用コンピュータ総台数に，教育用コンピュータ1台当たりの児童生徒数をかけて，児童数を算出すると，平成15年度の児童生徒数の合計は約1346万人で，平成30年度の児童生徒数の合計は約1172万人であり，児童生徒数は減少している(④…×)。

2020年度 春日部共栄高等学校(第1回)

【英　語】（50分）〈満点：100点〉

■放送問題の音声は，当社ホームページ（https://www.koenokyoikusha.co.jp）で聴くことができます。

1 放送を聞いて答える問題

問題は、全部で7題あります。放送中メモを取ってもかまいません。各問題とも、英語は2回ずつ放送されます。

【問1、問2】

それぞれの会話を聞いて、質問に対する答えとして最も適当なものを、①～④の中から選び、番号で答えなさい。

問1　1

①

②

③

④

問2　2

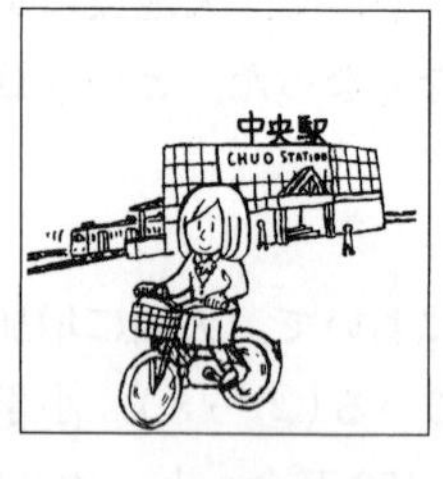

①

②

③

④

【問3、問4】

それぞれの「ある場面」を説明する英文を聞いて、質問に対する答えとして最も適当なものを、①～④の中から1つずつ選び、番号で答えなさい。

問3　3

① Good evening.　② Good job.

③ Good night.　④ Sounds good.

問4 | 4 |

① Do you need anything else?　② Do you have this in any other colors?

③ OK. I'll take it.　④ It's a little too expensive.

【問5～問7】

次の長めの英文を聞いて、その内容に対する質問の答えとして最も適当なものを、①～④の中から1つずつ選び、番号で答えなさい。

問5 | 5 |

① The fish which Yuji's aunt has in her house.

② The fish which we can easily find in a river.

③ The fish which lives for about one year.

④ The fish which we can only watch in the center.

問6 | 6 |

① Because people were enjoying watching *musashitomiyo*.

② Because *musashitomiyo* is raised by fathers.

③ Because *musashitomiyo* usually lives for a year.

④ Because the number of *musashitomiyo* was getting smaller.

問7 | 7 |

① To ask people to watch *musashitomiyo*.

② To take *musashitomiyo* to the center.

③ To save *musashitomiyo*.

④ To tell many friends about *musashitomiyo*.

※＜リスニング問題放送原稿＞は英語の問題の終わりに付けてあります。

2 次の問いの [8] ～ [17] に入る最も適当なものを選び、番号で答えなさい。

問1 Christie got caught ([8]) heavy rain after tennis practice.

① up　② in　③ on　④ for

問2 It became very dark outside, but Daniel ([9]) continued to run.

① than　② forever　③ until　④ still

問3 The girl ([10]) under the tree is my younger sister.

① slept　② has slept　③ sleeping　④ is sleeping

問4 Kevin kindly taught the new student how ([11]) books from the school library.

① to borrow　② to lend　③ he will borrow　④ he has lent

問5 He gave me a bag ([12]) had a flower on it.

① which　② who　③ whose　④ whom

問6 I was talking to my friend on the phone when my father ([13]) from work.

① comes home　② came home　③ will come home　④ has come home

問7 I need your help. Will you ([14]) back soon?

① are　② being　③ been　④ be

問8 Some people say that Matty is ([15]) intelligent person in this class.

① the most　② most　③ the more　④ more than

問9 I forgot my dictionary. Do you mind if I use ([16])?

① some　② any　③ yours　④ mine

問10 The movie was ([17]) that I went to see it again the other day.

① interested everyone　② so interested　③ interested me　④ so interesting

3 次の問い（問１～問５）において、①～⑥の語（句）を日本語の意味を表すように並べかえて、文を完成しなさい。解答は 18 ～ 27 に入るものの番号のみを答えなさい。なお、文頭に来るべき語も小文字にしてある。

問１　10人以上がそのパーティーに招待されました。

____ 18 ____ ____ 19 ____ the party.

① were　② invited　③ more　④ to　⑤ than　⑥ ten people

問２　トムが日本に来て、３年になります。

____ 20 ____ ____ 21 ____ came to Japan.

① Tom　② been　③ has　④ since　⑤ it　⑥ three years

問３　私は耳が大きい犬を見た。

I ____ 22 ____ ____ 23 ____ .

① a dog　② ears　③ big　④ saw　⑤ whose　⑥ were

問４　あなたはそんなに早く起きる必要はありません。

You ____ 24 ____ ____ 25 ____ early.

① so　② up　③ have　④ get　⑤ to　⑥ don't

問５　私の弟は、そのチームの一員であることを誇りに思っている。

My brother ____ 26 ____ ____ 27 ____ the team.

① is　② being　③ of　④ a　⑤ proud　⑥ member of

4 次の英文を読んで、後の問い（A、B）に答えなさい。

An old man lived with his son, *daughter-in-law, and four-year-old *grandson, Eric. The old man's hands shook, his eyes were weak, and he walked slowly.

The family ate together at the dinner table every night. But the old grandfather's shaking hands and weak sight made eating (28). When he lifted his glass, milk would often spill on the tablecloth. Eric's parents became (29) with him. "We must do something about grandfather," said the father. "I don't want to have dinner with him anymore." So, they set a small table in the corner. There, the old man ate by himself while his family enjoyed dinner at the dinner table.

The old man broke a dish or two, so his food was served in a wooden bowl. Sometimes when his family looked at him, he had a tear in his eye while he ate (30). Still, the only words Eric's parents had for the old man were sharp words when he (31) a fork or some food. Eric watched everything in silence.

One evening before dinner, the father noticed Eric playing with some pieces of wood on the floor. He asked his son, "What are you doing there?" Eric responded, "Oh, I am making a little bowl for (32) to eat your food from when you get old." He smiled and went back to work. The words surprised his parents, and they could not speak. Then they started crying. After they realized how *cruel they were, they both held Eric tight, then their father. That evening the father took the old man's hand and gently led him back to the family table.

After that, Eric's grandfather ate every meal with his family. And no one cared any longer when a fork fell, or the tablecloth got dirty.

注 daughter-in-law 義理の娘 grandson 孫 cruel 残酷な

A 28 ～ 32 に入れるのに最も適当なものを１つずつ選び、番号で答えなさい。

28	① difficult	② quick	③ sick	④ safe
29	① happy	② good	③ angry	④ bad
30	① above	② alone	③ same	④ along
31	① dropped	② kept	③ took	④ had
32	① Mom and I	② you and Mom	③ you and I	④ Grandpa and I

B 本文の内容に合っているものを１つ選び、番号で答えなさい。 33

① The old man was eating dinner by himself because he wanted to do so.

② The old man sometimes threw away his fork because he was angry.

③ The parents couldn't say anything because Eric said something wrong.

④ The old man could eat every meal with his family after Eric's action.

5 次の英文を読んで、後の問いに答えなさい。

These days, it would be [A] to find someone who has never heard of "Harry Potter." When the author of the series published the first book, she was a poor teacher. Joanne Kathleen Rowling was born on July 31, 1965. As a woman writing a book about a boy's life, (1) <u>her British publisher encouraged her to use her first initials only on the book cover</u>, in order to attract more male readers. J.K. Rowling actually goes by the nickname "Jo."

Jo studied French at university and worked as a secretary after graduation. At the age of 26, she moved to Portugal to teach English. She liked teaching in the afternoons and evenings, so she could work on her novel in the mornings. Jo married a Portuguese journalist and their daughter was born in 1993. The couple divorced shortly after and Jo moved back to the UK to be near her younger sister who was studying law in Edinburgh. Back in the UK she wanted to finish her novel and publish it.

Jo could only write her books while her baby daughter was asleep. During the day, she took her to local coffee shops, so the baby could sleep and Jo could work on her book. She knew that her daughter's naps would be short, so she says that she was encouraged to write [B].

Jo finished and sold her novel, *Harry Potter and the Philosopher's Stone*, to a UK publishing company called Bloomsbury for US $4,000. Although this was more money than she earned in a while, it was not enough to live on, so she then began a job as a French teacher. Several months later, however, the US publishing house, Arthur A. Levine/Scholastic Press bought the American [あ] to *Harry Potter*. Jo received enough money from this arrangement to give up teaching and begin writing full time. She described this turn of events as "the [(2)] moment" of her life. The US title of the book, released in September of 1998, was *Harry Potter and the Sorcerer's Stone*.

While it has clearly been the [C] children's book series in history, *Harry Potter* has quite a number of older fans as well. Jo's books spent so much time on *The New York Times* bestseller list that (3) <u>they</u> decided to create a unique bestseller list for children's books. This was a way of giving special honor to Jo and all children's books and making [い] on the bestseller list for some other authors.

By the time the seventh and final book in the *Harry Potter* series was released, Jo had a lot of money. Now, she is richer than the Queen of England! The number of male readers has increased not only in the UK but also all over the world. *Harry Potter* can be seen everywhere – on T-shirts and in games. The books have been turned into successful movies and there is even an attraction called "The Wizarding World of Harry Potter" at Universal Studios in Orlando.

問1　空所 [A] ～ [C] に入る語(句)の組み合わせとして最も適当なものを選び、番号で答えなさい。

[34]

① [A] easy　[B] fast　[C] most successful
② [A] able　[B] simply　[C] worst
③ [A] hard　[B] quickly　[C] most successful
④ [A] difficult　[B] early　[C] wrong

問2　下線部 (1) の理由として最も適当なものを選び、番号で答えなさい。　[35]

① Joanne Kathleen Rowling という名前が長いため。
② Joanne Kathleen Rowling という名前がアメリカでは馴染まないため。
③ 結婚して名前が変わったため。
④ 男性の読者を引き付けるため。

問3　次の問いの答えとして最も適当なものを選び、番号で答えなさい。　[36]

Why did Jo move back to the UK?

① It was because she wanted to have more inspiration for her writing.
② It was because she wanted to go to law school.
③ It was because she wanted to be with her husband.
④ It was because she wanted to be close to her sister.

問4　空所 [あ] 、 [い] に入る語の組み合わせとして最も適当なものを選び、番号で答えなさい。

[37]

① [あ] rights　[い] room
② [あ] correct　[い] it
③ [あ] policies　[い] rank
④ [あ] sell　[い] site

問5　空所 [(2)] に入る最も適当な語を選び、番号で答えなさい。　[38]

① saddest　② bravest　③ happiest　④ worst

問6　下線部 (3) が指すものとして最も適当なものを選び、番号で答えなさい。　[39]

① Jo's books　② *The New York Times*
③ *Harry Potter* series　④ all children's books

問7　本文の内容に合っているものを3つ選び、番号で答えなさい。ただし、解答の順番は問わない。

40 ～ 42

① Jo worked as a secretary when she was a university student.

② Jo married a Portuguese journalist but she broke up with him.

③ During the day, Jo couldn't write her novel because her daughter's naps were short.

④ Jo could earn enough money to live on because she sold *Harry Potter and the Philosopher's Stone* to a UK publishing company.

⑤ Jo gave up teaching French because she could not earn enough money to live on.

⑥ *Harry Potter* has many older fans as well as children.

⑦ There are no male readers of *Harry Potter* in the UK or anywhere else.

⑧ *Harry Potter* has been turned into an attraction at Universal Studios in Orlando.

<リスニング問題放送原稿>

※「チャイム」

これから「放送を聞いて答える問題」を始めます。
問題用紙の第１ページ，第２ページを見てください。問題は，全部で７題あります。放送中メモを取ってもかまいません。各問題とも英語は２回ずつ放送されます。

第１ページを見て下さい。最初に問１と問２を行います。
それぞれの会話を聞いて、質問に対する答えとして最も適当なものを、①～④の中から１つずつ選び、番号で答えなさい。
では、始めます。

問１

A： This is for you, John.
B： What is it, Mom?
A： It is something you can put on your desk.
B： Wow, thank you, Mom. It's good for my eyes.

Question： What did John get from his mother?

（繰り返します。）

問２

A： How do you go to school, Kumi?
B： I take a train from Chuo Station to Midori Station, Mr. Brown.
A： And do you walk to school from Midori Station?
B： No, I take a bus at Midori Station.

Question： How does Kumi go to school?

（繰り返します。）

次に「問3」と「問4」を行います。
それぞれの「ある場面」を説明する英文を聞いて、質問に対する答えとして最も適当なものを、①～④の中から1つずつ選び、番号で答えなさい。
では、始めます。

問3

Jim is a member of the soccer team.
He feels tired today because he practiced soccer very hard.
He is in the living room after dinner.
He is about to leave the room to go to sleep.

Question： What will Jim say to his family?

（繰り返します。）

問4

Yuri lives in New York.
She goes to a shop to buy a T-shirt.
She finds a nice T-shirt, but doesn't like the color.
A clerk is coming to Yuri.

Question： What will Yuri say to the clerk?

（繰り返します。）

第2ページを見て下さい。次に問5から問7を行います。
次の長めの英文を聞いて、その内容に対する質問の答えとして最も適当なものを、①～④の中から1つずつ選び、番号で答えなさい。
では、始めます。

Yuji has an aunt who lives in a small town. On Friday, she called Yuji and said, "Our town is famous for *musashitomiyo*. *Musashitomiyo* is a rare fish. We can't find that fish easily in the river. Why don't you come and see the fish?" Yuji said, "Sure. Where can we see it ?" His aunt said, "There is a center for protecting it near my house. We can see the fish there." Yuji answered, "OK. I'll come to your house by bus this Sunday."

On Sunday, Yuji went to his aunt's house. They walked to the center. At the center, there were some people who were enjoying looking at *musashitomiyo*. The fish is very small and has bones on its back. His aunt said to Yuji, "The father fish raises the children." Yuji said, "Really? That's surprising!" His aunt said, "The fish usually lives for about one year. Once, the number of *musashitomiyo* was getting smaller. People in our town thought that they should do something to help the fish. So, they began to clean the river. They also asked all the people in the town to help protect the fish." Yuji asked, "Then, what happened?" His aunt said, "After that, the river got cleaner and became a good place for the fish. But we need to keep protecting it ."

Now, Yuji is interested in *musashitomiyo*. He is going to tell his friends about the fish and he hopes to visit the center with them.

問5

Question： What is *musashitomiyo*?

問 6

Question： Why was Yuji surprised?

問 7

Question： Why did some people in the town begin to clean the river?

（繰り返します。）

以上で「放送を聞いて答える問題」を終わります。では，ほかの問題を始めてください。

【数　学】（50分）〈満点：100点〉

（注意）(1) 問題の文中のア，イ，ウ，……の1つ1つは，それぞれ0から9までの数字，または－のいずれか1つに対応します。それらをア，イ，ウ，……で示された解答欄にマークしなさい。

(2) 分数形で解答が求められたときは，既約分数で答えなさい。符号は分子につけ，分母につけてはいけません。

(3) 問題文中にある図は必ずしも正確ではありません。

(4) 円周率はπとして計算しなさい。

Ⅰ　次の各問いに答えなさい。

(1) $\left(1+\frac{1}{2}+\frac{1}{3}+\frac{1}{4}+\frac{1}{5}\right)+\left(\frac{1}{2}+\frac{1}{3}+\frac{1}{4}+\frac{1}{5}\right)+\left(\frac{1}{3}+\frac{1}{4}+\frac{1}{5}\right)+\left(\frac{1}{4}+\frac{1}{5}\right)$

$=\frac{\boxed{アイ}}{\boxed{ウ}}$

(2) $\sqrt{18}\times\sqrt{2}\div\sqrt{3}=\boxed{エ}\sqrt{\boxed{オ}}$

(3) 連立方程式 $\begin{cases}\frac{2}{x}-\frac{1}{y}=5\\ \frac{1}{x}+\frac{1}{y}=-3\end{cases}$ を解くと，$\frac{1}{x}=\frac{\boxed{カ}}{\boxed{キ}}$，$\frac{1}{y}=\frac{\boxed{クケコ}}{\boxed{サ}}$

(4) xについての2次方程式　$2x^2+ax-a^2=0$　が　$x=-1$　を解にもつとき，

$a=\boxed{シス}$，$\boxed{セ}$

(5) 図のような点Oを中心とする円において，$x =$ ［ソタ］°

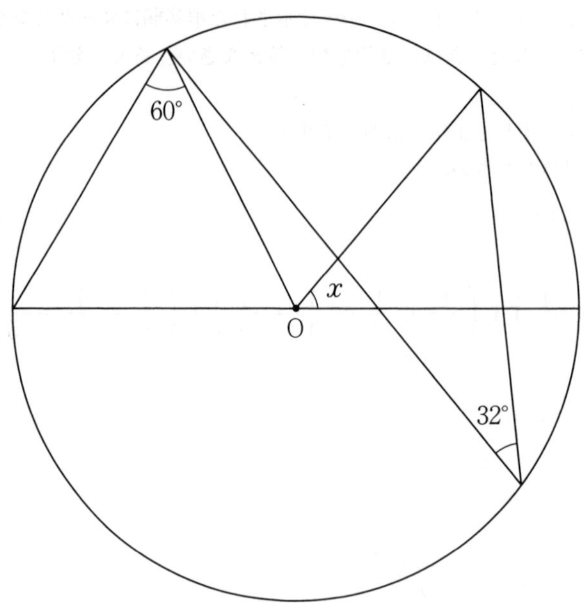

Ⅱ 次の各問いに答えなさい。

(1) $x = \sqrt{5} - \sqrt{2}$，$y = \sqrt{5} + \sqrt{2}$ のとき，$x^2 + 3xy + y^2 =$ ［アイ］

(2) 図のような街路があります。

A点からB点まで最短距離で移動するとき，P点を通る確率は $\dfrac{［ウ］}{［エ］}$

ただし，上方向と右方向に進む確率はそれぞれ $\dfrac{1}{2}$ とし，ひとつの方向しか行けない場合は確率1でその方向に進むものとします。

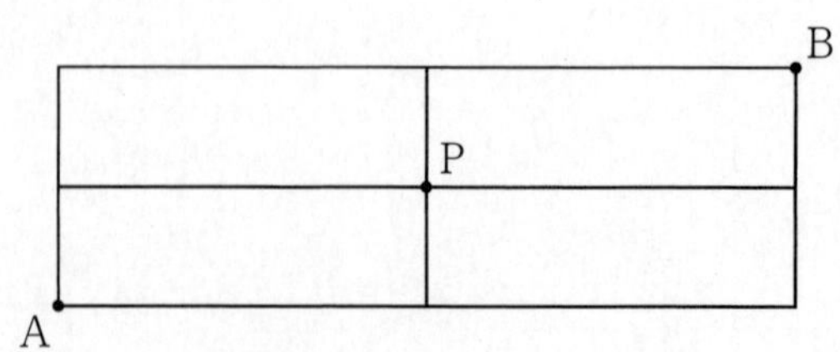

(3)　面積が 20，2 つの対角線の長さの和が 14 であるひし形があります。

このひし形の 1 辺の長さは $\sqrt{\boxed{オカ}}$

(4)　a，b は自然数とします。$a + b = 15$　のとき，ab の最大値は $\boxed{キク}$

(5)　図のように 1 辺の長さが 10 である正三角形に 4 つの円が接しています。

斜線部分の面積は $\boxed{ケコ}\sqrt{\boxed{サ}} - \dfrac{\boxed{シスセ}}{\boxed{ソ}}\pi$

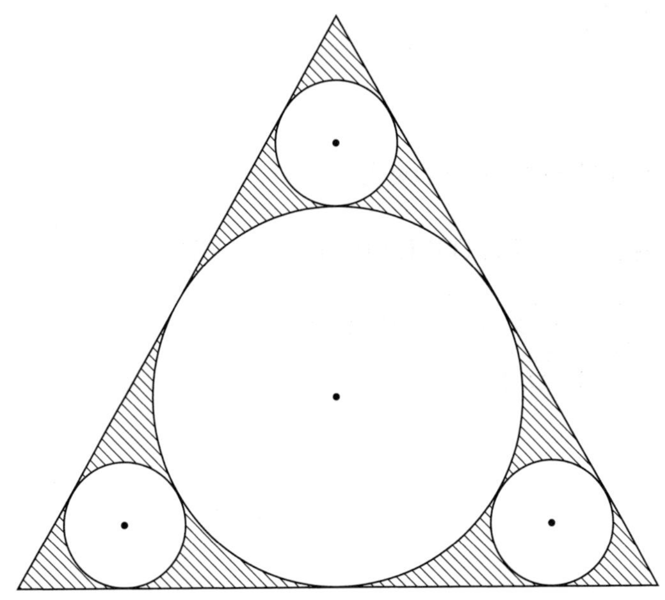

Ⅲ　放物線C：$y=\frac{1}{4}x^2$　と直線ℓ：$y=-x+3$　が異なる２点A，Bで交わっています。点Aのx座標a，点Bのx座標bは，$a<b$です。

次の各問いに答えなさい。ただし，原点をOとします。

(1)　$a=$ [アイ]

(2)　$b=$ [ウ]

(3)　三角形ＯＡＢの面積は [エオ]

(4)　直線　$y=mx$　と直線ℓの交点をDとします。

(三角形ＯＡＤの面積)：(三角形ＯＢＤの面積)＝１：３

であるとき，$m=\frac{[カキク]}{[ケコ]}$，$\frac{[サシ]}{[ス]}$

IV　正の数 a の整数部分を $[\,a\,]$ と表します。

例えば　$[\,4.17\,] = 4$，$[\sqrt{7}\,] = 2$

次の各問いに答えなさい。

(1)　$[\sqrt{21}\,] =$ ア

(2)　$[\,3\sqrt{6}\,] =$ イ

(3)　$\left[\dfrac{2\sqrt{10}-2}{3}\right] =$ ウ

(4)　自然数 n について

①　$[\sqrt{n}\,] = 10$　となる n の最大値は エオカ

②　$[\sqrt{n}\,] = 10$　となる n の最小値は キクケ

③　$10 \leqq [\sqrt{n}\,] \leqq 20$　を満たす n は全部で コサシ 個

問三　――部ⓐの理由として最も適当なものを、次の①～⑤のうちから一つ選びなさい。解答番号は〈24〉

① 処罰しようとした郡の司は実は神の化身であり、処罰することで災いが起こると考えたから。

② 処罰しようとした郡の司が高齢の老人であったために、処罰することがためらわれたから。

③ 処罰しようとした郡の司のずるがしこさに騙され、この司が無罪ではないかと思い始めたから。

④ 処罰しようとした郡の司が老齢で大病を患っており、処罰に耐えられないと思ったから。

⑤ 処罰しようとした郡の司が素晴らしい歌詠みであるため、その才能の損失を惜しんだから。

問四　「年を経て…」の和歌に用いられている修辞に関する説明について正しいものを、次の①～⑤のうちから一つ選びなさい。解答番号は〈25〉

① 「年を経て」は、「頭」を修飾する五音の「枕詞」である。

② 「経て」「つもれ」「冷え」のそれぞれの語は、「年」とつながりを持つ「縁語」である。

③ 「しもと」は、「笞」と「霜」の二つの意が重ねられた「掛詞」である。

④ 「身は冷えにける」の箇所は、語や文節を通常の順序とは逆にする「本歌取り」である。

⑤ 「身は冷えにける」の箇所には、名詞で文が結ばれる「体言止め」が用いられている。

問五　『古本説話集』は平安末期～鎌倉時代にかけて成立した作品ですが、それよりも**後に成立した**作品を、次の①～⑤のうちから一つ選びなさい。解答番号は〈26〉

① 源氏物語　② 竹取物語　③ 万葉集

④ 風姿花伝　⑤ 日本書紀

示されていない。正体をはっきりと表現しないことで、読者の想像をより掻き立てる効果がある。

三 次の文章を読んで、後の問に答えなさい。（-----の左側は現代語訳です。）

今は昔、※大隅(おほすみ)の守の、国の政を①したためおこなふあひだに、※郡の司のしどけなき（だらしない）ことどもありければ、「召しにやりて、いましめん」（（郡司を）呼びにやって、処罰しよう）と言ひて、人②やりつ。先々かくしどけなき事ある折は、（前にもこのようにだらしないことがあった場合には）罪にまかせて重く軽くいましむることあり。それ、一度にあらず、たびたびかさなりたることなれば、これもいましめん（この郡司も処罰しよう）とて、召すなりけり。

さて、「ここに召して候ふ」と人の申しければ、先々するやうにそへ伏せて、※尻頭(しりがしら)に上るべき人、※笞(しもと)を切りまうけて、打つべき人など㋐まうけてあるに、人二人して引き張りて率て来たるを見れば、頭は黒き髪もまじらず、いみじう白し。③見るに、打たせむことのいとほしうおぼえければ、「なにごとにことをつけて、これをゆるさむ」と思ふに、ことつくべきことなし。あやまちどもを片端より問ふに、ただ老いをのみ※高家(かうけ)にて④答へをり。「ⓐいかにしてかこれを許してむ」と思ひて、「己(おのれ)はいみじき盗人かな。（お前はとんでもない不届き者だなぁ）さはありとも、歌はよみてんや」と言ふに、「㋑はかばかしうはあらずとも、㋒つかまつりてむ」と答ふ。「いで、さはよめ」と⑤言へば、程もなく、わななかしてうち出だす。（震える声で詠み上げた）

年を経て頭に雪はつもれどもしもと見るにぞ身は冷えにける

とよみたれば、守はいみじう感じ、あはれがりて、ゆるしてやりてけり。

（『古本説話集』による。）

※大隅の守…大隅の国（現在の鹿児島県東部）の国司。
※郡の司…郡司。国司の下で郡を治める役職。
※尻頭に上るべき人…罪人の尻や頭を押さえつける役目の者。
※笞…刑罰用のむち。細枝で作り、尻や背を打つ。
※高家…口実。よりどころ。

問一 ——部㋐〜㋒の本文中における意味として最も適当なものを、後の①〜⑤のうちからそれぞれ一つずつ選びなさい。解答番号は〈20〉〜〈22〉

㋐「まうけて」〈20〉
① 待たせて　② 用意して　③ 追い出して
④ 騒いで　⑤ 選ばせて

㋑「はかばかしう」〈21〉
① しっかりしている　② いきいきとしている
③ ぼんやりしている　④ 興奮している
⑤ 満足している

㋒「つかまつりてむ」〈22〉
① 詠みましょう　② さしあげましょう
③ 聞きましょう　④ 参りましょう
⑤ 祈りましょう

問二 ——部①〜⑤のうち、主語が**他と異なる**ものを一つ選びなさい。解答番号は〈23〉

問四　――部ⓒとありますが、このときの「ぼく」の心情はどのようなものだと考えられますか。その説明として最も適当なものを、次の①～⑤のうちから一つ選びなさい。解答番号は〈17〉

① 「ぼく」たち兄弟に変な名前をつけた「マドモアゼル・ロコ」のもとから離れることができたことに加えて、放浪中「おじさんたち」に首輪も外してもらえたので、これからの人生に期待をする気持ち。

② 迷子の「ぼく」たちを「おじさんたち」がデコトラに乗せて次の町まで運んでくれたり、大好物のボンレスハムやかぼちゃを食べさせてくれたりしたので、他人の優しさを嬉しく思う気持ち。

③ みずから家出を望んだが行くあてもない「ぼく」たちを、嫌な顔一つせず面倒みてくれた「おじさんたち」と「おじいちゃん」の親切さに、心を打たれ感動する気持ち。

④ さまよい続けて風邪を引きかけている弟のことが心配だったので、首輪のない「ぼく」たちを引き取ってくれた「おじいちゃん」の思いやりに感謝した上で、弟への心配も晴れてほっとした気持ち。

⑤ 知らない土地で成す術のない「ぼく」たちだったが、初対面の人でも世話を焼いてくれることが分かり、この先の生活も何とかなりそうだと自分たちを誇らしく思う気持ち。

問五　――部ⓓとありますが、「ぼく」がこのように考えた理由の説明として最も適当なものを、次の①～⑤のうちから一つ選びなさい。解答番号は〈18〉

① 大人びた「小娘」について、一緒に生活していく中で全く不満はなかったが、「小娘」が嫌な名前で何度も「ぼく」を呼ぶので、今後は彼女のことを軽視できないと感じたから。

② 「ぼく」は「小娘」に対抗心を抱き、心の中ではあだ名で呼んでいたが、当の「小娘」は声に出して「ぼく」をあだ名で呼んできたので、彼女について油断ならないと思ったから。

③ 身体にある模様について、好意的に考えてくれる「おかあさん」でさえも、「ぼく」たちをぞんざいに扱う「小娘」に注意をしないので、「小娘」の秘めたる地位や権力に気付き驚嘆したから。

④ 年上らしく振舞おうと考えた「ぼく」は、「小娘」にちょっかいを出す際は小難しい言葉を使っていたが、彼女は「ぼく」の言葉を理解していたので、彼女の聡明さに敬意を表したいと思ったから。

⑤ 誰からも可愛がられる「ぼく」に対して、毎日ひどい言葉を浴びせてくる「小娘」は家族から孤立しているが、それでも毎日「ぼく」に攻撃してくるので、彼女の姿勢をしたたかであると思ったから。

問六　この文章の表現に関する説明として**適当でないもの**を、次の①～⑤のうちから一つ選びなさい。解答番号は〈19〉

① 1行目「おじいちゃんの…」から6行目「…と思う。」は、物語のプロローグである。プロローグがあることでよりいっそうストーリーに読者を引き込み、その後の物語の展開に含みを持たせることができる。

② 24行目「蒸し豆腐は…」から始まる段落に、オノマトペが使われている。オノマトペが使われることによって、どのような年齢層の読者でも、事実に即した正しい表現に基づいて本文を理解できる効果がある。

③ 44行目「(前から見ると…」や61行目「(弟はまだ…」において、( )が使われている。( )を使うことで、補足的に心理描写を心の声として表現できる効果がある。

④ 45行目「耳が焼きプリンのキャラメル色のマーブル」や51行目「チョコレートブラウン」は、食べ物を用いた色彩の豊かな表現が使われている。豊かな色彩表現は読者のイメージを膨らませる効果がある。

⑤ 随所にヒントはあるが、文章全体で「ぼく」たちの正体は明

げたもので、あんこはいらない。いっぽう、笹だんごはあんこいりのお餅を笹でくるんだものだ。おかあさんはチマキでいいのだと云った。

ぼくは小娘を、ないしょでだんご姫と呼ぶことにした。三学期が終わって四月がくれば五年生だ。学校へいくならぼくは中学生だから、だんご姫より少しだけおにいさんだけど、このとしごろだと女の子のほうがちょっとだけマセている点をかんがえれば、勝負は互角だろう。

二階へのぼっていこうとする小娘の後ろ姿にむかって「だんご姫」と連呼した。むろん、声にはださない。すると小娘もふりかえって、ハラマキ！　と云った。

ⓓ敵もさるものだ。

おかあさんは戸だなのなかをごそごそさぐって、ぼくには白いツバキの花が描いてある平鉢、ノリマキには紅いツバキの平鉢をそれぞれごはん茶碗としてあてがってくれた。にゃんの法則では、きれいなごはん茶碗をくれる家のひとは信頼できる。

（長野まゆみ　著『チマチマ記』による。）

※ビジュ…宝飾のこと。

※デコトラ…デコレーショントラック。塗装や電飾を施したトラックのこと。

問一　——部㋐～㋒の本文中の意味として最も適当なものを、後の①～⑤のうちからそれぞれ一つずつ選びなさい。解答番号は〈12〉～〈14〉

㋐「卒寿」〈12〉

①　七〇歳　②　八〇歳　③　八八歳
④　九〇歳　⑤　一〇〇歳

㋑「寝首をかかれる」〈13〉

①　真剣に向き合うことで、相手に褒められる
②　油断に乗じて、卑劣なはかりごとに陥れられる
③　居眠りをしているすきをみて、相手に悪口を言われる
④　不快な思いを振りまいて、他人から恨みを買う
⑤　イメージした通りに、はっきりと思い描かれる

㋒「ひねくれて」〈14〉

①　素直でなく、心がねじけていて
②　冷静で、落ち着きを払っていて
③　ひょうきんで、愛嬌があって
④　他人のことを考えず、わがままで
⑤　いい加減でなく、大人びていて

問二　——部ⓐとありますが、「おじいちゃん」が「まっすぐ家へ向かわずに横道へそれた」理由の説明として最も適当なものを、次の①～⑤のうちから一つ選びなさい。解答番号は〈15〉

①　家業を息子の「つくね」に一任して引退した身としては、仕事場の居心地が悪いと感じられたため、寄り道をして時間をつぶしたいと思ったから。
②　雪が降りそうな天気ということに加え時間帯が夕暮れだったので、仕事を終えて独りで帰るのは寂しいと感じ、どこか店に寄って気分転換しようと思ったから。
③　人手が不足している松寿司の配達を手伝うという大義名分のもと、大好物の「〈うきよ船〉」の蒸し豆腐を、家族に秘密で食べようと考えついたから。
④　若輩である「おじいちゃん」は年上の方からの頼みを断れないため、思い通りにいかないことに気分を深く害し、仕事場に直帰せずに憂さ晴らしをしようと思いついたから。
⑤　弱っている「ぼく」たちに「おじいちゃん」は呼ばれたような気がしたので、通常は引き受けない配達を手伝い街中を散策することで、「ぼく」たちを探し出そうとしたから。

問三　——部ⓑとありますが、この言葉の類義語として最も適当なものを、次の①～⑤のうちから一つ選びなさい。解答番号は〈16〉

①　克己復礼　②　有名無実　③　馬耳東風
④　明哲保身　⑤　傍目八目

ところにひとつだけ、耳とおんなじ色のうずまきになりかかった斑(まだら)がある。

弟のノリマキは鼻の先だけ粉箱に顔をつけてきたみたいに白くて、あとはチョコレートブラウンだ。光のかげんで、ココアパウダーをまぶしたようになる。板場から出てきた大将のつくねさんが、こいつはオハギだな、と云ったけれども、おかあさんはもうノリマキにきめてしまった。

ちなみに、ぼくたちは生まれてからしばらくはマドモアゼル・ロコの家にいて、それぞれマーブル、チョコという名前だった。といっても、ようやく離乳食になったばかりだった弟にはほとんど記憶がないだろうし、ぼくもめったに思いださない。

マドモアゼルとはニューイヤーシーズンの空港ではぐれてしまい、それ以来、弟をつれての放浪生活がつづいた。

迷子になった直後には首輪をしていたけれど(弟はまだ小さすぎて、迷子タグもつけていなかった)、トラックの荷台にまぎれてたどりついた国道ぞいのレストランの駐車場で、そういう※ビジュのはまった豪勢な首輪をしているとゴロツキに㋑寝首をかかれるぞ、と旅芸人風のおじさんに忠告された。宮殿みたいな※デコトラのドライバーと暮らしている。

つれだっていたジョナサン(そう名乗った)は、黒いふさふさの毛があたまのてっぺんに四角く立ちあがったこわもてで、しっぽをささえにして後ろあしだけで立つことができた。

ペットボトルのキャップをはずしたり、未開封のお菓子の箱をあけたりできるほど手先も器用だった。カーオーディオも操作する。介助ザルの訓練をうけたことがあるのだ。さっそく、ぼくの首輪もはずしてくれた。

もしかしたら、おじさんたちはペテン師だったかもしれないけど、どうやら首はつながっている。つぎの町のドラッグストアまでデコトラに乗せてくれたし、ボンレスハムとかぼちゃを食べさせてくれたので、それでいい。

どのみち、首輪があっても、もとの家にはもどれなかった。マドモアゼル・ロコは旅立ちにさきだってマンションをひきはらっていたからだ。おじいちゃんにひろってもらって、ありがたかった。鼻に小さいチョウチンをぶらさげた弟はカゼをひきかけていたので、ⓒほんとうに助かった。

おなかをすかせたぼくたちに、おじいちゃんがふるまってくれたのは、たらのすり身のふわふわ団子だった。たらと山の芋と地粉をすり鉢ですって、ふっくらさせたのをスプーンですくって昆布とかつおのだしの澄ましのなかへ落とすのだ。紅いお椀でさましてもらってたべた。

カゼぎみでくたびれはてていた弟は、ふわふわ団子をたべかけにして、おじいちゃんのあったかい腹まくらで眠ってしまった。すっかりくつろいで、口もとは笑っている。

おじいちゃんのところは道具も多いし手ぜまなので、近所で暮らしているおかあさんが呼ばれて、それじゃあ、というのでぼくたちを連れて帰ることになった。おかあさんの家はずいぶん大きくて洋風で、扉がたくさんある。人もいっぱいいるらしく、いろんな足音と声がする。

その晩はバスケットのなかですごした。弟はねむりこけている。ぼくはひとごこちついてバスケットのふたのすきまからそっとのぞいてみた。すると、外からも小娘がのぞきこんでいた。目があったとたん、好敵手だってことがピンときた。

「この子は柿あんこいりだから、チマキじゃなくて笹だんごと呼ぶべきじゃない?」

小娘はエラぶって、だれかに同意をもとめている。ぼくがキャラメル&クリームケーキだと思っているおなかの斑を柿あんこだと云うのだ。味噌あんじゃないところが、この小娘もなかなか㋒ひねくれている。

チマキはもち米と米粉でできたお餅を笹の葉にくるんで蒸しあ

延しているうえ、「決めてもらう」者は「決めてもらう」ための道具に正確さは必要ないと考えているから。

④　いまの世の中には、たとえ些末な判断であっても誰かにエビデンスの提示を強迫的に要求し、意思決定を委ねようとする責任回避の姿勢がはびこっており、しかも「決めてもらう」者はそのエビデンスの正確さに関して不問に付すから。

⑤　何かを「決めてもらう」者にとって重要なのは、決定のもととなるエビデンスが真に確かであることではなく、たとえ誤りだったとしても現在において確からしいとされていることであるため、その確からしさが検証されることはないから。

二

次の文章を読んで、後の問に答えなさい。

おじいちゃんの名前が太巻(たまき)で、おかあさんが小巻(こまき)なので、ぼくはチマキと呼ばれることになった。

小巻おかあさんは翻訳業のかたわら、雑貨屋のテコナさんがつくるフリーペーパーに「コマコマ記」という人気コラムを連載している。だから、ぼくもまねをして「チマチマ記」を書いてみようと思う。

はじめに、

おじいちゃんとぼくの出逢いから。

雪のふりだしそうな寒い夕暮れだった。八十路(やそじ)のおじいちゃんはもうめったに手伝わない家業の松寿司(まつずし)の配達を、近所ならばとひきうけた。寿司といってもニギリではなく仕出し料理と弁当が専門の松寿司は、法事や宴会などがかさなると配達の人手がたりなくなる。

だいぶまえ、大将を息子のつくねさんにゆずって引退したおじいちゃんは、おなじみさんの配達にかぎって助っ人する。なんだか無性に、あんたのとこの穴子寿司がたべたくてねえ、と㋐卒寿のごいんきょさんに云われたら、若輩(じゃくはい)のおじいちゃんは出かけないわけにはいかなくなる。

そのかえり道、ⓐおじいちゃんはまっすぐ家へ向かわずに横道へそれた。大好物の蒸し豆腐を食べに、ちょっとだけ〈うきよ船〉に立ちよるつもりだった。ほんとうはそっちのほうが目的で、ごいんきょさんへの配達はつごうのよい口実だったのだ。

蒸し豆腐は、卵をあまり食べてはいけないことになっているおじいちゃんには、とっておきのごちそうだ。お豆腐と卵をすり鉢ですってとろとろにして、それをお碗にもりつけて湯気のたつセイロにいれる。蒸しあがったら、お酒をふりかけて熱々のところを、ふうふう云いながらたべるんだ。わさびをのっけてもいい。

ごくらく豆腐って呼ぶひともあるくらい、寒い晩にはとびっきりのごちそうだ。おじいちゃんは、家のひとたちにナイショで、それをこっそり楽しもうと思っていた。うきよ船は、おじいちゃんが席につけば、だまっていても蒸し豆腐がでてくるありがたい店なのだ。

いそいそとのれんをくぐろうとしたときのこと、歳のわりに目のいいおじいちゃんは、そこでうっかりぼくたちを見つけてしまった。路地に立てるあんどんと地面のあいだに十センチほどのすきまができる。前の晩から、ぼくと弟はそこを仮りの寝宿にしていた。

あんどんの電気ですこし温もりがあるし雨よけにもなり、ⓑ灯台もとくらしのことわざどおり、ちょうどよくかげになっている。かいわいでデンデンと呼ばれてハバをきかせる太鼓腹のこわいおじさんににらまれて、ここへ逃げこんだのだった。いっしょにひろわれた弟はノリマキと呼ばれることになった。

名前で察しがつくとおり、ぼくは耳がとんがって（前から見ると白っぽくて、端午(たんご)の節句のチマキみたい）、その耳が焼きプリンのキャラメル色のマーブルで、目の色はグリーンでもブルーでもないアクア、毛色はだいたいが白っぽいクリームで、おなかの

ものを、次の①～⑤のうちから一つ選びなさい。解答番号は〈8〉

① EPA・DHAが含まれているという事実のみに焦点をあてたことで、製品の美味しさや過剰消費による危険性といったそれ以外の問題を覆い隠してしまったばかりでなく、そもそもEPA・DHAの含有量が極めて少ないということ。

② 販売者が利益を得るために食品をEPA・DHAという栄養素のレベルに還元し、この点のみに基づいて強気の価格を設定したことで、美味しさ、あるいは塩分の含有量といったそれ以外の価値がないがしろにされているということ。

③ EPA・DHAというパラメータに還元したことで、製品の美味しさや過剰消費による危険性といったそれ以外の問題を覆い隠してしまったのみならず、実はEPA・DHAが「健康によい」という通説にエビデンスがないということ。

④ EPA・DHAという栄養成分が含有されている事実だけにフォーカスしたことで、製品の製造工程による危険性が身体につきつける問題が視野から外れてしまったうえ、肝心のEPA・DHAの含有量も微々たるものだということ。

⑤ サプリメントのように含有量を表示し、あたかもEPA・DHAが豊富であるかのように装うことで栄養学や疫学といった学問から算出されたエビデンスを都合よく利用しているが、実際の含有量自体は微々たるものだということ。

問五 [ⓓ] に当てはまる言葉として最も適当なものを、次の①～⑤のうちから一つ選びなさい。解答番号は〈9〉

① 商品　② 隠喩　③ 記号　④ 現象　⑤ 食品

問六 ――部ⓔとはどういうものですか。その説明として最も適当なものを、次の①～⑤のうちから一つ選びなさい。解答番号は〈10〉

① 世間の人々の話題にのぼり、もてはやされ、広く知れわたっていく過程で、次第にデマと見分けがつかなくなってしまい、消費者の選択を支援するどころかかえってミスリードするようになったエビデンスなきエビデンス。

② 世間の誰もが知るようになっていく過程で、産業によって悪用され歪(ゆが)められた結果、すっかり最初のころの姿形を失い、一般市民の消費行動における選択を支援するどころかミスリードするようになったエビデンスもどき。

③ 知識が世の中に普及していく過程において、ある段階で劇的に変質し、変わり果てた結果、一般市民の消費行動において正しい選択を支援するどころかむしろミスリードするようになった形骸化・記号化したエビデンス。

④ 販売者が製品の栄養成分にのみ焦点をあて、消費者に単純な理解を与えることで、製品の過剰消費や製造工程による危険性といったほかの問題を覆い隠してしまうような、食品産業に都合よく利用されたエビデンス。

⑤ 人々に周知されていく過程で少しずつ変質し、結果的に実質的な意味を失って形ばかりになり、一般市民の消費行動において正しい選択を手助けするどころか間違った選択へと誘導するようになったエビデンス。

問七 ――部ⓕとありますが、このように言えるのはなぜですか。その理由として最も適当なものを、次の①～⑤のうちから一つ選びなさい。解答番号は〈11〉

① 現在の社会では、重要な事柄を判断する際に、意思決定を左右するエビデンスの提示を強迫的に誰かに求める責任回避の姿勢が蔓延しており、そのうえ「決めてもらう」者は提示されたエビデンスの確からしさを吟味しないから。

② 現代社会には常にエビデンスを示さねばならないという強迫的な「正しさ」の緊張感があるが、その過度の実証主義によって人々はかえって思考停止に陥り、誰かの不確かなエビデンスに意思決定を委ねようとする傾向にあるから。

③ 現代には、ごく些細な判断においても常に誰かにエビデンスの提示を求め、意思決定を委ねようとする責任回避の姿勢が蔓

（『サプリメント』みたいなコンビニ食の正体
現代社会を漂う『エビデンスの幽霊』」による。）

問一　――部㋐～㋔のカタカナを漢字に改めた場合、それと同じ漢字に該当するものを、後の①～⑤のうちからそれぞれ一つずつ選びなさい。解答番号は〈1〉～〈5〉

㋐「提ショウ」〈1〉
①　予算案をショウ認する
②　戸籍ショウ本を提出する
③　新人に愛ショウをつける
④　合ショウ部の定期演奏会
⑤　映画試写会のショウ待券

㋑「人コウ」〈2〉
①　理コウ学部へ進学する
②　人の秘密をコウ外しない
③　コウ和条約を締結する
④　友人のコウ運を祈る
⑤　コウ進曲を演奏する

㋒「タン白」〈3〉
①　タン水魚用の水槽
②　タン身者用の物件
③　愁タン場を演じる
④　タン水化物を摂取する
⑤　減タン政策に反対する

㋓「イ光」〈4〉
①　郷土が誇るイ人
②　胸イをはかる
③　イ風堂々たる大艦隊
④　支持率の推イを調べる
⑤　佐賀の吉野ヶ里イ跡

㋔「三ダン」〈5〉
①　ダン地に引っ越す
②　友人とダン笑する
③　犯人を糾ダンする
④　ダン定的な口調
⑤　ダン違い平行棒

問二　――部ⓐと同じ構造の熟語として最も適当なものを、次の①～⑤のうちから一つ選びなさい。解答番号は〈6〉
①　豊富（同じような意味を表す字を重ねる）
②　難易（反対・対応の意味を表す字を組み合わせる）
③　邦画（上の字が下の字を修飾している）
④　避難（上の字が動詞で下の字が目的語あるいは補語）
⑤　不要（上の字が下の字の意味を打ち消している）

問三　――部ⓑとはどういうことですか。その説明として最も適当なものを、次の①～⑤のうちから一つ選びなさい。解答番号は〈7〉
①　味わいながら食事をすることがなくなり、栄養素のレベルに還元されたサプリメントを摂取するようになったということ。
②　食事をする際に、美味しいかどうかよりも、むしろ含まれている食材や栄養素の種類や量を気にするようになったということ。
③　味に期待して食事をする人は少なくなり、サプリメントを飲むときのように無感動に食事をする人が多数派になったということ。
④　食品のパッケージでは栄養素の種類や含有量ばかりが強調されているため、楽しんで食事をする感覚が希薄になったということ。
⑤　多少高価でもサプリメントのように効率よく栄養素を摂取できる食材や食品を誰もが積極的に選択するようになったということ。

問四　――部ⓒとありますが、その問題点の説明として最も適当な

EPAを一日2600mg摂取すれば心筋梗塞を予防できるか、というのはまた別の話なのでここでは触れないが、少なくともサラダフィッシュでは比較にならないのは間違いない。筆者もまんまと買ってしまったあとで、自分の間抜けさにはたと気がついた。

パッケージには正直に、「EPA 35mg」「DHA 90mg」と書いてあったはずだ。よく考えれば微々たる量である。騙されたとは言いがたいが、一杯食わされたような気持だった。ましてや一般の消費者のほとんどは、そんなことになっているとは思いもしないのでないか。

そもそもサラダフィッシュの原材料であるスケソウダラは、脂質の多い魚ではない。その㋒タン白な味からも明らかなように、むしろ脂質が少ないとされる魚である。

文部科学省のWebサイトでは食品100gあたりの脂質含有量を一覧にして公開しているが、比べてみれば一目瞭然だ。EPA・DHAの含有量は、焼いたサバの切り身なら900mg、1500mg。サケの切り身なら930mg、1500mg。こうした魚に比べて、スケソウダラのそれは32mg、46mg。けた違いに少ないのである。しかしそれでも、まるでサプリメントのように含有量を表示するということそれ自体によって、食品にはなにか㋓イ光のようなものが宿る。

これは、ニュートリショニズムですらない。ここで起こっていることは、ニュートリショニズム以上に進行した「食の記号化」と、エビデンスの形骸化である。

ここで魚は、タラでもサバでもなく、［ⓓ］としての「フィッシュ」にすぎない。そして「フィッシュ」は、EPA・DHAを「含んでいる」。パッケージにはここまでしか書いていない。しかし、商品として売るためにはそれで十分だ。ここまで提示すれば、すでに消費者の中にインストールされたEPA・DHAは「健康によい」という前提によって、「サラダフィッシュ」は「健康によい」という㋔三ダン論法が完成する。

そんなものでも三〇〇円で売れてしまうという現象は（まあ買ってしまったのは他ならぬ筆者なのだが）、こうしてパッケージされた食がエビデンスらしきもののイ光をまとっていることを示唆している。

起源にあるエビデンスが人コウに膾炙する過程で徐々に変質し、食品産業がその変質したエビデンスを悪用し、一般市民がこれに吸い寄せられるようにして消費行動をとる。形骸化し単なる記号となったエビデンスは、正しい選択を支援するどころか、むしろ消費者をミスリードするような存在になっている。

こうして変わり果てたエビデンスを、筆者はⓔ「エビデンスの幽霊」と呼んでいる。現代社会には、エビデンスの幽霊が徘徊している。我々はエビデンスの幽霊に金を払っている。

この幽霊をありがたく拝み、意思決定を委ねる姿勢はいったいなんだろうと思っていたが、哲学者の千葉雅也が「エビデンシャリズム」というアイデアでこれを批判していた。

「エビデンシャリズム」とは、常にエビデンスを示さなくてはならない、とでもいうかのような「強迫的な『正しさ』の緊張感」のことだと千葉は言う。あくまでも「健全な議論にはエビデンスが必要だという『実証主義』とは区別されるべき」と前置きしたうえで、ごく些細な判断においてもエビデンスを求める姿勢を「エビデンスの配達人」と揶揄し、このような姿勢の蔓延を「責任回避の現象」だと指摘する。（略）

千葉の批判にもうひとつ付け加えるならば、「決めてもらう」ための道具に正確さは必要ない、という点だろう。「決めてもらう」者は確からしさを吟味しない。それが確からしいとされていること、誰かがそれをエビデンスとして提示してくれること、この点のみが重要だからである。かくしてはびこるのは、生まれたときとはまるで違った姿に変質したエビデンスの幽霊である。ⓕこの幽霊を信仰するさまは、さながら現代の「自由からの逃走」といったところだろうか。

（太田充胤 著「栄養表示だらけ

二〇二〇年度 春日部共栄高等学校（第一回）

【国 語】（五〇分）〈満点：一〇〇点〉

一 次の文章を読んで、後の問に答えなさい。

さて、そのコンビニで、先日「サラダフィッシュ」なる新商品を目にした。（略）スケソウダラの切り身を、植物油などでⓐ調味したものらしい。パッケージには大きな字で「お魚のたんぱく質、DHA、EPAがとれる」とあり、それぞれの含有量がポップアップで表示されている。「DHA 90mg」「EPA 35mg」。まるでサプリメントのようだ。

100g程度で三〇〇円と、かなり強気の価格設定である。（略）思わずサラダと一緒に購入し、期待に胸を膨らませて食べてみた。困ったことに、これがまったく美味（うま）くない。（略）

まあ、この手の商品においては、そもそも味がどうとかではないのかもしれない。まさしくサラダフィッシュのキャッチコピーにあるとおり、今日ⓑ食事は「食べる」ものではなくて「とる」ものなのだ。食事を食材や栄養素のレベルまで還元し、まるでサプリメントのようにして売るこのありかたに、かつて批判された「ニュートリショニズム」の話を思い出した。

食べ物を栄養素のレベルに還元し記号化するような立場を揶揄（やゆ）して「ニュートリショニズム」という。

二〇〇二年にメルボルン大学のジョージー・スクリニスが「Sorry Marge（哀れなマーガリン）」という総説の中で㋐提ショウした概念だ。（略）

食品中の栄養素は目に見えない。ましてや、摂取した栄養素が身体に与える影響は、食べた本人もその場ではわからない。こうした事柄を明らかにする学問が栄養学や疫学であるわけだが、これらの学問から算出されたエビデンス（科学的な根拠）は、しばしば食品産業に都合よく利用されてしまう。スクリニスは、厳しい論調で昨今の「機能性食品」を批判する。

栄養成分――脂肪、たんぱく質、鉄などなど――の文脈での食品の単純な理解は、販売者が利益を得るような方向に進んでいるといえる。彼らは、ある製品（例えば肉）にこれらの栄養成分が含まれているか否かに焦点をあてることで、製品の過剰消費や製造工程による危険性が身体につきつける全体的な問題を覆（おお）い隠してしまう。

ⓒ「サラダフィッシュ」にも――さすがに製造工程に危険性はないと信じたいが――同様の問題があるともいえる。食品の価値はEPA・DHAというパラメータに還元され、この点のみにおいて三〇〇円という強気の値段設定があり、それ以外の価値の一部はないがしろにされている。たとえば美味（おい）しさ、あるいは塩分の含有量。

しかし、それだけではない。より大きな問題は、さも豊富であるかのように見える「サラダフィッシュ」のEPA・DHA含有量は、実際には微々たるものだということだ。

EPAやDHAとは脂質の一種で、様々な健康増進効果を有するとされるω（オメガ）3多価不飽和脂肪酸に分類される。そのエビデンス自体には長い歴史がある。（略）

さて、それでは一体どのくらいEPA・DHAを「とる」ことが望ましいのか、という話になるのだが、たとえば一九八五年に千葉県の漁村で調査した報告では、漁民の一日あたりのEPA摂取量はなんと2600mg。比較対象となった農村における摂取量は900mgで、実に1800mgもの差があった。

虚血性（きょけつせい）心疾患や脳血管疾患による死亡率は、農村よりも漁村のほうが低い傾向にあったという。それから約五〇年、EPA・DHAを含んだ魚を食べるのが「健康によい」ということは、すでに㋑人コウに膾炙（かいしゃ）した話になっている。

英語解答

1	問１ ④	問２ ③	問３ ③
	問４ ②	問５ ③	問６ ②
	問７ ③		
2	問１ ②	問２ ④	問３ ③
	問４ ①	問５ ①	問６ ②
	問７ ④	問８ ①	問９ ③
	問10 ④		
3	問１ 18…⑤ 19…②		
	問２ 20…③ 21…④		
	問３ 22…① 23…⑥		
	問４ 24…③ 25…②		
	問５ 26…⑤ 27…④		
4	A 28…① 29…③ 30…② 31…① 32…②		
	B ④		
5	問１ ③	問２ ④	問３ ④
	問４ ①	問５ ③	問６ ②
	問７ ②，⑥，⑧		

1〔放送問題〕解説省略

2〔適語(句)選択・語形変化〕

問１．get caught in ～「(雨など)に遭う」　「クリスティーはテニスの練習後，大雨に遭った」

問２．but に注目。「外はとても暗くなったが，走り続けた」なので，「それでもなお」を意味する still が適切。　「外はとても暗くなったが，ダニエルはそれでも走り続けた」

問３．The girl を後ろから修飾して「～している少女」という意味を表す現在分詞 sleeping が適切(現在分詞の形容詞的用法)。　「木の下で眠っている少女は私の妹だ」

問４．「図書室から」なので，「借りる」を意味する borrow を使う。　how to ～「～の仕方」「ケビンは親切にも，転校〔新入〕生に学校の図書室からの本の借り方を教えた」

問５．空所の前が a bag で，空所の後には動詞が続いているので，‘物’を先行詞とする主格の関係代名詞 which が適切。　「彼は私に，１輪の花が描かれた〔花のモチーフがついた〕バッグをくれた」

問６．前半が I was talking と過去進行形になっているので，後半も「父が帰宅した」と過去時制にする。　「父が仕事から帰宅したとき，私は友人と電話で話していた」

問７．助動詞 will の後の動詞は原形。　「君の手助けが必要だ。すぐに戻ってくれるかい？」

問８．文末の in this class「このクラス(の中)で」から，‘the＋最上級＋in ～’「～の中で最も…」の形になるとわかる。　「マッティーがこのクラスで一番頭がいいと言う人たちもいる」

問９．「私の辞書」に対して「君の辞書」となると判断できる。your dictionary の意味を表せる yours が適切。Do you mind if I ～？は「私が～してもかまいませんか」(直訳は「私が～したら嫌ですか」)という意味の‘許可’を求める表現。　「辞書を忘れた。君のを使ってもいいかい？」

問10．空所の後に that があるので，‘so ～ that …’「とても～なので…」の文と判断する。「おもしろい」は interesting。interested は「(人が)興味を持っている」。　「その映画はとてもおもしろかったので，先日また見に行った」

3〔整序結合〕

問１．主語の「10人以上が」は More than ten people で表せる(more than ～ は厳密には「～よ

り多い」だが，概数の場合は「〜以上」と訳されることが多い)。「招待された」は，受け身で were invited。文末の the party の直前に「〜に」を表す to を入れる。 More than ten people were invited to the party.

問2．'It is〔has been〕＋期間＋since＋主語＋動詞…'「〜してから(期間が)…過ぎた」の構文にする。なお，これは'期間＋have/has passed since＋主語＋動詞…'の形でも同じ意味を表せる。 It has been three years since Tom came to Japan.

問3．「私は見た」I saw で始める。「耳が大きい犬」は a dog を先行詞とし，whose を所有格の関係代名詞として使って whose ears were big とまとめる。 I saw a dog whose ears were big.

問4．「〜する必要はない」は don't have to 〜。「起きる」は get up。 You don't have to get up so early.

問5．「〜を誇りに思う」は be proud of 〜。前置詞 of の後には(動)名詞が続くので，「〜の一員であること」は being a member of 〜 となる。 My brother is proud of being a member of the team.

4 〔長文読解総合─物語〕

≪全訳≫❶老人は，息子，義理の娘，4歳の孫エリックと一緒に住んでいた。老人の手は震え，目は悪く，歩くのは遅かった。**❷**家族は毎晩夕食のテーブルで一緒に食べていた。しかし，老いた祖父の震える手や弱い視力は，食べることを難しくしていた。彼がグラスを持ち上げると，テーブルクロスによく牛乳がこぼれた。エリックの両親は彼に腹を立てた。「じいさんを何とかしなくては」と父親は言った。「もうじいさんと一緒に食事をしたくない」 そこで，彼ら(＝両親)は(部屋の)隅に小さなテーブルを置いた。家族が食卓で食事を楽しんでいる間，老人はそこで１人で食べるのだった。**❸**老人は皿を１，２枚割ったので，彼の食事は木の椀で出されるようになった。ときどき家族が彼を見ると，彼は１人で食べながら目に涙をためていた。それでも，老人がフォークや食べ物を落としたときに，エリックの両親が彼にかける言葉といえば厳しいものだけだった。エリックは全てを黙って見ていた。**❹**ある晩の夕食前，エリックが床でいくつかの木片を使って遊んでいるのに父親が気づいた。彼は息子に「そこで何をしているんだい？」と尋ねた。エリックは「ああ，僕，父さんと母さんが年を取ったときに食事を食べるための小さなお椀をつくっているんだ」と答えた。彼はにっこりして作業に戻った。その言葉に両親は驚き，口がきけなかった。それから彼らは泣き出した。自分たちがどれほど残酷だったか気づいた後，彼らはそろってエリックを，それから彼らの父親を固く抱き締めた。その晩，父親は老人の手を取り，優しく家族のテーブルに戻した。**❺**それからというもの，エリックの祖父は毎食，家族と一緒に食べるようになった。そして，フォークが落ちてもテーブルクロスが汚れても，もう誰も気にとめなくなった。

A＜適語(句)選択＞28．'make＋目的語＋形容詞'「〜を…(の状態)にする」の形。手が震え，目がよく見えないので「食べることが難しくなった」。 29．テーブルクロスが汚れること(第２段落第３文)と，「もう一緒に食べたくない」という父親の発言(同段落第６文)から，angry が適切。

30．第２段落最終文に the old man ate by himself とある。 by 〜self「１人で」≒alone

31．息子夫婦が厳しい言葉をかけるのは，老人がフォークや食べ物をどうしたときだったのかを考える。　32. 両親は老人が皿を割るという理由で，木の椀をあてがった(第3段落第1文)。空所を含む文は「両親が年を取ったら，同じように木の椀をあてがって食べさせるためにつくっている」という内容。父親に答える文なので，父親を you，母親を Mom と言っている②が適する。

B＜内容真偽＞①「老人は自分がそうしたかったので1人で夕食を食べていた」…×　第2段落第4～8文参照。老人の希望ではなく，息子夫婦に1人にされた。　②「老人はときどき怒ってフォークを捨てた」…×　そのような記述はない。　③「エリックが間違ったことを言うので，両親は何も言えなかった」…×　第4段落参照。両親が口をきけなくなったのは，エリックの言葉によって自分たちの残酷さに気づいたから。　④「エリックの行動の後，老人は毎食，家族と一緒に食べられるようになった」…○　最終段落第1文参照。After that の that は，第4段落でエリックが起こした行動とその後の両親の反応を指す。

5〔長文読解総合―ノンフィクション〕

≪全訳≫❶最近では，『ハリー・ポッター』のことを1度も聞いたことがないという人を見つけるのは難しいだろう。そのシリーズの作者は，最初の本を出版したとき，貧しい教師だった。ジョアン・キャスリーン・ローリングは，1965年7月31日に生まれた。少年の生活についての本を書いている女性として，イギリスの出版社は彼女の名前の最初の2つはイニシャルだけにして本の表紙に載せるように仕向けた。これはもっと多くの男性読者を引きつけるためだった。J・K・ローリングは，実際「ジョー」という通称で通っている。❷ジョーは大学でフランス語を学び，卒業後は秘書として働いた。26歳のとき，彼女は英語を教えるためにポルトガルに渡った。彼女は午前中に小説に取り組めるように，午後や夕方に教えることを好んだ。ジョーはポルトガル人のジャーナリストと結婚し，1993年に娘が生まれた。夫婦はまもなく離婚し，ジョーはエディンバラで法律を学んでいる妹の近くに住むためにイギリスに戻った。イギリスに戻ると，彼女は小説を完成させて出版したいと思った。❸ジョーは赤ちゃんの娘が眠っているときしか本が書けなかった。昼間，彼女が娘を地元のコーヒーショップに連れていくと，赤ちゃんは眠り，ジョーは本に取り組めた。娘の昼寝が短いことがわかっていたので，彼女は速く書くように促されたと言っている。❹ジョーは小説『ハリー・ポッターと賢者の石』を完成させ，ブルームズベリーというイギリスの出版社に4000米ドルで売った。これはここ最近で彼女が稼いでいた額よりも大きかったが，暮らしていくには不十分だったため，フランス語教師としての仕事を始めた。しかし数か月後，アメリカの出版社アーサー・A・レヴィン／スコラスティック出版が，『ハリー・ポッター』のアメリカでの版権を買った。ジョーはこの取り決めで十分なお金を受け取り，教職を辞めてフルタイムの執筆を始めた。彼女はこの成り行きを，人生の「最も幸せな瞬間」と表現した。1998年9月に発行されたこの本のアメリカでの書名は，『ハリー・ポッターと魔術師の石』だった。❺『ハリー・ポッター』は明らかに史上最も成功した児童書であるが，より年上のファンも大勢いる。ジョーの本は『ニューヨーク・タイムズ』のベストセラーリストに長期にわたって載っていたので，彼らは児童書に特化したベストセラーリストをつくることにした。これは，ジョーと全ての児童書に特別な敬意を払い，また，他の作家たちにベストセラーリストに入る機会をつくるための方法だった。❻『ハリー・ポッター』シリーズの7巻目にして最後の本が発行されるまでには，ジョーは大金持ちになっていた。今や，彼女はイギリス女王よりも裕福なのだ。イギリスだけでなく世界中でも，男性の読者が増えてきている。『ハリー・ポッター』はTシャツでもゲームでもどこでも見られる。本は成功を収めた映画となり，オーランドのユニバーサルスタジオには『ウィザーディング・ワールド・オブ・ハリー・ポッター』というアトラクションさえある。

問1＜適語(句)選択＞A.「『ハリー・ポッター』のことを聞いたことがないという人」はめったにいないので，そのような人を見つけるのは「難しい」。difficult か hard が入る。　B. 前の2文に，「赤ちゃんが眠っている短い時間だけ執筆できる」という内容が書かれているので，「急いで〔速く〕」書く必要がある。適切なのは quickly と fast。early は「(時間的に)早い」という意味なのでここでは使えない。　C.『ハリー・ポッター』は「最も成功した児童書」である。

問2＜文脈把握＞下線部は 'encourage＋人＋to ～'「〈人〉が～するように励ます，けしかける」の形。出版社が本の表紙にイニシャルだけ載せるように彼女に仕向けた理由は直後に書かれている。 in order to ～「～するために」　male「男性の」

問3＜英問英答＞「ジョーはなぜイギリスに戻ったか」―④「妹の近くにいたかったから」　第2段落最後から2文目に to be near her younger sister とある。 near ～≒close to ～「～の近くに」

問4＜適語選択＞あ. この後，Jo received enough money from this arrangement「ジョーはこの取り決めで十分なお金を受け取り」とある。この arrangement「取り決め」とは，アメリカの出版社がアメリカ版を出版する「権利」を買ったことだと考えられる。　い. room には「機会，余地」という意味がある。児童書のベストセラーリストをつくれば，他の児童書作家にとってもベストセラーリストに載る機会が生まれるということ。

問5＜適語選択＞空所を含む文は，'describe *A* as *B*'「*A*を*B*だと述べる，表現する」の形。turn of events は「事の成り行き，事態の変化」という意味。それまでは作家としてだけでは暮らしていけなかったのが，作家に専念できるようになったときの彼女の心情を考える。

問6＜指示語＞下線部を含む文は，'so ～ that …'「とても～なので…」の構文。文の主語 Jo's books は『ハリー・ポッター』シリーズを指す。彼女の本が新聞のベストセラーリストにずっと載り続けたので，新聞社(の人々)は児童書のベストセラーリストを新たにつくることにしたのである。

問7＜内容真偽＞①「ジョーは大学生のとき秘書として働いていた」…×　第2段落第1文参照。… worked as a secretary after graduation とある。　②「ジョーはポルトガル人のジャーナリストと結婚したが別れた」…○　第2段落第4，5文に一致する。 break up with ～「～と別れる」≒divorce　③「昼間，ジョーは小説が書けなかった。娘の昼寝(時間)が短かったからだ」…×　第3段落最終文参照。娘の昼寝が短いので，急いで書いていた。　④「ジョーは『ハリー・ポッターと賢者の石』をイギリスの出版社に売ったので，暮らしていくのに十分なお金を稼げた」…×　第4段落第1，2文参照。　⑤「ジョーは暮らしていくのに十分なお金を稼げなかったので，フランス語を教える仕事を辞めた」…×　第4段落第4文参照。フランス語教師を辞めたのは，専業作家として食べていけるようになったから。　⑥「『ハリー・ポッター』には，子どもだけでなくより年上のファンも多い」…○　第5段落第1文に一致する。 as well≒too　⑦「イギリスでも他のどこでも，『ハリー・ポッター』の男性の読者はいない」…×　最終段落第3文に The number of male readers has increased とある。　⑧「『ハリー・ポッター』は，オーランドのユニバーサルスタジオのアトラクションになった」…○　最終段落最終文に一致する。

2020年度／春日部共栄高等学校（第１回）

数学解答

Ⅰ (1) ア…2　イ…4　ウ…5

(2) エ…2　オ…3

(3) カ…2　キ…3　ク…－　ケ…1

コ…1　サ…3

(4) シ…－　ス…2　セ…1

(5) ソ…5　タ…6

Ⅱ (1) ア…2　イ…3

(2) ウ…1　エ…2

(3) オ…2　カ…9

(4) キ…5　ク…6

(5) ケ…2　コ…5　サ…3　シ…1

ス…0　セ…0　ソ…9

Ⅲ (1) ア…－　イ…6　(2) 2

(3) エ…1　オ…2

(4) カ…－　キ…1　ク…3　ケ…1

コ…0　サ…－　シ…7　ス…4

Ⅳ (1) 4　(2) 7　(3) 1

(4) ①　エ…1　オ…2　カ…0

②　キ…1　ク…0　ケ…0

③　コ…3　サ…4　シ…1

Ⅰ〔独立小問集合題〕

(1)＜数の計算＞与式$=1+\left(\frac{1}{2}+\frac{1}{2}\right)+\left(\frac{1}{3}+\frac{1}{3}+\frac{1}{3}\right)+\left(\frac{1}{4}+\frac{1}{4}+\frac{1}{4}+\frac{1}{4}\right)+\left(\frac{1}{5}+\frac{1}{5}+\frac{1}{5}+\frac{1}{5}\right)=1+1+1+1+\frac{4}{5}=\frac{24}{5}$

(2)＜平方根の計算＞与式$=\sqrt{\frac{18\times2}{3}}=\sqrt{12}=\sqrt{2^2\times3}=2\sqrt{3}$

(3)＜連立方程式＞$\frac{2}{x}-\frac{1}{y}=5$……①，$\frac{1}{x}+\frac{1}{y}=-3$……②とする。$\frac{1}{x}=X$，$\frac{1}{y}=Y$とおくと，①は，$\frac{2}{x}=2\times\frac{1}{x}=2X$となるから，$2X-Y=5$……①′，②は，$X+Y=-3$……②′となる。①′＋②′より，$2X+X=5-3$，$3X=2$　$\therefore X=\frac{2}{3}$……③　これを②′に代入して，$\frac{2}{3}+Y=-3$　$\therefore Y=-\frac{11}{3}$……④　よって，③より，$\frac{1}{x}=\frac{2}{3}$，④より，$\frac{1}{y}=-\frac{11}{3}$である。

(4)＜二次方程式の応用＞$2x^2+ax-a^2=0$に，解である$x=-1$を代入して，$2\times(-1)^2+a\times(-1)-a^2=0$，$2-a-a^2=0$，$a^2+a-2=0$，$(a+2)(a-1)=0$　$\therefore a=-2$，1

(5)＜図形―角度＞右図のように，円周上の点をA～Eとする。まず，△OABはOA＝OB，∠OAB＝60°より，正三角形で，∠AOB＝60°である。また，$\overset{\frown}{\mathrm{AE}}$に対する円周角と中心角の関係より，∠AOE＝2∠ACE＝2×32°＝64°である。よって，∠x＝∠BOD－∠AOB－∠AOE＝180°－60°－64°＝56°となる。

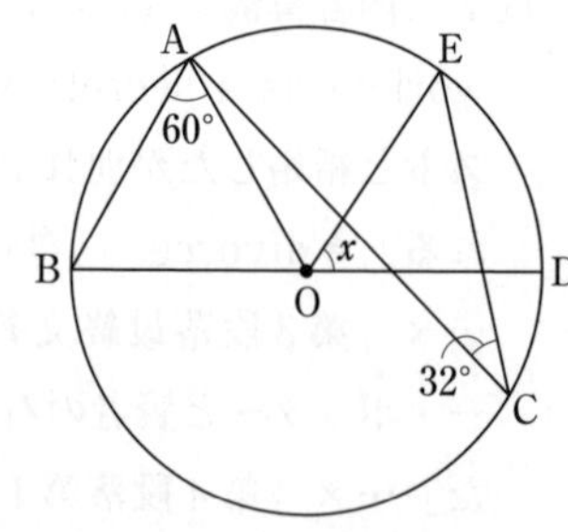

Ⅱ〔独立小問集合題〕

(1)＜式の値＞与式$=x^2+2xy+y^2+xy=(x+y)^2+xy$とする。$x=\sqrt{5}-\sqrt{2}$，$y=\sqrt{5}+\sqrt{2}$より，$x+y=\sqrt{5}-\sqrt{2}+\sqrt{5}+\sqrt{2}=2\sqrt{5}$，$xy=(\sqrt{5}-\sqrt{2})(\sqrt{5}+\sqrt{2})=(\sqrt{5})^2-(\sqrt{2})^2=5-2=3$となるから，これらを与式に代入すると，与式$=(2\sqrt{5})^2+3=20+3=23$である。

(2)＜確率＞右図1のように街路の交差点をC～Hとする。まず，A点からC点，E点へ進む確率はそれぞれ$\frac{1}{2}$である。次に，C点からP点，D点へ進む確率もそれぞれ$\frac{1}{2}$である。よって，A点

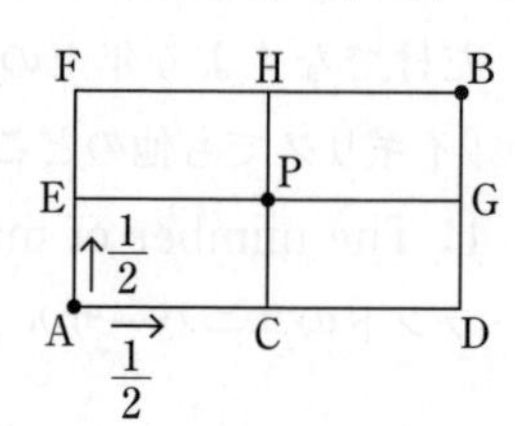

からC点を通ってP点へ進む確率は，A点からC点へ進む確率とC点からP点へ進む確率の積となるから，$\frac{1}{2}\times\frac{1}{2}=\frac{1}{4}$ である。同様に，A点からE点を通ってP点へ進む確率も$\frac{1}{4}$になるから，A点からP点へ進む確率は $\frac{1}{4}+\frac{1}{4}=\frac{1}{2}$ である。さらに，P点からG点，H点へ進む確率はそれぞれ$\frac{1}{2}$で，G点，H点からB点へ進む確率はどちらも1である。したがって，A点からP点とG点を通ってB点へ進む確率は $\frac{1}{2}\times\frac{1}{2}\times1=\frac{1}{4}$ となり，同様に，A点からP点とH点を通ってB点へ進む確率も$\frac{1}{4}$である。以上より，A点からB点まで，最短距離で移動するとき，P点を通る確率は $\frac{1}{4}+\frac{1}{4}=\frac{1}{2}$ である。

(3)<**図形—長さ—三平方の定理**>右図2のひし形ABCDで，対角線AC，BDの交点をOとする。AC<BD，AC$=x$とすると，2つの対角線の長さの和が14であることより，BD$=14-x$と表される。また，ひし形の面積が20であることより，$\frac{1}{2}\times x\times(14-x)=20$が成り立つ。これを解くと，$x(14-x)=40$，$x^2-14x+40=0$，$(x-4)(x-10)=0$，$x=4$，10となる。$x=4$のとき，BD$=14-4=10$，$x=10$のとき，BD$=14-10=4$となり，AC<BDより，AC$=4$，BD$=10$となる。ひし形の対角線は垂直に交わり，それぞれを2等分するから，AO$=$CO$=\frac{1}{2}$AC$=\frac{1}{2}\times4=2$，BO$=$DO$=\frac{1}{2}$BD$=\frac{1}{2}\times10=5$となる。よって，△OABで三平方の定理を利用して，AB$=\sqrt{\mathrm{AO}^2+\mathrm{BO}^2}=\sqrt{2^2+5^2}=\sqrt{29}$ である。

図2

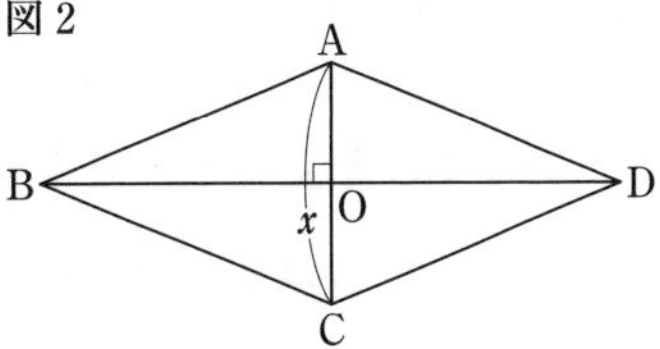

(4)<**数と式—自然数**>a，bが自然数で，$a+b=15$のとき，$a<b$とすると，a，bの組は$(a,\ b)=(1,\ 14)$，$(2,\ 13)$，$(3,\ 12)$，$(4,\ 11)$，$(5,\ 10)$，$(6,\ 9)$，$(7,\ 8)$の7組ある。このうち，abが最大となるのは，$(a,\ b)=(7,\ 8)$のときで，その最大値は$ab=7\times8=56$である。

(5)<**図形—面積—特別な直角三角形**>右図3のように，三角形の各頂点をA，B，Cとし，△ABCの3辺に接する円の中心をP，2辺と円Pに接する3つの円の中心をそれぞれQ，R，S，辺BCと円P，Qの接点をそれぞれD，E，円Pと円Qの接点をFとする。△ABCは正三角形だから，図形の対称性より，点Dは辺BCの中点で，AD⊥BCであり，線分PBは∠ABCの二等分線となる。これより，∠PBD$=\frac{1}{2}$∠ABC$=\frac{1}{2}\times60^\circ=30^\circ$だから，△PBDは3辺の比が$1:2:\sqrt{3}$の直角三角形で，PD$=\frac{1}{\sqrt{3}}BD=\frac{1}{\sqrt{3}}\times\frac{1}{2}BC=\frac{1}{\sqrt{3}}\times\frac{1}{2}\times10=\frac{5\sqrt{3}}{3}$である。また，線分PBは円Pと円Qの接点と，円Qの中心を通り，QE⊥BCとなるから，△QBEも3辺の比が$1:2:\sqrt{3}$の直角三角形である。よって，△QBEにおいて，QE：QB$=1:2$となり，QE$=r$とおくと，PB$=2$PD$=2\times\frac{5\sqrt{3}}{3}=\frac{10\sqrt{3}}{3}$，PQ$=PF+QF=\frac{5\sqrt{3}}{3}+r$より，QB$=PB-PQ=\frac{10\sqrt{3}}{3}-\left(\frac{5\sqrt{3}}{3}+r\right)=\frac{5\sqrt{3}}{3}-r$と表せる。したがって，$r:\left(\frac{5\sqrt{3}}{3}-r\right)=1:2$が成り立ち，これを解くと，$r\times2=\left(\frac{5\sqrt{3}}{3}-r\right)\times1$より，$r=\frac{5\sqrt{3}}{9}$となる。ここで，3つの円Q，R，Sは合同なので，求める

図3

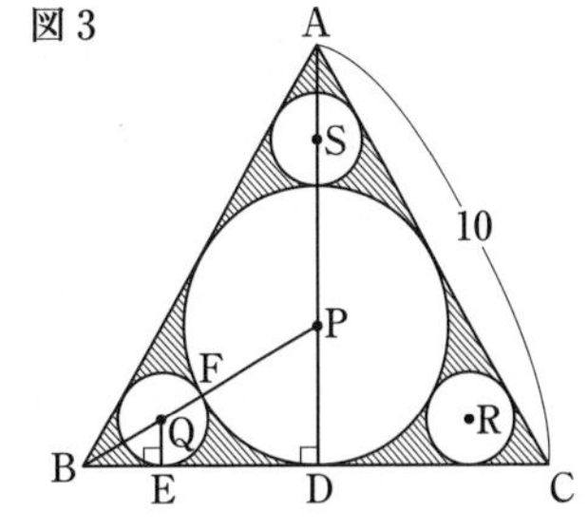

斜線部分の面積は，△ABC－〔円P〕－〔円Q〕×3＝$\frac{1}{2}\times10\times\left(\frac{\sqrt{3}}{2}\times10\right)-\pi\times\left(\frac{5\sqrt{3}}{3}\right)^2-\pi\times\left(\frac{5\sqrt{3}}{9}\right)^2\times3=25\sqrt{3}-\frac{100}{9}\pi$ である。

Ⅲ〔**関数―関数 $y=ax^2$ と直線**〕

≪**基本方針の決定**≫(4)　点Dは線分 AB 上と，BA の延長上の2通りが考えられる。

(1)，(2)<**座標**>右図1で，点A，Bは放物線 $y=\frac{1}{4}x^2$ と直線 $y=-x+3$ の交点だから，2式から y を消去して，$\frac{1}{4}x^2=-x+3$ より，$x^2+4x-12=0$，$(x+6)(x-2)=0$，$x=-6$，2である。よって，$a<b$ より，$a=-6$，$b=2$ である。

図1

(3)<**面積**>右図1のように，直線 AB と y 軸の交点をCとし，△OAB＝△OAC＋△OBC として求める。△OAC，△OBC の底辺を OC と見ると，直線 $y=-x+3$ の切片より OC＝3で，高さは点A，Bの x 座標より，それぞれ6，2となるから，△OAB＝$\frac{1}{2}\times3\times6+\frac{1}{2}\times3\times2=9+3=12$ となる。

(4)<**直線の傾き**>まず，右上図1のように，点Dが線分 AB 上にあり，△OAD：△OBD＝1：3となるときの点Dの座標を求める。△OAD と△OBD は，底辺をそれぞれ AD，BD と見ると高さが等しいことから，面積比は底辺 AD，BD の長さの比に等しくなり，AD：DB＝△OAD：△OBD＝1：3となる。ここで，図1のように点A，D，Bから x 軸にそれぞれ垂線 AA′，DD′，BB′ をひくと，AA′∥DD′∥BB′ だから，A′D′：D′B′＝AD：DB＝1：3となる。A′B′＝2－(－6)＝8だから，A′D′＝$\frac{1}{1+3}$A′B′＝$\frac{1}{4}\times8=2$ となり，点D′ の x 座標は－6＋2＝－4である。点Dの y 座標は，$y=-(-4)+3=7$ となり，D(－4，7)である。よって，このときの直線 OD の傾き m は，$7=-4m$，$m=-\frac{7}{4}$ となる。次に，右図2のように，点Dが点Aより左側にあり，△OAD：△OBD＝1：3となるときの点Dの座標を求める。点Dが線分 AB 上にあるときと同様に考えると，A′D′：D′B′＝1：3となる。これより，A′D′：A′B′＝A′D′：(D′B′－A′D′)＝1：(3－1)＝1：2となり，A′D′＝$\frac{1}{2}$A′B′＝$\frac{1}{2}\times8=4$ となるから，点D′ の x 座標は－6－4＝－10で，点Dの y 座標は，$y=-(-10)+3=13$ となり，D(－10，13)である。よって，このときの直線 OD の傾きは，$13=-10m$，$m=-\frac{13}{10}$ となる。以上より，$m=-\frac{13}{10}$，$-\frac{7}{4}$ である。

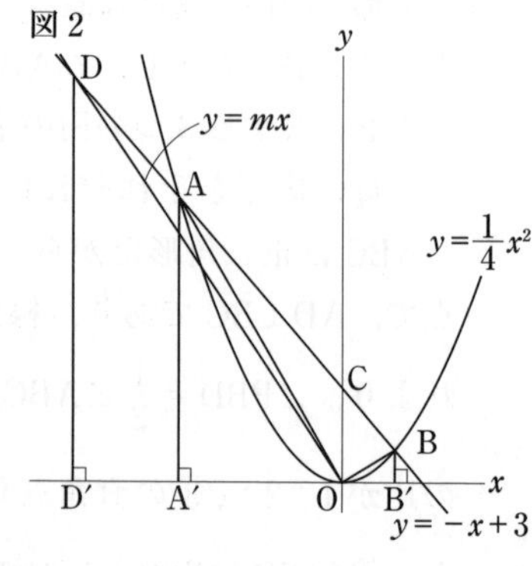

Ⅳ〔**数と式―数の性質**〕

(1)<**式の値**>$\sqrt{21}$ は，$\sqrt{16}<\sqrt{21}<\sqrt{25}$，$4<\sqrt{21}<5$ より，整数部分は4である。よって，$[\sqrt{21}]=4$ となる。

(2)<**式の値**>$3\sqrt{6}=\sqrt{3^2\times6}=\sqrt{54}$ より，$\sqrt{49}<\sqrt{54}<\sqrt{64}$，$7<\sqrt{54}<8$ だから，整数部分は7である。よって，$[3\sqrt{6}]=7$ となる。

⑶＜**式の値**＞$2\sqrt{10}=\sqrt{2^2\times10}=\sqrt{40}$ とすると，$\sqrt{36}<\sqrt{40}<\sqrt{49}$，$6<\sqrt{40}<7$ である。それぞれから2をひいても不等号の向きは変わらないから，$6-2<\sqrt{40}-2<7-2$ より，$4<\sqrt{40}-2<5$ となる。さらに，それぞれを3でわっても不等号の向きは変わらないから，$\frac{4}{3}<\frac{\sqrt{40}-2}{3}<\frac{5}{3}$ となる。よって，$\frac{4}{3}=1.33\cdots$，$\frac{5}{3}=1.66\cdots$ より，$\frac{\sqrt{40}-2}{3}$ の整数部分は1となるから，$\left[\frac{2\sqrt{10}-2}{3}\right]=1$ である。

⑷＜**式の値，個数**＞①，②$[\sqrt{n}]=10$ のとき，$10\leqq\sqrt{n}<11$ だから，$\sqrt{10^2}\leqq\sqrt{n}<\sqrt{11^2}$，$\sqrt{100}\leqq\sqrt{n}<\sqrt{121}$，$100\leqq n<121$ となる。よって，n は自然数だから，最大値は120で，最小値は100である。
③$10\leqq[\sqrt{n}]\leqq20$ のとき，$\sqrt{n}$ の整数部分は10以上20以下である。このとき，$10\leqq\sqrt{n}<21$ と考えられるから，$\sqrt{10^2}\leqq\sqrt{n}<\sqrt{21^2}$，$\sqrt{100}\leqq\sqrt{n}<\sqrt{441}$，$100\leqq n<441$ より，自然数 n は100以上440以下である。よって，自然数 n の個数は，$440-100+1=341$（個）となる。

国語解答

一　問一　㋐…④　㋑…②　㋒…①　㋓…③　㋔…⑤
問二　④　問三　②　問四　①
問五　③　問六　⑤　問七　④

二　問一　㋐…④　㋑…②　㋒…①
問二　③　問三　⑤　問四　④
問五　②　問六　②

三　問一　㋐…②　㋑…①　㋒…①
問二　④　問三　②　問四　③
問五　④

一〔論説文の読解―社会学的分野―現代文明〕出典；太田充胤「栄養表示だらけ『サプリメント』みたいなコンビニ食の正体　現代社会を漂う『エビデンスの幽霊』」（「現代ビジネス」2019年６月15日）。

≪**本文の概要**≫食品中の栄養素や，栄養素が身体に与える影響を明らかにする学問が，栄養学や疫学である。これらの学問から算出されたエビデンス（科学的な根拠）は，しばしば食品産業に都合よく利用されてしまう。コンビニの新商品「サラダフィッシュ」では，EPAやDHAを含有していることばかりが強調され，おいしさや塩分の含有量は軽視されて，サプリメントのように売られている。しかも，EPAやDHAの含有量は，微々たるものなのである。EPAやDHAが健康によいというエビデンスは，中身のない記号となり，正しい選択を支援するものではなく，消費者をミスリードする存在になっている。このような変わり果てたエビデンスを，筆者は「エビデンスの幽霊」と呼んでいる。人々が，エビデンスの確かさを吟味せず，誰かがエビデンスとして提示してくれることだけを重視して，判断の責任を回避することによって，社会に「エビデンスの幽霊」がはびこっているのである。

問一＜漢字＞㋐「提唱」は，新しい意見や考えを主張すること。①は「承認」，②は「戸籍抄本」，③は「愛称」，⑤は「招待券」。　㋑「人口に膾炙する」は，人々の話題になって広く知れ渡る，という意味。①は「理工学部」，③は「講和条約」，④は「幸運」，⑤は「行進曲」。　㋒「淡白」は，味・色・感じなどが，あっさりしていること。②は「単身者」，③は「愁嘆場」，④は「炭水化物」，⑤は「減反政策」。　㋓「威光」は，人を自然に従わせるような勢いや力のこと。①は「偉人」，②は「胸囲」，④は「推移」，⑤は「遺跡」。　㋔「三段論法」は，二段階の前提から一つの結論を導く論証方法のこと。①は「団地」，②は「談笑」，③は「糾弾」，④は「断定的」。

問二＜熟語の構成＞「調味」は，下の字が上の字の目的語になっている熟語。

問三＜文章内容＞「サラダフィッシュ」は，含まれている栄養素を強調しているが，おいしいものではなかった。食事が，味わって「食べる」ものから，サプリメントのように栄養素を「とる」ものになっているのである。

問四＜文章内容＞ジョージー・スクリニスは，ある製品に「栄養成分が含まれているか否かに焦点をあてることで，製品の過剰消費や製造工程による危険性が身体につきつける全体的な問題を覆い隠してしまう」と指摘している。「サラダフィッシュ」は，製造工程に危険性はないと思われるが，過剰消費による危険性はある。また，味は軽視されているし，肝心のEPA・DHAの含有量が少なく，健康によい影響を及ぼす量ではないという大問題がある。

問五＜文章内容＞サラダフィッシュの原材料であるスケソウダラは，脂質の多い魚ではなく，EPA・DHAの含有量は少ない。魚にはEPA・DHAが含まれており健康によいという消費者の知識を利用して，「フィッシュ」は，消費者に健康によいと思わせるための記号になっている。

問六＜文章内容＞科学的な根拠であるはずのエビデンスが，一般の消費者に広く知れわたる間に徐々に変質し，中身のない記号となってしまう。形ばかりとなった「エビデンスの幽霊」は，正しい選択を支援するのではなく，「消費者をミスリードするような存在」になっている。

問七＜文章内容＞「エビデンスの幽霊」がはびこる背景には，重要ではない判断においてもエビデンスを求める消費者の姿勢がある。しかも，その消費者は，エビデンスの確からしさを吟味しない。「確からしいとされていること，誰かがそれをエビデンスとして提示してくれること」のみが重要であり，そうした消費者は，「エビデンスの幽霊」に意思決定を委ねてしまっているのである。

二〔**小説の読解**〕出典；長野まゆみ『チマチマ記』。

問一㋐＜語句＞「卒寿」は，九十歳，またそのお祝いのこと。七十歳は「古希」，八十歳は「傘寿」，八十八歳は「米寿」，百歳は「紀寿」や「百寿」という。　　㋑**＜慣用句＞**「寝首をかかれる」は，寝ているところを襲われて首を切られることから転じて，油断しているところを卑劣な手段でおとしいれられる，という意味。　　㋒**＜語句＞**「ひねくれる」は，曲がっている，素直ではなくねじけている，という意味。

問二＜文章内容＞ご隠居さんへの配達は口実で，おじいちゃんは，最初から「大好物の蒸し豆腐を食べに，ちょっとだけ〈うきよ船〉に立ちよるつもり」だった。

問三＜四字熟語＞「灯台もとくらし」とは，灯台は周囲を明るく照らすが，灯台のすぐ下は暗いように，身近なことには気がつきにくい，という意味のことわざ。「傍目（おかめ）八目」は，他人の囲碁をそばで見ていると，対局者よりも冷静に手が読めるという意味から，当事者よりも第三者の方が冷静に判断できるということ（⑤…○）。「克己復礼」は，自制して社会の規範や礼儀にかなった言動を取ること。「有名無実」は，名前ばかりが有名で，実質を伴わないこと。「馬耳東風」は，他人の意見や批評を気にとめず聞き流すこと。「明哲保身」は，利口で知識のある人は，危険を避けて身を安全に保つということ。

問四＜心情＞「ぼく」と弟は，飼い主とはぐれて以来，放浪生活を続けて，首輪も外してしまった。「ぼく」は，弟が風邪をひきかけていたので，おじいちゃんが「ぼく」たちを拾ってくれたことに，ほっとした。

問五＜文章内容＞「ぼく」は，小娘に「だんご姫」と連呼はしたが，声には出さなかったのに，小娘は何かを察したのか，「ハラマキ！」と言い返してきた。「ぼく」は，小娘を「好敵手だ」と思った自分の勘が正しかったと感じ，小娘を手ごわい存在だと思った。

問六＜表現＞①冒頭の三行では，登場人物の名前や仕事，これから何が書かれるのかが記されており，何が始まるのかと読者に期待させる導入となっている（…○）。　②オノマトペとは，擬音語，擬声語，擬態語のことで，「とろとろ」「ふうふう」が使われている。オノマトペの効果は，情景を豊かに伝えることである（…×）。　③「ぼく」の耳の色や，弟の迷子タグについて，かっこを使って補足的に表現することで，情報が増えている（…○）。　④色の表現に食べ物を使うことによって，具体的な色をイメージさせている（…○）。　⑤「ぼく」の正体が，動物であることの描写がないまま物語が始まり，少しずつ「ぼく」が何なのかわかってくるように描写されている（…○）。

三〔**古文の読解―説話**〕出典；『古本説話集』第四十四。

≪**現代語訳**≫今となっては昔のことだが，大隅の国の国司が，国の政治を取り仕切っている間に，郡司がだらしないことなどがあったので，「(郡司を)呼びにやって，処罰しよう」と言って，人を遣わした。前にもこのようにだらしないことがあった場合には，罪(の軽重)に従って重く(したり)軽く(したりして)戒めたことがあった。それは，一度ではなく，たびたび重なってあったことなので，この郡司も処罰しようとして，呼んだのであった。

さて，「ここに(郡司を)呼んでおります」と従者が言ったので，以前したようにうつ伏せにして，罪人の尻や頭を押さえつける役目の者，むちを切って用意して，(むちを)打つ人などを用意していたが，従者二人で(郡司を)引っ張って連れてくるのを見ると，(郡司は)頭は黒い髪も交じらず，たいそう白い。(郡司が高齢であるのを，国司は)見て，(郡司をむちで)打たせることを気の毒に思ったので，「何事に理由をつけて，これを許そうか」と思うが，理由をつけるべきことがない。罪状を片端から尋ねたところ，(郡司は)ただ老いたことばかりを口実に答えている。「どうやってこれを許そうか」と(国司は)思って，「お前はとんでもない不届き者だなぁ。そうではあっても，歌はよむか」と言うと，(郡司は)「しっかりしてはおりませんが，よみましょう」と答える。(国司が)「さあ，よめ」と言うと，(郡司は)まもなく，震える声でよみあげた。

年を取り，雪が積もったように頭は白くなったのに，(むちの罰を受けることになり)むちを見て，(霜を見て冷えるように，おそろしさで)体は冷えきったことだ

とよんだので，国司はとても感心し，しみじみと感慨深く思って，(郡司を)許してやった。

問一＜**古語**＞㋐「まうけて」は，用意する，という意味の動詞「まうく」の連用形「まうけ」に，接続助詞「て」がついたもの。　㋑「はかばかしう」は，しっかりしている，という意味の形容詞「はかばかし」の連用形「はかばかしく」の語尾「く」が，ウ音便化して「はかばかしう」となったもの。　㋒「つかまつりてむ」は，いたす，という意味の動詞「つかまつる」の連用形に，強意を表す助動詞「つ」の未然形「て」，意志を表す助動詞「む」がついたもので，きっといたしましょう，という意味。郡司は，歌をよむか，と国司に問われて，よみましょう，と答えたのである。

問二＜**古文の内容理解**＞国司は，政治を取り仕切っている間に，郡司がだらしないことなどがあったので，人を遣わしてその郡司を呼び寄せた(①・②…×)。国司は，連れられてきた郡司が高齢であるのを見て，むちで打たせることを気の毒に思った(③…×)。郡司は，罪を問われたが，老いたことばかりを口実として答えた(④…○)。国司は，郡司に歌をよむよう促した(⑤…×)。

問三＜**古文の内容理解**＞国司は，郡司を処罰しようと思って呼んだのだが，郡司が髪が真っ白なほど高齢なのを見て，処罰せずに許す方法はないものかと考えた。

問四＜**和歌の技法**＞郡司は，頭が雪のように白いとよんだことに続けて，雪から連想する霜と，これから行われるであろうむち打ちに使われるむちをかけて，「しもと」とよんでいる。

問五＜**文学史**＞①『源氏物語』は，平安時代中期に紫式部が書いた物語。　②『竹取物語』は，平安時代初期の物語で，作者は不明。　③『万葉集』は，奈良時代の歌集。　④『風姿花伝』は，室町時代に世阿弥が書いた能楽論書(…○)。　⑤『日本書紀』は，奈良時代の歴史書。

当社発行物の無断使用は固くお断りいたします。御使用の前はまずご相談ください。

当社発行物には500点余の首都圏中・高過去問をはじめ、6点の学校案内、そのほかいくつかの情報誌などがございます。その多くが年度版で、限られたスタッフが来るべき受験シーズン前に余裕を持って受験生へ届けられるよう、日夜作業にあたり出版を重ねております。

最近、通塾生ご父母や塾内部からの告発によって、いくつかの塾が許諾なしに当社過去問を複写（コピー）し生徒に配布、授業等にも使用していることが発覚し、その一部が紛争、係争に至っております。過去問には原著作者や管理団体、代行出版等のほか、当社に著作権がございます。当社としましては、著作権侵害の発覚に対しては著作権を有するこれらの著作権関係者にその事実を開示して、マスコミにリリースする場合や法的な措置を取る場合がございます。その事例としましては、毎年当社過去問の発行を待って自由にシステム化使用していたＡ塾、個別教室でコピーを生徒に解かせ指導していたＢ塾、冊子化していたＣ社、生徒の希望によって書籍の過去問代わりにコピーを配布していたＤ塾などがあります。

当社発行物の全部もしくは一部を無断使用することは固くお断りいたします。

当社コンテンツの中にはリーズナブルな設定で紙面の利用を許諾している塾もたくさんございますので、ご希望の方は、お気軽にご相談くださいますようお願いします。同時に、当社発行物を無断で使用している会社などにつきましての情報もお寄せいただければ幸いです。

株式会社 声の教育社

2025年度用

高校スーパー過去問

■編集人　声の教育社・編集部
■発行所　株式会社　声の教育社
〒162-0814 東京都新宿区新小川町8-15
☎03-5261-5061(代) FAX03-5261-5062
https://www.koenokyoikusha.co.jp

※本書の内容についての一切の責任は当社にあります。内容・解説・解答その他の質問等は文書にて当社に御郵送くださるようお願いいたします。

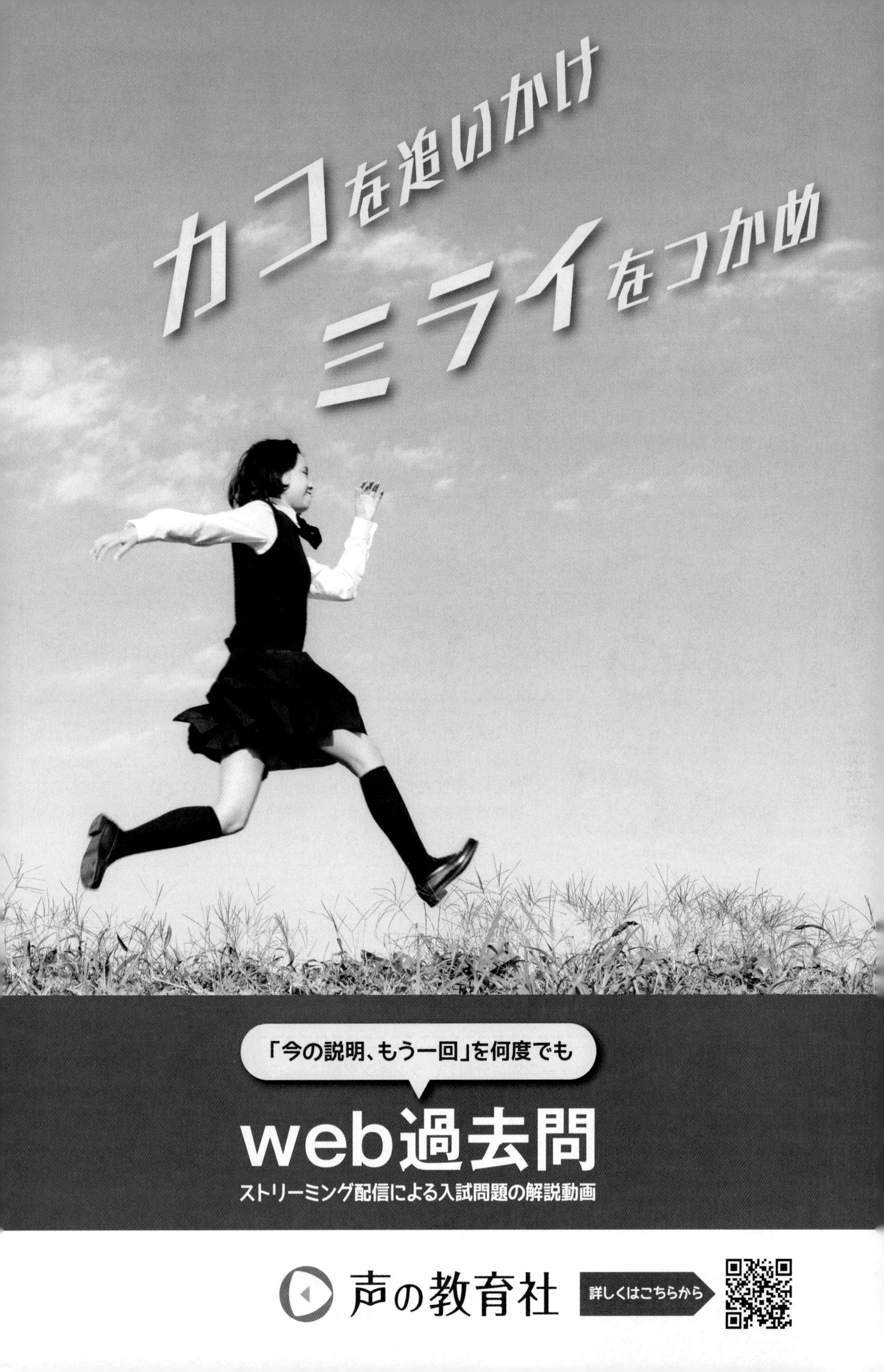
カコを追いかけ
ミライをつかめ
「今の説明、もう一回」を何度でも
web過去問
ストリーミング配信による入試問題の解説動画
声の教育社
詳しくはこちらから

春日部共栄高等学校

別冊 解答用紙

★合格者最低点

		2024年度	2023年度	2022年度	2021年度	2020年度
第１回	単願	選　抜 208	選　抜 221	選　抜 206	選　抜 225	選　抜 220
		特進Ｅ 172	特進Ｅ 192	特進Ｅ 178	特進Ｅ 201	特進Ｅ 191
		特進Ｓ 127	特進Ｓ 138	特進Ｓ 130	特進Ｓ 149	特進Ｓ 143
	併願	選　抜 222	選　抜 238	選　抜 222	選　抜 238	選　抜 232
		特進Ｅ 188	特進Ｅ 211	特進Ｅ 199	特進Ｅ 214	特進Ｅ 205
		特進Ｓ 154	特進Ｓ 175	特進Ｓ 163	特進Ｓ 178	特進Ｓ 171
第２回		選　抜 212	選　抜 219	選　抜 225	選　抜 233	選　抜 228
		特進Ｅ 180	特進Ｅ 193	特進Ｅ 201	特進Ｅ 207	特進Ｅ 201
		特進Ｓ 146	特進Ｓ 152	特進Ｓ 166	特進Ｓ 170	特進Ｓ 163

注意

○ 解答用紙は、収録の都合により縮小したものや、小社独自に作成したものもあります。
○ 学校配点は学校発表のもの、推定配点は小社で作成したものです。
○ 無断転載を禁じます。
○ 解答用紙を拡大コピーする場合、表示した拡大率に対応する用紙サイズは以下のとおりです。
101%～102%=B5　103%～118%=A4　119%～144%=B4　145%～167%=A3
（タイトルと配点表は含みません）

２０２４年度　春日部共栄高等学校・第１回

英語解答用紙

評点
/100

氏名	フリガナ

出身中学校	立　　中学校

受験番号

⓪	⓪	⓪	⓪
①	①	①	①
②	②	②	②
③	③	③	③
④	④	④	④
⑤	⑤	⑤	⑤
⑥	⑥	⑥	⑥
⑦	⑦	⑦	⑦
⑧	⑧	⑧	⑧
⑨	⑨	⑨	⑨

1	解答番号	解答欄 1 2 3 4
No. 1	1	①②③④
No. 2	2	①②③④
No. 3	3	①②③④
No. 4	4	①②③④
No. 5	5	①②③④
No. 6	6	①②③④
No. 7	7	①②③④

2	解答番号	解答欄 1 2 3 4
問 1	8	①②③④
問 2	9	①②③④
問 3	10	①②③④
問 4	11	①②③④
問 5	12	①②③④
問 6	13	①②③④
問 7	14	①②③④
問 8	15	①②③④
問 9	16	①②③④
問 10	17	①②③④

3	解答番号	解答欄 1 2 3 4 5 6 7 8
問 1	18	①②③④
問 2	19	①②③④
問 3	20	①②③④
問 4	21	①②③④
問 5	22	①②③④
問 6	23	①②③④
問 7	24	①②③④
問 8	25	①②③④
問 9	26	①②③④⑤⑥⑦⑧
	27	①②③④⑤⑥⑦⑧
	28	①②③④⑤⑥⑦⑧

4	解答番号	解答欄 1 2 3 4 5 6
問 1	29	①②③④⑤⑥
	30	①②③④⑤⑥
問 2	31	①②③④⑤⑥
	32	①②③④⑤⑥
問 3	33	①②③④⑤⑥
	34	①②③④⑤⑥
問 4	35	①②③④⑤⑥
	36	①②③④⑤⑥
問 5	37	①②③④⑤⑥
	38	①②③④⑤⑥

注意事項

1. 受験番号を記入し、マークしなさい。
2. 訂正は、消しゴムできれいに消し、消しくずを残してはいけません。
3. 所定の欄以外にはマークしたり、記入したりしてはいけません。
4. 汚したり、折りまげたりしてはいけません。

（マーク例）

良い例	悪い例
●	◉ ⊠ ●

（注）この解答用紙は実物を縮小してあります。Ａ３用紙に147％拡大コピーすると、ほぼ実物大で使用できます。（タイトルと配点表は含みません）

学校配点	
1 No.1～No.4 各2点×4　No.5～No.7 各4点×3 2 問1～問9 各3点×9　問10 5点 3 問1～問3 各3点×3　問4 2点　問5 3点　問6、問7 各2点×2　問8 3点　問9 各4点×3 4 各3点×5	
100点	計

2024年度　春日部共栄高等学校・第1回

数学解答用紙

評点　／100

氏名	フリガナ

出身中学校	立　中学校

受験番号			
0	0	0	0
1	1	1	1
2	2	2	2
3	3	3	3
4	4	4	4
5	5	5	5
6	6	6	6
7	7	7	7
8	8	8	8
9	9	9	9

注意事項

1. 受験番号を記入し、マークしなさい。
2. 訂正は、消しゴムできれいに消し、消しくずを残してはいけません。
3. 所定の欄以外にはマークしたり、記入したりしてはいけません。
4. 汚したり、折りまげたりしてはいけません。

(マーク例)

良い例	悪い例
●	◐ ⊗ ◓

Ⅰ		解答欄										
		−	0	1	2	3	4	5	6	7	8	9
(1)	ア	−	0	1	2	3	4	5	6	7	8	9
	イ	−	0	1	2	3	4	5	6	7	8	9
(2)	ウ	−	0	1	2	3	4	5	6	7	8	9
	エ	−	0	1	2	3	4	5	6	7	8	9
	オ	−	0	1	2	3	4	5	6	7	8	9
	カ	−	0	1	2	3	4	5	6	7	8	9
	キ	−	0	1	2	3	4	5	6	7	8	9
(3)	ク	−	0	1	2	3	4	5	6	7	8	9
	ケ	−	0	1	2	3	4	5	6	7	8	9
(4)	コ	−	0	1	2	3	4	5	6	7	8	9
	サ	−	0	1	2	3	4	5	6	7	8	9
	シ	−	0	1	2	3	4	5	6	7	8	9
	ス	−	0	1	2	3	4	5	6	7	8	9
(5)	セ	−	0	1	2	3	4	5	6	7	8	9
	ソ	−	0	1	2	3	4	5	6	7	8	9
	タ	−	0	1	2	3	4	5	6	7	8	9
(6)	チ	−	0	1	2	3	4	5	6	7	8	9

Ⅱ		解答欄										
		−	0	1	2	3	4	5	6	7	8	9
(1)	ア	−	0	1	2	3	4	5	6	7	8	9
	イ	−	0	1	2	3	4	5	6	7	8	9
(2)	ウ	−	0	1	2	3	4	5	6	7	8	9
	エ	−	0	1	2	3	4	5	6	7	8	9
	オ	−	0	1	2	3	4	5	6	7	8	9
(3)	カ	−	0	1	2	3	4	5	6	7	8	9
	キ	−	0	1	2	3	4	5	6	7	8	9
	ク	−	0	1	2	3	4	5	6	7	8	9
(4)	ケ	−	0	1	2	3	4	5	6	7	8	9
	コ	−	0	1	2	3	4	5	6	7	8	9
	サ	−	0	1	2	3	4	5	6	7	8	9
(5)	シ	−	0	1	2	3	4	5	6	7	8	9
	ス	−	0	1	2	3	4	5	6	7	8	9
	セ	−	0	1	2	3	4	5	6	7	8	9
	ソ	−	0	1	2	3	4	5	6	7	8	9
	タ	−	0	1	2	3	4	5	6	7	8	9
	チ	−	0	1	2	3	4	5	6	7	8	9
	ツ	−	0	1	2	3	4	5	6	7	8	9
	テ	−	0	1	2	3	4	5	6	7	8	9
(6)	ト	−	0	1	2	3	4	5	6	7	8	9
	ナ	−	0	1	2	3	4	5	6	7	8	9

Ⅲ		解答欄										
		−	0	1	2	3	4	5	6	7	8	9
(1)	ア	−	0	1	2	3	4	5	6	7	8	9
(2)	イ	−	0	1	2	3	4	5	6	7	8	9
	ウ	−	0	1	2	3	4	5	6	7	8	9
(3)	エ	−	0	1	2	3	4	5	6	7	8	9
	オ	−	0	1	2	3	4	5	6	7	8	9
	カ	−	0	1	2	3	4	5	6	7	8	9
(4)	キ	−	0	1	2	3	4	5	6	7	8	9
	ク	−	0	1	2	3	4	5	6	7	8	9
	ケ	−	0	1	2	3	4	5	6	7	8	9
	コ	−	0	1	2	3	4	5	6	7	8	9
	サ	−	0	1	2	3	4	5	6	7	8	9
	シ	−	0	1	2	3	4	5	6	7	8	9
	ス	−	0	1	2	3	4	5	6	7	8	9
	セ	−	0	1	2	3	4	5	6	7	8	9

Ⅳ		解答欄										
		−	0	1	2	3	4	5	6	7	8	9
(1)	ア	−	0	1	2	3	4	5	6	7	8	9
(2)	イ	−	0	1	2	3	4	5	6	7	8	9
(3)	ウ	−	0	1	2	3	4	5	6	7	8	9
	エ	−	0	1	2	3	4	5	6	7	8	9
	オ	−	0	1	2	3	4	5	6	7	8	9
	カ	−	0	1	2	3	4	5	6	7	8	9
	キ	−	0	1	2	3	4	5	6	7	8	9
	ク	−	0	1	2	3	4	5	6	7	8	9
(4)	ケ	−	0	1	2	3	4	5	6	7	8	9
	コ	−	0	1	2	3	4	5	6	7	8	9

(注) この解答用紙は実物を縮小してあります。A３用紙に152%拡大コピーすると、ほぼ実物大で使用できます。(タイトルと配点表は含みません)

学校配点	
Ⅰ Ⅱ Ⅲ 各5点×6 Ⅱ (1)～(4) 各5点×4　(5)、(6) 各2点×5〔(6)は各2点×2〕 Ⅲ、Ⅳ 各4点×10	
100点	計

二〇二四年度　春日部共栄高等学校・第一回

国語解答用紙

評点　/100

出身中学校	立　　　中学校

氏名	フリガナ

一		解答欄 1	2	3	4
問一	1	①	②	③	④
問二	2	①	②	③	④
問三	3	①	②	③	④
問四	4	①	②	③	④
問五	5	①	②	③	④

二		解答欄 1	2	3	4
問一 ㋐	6	①	②	③	④
問一 ㋑	7	①	②	③	④
問一 ㋒	8	①	②	③	④
問一 ㋓	9	①	②	③	④
問一 ㋔	10	①	②	③	④
問二	11	①	②	③	④
問三	12	①	②	③	④
問四	13	①	②	③	④

三		解答欄 1	2	3	4
問一	14	①	②	③	④
問二	15	①	②	③	④
問三	16	①	②	③	④
問四	17	①	②	③	④
問五	18	①	②	③	④
問六	19	①	②	③	④

四		解答欄 1	2	3	4
問一 ㋐	20	①	②	③	④
問一 ㋑	21	①	②	③	④
問二	22	①	②	③	④
問三	23	①	②	③	④
問四	24	①	②	③	④

五		解答欄 1	2	3	4
問一	25	①	②	③	④
問二	26	①	②	③	④

受験番号			
⓪	⓪	⓪	⓪
①	①	①	①
②	②	②	②
③	③	③	③
④	④	④	④
⑤	⑤	⑤	⑤
⑥	⑥	⑥	⑥
⑦	⑦	⑦	⑦
⑧	⑧	⑧	⑧
⑨	⑨	⑨	⑨

注意事項

1. 受験番号を記入し、マークしなさい。
2. 訂正は、消しゴムできれいに消し、消しくずを残してはいけません。
3. 所定の欄以外にはマークしたり、記入したりしてはいけません。
4. 汚したり、折りまげたりしてはいけません。

（マーク例）

良い例	悪い例
●	◐ ⊠ ◓

（注）この解答用紙は実物を縮小してあります。Ａ３用紙に147%拡大コピーすると、ほぼ実物大で使用できます。（タイトルと配点表は含みません）

学校配点

一　問一、問二　各4点×2　問三～問五　各5点×3
二　問一　各2点×5　問二～問四　各3点×3
三　問一　5点　問二、問三　各4点×2　問四～問六　各5点×3
四　問一　各3点×2　問二、問三　各5点×2　問四　4点
五　各5点×2

100点	計

２０２４年度　春日部共栄高等学校・第２回

英語解答用紙

評点　／100

出身中学校	立　　　中学校

氏名	フリガナ

受験番号

⓪	⓪	⓪	⓪
①	①	①	①
②	②	②	②
③	③	③	③
④	④	④	④
⑤	⑤	⑤	⑤
⑥	⑥	⑥	⑥
⑦	⑦	⑦	⑦
⑧	⑧	⑧	⑧
⑨	⑨	⑨	⑨

1	解答番号	解答欄 1 2 3 4
No. 1	1	① ② ③ ④
No. 2	2	① ② ③ ④
No. 3	3	① ② ③ ④
No. 4	4	① ② ③ ④
No. 5	5	① ② ③ ④
No. 6	6	① ② ③ ④
No. 7	7	① ② ③ ④

2	解答番号	解答欄 1 2 3 4
問 1	8	① ② ③ ④
問 2	9	① ② ③ ④
問 3	10	① ② ③ ④
問 4	11	① ② ③ ④
問 5	12	① ② ③ ④
問 6	13	① ② ③ ④
問 7	14	① ② ③ ④
問 8	15	① ② ③ ④
問 9	16	① ② ③ ④
問 10	17	① ② ③ ④

3	解答番号	解答欄 1 2 3 4 5 6 7 8
問 1	18	① ② ③ ④
問 2	19	① ② ③ ④
問 3	20	① ② ③ ④
問 4	21	① ② ③ ④
問 5	22	① ② ③ ④
問 6	23	① ② ③ ④
問 7	24	① ② ③ ④
問 8	25	① ② ③ ④
問 9	26	① ② ③ ④ ⑤ ⑥ ⑦ ⑧
	27	① ② ③ ④ ⑤ ⑥ ⑦ ⑧
	28	① ② ③ ④ ⑤ ⑥ ⑦ ⑧

4	解答番号	解答欄 1 2 3 4 5 6
問 1	29	① ② ③ ④ ⑤ ⑥
	30	① ② ③ ④ ⑤ ⑥
問 2	31	① ② ③ ④ ⑤ ⑥
	32	① ② ③ ④ ⑤ ⑥
問 3	33	① ② ③ ④ ⑤ ⑥
	34	① ② ③ ④ ⑤ ⑥
問 4	35	① ② ③ ④ ⑤ ⑥
	36	① ② ③ ④ ⑤ ⑥
問 5	37	① ② ③ ④ ⑤ ⑥
	38	① ② ③ ④ ⑤ ⑥

注 意 事 項

1. 受験番号を記入し、マークしなさい。
2. 訂正は、消しゴムできれいに消し、消しくずを残してはいけません。
3. 所定の欄以外にはマークしたり、記入したりしてはいけません。
4. 汚したり、折りまげたりしてはいけません。

（マーク例）

良い例	悪い例
●	◐ ☒ ◓

（注）この解答用紙は実物を縮小してあります。Ａ３用紙に147％拡大コピーすると、ほぼ実物大で使用できます。（タイトルと配点表は含みません）

学校配点	
1 No.1～No.4 各2点×4　No.5～No.7 各4点×3 2 問1～問9 各3点×9　問10 5点 3 問1 2点　問2～問5 各3点×4　問6 2点　問7 3点　問8 2点　問9 各4点×3 4 各3点×5	
100点	計

2024年度 春日部共栄高等学校・第2回

数学解答用紙

氏名	フリガナ
出身中学校	立　　　中学校

評点 /100

受験番号

I		解答欄
(1)	ア	－ 0 1 2 3 4 5 6 7 8 9
	イ	－ 0 1 2 3 4 5 6 7 8 9
	ウ	－ 0 1 2 3 4 5 6 7 8 9
	エ	－ 0 1 2 3 4 5 6 7 8 9
(2)	オ	－ 0 1 2 3 4 5 6 7 8 9
(3)	カ	－ 0 1 2 3 4 5 6 7 8 9
(4)	キ	－ 0 1 2 3 4 5 6 7 8 9
(5)	ク	－ 0 1 2 3 4 5 6 7 8 9
	ケ	－ 0 1 2 3 4 5 6 7 8 9
(6)	コ	－ 0 1 2 3 4 5 6 7 8 9
	サ	－ 0 1 2 3 4 5 6 7 8 9

II		解答欄
(1)	ア	－ 0 1 2 3 4 5 6 7 8 9
	イ	－ 0 1 2 3 4 5 6 7 8 9
(2)	ウ	－ 0 1 2 3 4 5 6 7 8 9
	エ	－ 0 1 2 3 4 5 6 7 8 9
(3)	オ	－ 0 1 2 3 4 5 6 7 8 9
	カ	－ 0 1 2 3 4 5 6 7 8 9
	キ	－ 0 1 2 3 4 5 6 7 8 9
	ク	－ 0 1 2 3 4 5 6 7 8 9
	ケ	－ 0 1 2 3 4 5 6 7 8 9
(4)	コ	－ 0 1 2 3 4 5 6 7 8 9
	サ	－ 0 1 2 3 4 5 6 7 8 9
	シ	－ 0 1 2 3 4 5 6 7 8 9
(5)	ス	－ 0 1 2 3 4 5 6 7 8 9
	セ	－ 0 1 2 3 4 5 6 7 8 9
	ソ	－ 0 1 2 3 4 5 6 7 8 9
(6)	タ	－ 0 1 2 3 4 5 6 7 8 9
	チ	－ 0 1 2 3 4 5 6 7 8 9
	ツ	－ 0 1 2 3 4 5 6 7 8 9
	テ	－ 0 1 2 3 4 5 6 7 8 9
	ト	－ 0 1 2 3 4 5 6 7 8 9
	ナ	－ 0 1 2 3 4 5 6 7 8 9
	ニ	－ 0 1 2 3 4 5 6 7 8 9
	ヌ	－ 0 1 2 3 4 5 6 7 8 9
	ネ	－ 0 1 2 3 4 5 6 7 8 9
	ノ	－ 0 1 2 3 4 5 6 7 8 9
	ハ	－ 0 1 2 3 4 5 6 7 8 9

III		解答欄
(1)	ア	－ 0 1 2 3 4 5 6 7 8 9
	イ	－ 0 1 2 3 4 5 6 7 8 9
	ウ	－ 0 1 2 3 4 5 6 7 8 9
	エ	－ 0 1 2 3 4 5 6 7 8 9
	オ	－ 0 1 2 3 4 5 6 7 8 9
	カ	－ 0 1 2 3 4 5 6 7 8 9
(2)	キ	－ 0 1 2 3 4 5 6 7 8 9
	ク	－ 0 1 2 3 4 5 6 7 8 9

IV		解答欄
(1)	ア	－ 0 1 2 3 4 5 6 7 8 9
	イ	－ 0 1 2 3 4 5 6 7 8 9
(2)	ウ	－ 0 1 2 3 4 5 6 7 8 9
	エ	－ 0 1 2 3 4 5 6 7 8 9
(3)	オ	－ 0 1 2 3 4 5 6 7 8 9
	カ	－ 0 1 2 3 4 5 6 7 8 9
(4)	キ	－ 0 1 2 3 4 5 6 7 8 9
	ク	－ 0 1 2 3 4 5 6 7 8 9
	ケ	－ 0 1 2 3 4 5 6 7 8 9
	コ	－ 0 1 2 3 4 5 6 7 8 9
(5)	サ	－ 0 1 2 3 4 5 6 7 8 9
	シ	－ 0 1 2 3 4 5 6 7 8 9
	ス	－ 0 1 2 3 4 5 6 7 8 9
	セ	－ 0 1 2 3 4 5 6 7 8 9

注意事項

1. 受験番号を記入し、マークしなさい。
2. 訂正は、消しゴムできれいに消し、消しくずを残してはいけません。
3. 所定の欄以外にはマークしたり、記入したりしてはいけません。
4. 汚したり、折りまげたりしてはいけません。

(マーク例)

良い例	悪い例
●	◉ ⊠ ●

(注) この解答用紙は実物を縮小してあります。A３用紙に152%拡大コピーすると、ほぼ実物大で使用できます。(タイトルと配点表は含みません)

学校配点

I (1)、(2) 各5点×2 (3) 4点 (4)、(5) 各5点×2 (6) 各3点×2

II (1)、(2) 各4点×2 (3) 各2点×3 (4)、(5) 各4点×2 (6) 各2点×4

III 各5点×4

IV (1)～(3) 各3点×3 (4) 4点 (5) サ 3点 シ～セ 4点

計	100点

二〇二四年度　春日部共栄高等学校・第二回

国語解答用紙

評点　／100

出身中学校	立　中学校

氏名	フリガナ

受験番号

⓪	⓪	⓪	⓪
①	①	①	①
②	②	②	②
③	③	③	③
④	④	④	④
⑤	⑤	⑤	⑤
⑥	⑥	⑥	⑥
⑦	⑦	⑦	⑦
⑧	⑧	⑧	⑧
⑨	⑨	⑨	⑨

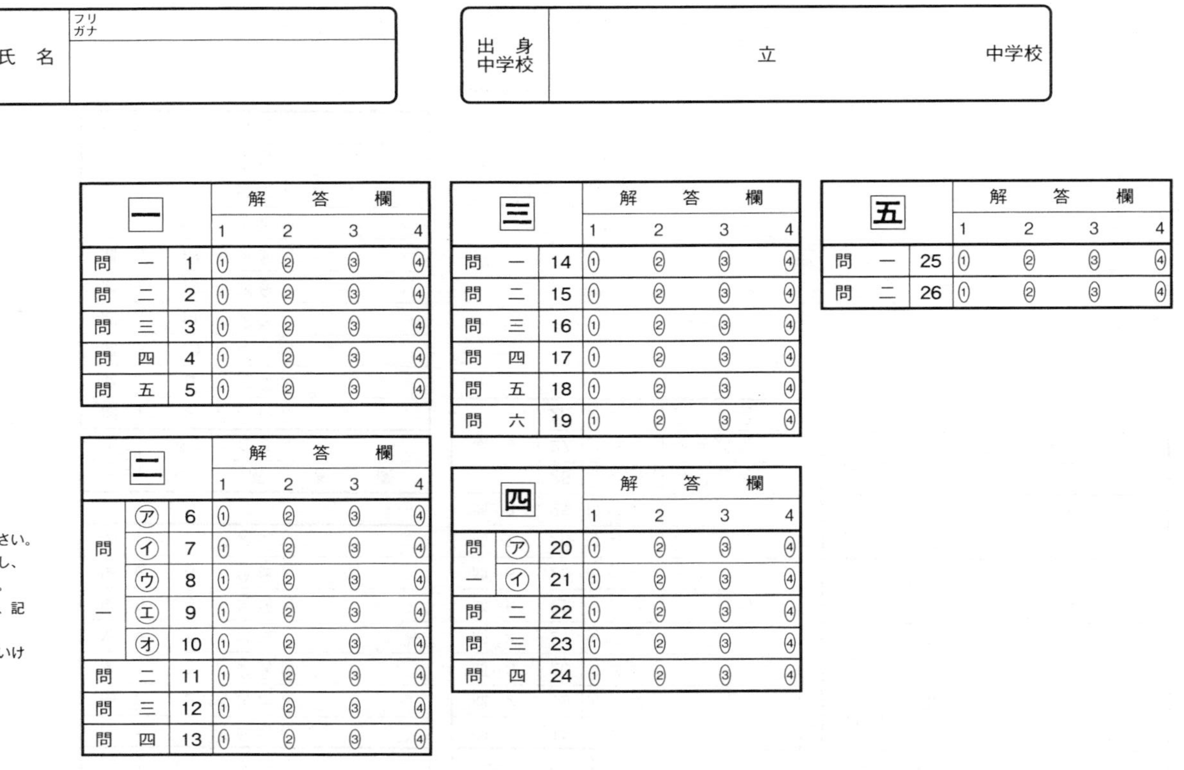

一		解答欄 1	2	3	4
問一	1	①	②	③	④
問二	2	①	②	③	④
問三	3	①	②	③	④
問四	4	①	②	③	④
問五	5	①	②	③	④

二		解答欄 1	2	3	4
問一 ㋐	6	①	②	③	④
問一 ㋑	7	①	②	③	④
問一 ㋒	8	①	②	③	④
問一 ㋓	9	①	②	③	④
問一 ㋔	10	①	②	③	④
問二	11	①	②	③	④
問三	12	①	②	③	④
問四	13	①	②	③	④

三		解答欄 1	2	3	4
問一	14	①	②	③	④
問二	15	①	②	③	④
問三	16	①	②	③	④
問四	17	①	②	③	④
問五	18	①	②	③	④
問六	19	①	②	③	④

四		解答欄 1	2	3	4
問一 ㋐	20	①	②	③	④
問一 ㋑	21	①	②	③	④
問二	22	①	②	③	④
問三	23	①	②	③	④
問四	24	①	②	③	④

五		解答欄 1	2	3	4
問一	25	①	②	③	④
問二	26	①	②	③	④

注意事項

1. 受験番号を記入し、マークしなさい。
2. 訂正は、消しゴムできれいに消し、消しくずを残してはいけません。
3. 所定の欄以外にはマークしたり、記入したりしてはいけません。
4. 汚したり、折りまげたりしてはいけません。

（マーク例）

良い例	悪い例
●	⊙ ⊠ ◓

（注）この解答用紙は実物を縮小してあります。Ａ３用紙に147％拡大コピーすると、ほぼ実物大で使用できます。（タイトルと配点表は含みません）

学校配点

一　問一、問二　各４点×２　問三～問五　各５点×３
二　問一　各２点×５　問二～問四　各３点×３
三　問一、問二　各４点×２　問三～問六　各５点×４
四　問一　各３点×２　問二、問三　各５点×２　問四　４点
五　各５点×２

計　100点

英語解答用紙

評点	/100

氏名	フリガナ

出身中学校	立	中学校

受験番号			
⓪	⓪	⓪	⓪
①	①	①	①
②	②	②	②
③	③	③	③
④	④	④	④
⑤	⑤	⑤	⑤
⑥	⑥	⑥	⑥
⑦	⑦	⑦	⑦
⑧	⑧	⑧	⑧
⑨	⑨	⑨	⑨

注意事項

1. 受験番号を記入し、マークしなさい。
2. 訂正は、消しゴムできれいに消し、消しくずを残してはいけません。
3. 所定の欄以外にはマークしたり、記入したりしてはいけません。
4. 汚したり、折りまげたりしてはいけません。

（マーク例）

良い例	悪い例
●	◉ ⊠ ☗

1	解答番号	解答欄 1 2 3 4
No. 1	1	① ② ③ ④
No. 2	2	① ② ③ ④
No. 3	3	① ② ③ ④
No. 4	4	① ② ③ ④
No. 5	5	① ② ③ ④
No. 6	6	① ② ③ ④
No. 7	7	① ② ③ ④

2	解答番号	解答欄 1 2 3 4
問 1	8	① ② ③ ④
問 2	9	① ② ③ ④
問 3	10	① ② ③ ④
問 4	11	① ② ③ ④
問 5	12	① ② ③ ④
問 6	13	① ② ③ ④
問 7	14	① ② ③ ④
問 8	15	① ② ③ ④
問 9	16	① ② ③ ④
問 10	17	① ② ③ ④

3	解答番号	解答欄 1 2 3 4 5 6 7 8
問 1	18	① ② ③ ④
問 2	19	① ② ③ ④
問 3	20	① ② ③ ④
問 4	21	① ② ③ ④
問 5	22	① ② ③ ④
問 6	23	① ② ③ ④
問 7	24	① ② ③ ④
問 8	25	① ② ③ ④
問 9	26	① ② ③ ④ ⑤ ⑥ ⑦ ⑧
	27	① ② ③ ④ ⑤ ⑥ ⑦ ⑧
	28	① ② ③ ④ ⑤ ⑥ ⑦ ⑧

4	解答番号	解答欄 1 2 3 4 5 6
問 1	29	① ② ③ ④ ⑤ ⑥
	30	① ② ③ ④ ⑤ ⑥
問 2	31	① ② ③ ④ ⑤ ⑥
	32	① ② ③ ④ ⑤ ⑥
問 3	33	① ② ③ ④ ⑤ ⑥
	34	① ② ③ ④ ⑤ ⑥
問 4	35	① ② ③ ④ ⑤ ⑥
	36	① ② ③ ④ ⑤ ⑥
問 5	37	① ② ③ ④ ⑤ ⑥
	38	① ② ③ ④ ⑤ ⑥

（注）この解答用紙は実物を縮小してあります。Ａ３用紙に147％拡大コピーすると、ほぼ実物大で使用できます。（タイトルと配点表は含みません）

学校配点	
1 No.1～No.4 各2点×4 No.5～No.7 各4点×3 2 問1～問9 各3点×9 問10 5点 3 問1 3点 問2、問3 各2点×2 問4、問5 各3点×2 問6 2点 問7、問8 各3点×2 問9 各4点×3 4 各3点×5	
100点	計

2023年度　春日部共栄高等学校・第1回

数学解答用紙

評点
/100

氏名	フリガナ

出身中学校	立　　中学校

Ⅰ		−	0	1	2	3	4	5	6	7	8	9
(1)	ア	⊖	⓪	①	②	③	④	⑤	⑥	⑦	⑧	⑨
	イ	⊖	⓪	①	②	③	④	⑤	⑥	⑦	⑧	⑨
(2)	ウ	⊖	⓪	①	②	③	④	⑤	⑥	⑦	⑧	⑨
	エ	⊖	⓪	①	②	③	④	⑤	⑥	⑦	⑧	⑨
	オ	⊖	⓪	①	②	③	④	⑤	⑥	⑦	⑧	⑨
	カ	⊖	⓪	①	②	③	④	⑤	⑥	⑦	⑧	⑨
(3)	キ	⊖	⓪	①	②	③	④	⑤	⑥	⑦	⑧	⑨
	ク	⊖	⓪	①	②	③	④	⑤	⑥	⑦	⑧	⑨
	ケ	⊖	⓪	①	②	③	④	⑤	⑥	⑦	⑧	⑨
(4)	コ	⊖	⓪	①	②	③	④	⑤	⑥	⑦	⑧	⑨
	サ	⊖	⓪	①	②	③	④	⑤	⑥	⑦	⑧	⑨
	シ	⊖	⓪	①	②	③	④	⑤	⑥	⑦	⑧	⑨
	ス	⊖	⓪	①	②	③	④	⑤	⑥	⑦	⑧	⑨
(5)	セ	⊖	⓪	①	②	③	④	⑤	⑥	⑦	⑧	⑨
	ソ	⊖	⓪	①	②	③	④	⑤	⑥	⑦	⑧	⑨
(6)	タ	⊖	⓪	①	②	③	④	⑤	⑥	⑦	⑧	⑨
	チ	⊖	⓪	①	②	③	④	⑤	⑥	⑦	⑧	⑨

Ⅱ		−	0	1	2	3	4	5	6	7	8	9
(1)	ア	⊖	⓪	①	②	③	④	⑤	⑥	⑦	⑧	⑨
	イ	⊖	⓪	①	②	③	④	⑤	⑥	⑦	⑧	⑨
(2)	ウ	⊖	⓪	①	②	③	④	⑤	⑥	⑦	⑧	⑨
	エ	⊖	⓪	①	②	③	④	⑤	⑥	⑦	⑧	⑨
(3)	オ	⊖	⓪	①	②	③	④	⑤	⑥	⑦	⑧	⑨
	カ	⊖	⓪	①	②	③	④	⑤	⑥	⑦	⑧	⑨
	キ	⊖	⓪	①	②	③	④	⑤	⑥	⑦	⑧	⑨
	ク	⊖	⓪	①	②	③	④	⑤	⑥	⑦	⑧	⑨
	ケ	⊖	⓪	①	②	③	④	⑤	⑥	⑦	⑧	⑨
(4)	コ	⊖	⓪	①	②	③	④	⑤	⑥	⑦	⑧	⑨
(5)	サ	⊖	⓪	①	②	③	④	⑤	⑥	⑦	⑧	⑨
	シ	⊖	⓪	①	②	③	④	⑤	⑥	⑦	⑧	⑨
	ス	⊖	⓪	①	②	③	④	⑤	⑥	⑦	⑧	⑨

Ⅲ		−	0	1	2	3	4	5	6	7	8	9
(1)	ア	⊖	⓪	①	②	③	④	⑤	⑥	⑦	⑧	⑨
	イ	⊖	⓪	①	②	③	④	⑤	⑥	⑦	⑧	⑨
	ウ	⊖	⓪	①	②	③	④	⑤	⑥	⑦	⑧	⑨
(2)	エ	⊖	⓪	①	②	③	④	⑤	⑥	⑦	⑧	⑨
(3)	オ	⊖	⓪	①	②	③	④	⑤	⑥	⑦	⑧	⑨
	カ	⊖	⓪	①	②	③	④	⑤	⑥	⑦	⑧	⑨
(4)	キ	⊖	⓪	①	②	③	④	⑤	⑥	⑦	⑧	⑨
	ク	⊖	⓪	①	②	③	④	⑤	⑥	⑦	⑧	⑨

Ⅳ		−	0	1	2	3	4	5	6	7	8	9
(1)	ア	⊖	⓪	①	②	③	④	⑤	⑥	⑦	⑧	⑨
	イ	⊖	⓪	①	②	③	④	⑤	⑥	⑦	⑧	⑨
	ウ	⊖	⓪	①	②	③	④	⑤	⑥	⑦	⑧	⑨
	エ	⊖	⓪	①	②	③	④	⑤	⑥	⑦	⑧	⑨
(2)	オ	⊖	⓪	①	②	③	④	⑤	⑥	⑦	⑧	⑨
	カ	⊖	⓪	①	②	③	④	⑤	⑥	⑦	⑧	⑨
	キ	⊖	⓪	①	②	③	④	⑤	⑥	⑦	⑧	⑨
(3)	ク	⊖	⓪	①	②	③	④	⑤	⑥	⑦	⑧	⑨
	ケ	⊖	⓪	①	②	③	④	⑤	⑥	⑦	⑧	⑨
	コ	⊖	⓪	①	②	③	④	⑤	⑥	⑦	⑧	⑨
(4)	サ	⊖	⓪	①	②	③	④	⑤	⑥	⑦	⑧	⑨
	シ	⊖	⓪	①	②	③	④	⑤	⑥	⑦	⑧	⑨
	ス	⊖	⓪	①	②	③	④	⑤	⑥	⑦	⑧	⑨

（注）この解答用紙は実物を縮小してあります。Ａ３用紙に152%拡大コピーすると、ほぼ実物大で使用できます。（タイトルと配点表は含みません）

受験番号			
⓪	⓪	⓪	⓪
①	①	①	①
②	②	②	②
③	③	③	③
④	④	④	④
⑤	⑤	⑤	⑤
⑥	⑥	⑥	⑥
⑦	⑦	⑦	⑦
⑧	⑧	⑧	⑧
⑨	⑨	⑨	⑨

注意事項

1．受験番号を記入し、マークしなさい。
2．訂正は、消しゴムできれいに消し、消しくずを残してはいけません。
3．所定の欄以外にはマークしたり、記入したりしてはいけません。
4．汚したり、折りまげたりしてはいけません。

（マーク例）

良い例	悪い例
●	⊙ ⊗ ●

学校配点

Ⅰ　(1)～(3)　各5点×3　(4)　コ～シ　3点　ス　2点　(5)、(6)　各5点×2

Ⅱ　各6点×5

Ⅲ　(1)　各3点×2　(2)、(3)　各5点×2　(4)　各2点×2

Ⅳ　(1)　各3点×2　(2)、(3)　各5点×2　(4)　4点

計	100点

二〇二三年度　春日部共栄高等学校・第一回

国語解答用紙

評点
/100

氏名	フリガナ

出身中学校	立　　　中学校

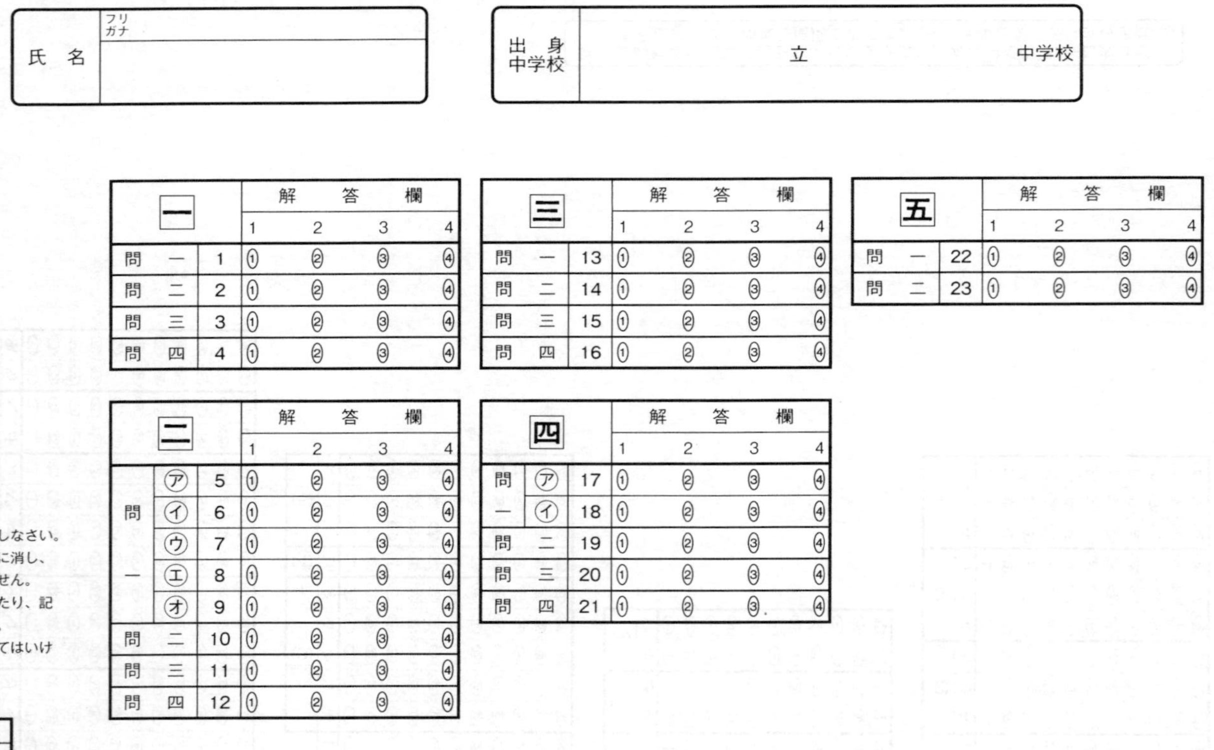

一			解答欄			
			1	2	3	4
問	一	1	①	②	③	④
問	二	2	①	②	③	④
問	三	3	①	②	③	④
問	四	4	①	②	③	④

二			解答欄			
			1	2	3	4
問一	㋐	5	①	②	③	④
	㋑	6	①	②	③	④
	㋒	7	①	②	③	④
	㋓	8	①	②	③	④
	㋔	9	①	②	③	④
問	二	10	①	②	③	④
問	三	11	①	②	③	④
問	四	12	①	②	③	④

三			解答欄			
			1	2	3	4
問	一	13	①	②	③	④
問	二	14	①	②	③	④
問	三	15	①	②	③	④
問	四	16	①	②	③	④

四			解答欄			
			1	2	3	4
問一	㋐	17	①	②	③	④
	㋑	18	①	②	③	④
問	二	19	①	②	③	④
問	三	20	①	②	③	④
問	四	21	①	②	③	④

五			解答欄			
			1	2	3	4
問	一	22	①	②	③	④
問	二	23	①	②	③	④

受験番号			
⓪	⓪	⓪	⓪
①	①	①	①
②	②	②	②
③	③	③	③
④	④	④	④
⑤	⑤	⑤	⑤
⑥	⑥	⑥	⑥
⑦	⑦	⑦	⑦
⑧	⑧	⑧	⑧
⑨	⑨	⑨	⑨

注意事項

1. 受験番号を記入し、マークしなさい。
2. 訂正は、消しゴムできれいに消し、消しくずを残してはいけません。
3. 所定の欄以外にはマークしたり、記入したりしてはいけません。
4. 汚したり、折りまげたりしてはいけません。

（マーク例）

良い例	悪い例

(注) この解答用紙は実物を縮小してあります。Ａ３用紙に147%拡大コピーすると、ほぼ実物大で使用できます。(タイトルと配点表は含みません)

学校配点	
一	問一、問二　各5点×2　問三、問四　各6点×2
二	問一　各2点×5　問二～問四　各4点×3
三	問一～問三　各6点×3　問四　5点
四	問一　各3点×2　問二、問三　各6点×2　問四　5点
五	各5点×2
計	100点

2023年度 春日部共栄高等学校・第2回

英語解答用紙

評点
/100

氏名	フリガナ

出身中学校	立	中学校

受験番号

⓪	⓪	⓪	⓪
①	①	①	①
②	②	②	②
③	③	③	③
④	④	④	④
⑤	⑤	⑤	⑤
⑥	⑥	⑥	⑥
⑦	⑦	⑦	⑦
⑧	⑧	⑧	⑧
⑨	⑨	⑨	⑨

注意事項

1. 受験番号を記入し、マークしなさい。
2. 訂正は、消しゴムできれいに消し、消しくずを残してはいけません。
3. 所定の欄以外にはマークしたり、記入したりしてはいけません。
4. 汚したり、折りまげたりしてはいけません。

（マーク例）

良い例	悪い例
●	◉ ⊠ ☂

1	解答番号	解答欄 1 2 3 4
No. 1	1	① ② ③ ④
No. 2	2	① ② ③ ④
No. 3	3	① ② ③ ④
No. 4	4	① ② ③ ④
No. 5	5	① ② ③ ④
No. 6	6	① ② ③ ④
No. 7	7	① ② ③ ④

2	解答番号	解答欄 1 2 3 4
問 1	8	① ② ③ ④
問 2	9	① ② ③ ④
問 3	10	① ② ③ ④
問 4	11	① ② ③ ④
問 5	12	① ② ③ ④
問 6	13	① ② ③ ④
問 7	14	① ② ③ ④
問 8	15	① ② ③ ④
問 9	16	① ② ③ ④
問 10	17	① ② ③ ④

3	解答番号	解答欄 1 2 3 4 5 6 7 8
問 1	18	① ② ③ ④
問 2	19	① ② ③ ④
問 3	20	① ② ③ ④
問 4	21	① ② ③ ④
問 5	22	① ② ③ ④
問 6	23	① ② ③ ④
問 7	24	① ② ③ ④
問 8	25	① ② ③ ④
問 9	26	① ② ③ ④ ⑤ ⑥ ⑦ ⑧
	27	① ② ③ ④ ⑤ ⑥ ⑦ ⑧
	28	① ② ③ ④ ⑤ ⑥ ⑦ ⑧

4	解答番号	解答欄 1 2 3 4 5 6
問 1	29	① ② ③ ④ ⑤ ⑥
	30	① ② ③ ④ ⑤ ⑥
問 2	31	① ② ③ ④ ⑤ ⑥
	32	① ② ③ ④ ⑤ ⑥
問 3	33	① ② ③ ④ ⑤ ⑥
	34	① ② ③ ④ ⑤ ⑥
問 4	35	① ② ③ ④ ⑤ ⑥
	36	① ② ③ ④ ⑤ ⑥
問 5	37	① ② ③ ④ ⑤ ⑥
	38	① ② ③ ④ ⑤ ⑥

（注）この解答用紙は実物を縮小してあります。A３用紙に147%拡大コピーすると、ほぼ実物大で使用できます。（タイトルと配点表は含みません）

学校配点	
1 No.1～No.4 各2点×4 No.5～No.7 各4点×3 2 問1～問9 各3点×9 問10 5点 3 問1～問3 各3点×3 問4～問6 各2点×3 問7、問8 各3点×2 問9 各4点×3 4 各3点×5	
100点	計

2023年度　春日部共栄高等学校・第2回

数学解答用紙

評点 ／100

氏名	フリガナ
出身中学校	立　　　中学校

受験番号			
0	0	0	0
1	1	1	1
2	2	2	2
3	3	3	3
4	4	4	4
5	5	5	5
6	6	6	6
7	7	7	7
8	8	8	8
9	9	9	9

注意事項

1. 受験番号を記入し、マークしなさい。
2. 訂正は、消しゴムできれいに消し、消しくずを残してはいけません。
3. 所定の欄以外にはマークしたり、記入したりしてはいけません。
4. 汚したり、折りまげたりしてはいけません。

(マーク例)

良い例	悪い例
●	◉ ⊠ ◓

Ⅰ		解答欄										
		−	0	1	2	3	4	5	6	7	8	9
(1)	ア	−	0	1	2	3	4	5	6	7	8	9
(2)	イ	−	0	1	2	3	4	5	6	7	8	9
	ウ	−	0	1	2	3	4	5	6	7	8	9
	エ	−	0	1	2	3	4	5	6	7	8	9
(3)	オ	−	0	1	2	3	4	5	6	7	8	9
	カ	−	0	1	2	3	4	5	6	7	8	9
(4)	キ	−	0	1	2	3	4	5	6	7	8	9
	ク	−	0	1	2	3	4	5	6	7	8	9
(5)	ケ	−	0	1	2	3	4	5	6	7	8	9
	コ	−	0	1	2	3	4	5	6	7	8	9
(6)	サ	−	0	1	2	3	4	5	6	7	8	9
	シ	−	0	1	2	3	4	5	6	7	8	9
	ス	−	0	1	2	3	4	5	6	7	8	9

Ⅱ		解答欄										
		−	0	1	2	3	4	5	6	7	8	9
(1)	ア	−	0	1	2	3	4	5	6	7	8	9
	イ	−	0	1	2	3	4	5	6	7	8	9
(2)	ウ	−	0	1	2	3	4	5	6	7	8	9
	エ	−	0	1	2	3	4	5	6	7	8	9
(3)	オ	−	0	1	2	3	4	5	6	7	8	9
	カ	−	0	1	2	3	4	5	6	7	8	9
(4)	キ	−	0	1	2	3	4	5	6	7	8	9
	ク	−	0	1	2	3	4	5	6	7	8	9
	ケ	−	0	1	2	3	4	5	6	7	8	9
	コ	−	0	1	2	3	4	5	6	7	8	9
	サ	−	0	1	2	3	4	5	6	7	8	9
	シ	−	0	1	2	3	4	5	6	7	8	9
	ス	−	0	1	2	3	4	5	6	7	8	9
	セ	−	0	1	2	3	4	5	6	7	8	9
	ソ	−	0	1	2	3	4	5	6	7	8	9
	タ	−	0	1	2	3	4	5	6	7	8	9
	チ	−	0	1	2	3	4	5	6	7	8	9
	ツ	−	0	1	2	3	4	5	6	7	8	9
	テ	−	0	1	2	3	4	5	6	7	8	9
(5)	ト	−	0	1	2	3	4	5	6	7	8	9
	ナ	−	0	1	2	3	4	5	6	7	8	9

Ⅲ		解答欄										
		−	0	1	2	3	4	5	6	7	8	9
(1)	ア	−	0	1	2	3	4	5	6	7	8	9
	イ	−	0	1	2	3	4	5	6	7	8	9
(2)	ウ	−	0	1	2	3	4	5	6	7	8	9
	エ	−	0	1	2	3	4	5	6	7	8	9
(3)	オ	−	0	1	2	3	4	5	6	7	8	9
	カ	−	0	1	2	3	4	5	6	7	8	9
	キ	−	0	1	2	3	4	5	6	7	8	9
	ク	−	0	1	2	3	4	5	6	7	8	9
	ケ	−	0	1	2	3	4	5	6	7	8	9
	コ	−	0	1	2	3	4	5	6	7	8	9
(4)	サ	−	0	1	2	3	4	5	6	7	8	9
	シ	−	0	1	2	3	4	5	6	7	8	9
	ス	−	0	1	2	3	4	5	6	7	8	9
	セ	−	0	1	2	3	4	5	6	7	8	9
	ソ	−	0	1	2	3	4	5	6	7	8	9
	タ	−	0	1	2	3	4	5	6	7	8	9
	チ	−	0	1	2	3	4	5	6	7	8	9

Ⅳ		解答欄										
		−	0	1	2	3	4	5	6	7	8	9
(1)	ア	−	0	1	2	3	4	5	6	7	8	9
	イ	−	0	1	2	3	4	5	6	7	8	9
(2)	ウ	−	0	1	2	3	4	5	6	7	8	9
(3)	エ	−	0	1	2	3	4	5	6	7	8	9
	オ	−	0	1	2	3	4	5	6	7	8	9
(4)	カ	−	0	1	2	3	4	5	6	7	8	9
	キ	−	0	1	2	3	4	5	6	7	8	9

（注）この解答用紙は実物を縮小してあります。Ａ３用紙に152%拡大コピーすると、ほぼ実物大で使用できます。（タイトルと配点表は含みません）

学校配点

Ⅰ 各5点×6

Ⅱ (1)～(3) 各6点×3　(4) 各1点×6　(5) 6点

Ⅲ (1)、(2) 各5点×2　(3) 6点　(4) 各2点×2

Ⅳ 各5点×4

計 100点

二〇二三年度　春日部共栄高等学校・第二回

国語解答用紙

評点
/100

出身中学校	立　中学校

氏名	フリガナ

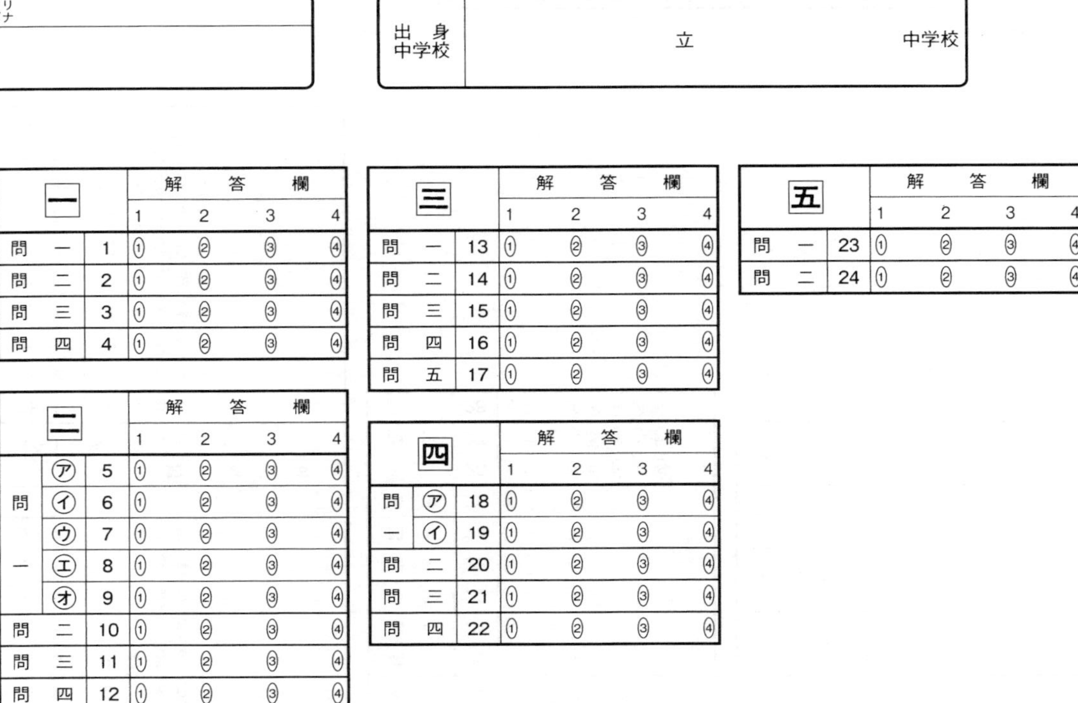

一			解答欄			
			1	2	3	4
問	一	1	①	②	③	④
問	二	2	①	②	③	④
問	三	3	①	②	③	④
問	四	4	①	②	③	④

二			解答欄			
			1	2	3	4
問一	㋐	5	①	②	③	④
	㋑	6	①	②	③	④
	㋒	7	①	②	③	④
	㋓	8	①	②	③	④
	㋔	9	①	②	③	④
問	二	10	①	②	③	④
問	三	11	①	②	③	④
問	四	12	①	②	③	④

三			解答欄			
			1	2	3	4
問	一	13	①	②	③	④
問	二	14	①	②	③	④
問	三	15	①	②	③	④
問	四	16	①	②	③	④
問	五	17	①	②	③	④

四			解答欄			
			1	2	3	4
問一	㋐	18	①	②	③	④
	㋑	19	①	②	③	④
問	二	20	①	②	③	④
問	三	21	①	②	③	④
問	四	22	①	②	③	④

五			解答欄			
			1	2	3	4
問	一	23	①	②	③	④
問	二	24	①	②	③	④

受験番号			
⓪	⓪	⓪	⓪
①	①	①	①
②	②	②	②
③	③	③	③
④	④	④	④
⑤	⑤	⑤	⑤
⑥	⑥	⑥	⑥
⑦	⑦	⑦	⑦
⑧	⑧	⑧	⑧
⑨	⑨	⑨	⑨

注 意 事 項

1. 受験番号を記入し、マークしなさい。
2. 訂正は、消しゴムできれいに消し、消しくずを残してはいけません。
3. 所定の欄以外にはマークしたり、記入したりしてはいけません。
4. 汚したり、折りまげたりしてはいけません。

（マーク例）

良い例	悪い例
●	⊙ ☒ ◓

（注）この解答用紙は実物を縮小してあります。Ａ３用紙に147%拡大コピーすると、ほぼ実物大で使用できます。（タイトルと配点表は含みません）

学校配点	
一 問一、問二　各５点×２　問三、問四　各６点×２ 二 問一　各２点×５　問二～問四　各４点×３ 三 各５点×５ 四 問一　各３点×２　問二～問四　各５点×３ 五 各５点×２	
計	100点

2022年度　春日部共栄高等学校・第1回

英語解答用紙

評点
/100

氏名	フリガナ

出身中学校	立　　中学校

受験番号			
⓪①②③④⑤⑥⑦⑧⑨	⓪①②③④⑤⑥⑦⑧⑨	⓪①②③④⑤⑥⑦⑧⑨	⓪①②③④⑤⑥⑦⑧⑨

1	解答番号	解答欄 1 2 3 4
No. 1	1	①②③④
No. 2	2	①②③④
No. 3	3	①②③④
No. 4	4	①②③④
No. 5	5	①②③④
No. 6	6	①②③④
No. 7	7	①②③④

2	解答番号	解答欄 1 2 3 4
問 1	8	①②③④
問 2	9	①②③④
問 3	10	①②③④
問 4	11	①②③④
問 5	12	①②③④
問 6	13	①②③④
問 7	14	①②③④
問 8	15	①②③④
問 9	16	①②③④
問 10	17	①②③④

3	解答番号	解答欄 1 2 3 4 5 6 7 8
問 1	18	①②③④
問 2	19	①②③④
問 3	20	①②③④
問 4	21	①②③④
問 5	22	①②③④
問 6	23	①②③④
問 7	24	①②③④
問 8	25	①②③④
問 9	26	①②③④⑤⑥⑦⑧
	27	①②③④⑤⑥⑦⑧
	28	①②③④⑤⑥⑦⑧

4	解答番号	解答欄 1 2 3 4 5 6
問 1	29	①②③④⑤⑥
	30	①②③④⑤⑥
問 2	31	①②③④⑤⑥
	32	①②③④⑤⑥
問 3	33	①②③④⑤⑥
	34	①②③④⑤⑥
問 4	35	①②③④⑤⑥
	36	①②③④⑤⑥
問 5	37	①②③④⑤⑥
	38	①②③④⑤⑥

注 意 事 項

1.受験番号を記入し、マークしなさい。
2.訂正は、消しゴムできれいに消し、消しくずを残してはいけません。
3.所定の欄以外にはマークしたり、記入したりしてはいけません。
4.汚したり、折りまげたりしてはいけません。

（マーク例）

良い例	悪い例
●	◐ ⊠ ◓

（注）この解答用紙は実物を縮小してあります。Ａ３用紙に147％拡大コピーすると、ほぼ実物大で使用できます。（タイトルと配点表は含みません）

学校配点	
1 No.1～No.4 各2点×4　No.5～No.7 各4点×3 2 問1～問9 各3点×9　問10 5点 3 問1 2点　問2～問4 各3点×3　問5 2点　問6、問7 各3点×2　問8 2点　問9 各4点×3 4 各3点×5	
100点	計

2022年度 春日部共栄高等学校・第1回

数学解答用紙

評点	/100

氏名	フリガナ

出身中学校	立	中学校

受験番号			
0	0	0	0
1	1	1	1
2	2	2	2
3	3	3	3
4	4	4	4
5	5	5	5
6	6	6	6
7	7	7	7
8	8	8	8
9	9	9	9

注意事項

1. 受験番号を記入し、マークしなさい。
2. 訂正は、消しゴムできれいに消し、消しくずを残してはいけません。
3. 所定の欄以外にはマークしたり、記入したりしてはいけません。
4. 汚したり、折りまげたりしてはいけません。

(マーク例)

良い例	悪い例
●	⊙ ⊠ ●

I		解答欄										
		−	0	1	2	3	4	5	6	7	8	9
(1)	ア	−	0	1	2	3	4	5	6	7	8	9
	イ	−	0	1	2	3	4	5	6	7	8	9
	ウ	−	0	1	2	3	4	5	6	7	8	9
	エ	−	0	1	2	3	4	5	6	7	8	9
(2)	オ	−	0	1	2	3	4	5	6	7	8	9
	カ	−	0	1	2	3	4	5	6	7	8	9
(3)	キ	−	0	1	2	3	4	5	6	7	8	9
(4)	ク	−	0	1	2	3	4	5	6	7	8	9
	ケ	−	0	1	2	3	4	5	6	7	8	9
	コ	−	0	1	2	3	4	5	6	7	8	9
	サ	−	0	1	2	3	4	5	6	7	8	9
(5)	シ	−	0	1	2	3	4	5	6	7	8	9
	ス	−	0	1	2	3	4	5	6	7	8	9
(6)	セ	−	0	1	2	3	4	5	6	7	8	9

II		解答欄										
		−	0	1	2	3	4	5	6	7	8	9
(1)	ア	−	0	1	2	3	4	5	6	7	8	9
(2)	イ	−	0	1	2	3	4	5	6	7	8	9
	ウ	−	0	1	2	3	4	5	6	7	8	9
	エ	−	0	1	2	3	4	5	6	7	8	9
	オ	−	0	1	2	3	4	5	6	7	8	9
	カ	−	0	1	2	3	4	5	6	7	8	9
(3)	キ	−	0	1	2	3	4	5	6	7	8	9
(4)	ク	−	0	1	2	3	4	5	6	7	8	9
	ケ	−	0	1	2	3	4	5	6	7	8	9
(5)	コ	−	0	1	2	3	4	5	6	7	8	9
	サ	−	0	1	2	3	4	5	6	7	8	9
	シ	−	0	1	2	3	4	5	6	7	8	9

III		解答欄										
		−	0	1	2	3	4	5	6	7	8	9
(1)	ア	−	0	1	2	3	4	5	6	7	8	9
	イ	−	0	1	2	3	4	5	6	7	8	9
(2)	ウ	−	0	1	2	3	4	5	6	7	8	9
	エ	−	0	1	2	3	4	5	6	7	8	9
(3)	オ	−	0	1	2	3	4	5	6	7	8	9
	カ	−	0	1	2	3	4	5	6	7	8	9
	キ	−	0	1	2	3	4	5	6	7	8	9
	ク	−	0	1	2	3	4	5	6	7	8	9

IV		解答欄										
		−	0	1	2	3	4	5	6	7	8	9
(1)	ア	−	0	1	2	3	4	5	6	7	8	9
	イ	−	0	1	2	3	4	5	6	7	8	9
	ウ	−	0	1	2	3	4	5	6	7	8	9
	エ	−	0	1	2	3	4	5	6	7	8	9
	オ	−	0	1	2	3	4	5	6	7	8	9
	カ	−	0	1	2	3	4	5	6	7	8	9
	キ	−	0	1	2	3	4	5	6	7	8	9
	ク	−	0	1	2	3	4	5	6	7	8	9
(2)	ケ	−	0	1	2	3	4	5	6	7	8	9
	コ	−	0	1	2	3	4	5	6	7	8	9
	サ	−	0	1	2	3	4	5	6	7	8	9

(注) この解答用紙は実物を縮小してあります。A３用紙に152%拡大コピーすると、ほぼ実物大で使用できます。(タイトルと配点表は含みません)

学校配点

I 各5点×6

II (1) 6点 (2) 各3点×2 (3)〜(5) 各6点×3

III (1)、(2) 各6点×2 (3) 各4点×2

IV (1) アイ、ウエ 各4点×2 オ〜ク 6点 (2) 6点

計	100点

二〇二三年度　春日部共栄高等学校・第一回

国語解答用紙

評点 ／100

受験番号			
⓪①②③④⑤⑥⑦⑧⑨	⓪①②③④⑤⑥⑦⑧⑨	⓪①②③④⑤⑥⑦⑧⑨	⓪①②③④⑤⑥⑦⑧⑨

氏名（フリガナ）	

出身中学校	立　　　中学校

一		解答欄 1 2 3 4
問一	1	①②③④
問二	2	①②③④
問三	3	①②③④
問四	4	①②③④
問五	5	①②③④

二		解答欄 1 2 3 4
問一 ㋐	6	①②③④
問一 ㋑	7	①②③④
問一 ㋒	8	①②③④
問一 ㋓	9	①②③④
問一 ㋔	10	①②③④
問二	11	①②③④
問三	12	①②③④
問四	13	①②③④

三		解答欄 1 2 3 4
問一	14	①②③④
問二	15	①②③④
問三	16	①②③④
問四	17	①②③④
問五	18	①②③④
問六	19	①②③④

四		解答欄 1 2 3 4
問一 ㋐	20	①②③④
問一 ㋑	21	①②③④
問一 ㋒	22	①②③④
問二	23	①②③④
問三	24	①②③④
問四	25	①②③④
問五	26	①②③④

五		解答欄 1 2 3 4
問一	27	①②③④
問二	28	①②③④

注意事項

1. 受験番号を記入し、マークしなさい。
2. 訂正は、消しゴムできれいに消し、消しくずを残してはいけません。
3. 所定の欄以外にはマークしたり、記入したりしてはいけません。
4. 汚したり、折りまげたりしてはいけません。

（マーク例）

良い例	悪い例
●	⊙ ⊗ ◓

（注）この解答用紙は実物を縮小してあります。A３用紙に147％拡大コピーすると、ほぼ実物大で使用できます。（タイトルと配点表は含みません）

学校配点

一　問一～問四　各4点×4　問五　5点
二　問一　各2点×5　問二～問四　各3点×3
三　問一～問五　各4点×5　問六　5点
四　問一　各3点×3　問二～問五　各4点×4
五　各5点×2

計	100点

2022年度 春日部共栄高等学校・第2回

英語解答用紙

評点 /100

受験番号

⓪	⓪	⓪	⓪
①	①	①	①
②	②	②	②
③	③	③	③
④	④	④	④
⑤	⑤	⑤	⑤
⑥	⑥	⑥	⑥
⑦	⑦	⑦	⑦
⑧	⑧	⑧	⑧
⑨	⑨	⑨	⑨

氏名 (フリガナ)	

出身中学校	立　　中学校

注意事項

1. 受験番号を記入し、マークしなさい。
2. 訂正は、消しゴムできれいに消し、消しくずを残してはいけません。
3. 所定の欄以外にはマークしたり、記入したりしてはいけません。
4. 汚したり、折りまげたりしてはいけません。

(マーク例)

良い例	悪い例
●	◐ ⊠ ◓

1	解答番号	解答欄 1 2 3 4
No. 1	1	① ② ③ ④
No. 2	2	① ② ③ ④
No. 3	3	① ② ③ ④
No. 4	4	① ② ③ ④
No. 5	5	① ② ③ ④
No. 6	6	① ② ③ ④
No. 7	7	① ② ③ ④

2	解答番号	解答欄 1 2 3 4
問 1	8	① ② ③ ④
問 2	9	① ② ③ ④
問 3	10	① ② ③ ④
問 4	11	① ② ③ ④
問 5	12	① ② ③ ④
問 6	13	① ② ③ ④
問 7	14	① ② ③ ④
問 8	15	① ② ③ ④
問 9	16	① ② ③ ④
問 10	17	① ② ③ ④

3	解答番号	解答欄 1 2 3 4 5 6 7 8
問 1	18	① ② ③ ④
問 2	19	① ② ③ ④
問 3	20	① ② ③ ④
問 4	21	① ② ③ ④
問 5	22	① ② ③ ④
問 6	23	① ② ③ ④
問 7	24	① ② ③ ④
問 8	25	① ② ③ ④
問 9	26	① ② ③ ④ ⑤ ⑥ ⑦ ⑧
	27	① ② ③ ④ ⑤ ⑥ ⑦ ⑧
	28	① ② ③ ④ ⑤ ⑥ ⑦ ⑧

4	解答番号	解答欄 1 2 3 4 5 6
問 1	29	① ② ③ ④ ⑤ ⑥
	30	① ② ③ ④ ⑤ ⑥
問 2	31	① ② ③ ④ ⑤ ⑥
	32	① ② ③ ④ ⑤ ⑥
問 3	33	① ② ③ ④ ⑤ ⑥
	34	① ② ③ ④ ⑤ ⑥
問 4	35	① ② ③ ④ ⑤ ⑥
	36	① ② ③ ④ ⑤ ⑥
問 5	37	① ② ③ ④ ⑤ ⑥
	38	① ② ③ ④ ⑤ ⑥

(注) この解答用紙は実物を縮小してあります。A３用紙に147%拡大コピーすると、ほぼ実物大で使用できます。(タイトルと配点表は含みません)

学校配点

1 No.1～No.4 各2点×4　No.5～No.7 各4点×3
2 問1～問9 各3点×9　問10 5点
3 問1、問2 各2点×2　問3～問7 各3点×5　問8 2点　問9 各4点×3
4 各3点×5

100点	計

2022年度　春日部共栄高等学校・第2回

数学解答用紙

評点
/100

氏名	フリガナ

出身中学校	立	中学校

受験番号			
⓪	⓪	⓪	⓪
①	①	①	①
②	②	②	②
③	③	③	③
④	④	④	④
⑤	⑤	⑤	⑤
⑥	⑥	⑥	⑥
⑦	⑦	⑦	⑦
⑧	⑧	⑧	⑧
⑨	⑨	⑨	⑨

注意事項

1. 受験番号を記入し、マークしなさい。
2. 訂正は、消しゴムできれいに消し、消しくずを残してはいけません。
3. 所定の欄以外にはマークしたり、記入したりしてはいけません。
4. 汚したり、折りまげたりしてはいけません。

(マーク例)

良い例	悪い例
●	◉ ⊠ ⊖

I		−	0	1	2	3	4	5	6	7	8	9
(1)	ア	⊖	⓪	①	②	③	④	⑤	⑥	⑦	⑧	⑨
	イ	⊖	⓪	①	②	③	④	⑤	⑥	⑦	⑧	⑨
	ウ	⊖	⓪	①	②	③	④	⑤	⑥	⑦	⑧	⑨
	エ	⊖	⓪	①	②	③	④	⑤	⑥	⑦	⑧	⑨
	オ	⊖	⓪	①	②	③	④	⑤	⑥	⑦	⑧	⑨
	カ	⊖	⓪	①	②	③	④	⑤	⑥	⑦	⑧	⑨
(2)	キ	⊖	⓪	①	②	③	④	⑤	⑥	⑦	⑧	⑨
	ク	⊖	⓪	①	②	③	④	⑤	⑥	⑦	⑧	⑨
	ケ	⊖	⓪	①	②	③	④	⑤	⑥	⑦	⑧	⑨
(3)	コ	⊖	⓪	①	②	③	④	⑤	⑥	⑦	⑧	⑨
	サ	⊖	⓪	①	②	③	④	⑤	⑥	⑦	⑧	⑨
	シ	⊖	⓪	①	②	③	④	⑤	⑥	⑦	⑧	⑨
	ス	⊖	⓪	①	②	③	④	⑤	⑥	⑦	⑧	⑨
(4)	セ	⊖	⓪	①	②	③	④	⑤	⑥	⑦	⑧	⑨
	ソ	⊖	⓪	①	②	③	④	⑤	⑥	⑦	⑧	⑨
	タ	⊖	⓪	①	②	③	④	⑤	⑥	⑦	⑧	⑨
	チ	⊖	⓪	①	②	③	④	⑤	⑥	⑦	⑧	⑨
(5)	ツ	⊖	⓪	①	②	③	④	⑤	⑥	⑦	⑧	⑨
	テ	⊖	⓪	①	②	③	④	⑤	⑥	⑦	⑧	⑨
(6)	ト	⊖	⓪	①	②	③	④	⑤	⑥	⑦	⑧	⑨
	ナ	⊖	⓪	①	②	③	④	⑤	⑥	⑦	⑧	⑨
	ニ	⊖	⓪	①	②	③	④	⑤	⑥	⑦	⑧	⑨

II		−	0	1	2	3	4	5	6	7	8	9
(1)	ア	⊖	⓪	①	②	③	④	⑤	⑥	⑦	⑧	⑨
	イ	⊖	⓪	①	②	③	④	⑤	⑥	⑦	⑧	⑨
	ウ	⊖	⓪	①	②	③	④	⑤	⑥	⑦	⑧	⑨
	エ	⊖	⓪	①	②	③	④	⑤	⑥	⑦	⑧	⑨
	オ	⊖	⓪	①	②	③	④	⑤	⑥	⑦	⑧	⑨
	カ	⊖	⓪	①	②	③	④	⑤	⑥	⑦	⑧	⑨
	キ	⊖	⓪	①	②	③	④	⑤	⑥	⑦	⑧	⑨
(2)	ク	⊖	⓪	①	②	③	④	⑤	⑥	⑦	⑧	⑨
	ケ	⊖	⓪	①	②	③	④	⑤	⑥	⑦	⑧	⑨
	コ	⊖	⓪	①	②	③	④	⑤	⑥	⑦	⑧	⑨
	サ	⊖	⓪	①	②	③	④	⑤	⑥	⑦	⑧	⑨
(3)	シ	⊖	⓪	①	②	③	④	⑤	⑥	⑦	⑧	⑨
	ス	⊖	⓪	①	②	③	④	⑤	⑥	⑦	⑧	⑨
	セ	⊖	⓪	①	②	③	④	⑤	⑥	⑦	⑧	⑨
(4)	ソ	⊖	⓪	①	②	③	④	⑤	⑥	⑦	⑧	⑨
	タ	⊖	⓪	①	②	③	④	⑤	⑥	⑦	⑧	⑨
	チ	⊖	⓪	①	②	③	④	⑤	⑥	⑦	⑧	⑨
	ツ	⊖	⓪	①	②	③	④	⑤	⑥	⑦	⑧	⑨
	テ	⊖	⓪	①	②	③	④	⑤	⑥	⑦	⑧	⑨
(5)	ト	⊖	⓪	①	②	③	④	⑤	⑥	⑦	⑧	⑨
	ナ	⊖	⓪	①	②	③	④	⑤	⑥	⑦	⑧	⑨
	ニ	⊖	⓪	①	②	③	④	⑤	⑥	⑦	⑧	⑨

III		−	0	1	2	3	4	5	6	7	8	9
(1)	ア	⊖	⓪	①	②	③	④	⑤	⑥	⑦	⑧	⑨
	イ	⊖	⓪	①	②	③	④	⑤	⑥	⑦	⑧	⑨
	ウ	⊖	⓪	①	②	③	④	⑤	⑥	⑦	⑧	⑨
	エ	⊖	⓪	①	②	③	④	⑤	⑥	⑦	⑧	⑨
	オ	⊖	⓪	①	②	③	④	⑤	⑥	⑦	⑧	⑨
	カ	⊖	⓪	①	②	③	④	⑤	⑥	⑦	⑧	⑨
(2)	キ	⊖	⓪	①	②	③	④	⑤	⑥	⑦	⑧	⑨
	ク	⊖	⓪	①	②	③	④	⑤	⑥	⑦	⑧	⑨
(3)	ケ	⊖	⓪	①	②	③	④	⑤	⑥	⑦	⑧	⑨
	コ	⊖	⓪	①	②	③	④	⑤	⑥	⑦	⑧	⑨
	サ	⊖	⓪	①	②	③	④	⑤	⑥	⑦	⑧	⑨
	シ	⊖	⓪	①	②	③	④	⑤	⑥	⑦	⑧	⑨
	ス	⊖	⓪	①	②	③	④	⑤	⑥	⑦	⑧	⑨
	セ	⊖	⓪	①	②	③	④	⑤	⑥	⑦	⑧	⑨
	ソ	⊖	⓪	①	②	③	④	⑤	⑥	⑦	⑧	⑨
	タ	⊖	⓪	①	②	③	④	⑤	⑥	⑦	⑧	⑨
	チ	⊖	⓪	①	②	③	④	⑤	⑥	⑦	⑧	⑨
	ツ	⊖	⓪	①	②	③	④	⑤	⑥	⑦	⑧	⑨

IV		−	0	1	2	3	4	5	6	7	8	9
(1)	ア	⊖	⓪	①	②	③	④	⑤	⑥	⑦	⑧	⑨
	イ	⊖	⓪	①	②	③	④	⑤	⑥	⑦	⑧	⑨
(2)	ウ	⊖	⓪	①	②	③	④	⑤	⑥	⑦	⑧	⑨
	エ	⊖	⓪	①	②	③	④	⑤	⑥	⑦	⑧	⑨
	オ	⊖	⓪	①	②	③	④	⑤	⑥	⑦	⑧	⑨
	カ	⊖	⓪	①	②	③	④	⑤	⑥	⑦	⑧	⑨
(3)	キ	⊖	⓪	①	②	③	④	⑤	⑥	⑦	⑧	⑨
	ク	⊖	⓪	①	②	③	④	⑤	⑥	⑦	⑧	⑨
(4)	ケ	⊖	⓪	①	②	③	④	⑤	⑥	⑦	⑧	⑨
	コ	⊖	⓪	①	②	③	④	⑤	⑥	⑦	⑧	⑨
	サ	⊖	⓪	①	②	③	④	⑤	⑥	⑦	⑧	⑨
	シ	⊖	⓪	①	②	③	④	⑤	⑥	⑦	⑧	⑨
	ス	⊖	⓪	①	②	③	④	⑤	⑥	⑦	⑧	⑨
	セ	⊖	⓪	①	②	③	④	⑤	⑥	⑦	⑧	⑨
	ソ	⊖	⓪	①	②	③	④	⑤	⑥	⑦	⑧	⑨

(注) この解答用紙は実物を縮小してあります。Ａ３用紙に152%拡大コピーすると、ほぼ実物大で使用できます。(タイトルと配点表は含みません)

学校配点	
I (1)～(5) 各5点×5 (6) ト 3点 ナニ 2点 II (1) 6点 (2) 各3点×2 (3)～(5) 各6点×3 III (1)、(2) 各2点×5〔(2)は完答〕 (3) ① 4点 ②、③ 各3点×2 IV 各5点×4	
100点	計

二〇二二年度　春日部共栄高等学校・第二回

国語解答用紙

評点	/100

出身中学校	立	中学校

氏名	フリガナ

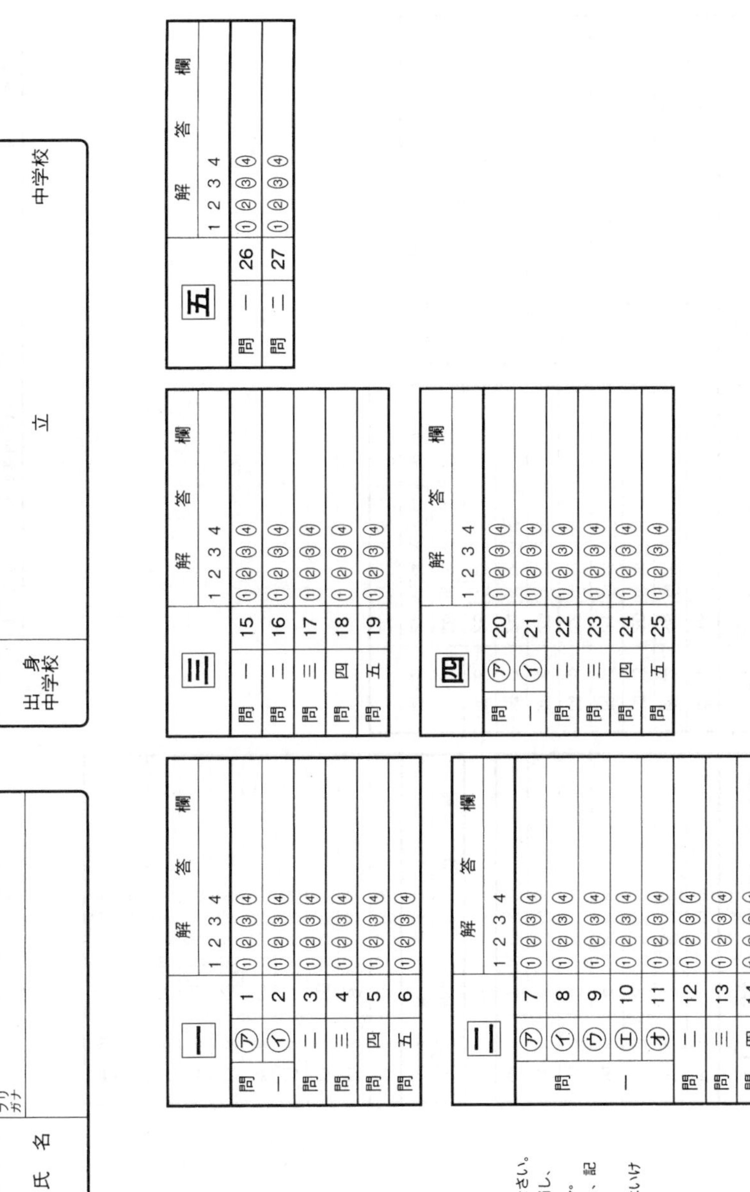

一			解答欄
問一	㋐	1	①②③④
	㋑	2	①②③④
問二		3	①②③④
問三		4	①②③④
問四		5	①②③④
問五		6	①②③④

二			解答欄
問一	㋐	7	①②③④
	㋑	8	①②③④
	㋒	9	①②③④
	㋓	10	①②③④
	㋔	11	①②③④
問二		12	①②③④
問三		13	①②③④
問四		14	①②③④

三		解答欄
問一	15	①②③④
問二	16	①②③④
問三	17	①②③④
問四	18	①②③④
問五	19	①②③④

四			解答欄
問一	㋐	20	①②③④
	㋑	21	①②③④
問二		22	①②③④
問三		23	①②③④
問四		24	①②③④
問五		25	①②③④

五		解答欄
問一	26	①②③④
問二	27	①②③④

受験番号			
⓪〜⑨	⓪〜⑨	⓪〜⑨	⓪〜⑨

注意事項

1. 受験番号を記入し、マークしなさい。
2. 訂正は、消しゴムできれいに消し、消しくずを残してはいけません。
3. 所定の欄以外にはマークしたり、記入したりしてはいけません。
4. 汚したり、折りまげたりしてはいけません。

（マーク例）

良い例	悪い例
●	◐ ⊠ ◓

（注）この解答用紙は実物を縮小してあります。A３用紙に147%拡大コピーすると、ほぼ実物大で使用できます。（タイトルと配点表は含みません）

学校配点	
一	問一～問三　各４点×４　問四、問五　各５点×２
二	問一　各２点×５　問二～問四　各３点×３
三	問一、問二　各４点×２　問三～問五　各５点×３
四	問一　各３点×２　問二～問五　各４点×４
五	各５点×２
計	100点

2021年度 春日部共栄高等学校・第1回

英語解答用紙

評点
/100

氏名	フリガナ

出身中学校	立　　中学校

1	解答番号	解答欄 1 2 3 4
No. 1	1	① ② ③ ④
No. 2	2	① ② ③ ④
No. 3	3	① ② ③ ④
No. 4	4	① ② ③ ④
No. 5	5	① ② ③ ④
No. 6	6	① ② ③ ④
No. 7	7	① ② ③ ④

2	解答番号	解答欄 1 2 3 4
問 1	8	① ② ③ ④
問 2	9	① ② ③ ④
問 3	10	① ② ③ ④
問 4	11	① ② ③ ④
問 5	12	① ② ③ ④
問 6	13	① ② ③ ④
問 7	14	① ② ③ ④
問 8	15	① ② ③ ④
問 9	16	① ② ③ ④
問 10	17	① ② ③ ④

3	解答番号	解答欄 1 2 3 4 5 6 7 8
問 1	18	① ② ③ ④
問 2	19	① ② ③ ④
問 3	20	① ② ③ ④
問 4	21	① ② ③ ④
問 5	22	① ② ③ ④
問 6	23	① ② ③ ④
問 7	24	① ② ③ ④
問 8	25	① ② ③ ④
問 9	26	① ② ③ ④ ⑤ ⑥ ⑦ ⑧
	27	① ② ③ ④ ⑤ ⑥ ⑦ ⑧
	28	① ② ③ ④ ⑤ ⑥ ⑦ ⑧

4	解答番号	解答欄 1 2 3 4 5 6
問 1	29	① ② ③ ④ ⑤ ⑥
	30	① ② ③ ④ ⑤ ⑥
問 2	31	① ② ③ ④ ⑤ ⑥
	32	① ② ③ ④ ⑤ ⑥
問 3	33	① ② ③ ④ ⑤ ⑥
	34	① ② ③ ④ ⑤ ⑥
問 4	35	① ② ③ ④ ⑤ ⑥
	36	① ② ③ ④ ⑤ ⑥
問 5	37	① ② ③ ④ ⑤ ⑥
	38	① ② ③ ④ ⑤ ⑥

受験番号

⓪	⓪	⓪	⓪
①	①	①	①
②	②	②	②
③	③	③	③
④	④	④	④
⑤	⑤	⑤	⑤
⑥	⑥	⑥	⑥
⑦	⑦	⑦	⑦
⑧	⑧	⑧	⑧
⑨	⑨	⑨	⑨

注意事項

1. 受験番号を記入し、マークしなさい。
2. 訂正は、消しゴムできれいに消し、消しくずを残してはいけません。
3. 所定の欄以外にはマークしたり、記入したりしてはいけません。
4. 汚したり、折りまげたりしてはいけません。

（マーク例）

良い例	悪い例
●	◉ ☒ ●

（注）この解答用紙は実物を縮小してあります。Ａ３用紙に147%拡大コピーすると、ほぼ実物大で使用できます。（タイトルと配点表は含みません）

学校配点

1 No.1～No.4 各2点×4　No.5～No.7 各4点×3
2 問1～問9 各3点×9　問10 5点
3 問1 3点　問2～問4 各2点×3　問5～問8 各3点×4　問9 各4点×3
4 各3点×5

100点	計

2021年度　春日部共栄高等学校・第1回

数学解答用紙

評点	/100

氏名	フリガナ

出身中学校	立	中学校

受験番号			
0	0	0	0
1	1	1	1
2	2	2	2
3	3	3	3
4	4	4	4
5	5	5	5
6	6	6	6
7	7	7	7
8	8	8	8
9	9	9	9

注意事項

1. 受験番号を記入し、マークしなさい。
2. 訂正は、消しゴムできれいに消し、消しくずを残してはいけません。
3. 所定の欄以外にはマークしたり、記入したりしてはいけません。
4. 汚したり、折りまげたりしてはいけません。

（マーク例）

良い例	悪い例
●	⊙ ⊠ ●

Ⅰ		解答欄										
		−	0	1	2	3	4	5	6	7	8	9
(1)	ア	−	0	1	2	3	4	5	6	7	8	9
	イ	−	0	1	2	3	4	5	6	7	8	9
	ウ	−	0	1	2	3	4	5	6	7	8	9
(2)	エ	−	0	1	2	3	4	5	6	7	8	9
	オ	−	0	1	2	3	4	5	6	7	8	9
	カ	−	0	1	2	3	4	5	6	7	8	9
	キ	−	0	1	2	3	4	5	6	7	8	9
(3)	ク	−	0	1	2	3	4	5	6	7	8	9
	ケ	−	0	1	2	3	4	5	6	7	8	9
(4)	コ	−	0	1	2	3	4	5	6	7	8	9
	サ	−	0	1	2	3	4	5	6	7	8	9
(5)	シ	−	0	1	2	3	4	5	6	7	8	9

Ⅱ		解答欄										
		−	0	1	2	3	4	5	6	7	8	9
(1)	ア	−	0	1	2	3	4	5	6	7	8	9
	イ	−	0	1	2	3	4	5	6	7	8	9
(2)	ウ	−	0	1	2	3	4	5	6	7	8	9
	エ	−	0	1	2	3	4	5	6	7	8	9
(3)	オ	−	0	1	2	3	4	5	6	7	8	9
	カ	−	0	1	2	3	4	5	6	7	8	9
	キ	−	0	1	2	3	4	5	6	7	8	9
	ク	−	0	1	2	3	4	5	6	7	8	9
	ケ	−	0	1	2	3	4	5	6	7	8	9
	コ	−	0	1	2	3	4	5	6	7	8	9
	サ	−	0	1	2	3	4	5	6	7	8	9
	シ	−	0	1	2	3	4	5	6	7	8	9
(4)	ス	−	0	1	2	3	4	5	6	7	8	9
(5)	セ	−	0	1	2	3	4	5	6	7	8	9
	ソ	−	0	1	2	3	4	5	6	7	8	9
	タ	−	0	1	2	3	4	5	6	7	8	9
	チ	−	0	1	2	3	4	5	6	7	8	9
	ツ	−	0	1	2	3	4	5	6	7	8	9
(6)	テ	−	0	1	2	3	4	5	6	7	8	9
	ト	−	0	1	2	3	4	5	6	7	8	9
	ナ	−	0	1	2	3	4	5	6	7	8	9
	ニ	−	0	1	2	3	4	5	6	7	8	9

Ⅲ		解答欄										
		−	0	1	2	3	4	5	6	7	8	9
(1)	ア	−	0	1	2	3	4	5	6	7	8	9
	イ	−	0	1	2	3	4	5	6	7	8	9
	ウ	−	0	1	2	3	4	5	6	7	8	9
(2)	エ	−	0	1	2	3	4	5	6	7	8	9
	オ	−	0	1	2	3	4	5	6	7	8	9
(3)	カ	−	0	1	2	3	4	5	6	7	8	9
	キ	−	0	1	2	3	4	5	6	7	8	9
	ク	−	0	1	2	3	4	5	6	7	8	9
	ケ	−	0	1	2	3	4	5	6	7	8	9
	コ	−	0	1	2	3	4	5	6	7	8	9
	サ	−	0	1	2	3	4	5	6	7	8	9
	シ	−	0	1	2	3	4	5	6	7	8	9
	ス	−	0	1	2	3	4	5	6	7	8	9
	セ	−	0	1	2	3	4	5	6	7	8	9

Ⅳ		解答欄										
		−	0	1	2	3	4	5	6	7	8	9
(1)	ア	−	0	1	2	3	4	5	6	7	8	9
	イ	−	0	1	2	3	4	5	6	7	8	9
(2)	ウ	−	0	1	2	3	4	5	6	7	8	9
(3)	エ	−	0	1	2	3	4	5	6	7	8	9
(4)	オ	−	0	1	2	3	4	5	6	7	8	9
	カ	−	0	1	2	3	4	5	6	7	8	9

（注）この解答用紙は実物を縮小してあります。Ａ３用紙に152%拡大コピーすると、ほぼ実物大で使用できます。（タイトルと配点表は含みません）

学校配点	
Ⅰ	各6点×5
Ⅱ	(1)、(2) 各5点×2　(3) ① 2点　② 各1点×3　(4)～(6) 各5点×3
Ⅲ	(1)、(2) 各3点×4　(3) カキ、ク～サ 各3点×2　シ～セ 2点
Ⅳ	各5点×4
計	100点

二〇二二年度　春日部共栄高等学校・第二回

国語解答用紙

評点 ／100

氏名	フリガナ

出身中学校	立　　中学校

一			解答欄 1 2 3 4
問	一	1	① ② ③ ④
問	二	2	① ② ③ ④
問	三	3	① ② ③ ④
問	四	4	① ② ③ ④

二			解答欄 1 2 3 4
問一	㋐	5	① ② ③ ④
問一	㋑	6	① ② ③ ④
問一	㋒	7	① ② ③ ④
問一	㋓	8	① ② ③ ④
問一	㋔	9	① ② ③ ④
問	二	10	① ② ③ ④
問	三	11	① ② ③ ④
問	四	12	① ② ③ ④

三			解答欄 1 2 3 4
問	一	13	① ② ③ ④
問	二	14	① ② ③ ④
問	三	15	① ② ③ ④
問	四	16	① ② ③ ④
問	五	17	① ② ③ ④

四			解答欄 1 2 3 4
問一	㋐	18	① ② ③ ④
問一	㋑	19	① ② ③ ④
問	二	20	① ② ③ ④
問	三	21	① ② ③ ④

五			解答欄 1 2 3 4 5
問	一	22	① ② ③ ④
問	二	23	① ② ③ ④ ⑤

受験番号

⓪	⓪	⓪	⓪
①	①	①	①
②	②	②	②
③	③	③	③
④	④	④	④
⑤	⑤	⑤	⑤
⑥	⑥	⑥	⑥
⑦	⑦	⑦	⑦
⑧	⑧	⑧	⑧
⑨	⑨	⑨	⑨

注意事項

1．受験番号を記入し、マークしなさい。
2．訂正は、消しゴムできれいに消し、消しくずを残してはいけません。
3．所定の欄以外にはマークしたり、記入したりしてはいけません。
4．汚したり、折りまげたりしてはいけません。

（マーク例）

良い例	悪い例
●	⊙ ⊠ ◓

（注）この解答用紙は実物を縮小してあります。Ａ３用紙に147%拡大コピーすると、ほぼ実物大で使用できます。（タイトルと配点表は含みません）

学校配点

一　各6点×4

二　問一　各3点×5　問二～問四　各4点×3

三　問一～問三　各5点×3　問四、問五　各7点×2

四　各3点×4

五　各4点×2

計	100点

２０２１年度　春日部共栄高等学校・第２回

英語解答用紙

評点	/100

出身中学校	立　　中学校

氏名	フリガナ

受験番号			
⓪	⓪	⓪	⓪
①	①	①	①
②	②	②	②
③	③	③	③
④	④	④	④
⑤	⑤	⑤	⑤
⑥	⑥	⑥	⑥
⑦	⑦	⑦	⑦
⑧	⑧	⑧	⑧
⑨	⑨	⑨	⑨

1	解答番号	解答欄 1 2 3 4
No. 1	1	①②③④
No. 2	2	①②③④
No. 3	3	①②③④
No. 4	4	①②③④
No. 5	5	①②③④
No. 6	6	①②③④
No. 7	7	①②③④

2	解答番号	解答欄 1 2 3 4
問 1	8	①②③④
問 2	9	①②③④
問 3	10	①②③④
問 4	11	①②③④
問 5	12	①②③④
問 6	13	①②③④
問 7	14	①②③④
問 8	15	①②③④
問 9	16	①②③④
問 10	17	①②③④

3	解答番号	解答欄 1 2 3 4 5 6 7 8
問 1	18	①②③④
問 2	19	①②③④
問 3	20	①②③④
問 4	21	①②③④⑤⑥
問 5	22	①②③④
問 6	23	①②③④
問 7	24	①②③④
問 8	25	①②③④
問 9	26	①②③④⑤⑥⑦⑧
	27	①②③④⑤⑥⑦⑧
	28	①②③④⑤⑥⑦⑧

4	解答番号	解答欄 1 2 3 4 5 6
問 1	29	①②③④⑤⑥
	30	①②③④⑤⑥
問 2	31	①②③④⑤⑥
	32	①②③④⑤⑥
問 3	33	①②③④⑤⑥
	34	①②③④⑤⑥
問 4	35	①②③④⑤⑥
	36	①②③④⑤⑥
問 5	37	①②③④⑤⑥
	38	①②③④⑤⑥

注 意 事 項

1. 受験番号を記入し、マークしなさい。
2. 訂正は、消しゴムできれいに消し、消しくずを残してはいけません。
3. 所定の欄以外にはマークしたり、記入したりしてはいけません。
4. 汚したり、折りまげたりしてはいけません。

（マーク例）

良い例	悪い例
●	◉ ☒ ◍

（注）この解答用紙は実物を縮小してあります。Ａ３用紙に147％拡大コピーすると、ほぼ実物大で使用できます。（タイトルと配点表は含みません）

学校配点

1 No. 1～No. 4　各２点×４　No. 5～No. 7　各４点×３

2 問１～問９　各３点×９　問10　５点

3 問１　２点　問２～問４　各３点×３　問５、問６　各２点×２　問７、問８　各３点×２　問９　各４点×３

4 各３点×５

計	100点

2021年度 春日部共栄高等学校・第2回

数学解答用紙

評点 /100

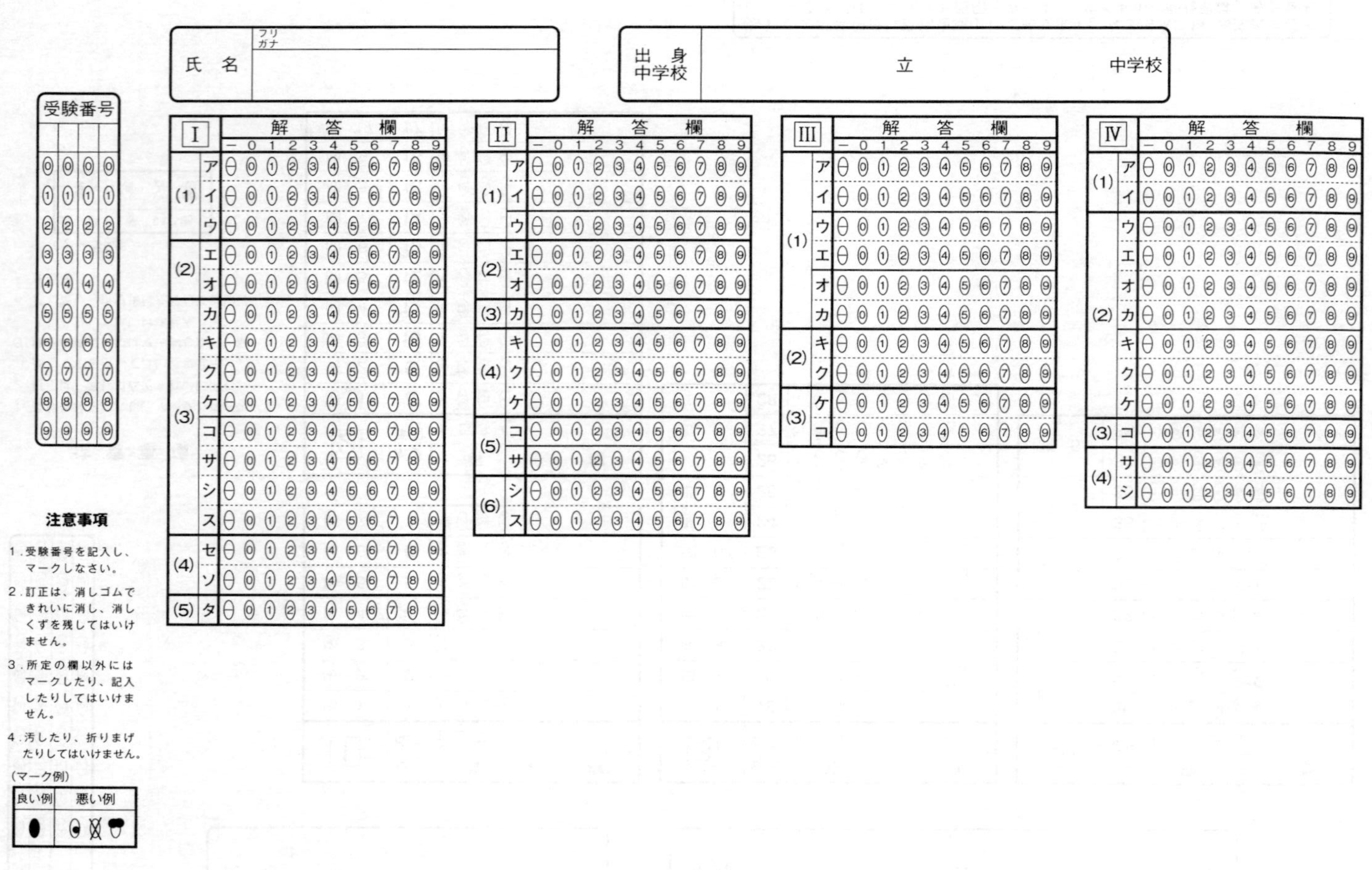

(注) この解答用紙は実物を縮小してあります。Ａ３用紙に152%拡大コピーすると、ほぼ実物大で使用できます。(タイトルと配点表は含みません)

学校配点	
Ⅰ	(1)、(2) 各6点×2　(3) 各3点×2　(4)、(5) 各6点×2
Ⅱ	各5点×6
Ⅲ	(1) 各2点×3　(2)、(3) 各7点×2
Ⅳ	各4点×5
計	100点

二〇二二年度　春日部共栄高等学校・第二回

国語解答用紙

評点　/100

氏名	フリガナ

出身中学校	立　　　中学校

受験番号

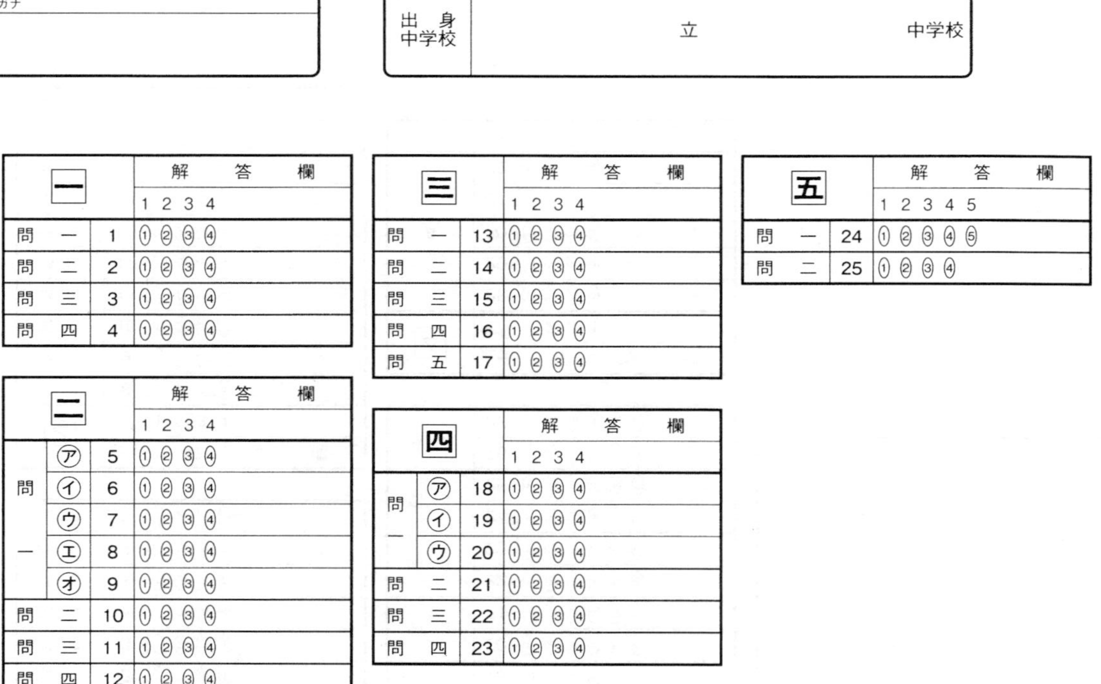

一		解答欄 1 2 3 4
問一	1	①②③④
問二	2	①②③④
問三	3	①②③④
問四	4	①②③④

二			解答欄 1 2 3 4
問一	㋐	5	①②③④
	㋑	6	①②③④
	㋒	7	①②③④
	㋓	8	①②③④
	㋔	9	①②③④
問二		10	①②③④
問三		11	①②③④
問四		12	①②③④

三		解答欄 1 2 3 4
問一	13	①②③④
問二	14	①②③④
問三	15	①②③④
問四	16	①②③④
問五	17	①②③④

四			解答欄 1 2 3 4
問一	㋐	18	①②③④
	㋑	19	①②③④
	㋒	20	①②③④
問二		21	①②③④
問三		22	①②③④
問四		23	①②③④

五		解答欄 1 2 3 4 5
問一	24	①②③④⑤
問二	25	①②③④

注意事項

1. 受験番号を記入し、マークしなさい。
2. 訂正は、消しゴムできれいに消し、消しくずを残してはいけません。
3. 所定の欄以外にはマークしたり、記入したりしてはいけません。
4. 汚したり、折りまげたりしてはいけません。

（マーク例）

良い例	悪い例

（注）この解答用紙は実物を縮小してあります。Ａ３用紙に147％拡大コピーすると、ほぼ実物大で使用できます。（タイトルと配点表は含みません）

学校配点	
一	各６点×４
二	各３点×８
三	問一～問三　各５点×３　問四、問五　各７点×２
四	問一　各２点×３　問二～問四　各３点×３
五	各４点×２
計	100点

2020年度 春日部共栄高等学校・第1回

英語解答用紙

評点 /100

氏名	フリガナ

出身中学校	立	中学校

受験番号			
⓪①②③④⑤⑥⑦⑧⑨	⓪①②③④⑤⑥⑦⑧⑨	⓪①②③④⑤⑥⑦⑧⑨	⓪①②③④⑤⑥⑦⑧⑨

1	解答番号	解答欄 1 2 3 4
問 1	1	①②③④
問 2	2	①②③④
問 3	3	①②③④
問 4	4	①②③④
問 5	5	①②③④
問 6	6	①②③④
問 7	7	①②③④

2	解答番号	解答欄 1 2 3 4
問 1	8	①②③④
問 2	9	①②③④
問 3	10	①②③④
問 4	11	①②③④
問 5	12	①②③④
問 6	13	①②③④
問 7	14	①②③④
問 8	15	①②③④
問 9	16	①②③④
問 10	17	①②③④

3	解答番号	解答欄 1 2 3 4 5 6
問 1	18	①②③④⑤⑥
	19	①②③④⑤⑥
問 2	20	①②③④⑤⑥
	21	①②③④⑤⑥
問 3	22	①②③④⑤⑥
	23	①②③④⑤⑥
問 4	24	①②③④⑤⑥
	25	①②③④⑤⑥
問 5	26	①②③④⑤⑥
	27	①②③④⑤⑥

4	解答番号	解答欄 1 2 3 4
A	28	①②③④
	29	①②③④
	30	①②③④
	31	①②③④
	32	①②③④
B	33	①②③④

5	解答番号	解答欄 1 2 3 4 5 6 7 8
問 1	34	①②③④
問 2	35	①②③④
問 3	36	①②③④
問 4	37	①②③④
問 5	38	①②③④
問 6	39	①②③④
問 7	40	①②③④⑤⑥⑦⑧
	41	①②③④⑤⑥⑦⑧
	42	①②③④⑤⑥⑦⑧

注意事項

1. 受験番号を記入し、マークしなさい。
2. 訂正は、消しゴムできれいに消し、消しくずを残してはいけません。
3. 所定の欄以外にはマークしたり、記入したりしてはいけません。
4. 汚したり、折りまげたりしてはいけません。

（マーク例）

良い例	悪い例

学校配点

1 問1～問4 各2点×4 問5～問7 各4点×3
2 各2点×10
3～5 各3点×20〔3は各3点×5〕

100点	計

（注）この解答用紙は実物を縮小してあります。Ａ３用紙に147％拡大コピーすると、ほぼ実物大で使用できます。（タイトルと配点表は含みません）

２０２０年度　春日部共栄高等学校・第１回

数学解答用紙

評点　／100

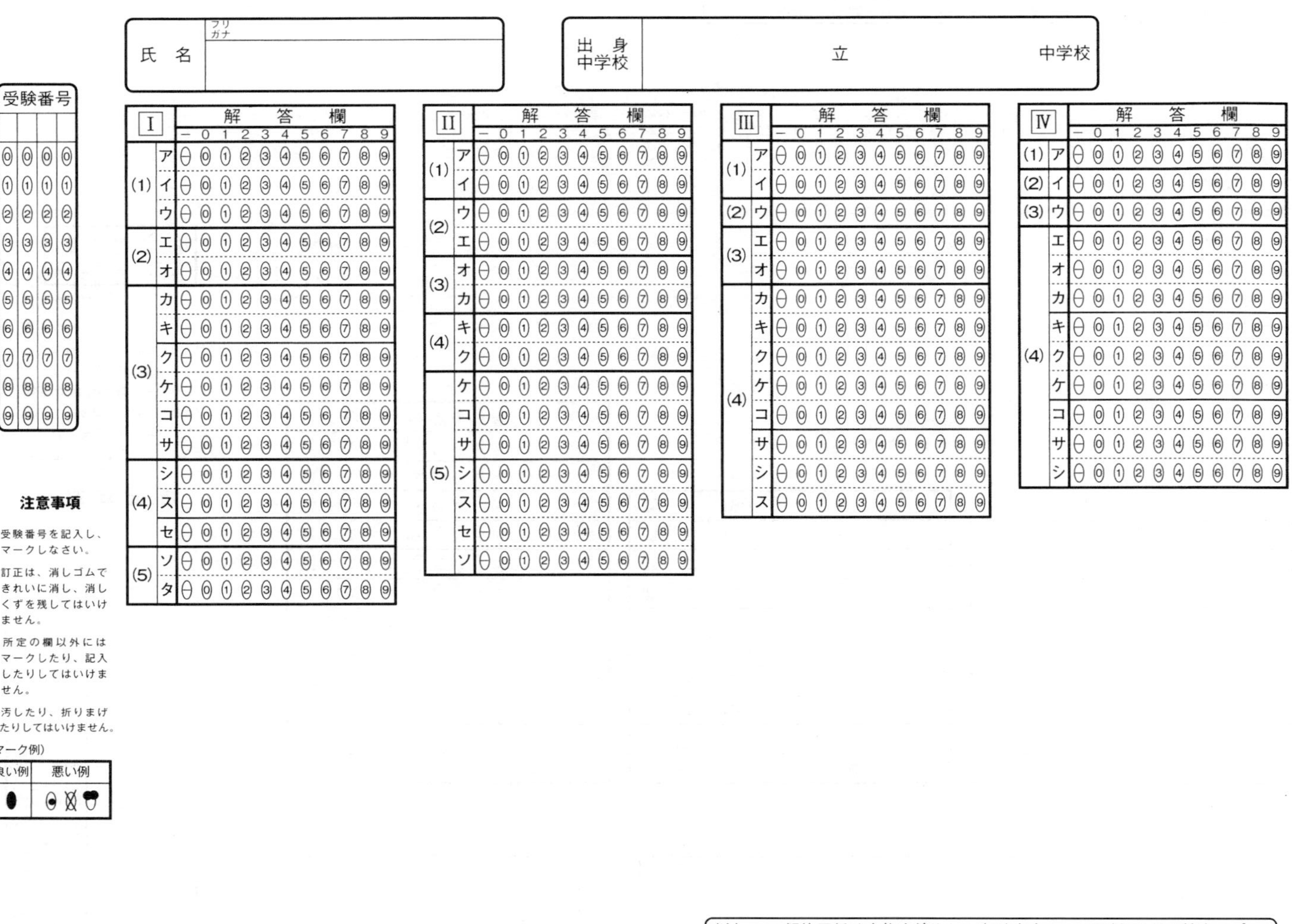

注意事項

1. 受験番号を記入し、マークしなさい。
2. 訂正は、消しゴムできれいに消し、消しくずを残してはいけません。
3. 所定の欄以外にはマークしたり、記入したりしてはいけません。
4. 汚したり、折りまげたりしてはいけません。

（マーク例）

良い例	悪い例
●	⊙ ⊠ ❤

（注）この解答用紙は実物を縮小してあります。Ａ３用紙に149％拡大コピーすると、ほぼ実物大で使用できます。（タイトルと配点表は含みません）

学校配点

Ⅰ (1)、(2) 各６点×２　(3)、(4) 各３点×４　(5) ６点

Ⅱ (1)～(4) 各６点×４　(5) 各３点×２〔ケ～サ、シ～ソはそれぞれ完答〕

Ⅲ (1)、(2) 各４点×２　(3) ６点　(4) 各３点×２

Ⅳ (1)、(2) 各４点×２　(3)、(4) 各３点×４

計　100点

二〇二〇年度　春日部共栄高等学校・第一回

国語解答用紙

評点　/100

氏名（フリガナ）	

出身中学校	立　中学校

一		解答欄 1 2 3 4 5
問一 ㋐	1	① ② ③ ④ ⑤
問一 ㋑	2	① ② ③ ④ ⑤
問一 ㋒	3	① ② ③ ④ ⑤
問一 ㋓	4	① ② ③ ④ ⑤
問一 ㋔	5	① ② ③ ④ ⑤
問二	6	① ② ③ ④ ⑤
問三	7	① ② ③ ④ ⑤
問四	8	① ② ③ ④ ⑤
問五	9	① ② ③ ④ ⑤
問六	10	① ② ③ ④ ⑤
問七	11	① ② ③ ④ ⑤

二		解答欄 1 2 3 4 5
問一 ㋐	12	① ② ③ ④ ⑤
問一 ㋑	13	① ② ③ ④ ⑤
問一 ㋒	14	① ② ③ ④ ⑤
問二	15	① ② ③ ④ ⑤
問三	16	① ② ③ ④ ⑤
問四	17	① ② ③ ④ ⑤
問五	18	① ② ③ ④ ⑤
問六	19	① ② ③ ④ ⑤

三		解答欄 1 2 3 4 5
問一 ㋐	20	① ② ③ ④ ⑤
問一 ㋑	21	① ② ③ ④ ⑤
問一 ㋒	22	① ② ③ ④ ⑤
問二	23	① ② ③ ④ ⑤
問三	24	① ② ③ ④ ⑤
問四	25	① ② ③ ④ ⑤
問五	26	① ② ③ ④ ⑤

受験番号

注意事項

1. 受験番号を記入し、マークしなさい。
2. 訂正は、消しゴムできれいに消し、消しくずを残してはいけません。
3. 所定の欄以外にはマークしたり、記入したりしてはいけません。
4. 汚したり、折りまげたりしてはいけません。

（マーク例）

良い例	悪い例

学校配点

一　問一　各2点×5　問二～問七　各5点×6

二　問一　各3点×3　問二～問五　各5点×4　問六　6点

三　問一　各3点×3　問二～問五　各4点×4

計　100点

（注）この解答用紙は実物を縮小してあります。A３用紙に147%拡大コピーすると、ほぼ実物大で使用できます。（タイトルと配点表は含みません）